Wolfgang Sawallisch

Im Interesse der Deutlichkeit
Mein Leben mit der Musik

Hoffmann und Campe

CIP-Titelaufnahme der Deutschen Bibliothek

Sawallisch, Wolfgang:
Im Interesse der Deutlichkeit :
Mein Leben mit d. Musik / Wolfgang Sawallisch.
– 1. Aufl. – Hamburg: Hoffmann u. Campe, 1988
ISBN 3-455-08288-2

Copyright © 1988 by Hoffmann und Campe Verlag, Hamburg
Schutzumschlag- und Einbandgestaltung: Manfred Waller
Gesetzt aus der Korpus Garamond Antiqua
Satzherstellung: Fotosatz Otto Gutfreund, Darmstadt
Druck und Bindung: Franz Spiegel Buch GmbH, Ulm
Printed in Germany

Inhalt

1. Erste Entdeckungen, erste Erfahrungen

   »Ich seh' etwas, was du nicht siehst«
   Geburtsstunde eines Traums   11

   »Der Salla ist bei uns!«
   Von der Theorie zur ersten Praxis   23

   »Vergessen Sie endlich die Taktstriche!«
   Furtwängler und Knappertsbusch, Strauss und Krauss   27

   »Es brennt an allen Ecken und Enden«
   Zeit zu sterben, Zeit zu komponieren   33

   »Das Schicksal meinte es gut mit mir«
   Nachholbedarf an Musik und Leben   44

2. Lehrzeit und Lehrgeld

   »Halten Sie sie fest!«
   Engagement in Augsburg   50

   Kammermusikalische Besessenheit
   Ein Preis und seine Folgen   59

   Der Taktstock
   Barometer des Gemütszustandes   62

   Markevitch und Mechthild
   Exkursionen nach Salzburg   64

   Aachen oder Augsburg
   Odyssee einer Bewerbung   69

3. Drehscheibe Aachen
   Chancen und Zufälle

   »Zum erstenmal«
   Das Abenteuer Musik 73

   »Jetzt legen wir los!«
   Begegnung mit Oistrach und Gieseking 77

4. Ereignisfeld Bayreuth

   »Tristan« und »Holländer«
   Ein »Bravo« von Knappertsbusch 81

   »Das möchte ich mir ersparen«
   Der Bruch mit Bayreuth 92

5. Italienische Reisen

   »Und dann geschieht das Wunder!«
   Italienisch-deutsche Impressionen 100

   »... das muß sich in Deutsch ereignen«
   Sibelius, Strauss und Belcanto 106

   Raum, Zeit und Musik
   Die »Missa solemnis« im Petersdom 118

   Der römische »Ring«
   Die Chancen konzertanter Aufführungen 123

6. Studio-Perspektiven

   London und Dresden
   »Capriccio« und Kapriolen 130

   »Genau *so* muß es sein!«
   Auf den Aufnahmeleiter kommt es an 140

7. Angebote

   »Haben Sie Vertrauen!«
   New York, Berlin, Wiesbaden oder Köln? 146

   Schuh, Wagner, Rennert
   Drei Wege der Regie 151

8. Orchester-Stationen

Die Weltstadt der Musik.
Was ist das, der Wiener Mozart-Stil? 157

Vom Vater auf den Sohn
Wiener Orchester-Traditionen 164

Zwischen Wien und Waterkant
Wie lieben Sie Brahms? 167

Der Mensch hinter dem Musiker
Tourneebeobachtungen 170

Salzburger Erinnerungen
Karl Böhms »Ariadne« 175

Programme und Publikum
Der Streß der ersten acht Minuten 176

»Dann fahre ich eben nicht nach Dresden!«
Missionen mit Musik 180

9. Japanische Symphonie

»Ich glaube, ich werde vertragsbrüchig!«
Zu Gast in Japan 189

»Maestro, ist nicht japanisch, geht nicht!«
Die Arbeit mit dem NHK-Orchester 192

Ein Garten im Hochhaus-Meer
Notationen und Traditionen 205

10. München

»Ich möchte, daß Sie nach München kommen!«
Rennert und das geliebte Haus 211

»Lügen! Lügen!«
Konflikte und ihre Lösung 220

Beobachtung, Empfindung, Kritik
Meine Frau Mechthild 227

11. Das Haus

Generalmusikdirektor/Staatsoperndirektor
Vor- und Nachteile einer Doppelfunktion 232

Von der Pflicht einer Kulturnation
Sponsoren, Staat und Subventionen 237

»Ich erwarte größere Flexibilität in der Rezeption«
Die Oper und das Publikum 242

»Wie kann ich das ernst nehmen?«
Spannungsfeld Kritik 245

Ballett am Pranger
Eine inszenierte Krise 247

Tage und Nächte
Arbeit mit der Musik 250

12. Richard Strauss

Partituren wie Kriminalromane
Faszination der melodischen Linie 259

»Die Frau ohne Schatten«
Die Magie der drei Noten 263

Keimzellen der Kreativität
Das Frühwerk als Charakterstudie 271

»Capriccio«
Schlüssel zur Strauss-Interpretation 274

Parlando
Wort und Gesang 281

Herausforderung Lied
Die Funktion des Begleiters 285

»Ariadne« oder »Tristan«?
Werke für die Insel 291

13. Wagner-Welten

»Tristan«, »Parsifal«, »Meistersinger«
Ein Loch im Scala-Boden 294

Ein Abenteuer der Menschheit
Erfahrungen mit dem »Ring« 299

Kampf um den »Ring«
Eine Münchner Odyssee 309

14. Mysterium Mozart

 »Figaro« und »Don Giovanni«
 Die Inszenierung als Experiment   323

 Wege der Interpretation
 Fragen an Bach und Mozart   328

 »Cosi fan tutte«
 Die richtige Musik der falschen Paare   333

15. Mein Leben mit der Musik

 Der Kapellmeister
 Leiden und Freuden eines Nachschöpfers   337

 Individualität und Technik
 Eine neue Dirigenten-Generation   347

 Ende oder Ausblick
 Welche Zukunft hat die Oper   351

 Konzentration und Zweifel
 Im Interesse der Deutlichkeit   357

Personenregister   361

Fotonachweis   367

1. KAPITEL

Erste Entdeckungen, erste Erfahrungen

»Ich seh' etwas, was du nicht siehst«
Geburtsstunde eines Traums

Meine erste Begegnung mit der Musik war wohl, daß sich meine Mutter vor dem Einschlafen zu mir ans Bett setzte und mir Kinderlieder vorsang. Aber vielleicht kann man dies noch nicht als »Begegnung« mit Musik bezeichnen...
Meine erste Erinnerung an Musik ist zugleich die Geburtsstunde meiner Liebe zum Klavier. Als ich noch nicht fünf Jahre alt war, nahm mich mein Vater mit zu seinem Vater, der Direktor an einer Taubstummenschule in Wuppertal-Elberfeld war. Diese Reise war für mich etwas ungeheuer Faszinierendes. Ich sehe mich noch heute vor den riesigen Rädern der Lokomotive auf dem Münchner Hauptbahnhof stehen. Und dann erst die Eisenbahnfahrt!
Um so langweiliger war für mich die Zusammenkunft der Familie Sawallisch beim Großvater anläßlich seines Geburtstags. Jedenfalls habe ich mich abgesetzt, bin im ganzen Haus herumgestrolcht und kam plötzlich in ein Zimmer, in dem ein Flügel stand. Er war geschlossen. Mein Großvater spielte zwar selbst nicht Klavier, aber das Instrument stand in seiner Wohnung, wie es sich damals für gutsituierte Leute eben gehörte. Ich öffnete den Deckel: Zum erstenmal in meinem Leben sah ich diese weißen und schwarzen »Zähne«. Wie das so ist bei einem Fünfjährigen – ich mußte alles anfassen, alles ausprobieren; ich drückte auf dem »Ding« herum und entlockte ihm Töne...

Dies war mein erster Kontakt mit diesem Instrument, oder genauer: mit einem Instrument überhaupt. Später erzählte mir meine Tante, die Schwester meines Vaters, die sich für Hausmusik interessierte, daß die ganze Familie verblüfft aufgehorcht habe, als aus dem Nebenzimmer plötzlich Töne herüberdrangen. Man war ja nicht gewohnt, daß das Instrument gespielt wurde. Ich suchte mir die Kinderlieder, die mir meine Mutter vorgesungen hatte, auf den Tasten zusammen. Das muß offenbar sogar recht schnell und gut gegangen sein, auch mit den Zwischentönen. Ich war von diesem Instrument kaum mehr wegzubringen.

Noch am selben Tag redete mein Großvater mit meinem Vater: »Ich arbeite als Lehrer ja sehr viel mit Kindern und Jugendlichen und glaube, die Begabung eines jungen Menschen zu erkennen. Wie der Bub sich das alles am Flügel zusammengesucht hat, mit welch leuchtenden Augen er bei der Sache war: Ich würde diese Begabung fördern. Kauf' ihm doch ein Kleinklavier oder ein gebrauchtes Klavier, dann siehst du ja, ob er dabeibleibt. Wenn nicht, ist nicht viel verloren.«

Das tat mein Vater. Ich war keine sechs, als ich den ersten Privatunterricht bei einem Lehrer in München erhielt, der sinnigerweise Pedal hieß. Ich selbst konnte damals gar nicht hinunterreichen ans Pedal...

Ich weiß noch genau, wie Herr Pedal mir Viertel-, halbe, ganze, Dreiviertelnoten beigebracht hat. Das war für mich, da ich ja noch nicht zur Schule ging, nicht ganz einfach. Ich konnte mir unter einem Viertel, einem Ganzen, einem Halben nichts vorstellen. Aber für den Unterricht war es wichtig, diese Notenwerte zu kennen.

Offensichtlich ist Herr Pedal gelegentlich an mir verzweifelt, denn wenn es gar nicht mehr weiterging, schickte er mich während der Stunde hinunter, um eine Semmel zu holen – an der Ecke Ruffini-/Frundsbergstraße, wo er wohnte, war früher eine Bäckerei. Anhand dieser an vier Stellen eingeschnittenen Semmel hat er mir dann klargemacht, was ein Viertel und was die Hälfte ist und was drei Viertel bedeuten. Und wenn ich es trotzdem nicht kapierte, mußte ich die trockene Semmel essen. Auf die Art habe ich Viertel und Halbe ziemlich schnell auseinanderhalten gelernt.

Oft müssen die Eltern die Kinder zum Klavierspielen zwingen.

Bei mir war es umgekehrt. Nach der Einschulung in der Winthir-Schule mußten sie mich vom Klavier wegholen, damit ich meine Hausaufgaben machte. Von dieser Zeit an habe ich von meinen Eltern jede Unterstützung bekommen. Sie haben alles für mich getan, was auf diesem Gebiet überhaupt nur denkbar und möglich war.

Ich habe in der Schule leicht gelernt. Meine Hausaufgaben waren schnell erledigt, eine Viertelstunde für meine Rechen- oder Schönschreibaufgaben, dann saß ich schon wieder am Klavier.

Ansonsten führte ich ein Leben wie jedes andere Kind. Wir haben Reifen gespielt, sind Rollschuh gefahren, waren Indianer... Und ich habe die kleinen Freuden und Leiden aller Kinder erlebt: Ich erinnere mich, wie ich bei irgendeiner Kinderveranstaltung ein Los zog und einen Regenschirm gewann, mit der Straßenbahn nach Hause fuhr und da den Schirm stehenließ!

So gern ich alle anderen Fächer hatte, sosehr ging mir der Sinn für körperliche Bewegung, für das Turnen, ab. Ich wollte etwas wissen und erfahren, ich wollte neue Dinge kennenlernen; ich wollte schöner schreiben und schneller lesen lernen, alles hat mich wahnsinnig interessiert, aber eine Stunde lang Hände rauf, Füße runter und dreimal um die Stange rum, das ließ mich kalt. Später trieb ich es so weit, daß ich mich unter Vortäuschung weiß Gott welcher körperlichen Beschwerden immer wieder vom Turnunterricht befreien ließ. Merkwürdigerweise fiel jeder Turnlehrer darauf herein.

Tatsächlich konnte ich mich bis zum Abitur – mein Vater hat davon nie etwas gewußt – immer vor dem Turnen drücken. Im Abiturzeugnis stand dann viel von meiner musikalischen Begabung, aber es hieß: Von den Leibesübungen war er befreit! Da ist mein Vater draufgekommen.

»Wieso warst du von den Leibesübungen befreit?!«

Ich mußte Farbe bekennen, aber da spielte es keine Rolle mehr. Ich war neunzehn Jahre alt.

Ich werde oft gefragt, woher der Name Sawallisch kommt. Ich weiß es nicht. Ich weiß, daß wir, als ich Kind war, die einzigen Sawallischs in München waren. Auch in Wuppertal-Elberfeld war der Vater meines Vaters der einzige in der ganzen Umgebung, der Sawallisch hieß. Ich habe mich damals nicht weiter darum gekümmert –

bis zu dem Zeitpunkt, an dem man die berühmte Ahnenforschung betreiben mußte. Wir haben unseren Namen dann bis etwa 1850 zurückverfolgt und festgestellt, daß er drei, vier Generationen sozusagen in deutschen Händen lag.

Eine interessante Beobachtung haben meine Frau und ich erst viel später gemacht: Das einzige Land Europas, in dem man auf Anhieb, von meinem allerersten Auftreten an, den Namen Sawallisch richtig ausgesprochen hat, war Polen. In Deutschland hat das relativ lange gedauert.

Heute gibt es wesentlich mehr Sawallischs. Woher sie plötzlich kommen?

Ich bin in München geboren, in einer Zeit, als man noch zu Hause auf die Welt kommen konnte.

An unsere Wohnung in der Bothmerstraße 20 kann ich mich noch so gut erinnern, daß ich glaube, sie zeichnen zu können: 1. Stock, drei Wohnungen, wir hatten die mittlere, eine schöne Wohnung. Ich sehe das Zimmer noch vor mir, das ich mit meinem Bruder bewohnte, links hinten in der Ecke. Dann kam das Bad, dann das Wohnzimmer, dann das Herrenzimmer, um das wir Kinder ehrfurchtsvoll herumgegangen sind. Das Wohnzimmer war auch unser Zimmer, das Herrenzimmer aber war ein absoluter Privatraum. Dann die Küche, dann das Schlafzimmer meiner Eltern. Und ein schönes Entree.

Ich erinnere mich an eine Gasexplosion in unserer Küche. Wir saßen alle um den Tisch, wie das damals im Winter eben war. Mein Vater hat zwar ganz gut verdient, aber auch gutbürgerlich aufgepaßt, daß das Geld zusammenblieb. Im Backrohr war anscheinend Gas ausgetreten, war hochgestiegen und hatte sich entzündet. Auf einmal ein furchtbarer Knall. Alles flog durcheinander.

Gott sei Dank ist nichts passiert, aber ich konnte aufgrund der Druckwelle, die die Explosion ausgelöst hatte, plötzlich nichts mehr hören. Die Explosion war mir auf die Ohren gegangen. Das empfand ich als äußerst lästig, denn ich konnte eine Zeitlang nicht mehr Klavier spielen. Ich glaube, nur deshalb ist mir die Gasexplosion überhaupt in Erinnerung.

Am Montagmorgen ging mein Vater ins Büro, saß dort eine ganze Woche, kam am Samstagmittag – damals hat man noch am Samstag gearbeitet – nach Hause, ruhte sich aus und zelebrierte dann den gemütlichen Samstagabend mit Zigarre und Familie um sich...
Jeden Sonntagvormittag aber hieß es: Ausflug. Bei jedem Wetter. Der Mensch mußte »gelüftet« werden. Und dann ging es die Bothmerstraße rauf, die Südliche Auffahrtsallee einen Kilometer hinauf am Wasser entlang, oben über die Brücke, die Nördliche Auffahrtsallee wieder herunter bis zum Waisenhaus. Zu jeder Jahreszeit.

Auch wenn wir maulten: »Schon wieder spazierengehen!«, es gab keine Widerrede. Immer den gleichen Weg. Vater wußte, einen Kilometer hinauf, einen Kilometer herunter und dann noch einen Kilometer, drei Kilometer im ganzen, das würde, gemütlich gegangen, etwa eine Stunde dauern. Im Winter haben wir die Eisstockschießer oder Schlittschuhläufer auf dem Kanal beobachtet. Später bin ich auch selbst manchmal Schlittschuh gelaufen.

In der Nähe des Waisenhauses war eine Eisfabrik. Im Winter sägten die Arbeiter aus der Eisdecke Stangen heraus, verluden sie auf Wagen und fuhren sie in die Wirtshäuser.

Um diese Sonntagsspaziergänge für uns Kinder etwas unterhaltsamer zu machen, hat Vater mit uns immer das Spiel gespielt: »Ich seh', ich seh', ich seh' etwas, was du nicht siehst...«

Mein Vater hatte ein ausgezeichnetes Gehör und ausgezeichnete Augen, er brauchte bis zu seinem Tod keine Brille und sah in der Nähe und in der Ferne gleichermaßen phantastisch. Ich nehme an, er wollte mit diesem Spiel auch die Sehfähigkeit von uns Kindern testen und schulen.

»Ich seh' etwas, was du nicht siehst, und das ist rot und hängt auf der linken Seite. Was ist es?«

Es war vierhundert, fünfhundert Meter weit entfernt, zum Beispiel ein Bettlaken, das aus einem Haus hing, und wir mußten versuchen, es zu finden.

»Da! Ich sehe es!«

»Wo ist es?«

»Etwa fünfhundert Meter weit, links, im zweiten Stock des weißen Hauses!«

»Stimmt!«

Ich war da hervorragend. Mein Vater wußte, daß ich imstande war, alles zu sehen, was er sah.

Und dann erkrankte ich, genau in den Tagen der Machtübernahme, im Januar 1933. Ich war zehn Jahre alt. Ich hatte 40 und 41 Grad Fieber und lag im Bett meiner Mutter. Mein Vater mußte an diesem Tag auf eine Bezirksdirektorensitzung, war also verreist.

Im Radio kam die Übertragung der Machtübernahme. Hitler war Reichskanzler geworden.

Ich muß mich während der Übertragung ganz schrecklich aufgeführt haben. Ich soll im Fieber das »Heil! Heil! Heil!« nachgebrüllt haben wie ein Verrückter.

Wir hatten einen jüdischen Hausarzt, Dr. Lebsanft, der in der Nachbarschaft, in der Bothmerstraße, wohnte. Er diagnostizierte Scharlach mit einer starken Schwellung der Lymphdrüsen. Ich mußte isoliert werden. Niemand durfte mich besuchen.

Später verstand ich, warum uns Dr. Lebsanft bald nicht mehr besuchte. Meine Scharlachbehandlung muß eine seiner letzten ärztlichen Tätigkeiten gewesen sein. Ich habe mich immer wieder nach Dr. Lebsanft erkundigt. Meine Eltern wußten nichts über ihn. Hoffentlich hat er Deutschland rechtzeitig verlassen.

Ich höre ihn noch zu meiner Mutter sagen: »Passen Sie gut auf! Nur wenn die Geschwulst weich werden sollte, wird's gefährlich. Solange sie hart und straff bleibt, ist's gut, dann geht sie weg.«

Sie blieb steinhart. Erst nach ein paar Tagen ging die Schwellung schlagartig zurück. Von diesem Moment an hatte ich 6,5 Dioptrien minus auf beiden Augen, unverändert bis zum heutigen Tag.

Mit zehn Jahren war ich auf dem Klavier soweit, daß ich in München einen Wettbewerb junger Künstler mitmachen konnte. Ich spielte das Impromptu As-Dur von Franz Schubert – Schubert begleitet mich übrigens bis auf den heutigen Tag – und gewann den ersten Preis zusammen mit dem Tenor Lorenz Fehenberger, der damals zwanzig, einundzwanzig Jahre alt war und den ersten Preis für Gesang erhielt.

»Meine Künste sind zu Ende, ich kann ihm nichts mehr beibringen!« erklärte Herr Pedal meinen Eltern. »Sie müßten jetzt den Lehrer wechseln.«

Diese Empfehlung Pedals fiel in etwa mit meinem ersten Opernbesuch zusammen: Ich durfte auf den Abonnementsplatz meiner Eltern ins Nationaltheater. Und von diesem Augenblick an begann mein Interesse an der Musik allgemein, am Dirigieren und nicht nur an einem Instrument.

Mit elf Jahren saß ich also zum erstenmal in der Oper. Ich war nicht vorbereitet auf das, was mich erwartete. Ich weiß nicht, warum meine Eltern, die beide sehr musikinteressiert waren – sonst hätten sie sicherlich kein Abonnement in der Münchner Oper und bei den Philharmonikern für die Konzerte im Odeon und in der Tonhalle gehabt –, sich so lange Zeit gelassen hatten, mich als Kind in die Oper zu schicken. Normalerweise hätte die Oper bei einem Kind, das so an Musik interessiert ist, wie ich es war, schon mit sechs, sieben Jahren auf der Tagesordnung stehen müssen. In Konzerten bin ich ja viel früher gewesen, im Odeon bei Adolf Mennerich und Siegmund von Hausegger, die damals die Volks-Symphoniekonzerte dirigierten.

Vielleicht kam ich auch nur deshalb so spät in die Oper, weil wir in Neuhausen wohnten und es von dort ein weiter Weg bis zum Nationaltheater war. Zudem hatten meine Eltern in der Oper nur einen Platz. Es hätte also niemand auf mich aufpassen können. Im Konzert dagegen hatten sie zwei Abonnementsplätze. Mein Vater oder meine Mutter konnten deshalb abwechselnd mit mir hingehen.

In der Oper gab man Humperdincks »Hänsel und Gretel«. Diese erste Berührung mit der Welt der Oper hat mich so fasziniert, daß ich nach Hause gegangen bin und spontan gesagt habe: »Ich möchte das Klavierspielen nicht an den Nagel hängen, aber das interessiert mich jetzt nur noch an zweiter Stelle. Ich möchte das werden, was der da unten gemacht hat!«

Ich bildete mir lange Zeit ein, Hans Knappertsbusch sei der Dirigent dieser »Hänsel und Gretel«-Aufführung gewesen. Er war um diese Zeit auch tatsächlich Chef der Münchner Oper. Aber Jahrzehnte später hat er mir in einem Gespräch in Wien diese Kindheitsillusion ein für allemal zerstört. Er erklärte mir, er habe »Hänsel und Gretel« in München nie dirigiert.

Wahrscheinlich hatte ich aufgrund späterer Eindrücke, die ich viel bewußter mit Knappertsbusch verbinden kann, meine Erinnerung an »Hänsel und Gretel« so glorifiziert, daß ich mir lange einredete, er habe das damals dirigiert. Bis heute ist Knappertsbusch als Persönlichkeit und als Musiker ein großes Vorbild für mich geblieben.

Ob Knappertsbusch oder nicht – der Eindruck, den »Hänsel und Gretel« auf mich machte, war überwältigend. Ich war vom Orchester fasziniert, vom Klang der verschiedenen Instrumente, von den Sängern, von den Szenen – und in »Hänsel und Gretel« kann ja einiges passieren. Am meisten begeistert aber war ich von dem *einen* Menschen, der Orchester, Sänger und Bühne lenkte, der in meinen Augen der Magier all dieser Wunder war, vom Dirigenten.

Doch »Hänsel und Gretel« stand nicht allein auf dem Programm, nach der Pause gab man noch das Ballett »Die Puppenfee«. Die Welt des Balletts addierte sich also zu meinen Eindrücken. Und auch daran fesselte mich am meisten, daß unten im Orchester und oben auf der Bühne alles so funktionierte, wie dieser eine Mann es wollte.

Nun wollte ich nicht mehr Konzertpianist, sondern Kapellmeister werden.

Die Nachfolgerin von Herrn Pedal war Frau Lotte Sachsse. Wie die Verbindung zu ihr zustande kam, weiß ich nicht mehr genau, jedenfalls verdanke ich ihr sehr viel.

Bei meinem ersten Besuch wartete ich gleich mit einer Überraschung auf: »Klavierspielen interessiert mich eigentlich nicht mehr – ich möchte Kapellmeister werden. Wissen Sie, was dazu alles nötig ist?«

Frau Sachsse wußte Rat: »Ich werde meinen Mann fragen!«

Ihr Mann, Professor Hans Sachsse, unterrichtete Harmonielehre, Kontrapunkt und Kompositionslehre an der Musikhochschule München. Er ließ mich zu sich kommen, stellte mir eine Reihe von Fragen und testete mein Gehör. Schließlich blickte ich ihn fragend an. Würde er einen Weg wissen?

»Gut! Sehr gut!« sagte er. »Aber ich schlage vor, du besuchst nicht den Unterricht in der Hochschule, wesentlich schneller, intensiver und konzentrierter wäre der Unterricht bei mir privat. Das hat auch den Vorteil, daß du nicht wie an der Akademie drei-, viermal in der Woche, sondern nur einmal in der Woche zu erscheinen hättest. Ich möchte dir folgendes vorschlagen: zuerst eine Stunde Klavierunterricht bei meiner Frau, dann eine Stunde bei mir. Vielleicht sprichst du mit deinen Eltern darüber...«

Ich sprach mit meinen Eltern. Sie sagten spontan ja. Wie so oft bekam ich von meinen Eltern jede Unterstützung, die man sich nur vorstellen kann. Sie schenkten mir Partituren, mit denen ich heute noch arbeite. Ich kann mich nicht erinnern, daß mein Vater jemals gefragt hätte, was etwas kostete, wenn es nur zu meiner Ausbildung beitrug. Ich hatte nie zu erklären, warum ich etwas brauchte. Er hat alles bewilligt.

Für die Klavierstunden bei Frau Sachsse und den anschließenden Unterricht bei Professor Sachsse zahlte ich zwanzig Mark pro Stunde. Bei einer Stunde blieb es aber nie, meist wurden es zwei und mehr Stunden. Er hat nie auf die Uhr geschaut.

Alles, was ich heute weiß, alles, was ich mir an Harmonielehre, Instrumentationslehre, Formenlehre oder Kontrapunktik erarbeiten konnte – alles geht auf das zurück, was ich bei Sachsse damals erfuhr.

Ich war gierig nach Wissen, nach Erfahrungen. Hatte ich Hausaufgaben in Kompositionslehre, habe ich immer über die gestellten Aufgaben hinaus neue Herausforderungen gesucht.

»Du möchtest schon wieder etwas ausprobieren, was wir noch gar nicht besprochen haben!« war Sachsses ständiger Kommentar, wenn er meine Übungen kontrollierte.

Es ging schnell bergauf, offiziell mit wöchentlich einer Stunde. Kaum zu beschreiben, was ich diesem Mann verdanke.

Mit siebzehn, achtzehn Jahren machte ich meine ersten kompositorischen Versuche, die er korrigierte. Mehr aber lernte ich, wenn ich aus seinen symphonischen Kompositionen Klavierauszüge erstellte. Da trainierte ich, wie man eine Partitur in einen spielgerechten Klaviersatz bringt.

Sachsses Kritik traf stets den Punkt: »Die zweite Geige, die du da notiert hast, die ist völlig unwichtig! Die hörst du im Orchester gar nicht! Stell' dir doch mal vor, wie ein Orchester klingt, was das Wesentliche ist, worin das harmonische und das rhythmische Gerüst besteht und wie man es aus der Partitur herausliest!«

So habe ich Partituren lesen gelernt. Sachsse war auch ein ausgezeichneter Psychologe.

Lotte Sachsse war eine Schülerin von August Schmidt-Lindner, damals eine Art graue Eminenz in München, ein Klaviervirtuose im Geiste eines Franz Liszt oder Eugène d'Albert. Ich selbst habe Schmidt-Lindner nie gehört, aber er muß ein ebenso ausgezeichneter Pianist wie Lehrer gewesen sein.

Eines Tages eröffnete mir auch Lotte Sachsse: »Wolfgang, ich kann dir nichts mehr beibringen. Bis hierher konnte ich dir helfen, jetzt mußt du dich nach einem anderen Lehrer umsehen, wenn du weiterkommen willst!«

Lotte Sachsse wußte auch, wen ich um Rat fragen könnte. Sie empfahl mich weiter an Rosl Schmid, Professorin an der Münchner Musikhochschule, damals aber auch *die* Konzertpianistin schlechthin, speziell was die Musik Pfitzners und Regers betraf.

Ich suchte Rosl Schmid in der Maria-Theresia-Straße 23 auf. Als vielbeschäftigte Konzertpianistin konnte Rosl Schmid neben ihrer Hochschultätigkeit keine Privatschüler mehr annehmen, aber sie hatte eine Idee: »Gleich gegenüber, auf derselben Etage wohnt Professor Wolfgang Ruoff, auch er unterrichtet an der Musikhochschule – das wäre eine Möglichkeit! Professor Ruoff konzertiert nicht, kann sich also intensiver als ich um seine Schüler kümmern. Ich glaube, das ist es, was du suchst!«

Rosl Schmid empfahl mich weiter an Professor Wolfgang Ruoff, und meine neue Klavier-Adresse lautete Maria-Theresia-Straße 23. Obwohl ich mich damit von Lotte Sachsse verabschieden mußte, hat mich Professor Hans Sachsse auch weiterhin unterrichtet – bis 1942, bis ich eingezogen wurde.

Ruoffs ständiger Spruch lautete ungefähr so: »Wenn du etwas noch nicht beherrschst, wenn du glaubst, daß du es nicht hundertprozentig kannst, dann lassen wir lieber die nächste Stunde ausfallen! Ich möchte nicht, daß du mir etwas Halbes vorspielst. Erst wenn du es da oben«, und er zeigte auf seine Stirn, »wirklich drin hast und glaubst, mir perfekt vorspielen zu können, erst dann unterhalten wir uns darüber!«

Technisch war ich ohnehin bereits soweit, daß er mir nur noch Hinweise geben konnte – aber musikalisch wurde er sehr wichtig für mich. Er bestimmte, mit welchen Stücken und welchen Komponisten ich mich auseinanderzusetzen hatte.

So erklärte er mir eines Nachmittags: »Jetzt ist es Zeit, daß du dich stilistisch und inhaltlich mit Schubert-Sonaten beschäftigst! Kauf' dir das nötige Material, wähl' dir eine der Sonaten aus, du hast die freie Wahl – ich bin gespannt, für welche du dich entscheidest. Komm' erst wieder, wenn du mit der Arbeit wirklich fertig bist!«

Ich wählte als erste Schubert-Sonate die große A-Dur-Sonate, Schuberts vorletzte Sonate, die vor der großen B-Dur- und der nachgelassenen G-Dur-Sonate steht. Sie dauert in etwa vierzig Minuten. Als ich glaubte, die Sonate zu beherrschen, ging ich zu Ruoff.

»Ich habe mich für die A-Dur-Sonate entschieden!«

Er war stolz und glücklich, offensichtlich schien seine bisherige Erziehung seiner Meinung nach bei mir gefruchtet zu haben – ich hatte mich gleich zum späteren Schubert vorgewagt.

In seinem großen Musikzimmer standen zwei Flügel nebeneinander, Tastatur an Tastatur sozusagen. Zwischen der Einbuchtung des linken Flügels und dem rechten Flügel stand sein Lehnstuhl.

Ruoff zündete sich eine Zigarre an. »Nun zeig' mir mal deine A-Dur-Sonate!« Mit diesen Worten setzte er sich in den Lehnstuhl und schaute mich unverwandt an.

Ich fing an mit meiner A-Dur-Sonate, entschlossen, sie in ihrer ganzen Länge zu spielen. Das hatte ich bei ihm gelernt, denn er war ein entschiedener Verfechter sämtlicher Wiederholungen. Auch heute noch spiele ich alle von der Form her wichtigen Wiederholungen. Bei den klassisch-romantischen Symphonien und Sonaten muß das so sein.

Ich spielte also. Der erste Satz war vorbei. Kein Kommentar. Nicht ein Wort.

Ich dachte, wenn er nichts sagt, spielst du halt weiter! Der zweite Satz war vorüber. Wieder kein Wort. Ich schaute zu ihm nach hinten, da sah ich, wie die Zigarre, nun nicht mehr qualmend, in seinem Mundwinkel hing und seine Augen geschlossen waren.

Wenigstens eins ist mir gelungen – ihn in den Schlaf zu spielen, dachte ich mir. Jetzt ist eh schon alles Wurscht!

Ich spielte noch das Scherzo und den Schlußsatz, dann waren die vierzig Minuten um. Gegen Ende hat die Sonate einige lautstarke Effekte, und ich dachte: Jetzt hätte er eigentlich aufwachen müssen!

Aber er blieb noch eine Weile in seiner Haltung sitzen, dann öffnete er die Augen, stand auf, kam zu mir nach vorn – und ging mit mir von A bis Z die ganze Sonate durch, alle vier Sätze, jeden Übergang, jeden Triller. Ich merkte sehr schnell, daß er alles andere als geschlafen hatte.

»Warum nimmst du da den dritten Finger?« stellte er mich zur Rede.

Ich dachte, das darf nicht wahr sein! Woher weiß er das? Ich kontrollierte anhand der Noten, was er sagte. Und tatsächlich!

»Durch den dritten Finger entsteht etwas, was musikalisch nicht richtig ist! Warum nimmst du nicht den vierten Finger? Und warum setzt du da den Daumen nicht unter?«

Er analysierte mir die vierzig Minuten der Sonate haarklein auf den Takt durch. Ich hätte den Mann umarmen können für das, was ich in dieser Stunde an einer Sonate gelernt hatte!

Es war ein Ereignis, wie er aus der technischen Bewältigung einer Phrase heraus die Musik entwickelte, wie er mir klarmachte, daß die Musik anders wird, wenn die Technik anders ist.

Bei ihm begriff ich, daß die Beherrschung der Technik eine der Voraussetzungen für Qualität ist, eine Erkenntnis, die für mich Bestandteil meiner ganzen musikalischen Erziehung wurde – auch vom Dirigentischen her. Technik ist eine Voraussetzung, das zum Ausdruck zu bringen, was musikalisch umzusetzen ist.

Wir haben die Sonate dann noch einmal durchgespielt. Aus einer Stunde waren wieder drei Stunden geworden.

Mit Lob war Professor Ruoff sehr sparsam. Das größte Kompliment aus seinem Mund war, wenn er sagte: »So! Jetzt sind wir mit unserem Programm fertig, jetzt möchte ich mit dir noch etwas anderes spielen!«

Und dann kam er mit Ravel und Debussy, mit Stücken für zwei Klaviere – mit der ganzen verbotenen Literatur, soweit er sie damals bekommen konnte.

Wenn er sich herabließ, mit mir an zwei Klavieren zu spielen, dann wußte ich, ich bin auf seiner Ebene.

»Der Salla ist bei uns!«
Von der Theorie zur ersten Praxis

Sehr früh – wie übrigens auch meine Frau – bin ich zum Bayerischen Rundfunk gekommen. Im Alter von etwa vierzehn Jahren begleitete ich im Kinderfunk das Schulturnen. Für mich war das ungeheuer spannend, da ich dabei in Sachen Improvisation erste Erfahrungen sammeln konnte. Eine Kinderturnleiterin, zwanzig turnende Kinder – und alles wurde direkt übertragen, damit man zu Hause mitturnen konnte.

»Paßt auf, der Wolfgang spielt euch jetzt eine Polka!« hieß es. Und ich hatte Polka zu spielen. Damit setzte ich in die Praxis um, was ich bei meinem Lehrer Sachsse an Formenlehre – Polka, Walzer, Menuett, Polonaise, Sarabande – studiert hatte.

Offenbar beherrschte ich das einigermaßen, denn ich habe die Turnstunden verhältnismäßig lange, nämlich zwei, drei Jahre, gemacht. Die Verbindung von Musik und der Expressivität menschlicher Haltungen und Gesten begann mich zu faszinieren.

Nach 1933 – das habe ich sehr schnell kapiert – wurde die schulische Erziehung auf dem Sportsektor mehr und mehr auf eine vormilitärische Ausbildung ausgerichtet. Das lag mir ganz und gar nicht. Sobald es auf exakte Marschschritte oder auf die Ausführung irgendwelcher Befehle hinauslief, sperrte sich etwas in mir. Davor habe ich mich mit Erfolg gedrückt.

Nur eines war klar: Mit vierzehn Jahren mußte man Hitler-Junge werden, und vorher wurde man »Pimpf«.

Man mußte sich beteiligen. Wer sich weigerte, konnte nicht in einer höheren Schule bleiben. Kurzum, es geschah, wie es zu geschehen hatte: Wir alle, die ganze Klasse, wurden »Pimpfe«.

Damals war ich froh, einmal von zu Hause wegzukommen. Ein Zeltlager, ein Lagerfeuer war für uns etwas Aufregendes. Als Elf-, Zwölfjähriger hat man ohnehin eher Spaß daran, Ausflüge mit Gleichaltrigen zu machen als Sonntagsspaziergänge mit den Eltern. Wir spielten und sangen – und zwar keine Ertüchtigungslieder –, wir beschäftigten uns mit Literatur, vor allem mit Goethe und Schiller. Heute weiß ich natürlich, daß dies alles gelenkt, genau überlegt und von anderen Absichten geleitet war.

Der Gruppenführer wußte, daß ich gut Klavier spielte, also gab er mir Gelegenheit, kleine Konzerte zu veranstalten. Ich habe Lieder begleitet, kleinere Stücke komponiert und den Chor dirigiert. Zweimal im Jahr arrangierten wir einen Elternabend, damit die Kinder demonstrieren konnten, was sie außerhalb des Elternhauses gelernt und erfahren hatten. Voller Stolz wurde berichtet, was wir alles gelesen hatten. Es wurde musiziert. Ich spielte Klavier.

Auf diese Weise hatte ich schon von frühester Kindheit an immer Berührung mit einem Publikum. Die Beschäftigung mit der Musik dominierte, gleichgültig, ob ich selbst sang, ob ich dirigierte oder Klavier spielte. Die Musik erschloß mir die Welt – und offensichtlich auch das Vertrauen meiner Klassenkameraden, denn von der ersten bis zur achten Klasse war ich ihr Klassensprecher.

Es muß etwa 1933 gewesen sein, als mich unser damaliger Klassenlehrer am Wittelsbacher Gymnasium erstmals zum Klassensprecher ernannte. Ich hatte fünf Pfennige einzusammeln für das Deutschtum im Ausland, dann kamen die KDF-Sammlungen, ich hatte das Gesammelte abzurechnen und Buch zu führen.

Gab es Probleme in der Klasse, kamen die Mitschüler zu mir, damit ich ihre Interessen bei der nächsten Lehrerkonferenz zur Sprache brachte. Ich vertrat die Forderungen der Klasse. Ich hatte aber auch dafür zu sorgen, daß immer Papier da war, um Extempore zu schreiben.

Alle diese Funktionen sind bis zum Abitur an mir hängengeblieben. Das wichtigste aber war für mich, daß ich das hundertprozentige Vertrauen meiner Klassenkameraden genoß.

Möglich, daß dies so war, weil ich im Musikunterricht immer bevorzugt wurde und die Klasse stets davon profitierte. Sie waren stolz darauf, daß bei Elternabenden oder anderen Schulfeiern »ihr« Sawallisch immer Klavier spielen mußte. Wenn gefragt wurde, in welcher Klasse ich sei, hieß es immer: »Der Salla ist bei *uns*!« Salla war damals mein Spitzname, von der ersten bis zur achten Klasse.

Ich kann mich an keine Situation erinnern, die unsere Klassenkameradschaft in irgendeiner Form getrübt hätte. Später wurde gar nicht mehr gefragt, ob der jeweilige »Klassenleiter« – so hieß das damals – damit einverstanden wäre, daß ich wieder Klassensprecher würde. Ich wurde einfach nominiert. Niemand wäre auf die Idee gekommen, einen anderen vorzuschlagen.

Als beim Jungvolk die vormilitärische Ausbildung immer intensiver wurde und mir das immer weniger schmeckte, weil es sich von meiner Idee des Künstlerischen mehr und mehr entfernte, erschien mir die »Spielschar« als rettender Hafen. Unsere Spielschar hatte auch ein kleines Orchester.

Kam ein neues Lied auf, habe ich – das hatte ich ja gelernt – im Handumdrehen einen vier- oder sechsstimmigen Satz dazu gemacht, die Noten selbst ausgeschrieben und auch selber dirigiert. Fehlende Bläserstimmen habe ich auf dem Klavier ergänzt.

Meine spätere Frau war schon im Alter von acht Jahren an den Rundfunk in München gekommen, um bei Kinderfunksendungen mitzuwirken. Als sie achtzehn war, sollte sie mit dem Jugendfunkleiter junge Talente ausfindig machen. Anscheinend bin ich ihr da aufgefallen – als Chorsänger. Jedenfalls konstatierte sie nach einigen Tests: »Das ist einer, den wir brauchen können. Der kann Klavier spielen. Der kann singen. Der kann dirigieren. Der kann instrumentieren.«

So kam ich nach dem Kinderturnen an musikalisch anspruchsvollere Aufgaben heran. Und je mehr ich selbst Musik praktizieren konnte, desto mehr faszinierte mich das alles.

Zum Teil profitiere ich von den damals gemachten Erfahrungen heute noch, etwa wenn es um die Bewältigung unberechenbarer Situationen geht. Wie zieht man sich in genau dieser Sekunde aus der Affäre, wenn man nicht klären kann, wie so etwas überhaupt passieren konnte und wohin die im Moment getroffene Entscheidung führen wird?

Es gab damals im Rundfunk nur Live-Sendungen. Es geschah immer wieder, daß zu einer der Sendungen ein Musiker überhaupt nicht oder zu spät kam. Plötzlich fehlte also die Flöte! Was machen? Keine Zeit, darüber nachzudenken, denn das Rotlicht war da, und die Sendung begann.

»Aus dem Sendesaal 1 in München hören Sie ...«

Sich jetzt zu konzentrieren, wie man die Flöte durch eine Klarinette ersetzt, und schnell einen anderen Schlüssel zu schreiben –

diese erzwungene Entscheidungsnot auf musikalischem Sektor, dieses Improvisieren, das war eine gute, praxisnahe Lehre.

Ich studierte mit dem Chor vierstimmige Madrigale ein, z. B. Orlando di Lasso; eigentlich alles, was es so gab... Ich lernte da eine Literatur kennen, mit der man in jungen Jahren nicht so leicht konfrontiert wird.

Fiel während der Sendung eine Stimme »herunter«, und man wußte, das ist live draußen, galt es blitzschnell zu entscheiden: Wenn man diese eine Stimme schon nicht nach oben kriegt, dann müssen eben die anderen drei Stimmen nach unten! Da habe ich auch in der Behandlung von Chorsängern viel gelernt.

Und auch privat machte ich meine Erfahrungen. Der Vater meiner späteren Frau war Orgelbaumeister. Eines Tages – ich wollte Mechthild besuchen – fiel ich ihm in die Hände. In der Werkstatt hatte er eine Intonier-Orgel, um die Pfeifen vorzuintonieren. Seinen Fragen war zu entnehmen, daß er entschlossen war, meinen Besuch zu einer Art Prüfung zu nutzen. Schließlich fuhr er mit mir hinaus zur Herz-Jesu-Kirche, wo er gerade eine Orgel zu installieren hatte. Und da ging – so ganz nebenher – der Test dann weiter, anhand von Orgelpfeifen, die noch nicht rein gestimmt waren...

Ich muß mich da ganz gut geschlagen haben, denn Mechthild berichtete mir ein paar Tage später, daß ihr Vater befriedigt konstatiert habe: »Ich konnte deinen Wolfgang nicht ein einziges Mal reinlegen!«

Vielleicht gab dieser bestandene Test den Ausschlag dafür, daß mich Mechthild mit zum Vorsingen zu einer Hochschulprofessorin nahm – für sie ein ganz entscheidender Tag. Frau Professor Else Mauermeier hatte sich den Arm gebrochen, konnte selbst also nicht als Begleiterin fungieren, und da schlug Mechthild mich vor. Das Unternehmen war von Erfolg gekrönt. Mechthild wurde Schülerin bei Frau Professor Mauermeier.

Es war nicht das erste und nicht das letzte Mal, daß ich Mechthild auf dem Klavier begleitete – auch in den Nachkriegsjahren haben wir uns dann zahlreiche Opern und Lieder gemeinsam erarbeitet. Trotzdem bedurfte es noch eines dreifachen Anlaufs, bis wir uns schließlich für immer fanden.

»Vergessen Sie endlich die Taktstriche!«
Furtwängler und Knappertsbusch, Strauss und Krauss

Ich persönlich habe in dieser Zeit in München zwar keinen der berühmten Dirigenten näher kennengelernt, aber ich hatte Gelegenheit, den Orchesterproben von Oswald Kabasta, Adolf Mennerich und Siegmund von Hausegger beizuwohnen. Das waren sozusagen die Münchner Hauskapellmeister. Sie dirigierten die meisten Symphoniekonzerte. Und die Möglichkeit, zu Proben und zu Generalproben zu gehen, habe ich – wenn sie nachmittags stattfanden, denn vormittags mußte ich ja in die Schule – weidlich genutzt. Ich habe mir dadurch viel Repertoire angeeignet. Und ich konnte den Dirigierstil der einzelnen Kapellmeister studieren.

Am meisten profitierte ich davon, wie Oswald Kabasta Beethoven und Bruckner dirigierte. Die Bruckner-Interpretation des gebürtigen Österreichers Kabasta war für mich nicht nur aus damaligem Blickwinkel, sondern auch noch Jahrzehnte später, vorbildlich. Bruckner war Mitte der dreißiger Jahre noch längst nicht so en vogue wie heute. Es war faszinierend, wie es Kabasta verstand, den Aufbau, den großen Atem, die Themenbezüge klarzumachen, ohne jemals zu abrupten Tempoänderungen zu greifen. Wie sich da ein Thema aus dem anderen entwickelte...! Auch die Interpretation der Musik Mozarts lag ihm mehr als manchem anderen.

Heute verstehe ich es besser, aber damals hat es mich doch etwas merkwürdig berührt, mit welcher absoluten Rücksichtslosigkeit sich Kabasta im Interesse seiner Interpretationsvorstellungen über alle Orchesterwünsche hinwegsetzte. Nicht, daß er den Apparat nicht respektiert hätte, aber Extrawünsche gab es bei ihm nicht.

Ich erinnere mich an Generalproben am Tag des Konzerts, die bis nachmittags um fünf Uhr dauerten. Das wäre heute ausgeschlossen. Und wie er gearbeitet hat! Das Orchester murrte schon, wies ihn darauf hin, daß es fünf Uhr sei und das Konzert in drei Stunden anfange...

Das war ihm völlig egal. Es ging ihm nur um die Sache. Auch er selbst verausgabte sich bis zur Erschöpfung. Doch – was ich nie für möglich gehalten hätte – die Konzerte, drei Stunden später, waren von ungeahnter Faszination und Lebendigkeit. Diese zwingende

Umsetzung eines Willens auf das Orchester, das hat mich damals tief beeindruckt.

Heute sind die technischen Voraussetzungen eines Orchestermusikers an seinem Instrument andere als damals. Die heutige Ausbildung und was als selbstverständlich vorausgesetzt wird – all das trägt dazu bei, daß quälende Proben dieser Art heute nicht mehr vonnöten sind. Eines aber habe ich damals gelernt, und das gilt bis auf den heutigen Tag: Ein Orchester, das sozusagen müde ist, muß deshalb noch lange nicht schlecht oder müde spielen. Ganz im Gegenteil! Oft kommt dann der Moment, in dem, bei aller Konzentration des einzelnen, die musikalische Selbstverständlichkeit einzieht und die Überspannung einem freieren Musizieren weicht.

Auch Wilhelm Furtwängler habe ich damals in München erlebt. Er machte alljährlich seine Konzertreisen mit den Berliner Philharmonikern. Ich habe jedes seiner Konzerte besucht und war so beeindruckt, daß ich um Erlaubnis nachsuchte, nicht nur in die Konzerte, sondern auch, wenn ich einmal in Berlin sein sollte, in die Proben gehen zu dürfen. Die Erlaubnis habe ich erhalten. Aber ich habe nur zwei-, dreimal davon Gebrauch gemacht, denn ich konnte ja nicht so ohne weiteres von München weg.

Zu sehen, wie er arbeitete und was dabei herauskam, das waren entscheidende Eindrücke und Erlebnisse. Wenn er beispielsweise unterbrach – so jedenfalls habe ich es in Erinnerung –, sagte er selten einmal, warum er unterbrochen hat. Er fing ohne ein Wort einfach wieder an. Und jeder Musiker wußte Bescheid, ohne daß jetzt Ziffer 35 oder fünfter Takt nach B angesagt wurde.

Wenn er abgeklopft hatte, dann war jedem Musiker aus jahrelanger Erfahrung klar, daß ein Furtwängler nicht mittendrin wieder anfängt, sondern daß er zum Gestalten seiner Idee beim Beginn des jeweiligen Themas einsetzte...

Hat er zehn, zwölf Takte nach dem Seitenthema unterbrochen, weil ihm irgend etwas nicht paßte, dann wußte jeder, er kann nur beim Seitenthema wieder einsteigen, denn Furtwängler fängt nicht fünf Takte später an, das wäre unmusikalisch. Er brauchte das nicht zu erklären. Oder wenn er nach einem Fortissimo unterbrach, dann wußten alle, er würde nur bei diesem Fortissimo wieder ansetzen. Keine Frage.

Diese Beobachtung war wahrlich nichts Neues, sondern eigentlich nur die Bestätigung dessen, was viele Leute beobachtet haben, die ihn intensiver als ich erlebt oder im Orchester mit ihm gearbeitet haben. Von der technischen Seite her strebte er nicht immer die Perfektion an, aber immer gelang ihm eine zwingende Art der musikalischen Übertragung.

Hans Hotter, der unter Furtwängler den »Ring« geprobt hat, erzählte mir, daß Furtwängler einmal zum Orchester gesagt habe: »Jetzt vergessen Sie endlich die Taktstriche! Sie spielen immer nur die Taktstriche! Spielen Sie Musik!«

Und genauso hat er dirigiert. Bei ihm gab es das nicht, was man heute oft bei Kapellmeistern sieht, dieses vertikale Taktstrich-Dirigieren – anstatt waagrecht zu musizieren. Darin war er sicherlich einer der größten und intensivsten Dirigenten.

Einmal habe ich in München auch Richard Strauss am Pult erlebt. Ich wußte natürlich, wer Richard Strauss war, aber welche Bedeutung er hatte, das konnte ich mit zwölf Jahren noch nicht einmal ahnen. Und es war leider auch das einzige Mal, daß ich Strauss persönlich sah.

Im Residenztheater, dem heutigen Cuvilliés-Theater, fand eine Aufführung von »Cosi fan tutte« statt. Nach Knappertsbusch und Furtwängler eben Richard Strauss, ein Komponist als Dirigent – nun gut, dachte ich. Ich wußte nicht, was da auf mich zukam.

Es war – und das ist mir bis heute in Erinnerung – vom ersten Moment an eine völlig andere Art des Musizierens, des Mozart-Musizierens. Ich habe ihn nur diesen einen Mozart interpretieren gesehen und gehört. Bis heute bin ich mir noch nicht im klaren, wie das alles zusammengehen konnte. Aus der Publikumsperspektive war dieser Mann völlig emotionslos: wie eine Statue. Aber bei den minimalsten Bewegungen passierten die ungeheuersten Dinge.

Was er da am Cembalo an Rezitativen gespielt und aus seiner eigenen Kompositionswelt eingebracht hat, das würden wir uns heute nie erlauben können. Im ersten Moment war dieser Strauss-Mozart für mich überraschend, aber dann, nach ganz kurzer Zeit, hatte ich begriffen, daß jedes Thema, das er da charmant hineinspielte, irgendwo ganz genau in Bezug stand zur Aktion oben auf der Bühne. Wenn da Witz, Schalk oder Humor sprühten, kam plötzlich ein

Funke »Till Eulenspiegel« mit hinein, wenn sich zwischen Fiordiligi und Ferrando eine Liebesbeziehung anbahnte, klang auf einmal »Don Juan« an. Kleinigkeiten! Aber man wußte immer genau, auf welche Situation sie gemünzt waren. Schließlich wartete man geradezu darauf, daß wieder etwas kommen würde! So entstand plötzlich eine ganz andere Mozart-Lebendigkeit, eine Art zeitnahe Mozart-Interpretation, obwohl Strauss damals immerhin um die siebzig Jahre alt war.

Von meinem ersten Opernbesuch als Elfjähriger an hatte ich zum Münchner Haus eine besondere Beziehung.

Bei normalen Vorstellungen, die ins Abonnement fielen, mußte ich weder anstehen noch mir Gedanken machen, wie ich sie sehen konnte, denn irgendwann einmal würde jede Inszenierung ins Abonnement kommen. Aber es gab auch besondere Ereignisse. Je älter ich wurde, desto mehr haben gerade sie mich interessiert. Die Premiere von »Fidelio« mit Clemens Krauss beispielsweise. Da haben wir uns – ich kannte ja damals meine Frau schon – um Karten angestellt, wie sich auch heute noch die Leute für besondere Aufführungen anstellen. Wir sind ganze Nächte durchgestanden, haben uns um fünf Uhr früh abgelöst, und um 7.30 Uhr übernahm die Mutter meiner Frau diese »Aufgabe«, denn wir mußten in die Schule. Und nach der Schule standen wir wieder Schlange.

Wenn wir Glück und etwas mehr Geld hatten, versuchten wir einen Parkett-Stehplatz zu ergattern, denn da konnte man früher bis zur zehnten Reihe nach vorn. Und dann beim Applaus wurde die rote Kordel entfernt, und man konnte ganz vor bis zum Orchester. Da waren wir natürlich dabei.

Von »Fidelio« unter Clemens Krauss einmal abgesehen, erinnere ich mich heute nicht mehr, welche Opernereignisse uns damals motivierten, nächtelang anzustehen. Aber an die Tatsache als solche erinnere ich mich genau. Es ist nur natürlich, daß zu einem solchen Haus große innere Bindungen entstehen.

Ich hatte damals nicht die Möglichkeit, neben der Schule und meinem Musikstudium Opernreisen nach Stuttgart oder Frankfurt zu unternehmen. Reiselust hatte auch in meiner Familie keine Tradition. Man fuhr nicht nach Salzburg oder Bayreuth, schließlich konnte man in München aufregende Strauss-, Mozart-, Wagner-Aufführungen erleben. Und mit Hans Knappertsbusch und ab 1937 mit Clemens Krauss erreichte München ein Niveau, das die Oper zu einem ganz großen Anziehungspunkt machte.

Natürlich hätte ich damals nie zu denken gewagt, einmal die Nachfolge von Knappertsbusch oder Krauss in München antreten zu können. Aber mein Entschluß, Kapellmeister zu werden, stand fest. Allerdings setzte ich mir das klare Ziel: Sollte es mir nicht gelingen, das Niveau eines Knappertsbusch oder Krauss zu erreichen, lasse ich es überhaupt bleiben. Ich sagte mir: Bevor ich wie die damaligen ersten und zweiten Kapellmeister – ich nenne hier absichtlich keine Namen – an einem Haus vom Ballettabend bis zur Repertoire-Vorstellung alles durchdirigieren muß, werde ich lieber Pianist.

Eine Stadt spielte bei diesen Überlegungen keine Rolle. Mir ging es nur darum, die Spitze zu erreichen, also um die Tatsache einer Chefposition und einer Qualität in dieser Kategorie. Das war das Ziel.

Im nachhinein ist es für mich natürlich eine wunderbare Genugtuung, daß sich mein damaliger Grundsatz – entweder die Spitze oder gar nicht – genau an dem Haus verwirklicht hat, in dem ich meine ersten Opernendrücke empfing und in dem der Wunsch geboren wurde, dieses Ziel zu erreichen.

Clemens Krauss bedeutet für mich – neben Hans Knappertsbusch – eine optimale Verkörperung von Führungsqualität, Erziehung, Bildung, Kenntnis des Theaterbetriebs, Persönlichkeit. Dazu kam seine spezielle Affinität zu Richard Strauss, die mich bis heute mit ihm verbindet.

Knappertsbusch habe ich bewundert in seiner Eigenschaft als Chef des Hauses, aber nie mit dem Gedanken, ihn später einmal kennenzulernen oder gar mit ihm, musikalisch gesehen, eine Art Vater/Sohn-Verhältnis einzugehen – was dann geschehen ist. Clemens Krauss dagegen, den ich erst viel später am Pult in München erlebte, wollte ich unbedingt persönlich kennenlernen, um mit ihm – dann selber schon erwachsen – über dieses und jenes sprechen zu können. Das Leben hat es genau umgekehrt eingerichtet. Clemens

Krauss ist sehr früh gestorben, und mit Knappertsbusch ergab sich durch meine Bayreuth-Tätigkeit von 1957 eine relativ enge Beziehung. Clemens Krauss war für mich ein ganz großer Allround-Theatermann, der sich wirklich noch darum kümmerte, daß eine Schuhschnalle zum Kostüm paßte. Er brachte es zum Beispiel fertig, eine Premiere zu verschieben, wenn – wie bei der »Verkauften Braut« – die original-tschechischen Kostüme nicht da waren. Konsequent hielt er sich an das Motto: Keine Premiere, wenn ich nicht das Gefühl habe, jetzt ist es perfekt, jetzt stimmt wirklich alles!

Auch die Tatsache, daß in München damals ein Ensemble von einsamer Qualität versammelt war, hat mich nachhaltig beeindruckt. Jetzt, im nachhinein und nachdem ich mich selber mit Ensemble-Politik beschäftigen muß, weiß ich natürlich, daß dies eine ganz besondere Situation war. In den Jahren 1937 und 1938 gab es kaum noch Möglichkeiten, im Ausland zu gastieren. Zu Anfang des Krieges wurde eine Reisesperre verhängt, was zur Folge hatte, daß sich in München fast zwangsläufig ein hervorragendes Ensemble bildete. Hätten damals Sänger schon in drei Stunden mit der Concorde von New York nach Paris fliegen und mit Privatjets zwischen Paris, München und Mailand pendeln können, wäre es um die Ensemble-Politik von Clemens Krauss auch anders bestellt gewesen. Damals konnte kein Künstler sagen: Heute singe ich an der MET, morgen in Paris, übermorgen in London. Man war mehr oder weniger gezwungen, fest in München oder an einem anderen Stammhaus zu bleiben. Und dieser äußere Zwang stärkte die innere Bereitschaft des Künstlers, an einem großen Haus mit einem großen Dirigenten zusammenzuarbeiten. All das hat im künstlerischen Leben eines Sängers eine viel größere Rolle gespielt, als es heute der Fall ist. Heute ist die Zugehörigkeit zu einem bestimmten Haus, ganz gleich, wo es steht, bei fast allen Sängern relativ kleingeschrieben. Heute zu sagen, ich verzichte auf diese oder jene Möglichkeit, weil ich in München oder einem anderen Haus ein festes Domizil habe, das sind »tempi passati«. An diesen Tatsachen ist nichts zu ändern. Die Ensemblepolitik eines Clemens Krauss mag uns zuweilen erstrebenswert erscheinen, aber keiner von uns wird sich die Umstände herbeiwünschen, deren Folge sie war.

Überhaupt läßt sich der Opernbetrieb von damals und heute nur sehr bedingt vergleichen. Wir wußten wegen der Abkapselung von außen nach innen und von innen nach außen nur vom Hörensagen, was sich in Amerika oder Skandinavien auf dem Opernsektor abspielte. Auch der Anspruch des Publikums war ein anderer. Ich bin überzeugt, daß heute selbst eine Kapazität wie Julius Patzak nicht mehr uneingeschränkt in allen Partien, die er damals sang, anerkannt würde. Überdies gab es noch kein Fernsehen und keinen Schallplattenmarkt, der die Damen und Herren auch optisch hätte festlegen und als Spezialisten für bestimmte Partien hätte vermarkten können.

»Es brennt an allen Ecken und Enden«
Zeit zu sterben, Zeit zu komponieren

1942 traf mich – unabwendbar – der Wehrdienst. Gleich nach dem Abitur mußte ich als Rekrut zu einer Infanterie-Einheit in Augsburg einrücken, was mir wegen der verhältnismäßigen Nähe zu München nicht unsympathisch war. Aber kaum hatte der Kasernenhofdrill begonnen, wurde ich für eine Sonderaufgabe freigestellt.

Der Rundfunk hatte eine Art Deutschlandtournee geplant, vielleicht mit der Absicht, die vom Luftkrieg demoralisierte Bevölkerung zu beruhigen und aufzurichten. Jugendliche sollten offenbar demonstrieren, daß das Leben trotz allem weiterging. Ich sollte das Italienische Konzert von Bach spielen und wurde deshalb vom Rundfunk bei meiner Wehrmachtsabteilung in Augsburg angefordert. Und man hat mich tatsächlich für diese Konzertreise beurlaubt.

Als die Reise beendet war, fuhr ich wieder nach Augsburg, um mich bei meiner Dienststelle zurückzumelden. Die Kaserne war leer. Kein Mensch war zu sehen. Nicht einmal ein Wachposten. Es war nicht zu fassen. Ich ging zur Schreibstube, stieß dort endlich auf einen Offizier und meldete mich zurück.

»Wo sind meine Kameraden?«

»Vor ein paar Tagen abberufen worden. Sie hat man exkludiert, weil Sie ja beurlaubt waren. Was jetzt mit Ihnen zu geschehen hat, wissen wir nicht. Gehen Sie auf Ihr Zimmer...«

Ich ging auf mein Zimmer. Es war leer. Auch alle Schränke waren leer, makaber leer. Die Grenadier-Einheit, der ich angehört hatte, kam nach Stalingrad. Keiner ist zurückgekehrt. Kann ich da nicht sagen, ich verdanke der Musik sogar mein Leben?

Ich blieb vorerst in der leeren Augsburger Kaserne. Vielleicht klingt es absurd, aber es war für mich eine wunderbare Zeit, denn niemand war da, der mich zum Frühappell rufen oder mich exerzieren lassen konnte – ich führte als Soldat ein einmaliges Leben.

Bis es dann eines Tages hieß: »Sie sind doch Musiker, Sie müßten doch ein gutes Ohr für Morsezeichen und Funkverkehr haben.«

»Nehme ich an!«

»In München-Freimann beginnt gerade ein neuer Unteroffizierslehrgang für Funktruppführer. Was sagen Sie dazu?«

»Es gäbe auch die Möglichkeit, mich zu entlassen, damit ich als Musiker –«

»Geht nicht!«

Man versetzte mich nach München. Ich nahm am Unteroffizierslehrgang teil und wurde Funktruppführer. Jeder war erstaunt – ich auch –, daß ich das ganze Morse-Alphabet innerhalb kürzester Zeit kapiert hatte und die Schwingungen der verschiedensten Frequenzen exakt heraushören konnte.

Wir waren zu dritt: ein Fahrer, ein Funker und ich als Unteroffizier und Truppführer. Wir wurden ausgebildet zum Einsatz als vorgeschobener Beobachtungsposten bei einer Panzerjäger-Einheit.

Wir kamen zunächst nach Frankreich, in die Nähe von Paris, dann nach Belgien, in die Nähe von Ostende, und schließlich nach Walcheren in Holland, wo ich meinen Führerschein machen mußte – auf einem Lastwagen. Ich hatte zwar noch nie hinter dem Lenkrad gesessen, aber es fiel mir nicht sehr schwer, das Autofahren zu lernen. Schließlich gab es kaum Gegenverkehr im Holland des Jahres 1943.

Dann kam unser Einsatz in Italien, im Apennin. Unser Funktrupp wurde zu einer Panzerjäger-Einheit auf vorgeschobenen Posten versetzt.

Damals waren die Italiener noch unsere Achsenfreunde. Wir waren ein Herz und eine Seele mit ihnen. Aber das war es nicht, was das Fundament für meine Liebe zu Italien gelegt hat. Schon in meiner Schulzeit hatte ich mich intensiv mit italienischer Musik, Kunst und Kultur beschäftigt.

Ein Vorteil unseres Drei-Mann-Betriebs war, daß wir laut Kommando niemandem unterstellt waren, außer dem Kommandanten, der uns gerade angefordert hatte. Wir waren sozusagen ZBV (zur besonderen Verwendung). Wir wurden angefordert, wenn ein Einsatz bevorstand und der jeweilige Kommandant wissen wollte, wie es vorne ausschaute. Auf diese Art waren wir allerdings immer die ersten vorne dran. Hinter uns kamen die Panzerjäger und dann die Infanterie, die von den Panzerjägern gedeckt wurde.

Im Juli 1943 nach der Landung der Alliierten auf Sizilien und später in Anzio und Nettuno fand unser erster aktiver Einsatz statt. Dann kam der Umschwung der Italiener, die plötzlich als Partisanen gegen uns vorgingen. Von dieser Situation abgesehen, verbinden mich mit Italien eigentlich nur schöne Erinnerungen.

Die Tatsache, daß wir als Drei-Mann-Funktrupp mit einem eigenen Wagen völlig auf uns allein gestellt waren, ließ natürlich viel mehr Kontakte zu den Menschen zu. Die Bauern in den Dörfern und die Menschen in den kleineren Städten – in größere Städte kamen wir nicht – waren zumeist auf ihren Höfen und in ihren Häusern geblieben. Wir mußten uns als vorgeschobene Beobachter bei ihnen einquartieren, waren also geradezu gezwungen, mit den Leuten zu leben. Da wir uns anständig benahmen, behandelten uns auch die Italiener anständig.

Meine Begeisterung für die Musik hatte schon sehr früh auch mein Interesse an der italienischen Sprache geweckt. Aber es stellte sich schnell heraus, daß sich die Umgangssprache von der Schulsprache erheblich unterschied, und diese Umgangssprache lernte ich in diesen Jahren in Italien.

Natürlich blieben mir auch die Schrecken des Krieges nicht erspart. Einige meiner Kameraden starben neben mir an den Folgen von Bombenangriffen und Artillerie-Überfällen beim permanenten Rückzug aus dem süditalienischen Stiefel immer weiter nach Norden.

Wir waren als Funkstelle in einem alleinstehenden Bauernhaus untergebracht, das auch der Infanterie als vorgeschobener Beobachtungsposten diente. Der Kompaniechef und wir, die Funker, operierten also im selben Haus, wir hatten unsere Meldungen zurückgegeben an eine Stelle, die vielleicht zwanzig Kilometer hinter uns lag. Die Amerikaner, die noch drei, vier Kilometer von uns entfernt waren, hatten unsere Funkstelle angepeilt und ausgemacht und Artillerie angefordert, um das Haus unter Beschuß zu nehmen. Wir beobachteten mit zunehmender Panik, wie sich die Artillerie allmählich auf uns einschoß. Einen Keller, in dem wir uns hätten schützen können, gab es nicht, und nach links oder rechts war die Flucht angesichts der Situation ausgeschlossen. Wir konnten uns ausrechnen, daß das Haus mit einem der nächsten Einschläge dem Erdboden gleichgemacht werden würde.

Und das geschah auch. Ein Kamerad kam ums Leben. Er starb neben mir. Ich muß völlig fassungslos gewesen sein. Ich weiß heute nicht mehr, was weiter geschah und wie wir aus dieser Situation herauskamen. Ich erinnere mich nur noch dunkel, daß mir der Kompaniechef zur Beruhigung eine Zigarette ansteckte. Es war die erste Zigarette meines Lebens. Erst sehr viel später wurde ich mir dessen bewußt.

Nicht zuletzt dank der geschickten Propaganda, mit der wir seit 1933 bearbeitet wurden, hatte man als junger Mensch kaum den Überblick der älteren Generation, die wohl eher wußte, welchem Ende das Ganze zusteuerte. Wir glaubten weiß Gott nicht, daß es eine Ehre sei, für das Vaterland fallen zu dürfen, aber wir waren überzeugt, für Deutschland kämpfen zu müssen. Ich empfand dabei keine Begeisterung, aber jeder von uns sah sich vor eine Aufgabe gestellt, die er meinte bewältigen zu müssen.

Das Risiko war uns bekannt. Wir wußten, daß wir diese Zeit vielleicht überhaupt nicht oder als Verwundete überleben würden. Auch ich wurde beim Rückzug von Pescara nach Ancona durch einen Splitter an der linken Hand verwundet, als wir auf der Küstenstraße in einen Tieffliegerangriff mit Bomben und Maschinengewehrfeuer hineingerieten.

Nachdenklich, wirklich nachdenklich wurden wir erst später – vielleicht auch, weil wir von den allgemeinen Ereignissen zu isoliert waren. Mein Bruder und ich dienten in Einheiten, denen es nicht gestattet war, Briefe nach Hause zu schreiben oder Briefe direkt von zu Hause zu empfangen. Man befürchtete offenbar, unsere jeweilige Position würde Rückschlüsse auf den Frontverlauf zulassen. Meine Eltern kannten nur eine Art Frontleitzahl, an die sie ihre Briefe adressierten. Von dort aus wurden sie dann verteilt. Wo ich gerade war, durfte ich ihnen nicht schreiben. Auch mein Bruder und ich wußten nichts voneinander, obwohl wir, wie sich später herausstellte, nur einige Kilometer voneinander entfernt lagen.

Während des Rückzugs ging ich an einem verhältnismäßig ruhigen Abend mit ein paar Kameraden durch Bologna. Hundert Meter von mir sah ich einen deutschen Offizier um die Ecke verschwinden. Er sah meinem Bruder verblüffend ähnlich. Ich lief ihm nach. Und tatsächlich, es war mein Bruder!

Wir gingen zusammen in irgendein Restaurant. Mein Bruder erklärte mir: »Wolfgang, die Sache ist gelaufen. Mach' jetzt keine großen Geschichten, keine Heldentaten mehr. Es brennt bereits an allen Ecken und Enden.«

Er wußte nichts von den Eltern, denn er durfte keinerlei Verbindung mit zu Hause halten. Ich wußte immerhin aus den Feldpostbriefen, die mich erreichten, daß sie lebten.

Wir mußten uns noch am selben Abend trennen. Mein Bruder ging bereits bei Bologna in Gefangenschaft.

Von den Katastrophen der Jahre 1942 bis 1944 hatten wir kaum etwas mitbekommen. Was im Westen und im Osten geschah, drang nur sehr sporadisch bis zu uns durch. Erst als wir den befohlenen Rückzug in Italien ausführten, wurde uns langsam die wahre Lage bewußt.

Wir standen am nördlichen Ufer des Sangro, eines Flusses im Osten Italiens. Wie viele italienische Flüsse führte auch der Sangro im Sommer kaum Wasser. Unmittelbar am Ufer standen einige von den Italienern verlassene Bauernhäuser. In einem dieser Häuser hatten wir uns einquartiert und den Wagen so abgestellt, daß er von der anderen Seite nicht einsehbar war.

Auf der Südseite des breiten Flußbettes stand die 8. amerikanische Armee mit ihren Panzern. Jeden Morgen winkten wir uns zu. Wir nahmen das alles nicht so ernst.

Im Laufe der Wochen, in denen wir uns gegenüber lagen, hatte sich zwischen den Amerikanern und uns eine stillschweigende Übereinkunft ergeben. Zu bestimmten Zeiten fuhren wir zu dem Rinnsal ins Flußbett, wuschen unsere Fahrzeuge und zogen wieder ab. Dann kam die andere Seite mit ihren Fahrzeugen dran...
Wir haben es uns gutgehen lassen. Wir lebten in Saus und Braus. Es fiel nicht ein Schuß. Es gab Hühner im Überfluß, Mehl, Eier, Kartoffeln, Obst. Und ich machte mir Kartoffelpuffer mit Apfelmus – etwas Wunderbares!

Eines Abends kam der Befehl, daß wir uns noch in der Nacht bis zum nächsten, etwa zwanzig Kilometer weiter nördlich verlaufenden Fluß absetzen sollten. Unser Rückzug sollte lautlos vonstatten gehen. Für die ersten drei, vier Kilometer hatten wir die Weisung bekommen, die Fahrzeuge nicht anzulassen, sondern zu schieben. Gegen ein Uhr nachts packten wir wie befohlen alles zusammen, machten uns still und heimlich davon, zwanzig Kilometer Richtung Norden, und quartierten uns am nördlichen Ufer des nächsten Flusses ein.

Als es hell wurde, standen uns die Amerikaner auf der anderen Seite des Flusses wieder gegenüber. Die alte Situation war wiederhergestellt, nur zwanzig Kilometer weiter nördlich. Die ganze Operation war ohne jedes Blutvergießen abgelaufen. Der einzige Verlust waren meine Kartoffelpuffer vom Abend zuvor.

Musikalisch waren diese Jahre eine Zeit der Frustration. Ich ergriff jede Gelegenheit, um in verlassenen Häusern nach einem Instrument zu suchen, schaute, ob nicht da und dort ein Flügel oder ein Klavier stand. Manchmal zahlte sich diese Suche aus, und ich konnte ein paar Stunden damit zubringen, musikalische Erinnerungen aufzufrischen. Sonst blieb nur das Radio.

Nur einmal konnte ich über mehrere Wochen hin regelmäßig spielen. Lonigo hieß der Ort. Es war noch vor der Landung der Amerikaner und Engländer. Ein Haus, in dem eine Art Casino untergebracht war. Ich durfte dort musizieren, klassische Musik, wenn die Offiziere ihre Zusammenkünfte abhielten. Und Notenmaterial war vorhanden, da in dem Haus kontinuierlich Musik gepflegt worden war.

Viele, viele Jahre später, lang nach dem Krieg, gab ich einmal in Neapel ein Konzert mit dem Scarlatti-Orchester. Ein alter Mann kam mit seiner Tochter auf mich zu. Beide umarmten mich und begrüßten mich wie einen alten Bekannten.

In einem Leserbrief an das »Giornale di Vicenza« vom 20. August 1980 berichtete Anita Cavaggioni über diese Begegnung in Lonigo: »Es war im Herbst des Jahres 1944. Ein milder und sonniger Oktober, der aber dennoch die Angst, die allen auf der Seele lastete, nicht linderte. Zu dem vernichtenden Waffenstillstand, der Erniedrigung der Niederlage, dem Verdruß über die Auflösung des Heeres, der Sorge über die ungewisse Zukunft kam die Last der deutschen Besatzung; unsere Häuser wurden in ihrer Privatsphäre verletzt. Die Räume, die man freiwillig angeboten hatte, um Offiziere oder Soldaten unseres eigenen Heeres unterzubringen, wurden nun von den Besatzungstruppen requiriert. Auch in unserem Haus wohnte ein deutscher Offizier, der, um es ehrlich zu sagen, recht zurückhaltend war, aber dessen ungeachtet eine fremde und feindliche Anwesenheit darstellte. Vom wertvollen Mobiliar, das wir aus Angst vor Bombenangriffen und Beschlagnahme aufs Land evakuiert hatten, hatten wir nur das Klavier behalten, auf dem meine dreizehnjährige Tochter übte, um sich auf die Prüfung der fünften Klasse vorzubereiten. Der deutsche Offizier blieb oft stehen und lauschte. Eines Tages gestand er mir, daß er ein leidenschaftlicher Musikliebhaber sei, und einige Tage später fragte er mich, ob nicht einer seiner ganz jungen Soldaten, der ein sehr guter Klavierspieler sei, manchmal auf unserem Klavier üben könnte. Ich mochte nicht nein sagen, und außerdem wäre es nicht einfach gewesen, das abzuschlagen.

Am folgenden Tag begleitete er seinen Schützling zu uns. Ein blutjunger Soldat, vielleicht kaum zwanzigjährig, fast bartlos. Er schien mir ungemein schüchtern, so daß ich selbst ihn ermutigte zu spielen. Aber sobald er die Hände auf die Tasten legte, hatte ich sofort den Eindruck, einer musikalischen Persönlichkeit von außergewöhnlichem Format gegenüberzustehen. Ich erinnere mich, daß er anfing, ein Impromptu von Schubert zu spielen, und zwar mit dem Feuer und zugleich der Leichtigkeit des Anschlags eines großen Meisters, jenes Meisters, der er dann werden sollte.

Wie gesagt, er schien mir ungemein schüchtern; ich verstand dann, daß sein Betragen weniger von Schüchternheit als von äußerster Zurückhaltung geprägt war oder vielleicht von einem Unbehagen an den besonderen Umständen, in denen er sich nun wegen des Krieges befand. Als er sich schon etwas heimischer bei uns fühlte, vertraute er mir mehrmals seine Abscheu vor jeder Form von Gewalt an. Er legte Wert darauf klarzustellen, daß er zur Nachrichtentruppe gehöre und daß er niemals eine Waffe benutzt habe.

Von jenem Tag an kam Wolfgang Sawallisch während der ganzen Zeit, die er in Lonigo blieb, täglich zu uns zum Klavierspielen. Sämtliche Noten, die wir besaßen, kamen seinem unerschöpflichen Drang entgegen. Bach, Mozart, Chopin, Schubert, Schumann und vor allem Beethoven. Ich erinnere mich an seine Lieblingssonaten: op. 109 und das herrliche op. 53, die Waldstein-Sonate, bei der die scheinbar kühle Beherrschung, die seine Person auszeichnete, sich in einem freudigen und leidenschaftlichen Gesang löste, der seine außergewöhnliche Sensibilität verriet.

Eines Tages fragte ich ihn, ob er nach dem Ende des Krieges Konzertpianist werden wolle. Er erwiderte, daß er danach strebe, Dirigent zu werden.«

Die Konzertbesucher von Neapel waren meine so freundlichen Hausbesitzer von Lonigo.

Unsere Moral erreichte Ende 1944 den Nullpunkt. Der Rückzug ging unaufhörlich weiter, und schließlich standen wir ungefähr zweihundert Kilometer südlich des Po, immer noch in einer Art friedlicher Übereinkunft. Dann muß auf amerikanischer Seite beschlossen worden sein, diesen »Spaziergang« in Richtung Norden zu beenden – mit Tieffliegerangriffen, Bombardements, Panzerangriffen.

Wir zogen uns kämpfend bis an den Po zurück. Wir wußten, was das bedeutete, denn über den Po gab es keine Brücke mehr. Eines Nachts bekamen wir den Befehl, unser gesamtes Material – Fahrzeuge, Funkgeräte, alles – in die Luft zu sprengen, um dem nachrückenden Feind nichts zu überlassen. Kilometerweit sah man an der Südseite des Po eine merkwürdige Fackellinie: Fahrzeuge brannten, Munition flog in die Luft – ein optischer Effekt, der den Amerikanern signalisierte, daß wir am Ende waren.

Sie flogen dann auch prompt noch in der Nacht sehr heftige Tieffliegerangriffe, denn sie wußten, daß da, wo das Material in Flammen aufging, die Menschen nicht weit sein konnten. Wir schwammen durch den Po. Unsere Nachrichtentruppe hatte Kabel über den Fluß gespannt, an denen sich Nichtschwimmer festhalten konnten. Viele wurden dabei erschossen. Unserem Funktrupp ist nichts passiert. Auf der anderen Seite sammelten sich die kläglichen Überreste. Wir marschierten zu Fuß weiter. Die Verwundeten transportierten wir auf requirierten Karren.

Wir erreichten die Alpen. In Bellinzona kamen uns erneut Amerikaner entgegen – diesmal aus dem Norden. Alle Befehlsgewalt hatte sich aufgelöst. Rette sich, wer kann, war die Devise. Wir wußten, daß der Krieg vorbei war und es nur noch darum ging, so schnell wie möglich nach Hause zu kommen.

Wir waren vielleicht noch tausend Leute, bestehend aus allen Einheiten. Ein Kompaniechef erläuterte uns die Situation: Die Amerikaner hätten uns ultimativ aufgefordert, uns aufzulösen oder in Gefangenschaft zu gehen; er schlage vor, den Worten der Amerikaner zu vertrauen, die auf Flugblättern verkündeten: »Der Krieg ist aus! Ergebt euch! Das ist der sicherste Weg nach Hause!«

Abends mußten die Waffen abgegeben werden. Der Kompaniechef hatte uns zwar geraten, in Gefangenschaft zu gehen, aber wer partout nicht wollte, konnte versuchen, sich über die Alpen durchzuschlagen.

Wir ergaben uns. Den Weg, den wir als Fußmarsch zwischen Po und Bellinzona zurückgelegt hatten, fuhren wir jetzt schön gemütlich auf amerikanischen Lastwagen, wieder zurück. Am Po hatten die Amerikaner bereits Pontonbrücken gebaut.

Wir wurden bis Ancona gebracht, auf amerikanischen Booten nach Bari verschifft und von dort auf Lastwagen nach Tuturano transportiert, wo uns Engländer in Empfang nahmen und wir in einem englischen Gefangenenlager landeten. Auch mein Bruder war in ein von den Engländern bewachtes italienisches Gefangenenlager gekommen, ein Offizierslager.

Wir bezogen ein Zeltlager mitten im Sand und wurden als Gentlemen behandelt. Wer wollte, konnte für die Engländer arbeiten. Wer dies nicht wollte, hatte keine Sanktionen zu befürchten. Wir hatten nur das Notwendigste zu essen, aber wir hatten zu essen.

»Rasieren dürfen Sie sich nicht«, wurde uns erklärt, obwohl wir ohnehin schon alle mit Bärten herumliefen, »denn – wenn man einem Deutschen eine Rasierklinge überläßt, baut er sich daraus ein Maschinengewehr.«

Es wurde uns alles abgenommen. Aber ich ließ mir von den Engländern Papier geben und begann zu komponieren, ein Streichquartett. Die Notenlinien zog ich selbst mit einem Bleistift, den Partiturrücken band ich mit dem roten Faden einer feldgrauen Decke. Zum erstenmal seit langem konnte ich mich wieder musikalisch betätigen. Ich komponierte stundenlang mit größter Begeisterung. (Es blieben neben meinen Übungen während des Studiums übrigens meine einzigen Kompositionsversuche.)

Ich hatte viel Zeit, über alles, was mich musikalisch bewegte, nachzudenken. Ein halbes Jahr lang! Wie würde die Zukunft aussehen? Wie mein eigener Weg mit der Musik? Komponist jedenfalls wollte ich nicht werden. Ich verspürte keine innere Verpflichtung dazu. Der Drang, etwas Eigenes in Noten setzen zu müssen, war in meinem Fall aus einer Notlage heraus entstanden und aus Langeweile. Ich hatte keine andere Möglichkeit gesehen, mich zu betätigen, denn Arbeit gab es auf diesem Sandfleck kaum und Instrumente schon gar nicht.

Natürlich war alles, was ich damals schrieb, von meinen bisherigen Erlebnissen mit der Musik beeinflußt, dem klassisch-romantischen Musikgut, denn die sogenannte neuere Musik kannte ich nicht, da sie uns nicht zugänglich war. Wir konnten noch nicht einmal die neuere deutsche Musik hören, noch nicht einmal Hindemith.

Jedenfalls bestärkte mich die praktische Erfahrung in meiner Überzeugung: Komponist werden sollte nur, wer das, was in ihm klingt und was er fühlt, unwiderstehlich zu Papier bringen und vermitteln muß.

Aus den Nachrichten hörten wir, daß der Krieg endgültig vorbei war. Zeit der Kapitulation. Wir wußten, daß wir den richtigen Weg gewählt hatten, um das eigene Leben zu retten und zu unseren Familien zurückzukommen. Vom Ausmaß der Zerstörung in Deutschland ahnten wir da unten in Süditalien nichts.

Eines Tages hieß es, wir würden an Frankreich ausgeliefert, was wir als Schreckensmeldung empfanden, da das Gerücht umlief, die Franzosen würden die Deutschen längst nicht so korrekt behandeln wie die Engländer. Dann wieder hieß es, man würde uns den Russen übergeben.

Im April waren wir in Gefangenschaft geraten. Im Oktober übernahmen uns wieder die Amerikaner und transportierten uns mit dem Zug von Tuturano nach Bad Aibling. Dort kamen wir in ein amerikanisches Entlassungslager. Für mich der Idealfall: so nahe bei München!

Es dauerte ein paar Tage, bis die Papiere fertig waren, dann fuhren uns die Amerikaner von Bad Aibling nach München – bis zum Stachus. Dort hieß es: »Runter von den Lkws! Ihr seid entlassen!«

Und nun stand ich im zerstörten München. Obwohl zwischen Mai 1945 und meiner Rückkehr sicher schon viel an Aufräumungsarbeiten geschehen war, konnte ich mir vorstellen, wie München gleich nach den Bombenangriffen ausgesehen haben mußte. Aber auch das München, das ich sah, trieb mir die Tränen in die Augen. Ich kann nicht beschreiben, was mich bewegte, als ich den Weg vom Stachus bis zum Lehel in die Oettingenstraße nahm, wo wir unsere Wohnung hatten.

Vom Stachus zum Marienplatz, dann an der Oper vorbei, wo alles in Trümmern lag. Das Haus in Schutt und Asche, in dem ich als Junge die Eindrücke meines Lebens empfangen hatte! Die Maximilianstraße vor, links ins Lehel hinüber, die Tattenbachstraße hoch. Die letzte Nachricht meiner Eltern hatte mich Ende 1944 erreicht. Auch von meinem Bruder hatte ich nichts mehr erfahren. Ich wußte nicht einmal, ob das Haus noch stand. Tattenbach-/Liebigstraße. Ich bog um die Ecke und sah – das Haus. Es war noch da, wenn auch stark beschädigt. Das Haus gegenüber war abgebrannt, wie auch das Haus rechts von uns. Es stand eigentlich nur noch das Eckhaus Oettingenstraße/Liebigstraße.

Ich ging hinauf in den vierten Stock und läutete. Meine Mutter machte auf. Sie fiel fast in Ohnmacht. Hinter meiner Mutter tauchte mein Bruder Werner auf, der acht Tage vor mir aus der Kriegsgefangenschaft entlassen worden war. Die Familie hatte sich wiedergefunden.

»Das Schicksal meinte es gut mit mir«
Nachholbedarf an Musik und Leben

Die ersten Gedanken nach meiner Rückkehr galten der Musik. Wolfgang Ruoff war am Leben geblieben, obwohl sein Haus stark beschädigt worden war. Auch die Pianistin Rosl Schmid und Dr. Sachsse und seine Frau waren wohlauf.

Nach diesen ersten Besuchen wollte ich mich an der Akademie einschreiben, aber sie war noch geschlossen. Es hieß, die Hochschule werde demnächst in der Stuck-Villa wiedereröffnet.

In der Zwischenzeit nahm ich bei Professor Knappe Unterricht im Dirigieren. Ich meldete mich zur Aufnahmeprüfung an, und da ich nicht wußte, welcher Wissensstand erforderlich war, um in diese oder jene Klasse aufgenommen zu werden, legte ich die Prüfung für das erste Semester ab. Die Professoren aber konstatierten: »Sie gehen gleich ins letzte Semester. Schauen Sie zu, daß Sie rauskommen! Was wollen Sie hier noch groß?«

Ich wechselte also ins letzte Semester über und machte nach einem Vierteljahr die Abschlußprüfung.

Trotzdem lernte ich an der Hochschule Lehrer kennen, die für mich sehr wichtig waren: in Komposition Joseph Haas, Präsident der Akademie, Komponist von Opern und symphonischer Musik, in Musikwissenschaft Professor Hans Mersmann und in Klavier Professor Walter Georgii, denn Ruoff war damals bereits aus der Akademie ausgeschieden.

Georgii galt als Spezialist für zeitgenössische Musik. Durch ihn kam ich über das Klavierspiel zur zeitgenössischen Musik, also in einen Bereich, der mir bis dahin fast völlig verschlossen geblieben war. Von Bartók, Strawinsky, Hindemith, Honegger, ja selbst von Debussy und Ravel wußte ich ja bis dahin kaum etwas oder überhaupt nichts. Das war für mich wie eine Offenbarung.

Von meiner Rundfunkzeit her kannte ich einen hervorragenden Geiger, Gerhard Seitz, den sich Eugen Jochum später als ersten Konzertmeister ins Bayerische Rundfunk-Symphonieorchester holte. Gerhard Seitz war ein nicht minder besessener Blattleser als ich. Wir kauften uns alle Noten, die wir bekommen konnten. Mit Beethoven, Brahms, Schumann, Mozart und Schubert waren wir vertraut, aber von der neuen Literatur hatten wir so gut wie keine Ahnung. Noch vor der Wiedereröffnung der Akademie stürzten wir uns voller Begeisterung auf die Moderne.

Mein musikalisches Weltbild allerdings konnte diese Begegnung mit der Musik-Moderne nicht erschüttern, denn wir entdeckten, daß die Musik bis zum Jahr 1945/46 eigentlich eine ganz logische und vom Musikalischen her notwendige Weiterentwicklung genommen hatte. Der extreme Sprung der fünfziger Jahre hatte noch nicht stattgefunden. Alban Berg, Schönberg, Strawinsky in seiner Einmaligkeit – sie hatten ihre Musik aus der Tradition heraus entwickelt. Daß wir jetzt die Chance hatten, im Eiltempo zehn Jahre Entwicklung aufzuholen, empfanden wir als phänomenal. In den Konzerten, die Gerhard Seitz und ich damals gaben, stand jedenfalls grundsätzlich ein Hindemith, Martin, Ravel, Debussy oder Bartók auf dem Programm.

Ich hatte keine Vorstellung, wie sich unser erster Einstieg in die Konzertlaufbahn abspielen sollte. Seitz und ich hatten im kleineren Rahmen hier und da Abende gegeben und vor Publikum einige Erfahrungen sammeln können; oft wurden wir auch von privaten Musikvereinigungen eingeladen, die von uns gehört hatten, aber so etwas wie ein »Durchbruch« zeichnete sich nicht ab.

Ich studierte noch an der Akademie, wo mich Professor Georgii zunächst einmal zur Verzweiflung brachte. Bei meinem hochverehrten Professor Ruoff hatte ich die Schubert-Sonaten, die Liszt-Klavierwerke und ähnliches studiert, aber Georgii bestimmte: »Jetzt fangen wir mit Clementi-Sonaten an!« Ich empfand das als Zumutung! Schließlich war ich bei Ruoff mit Liszt und Brahms, Schubert und Schumann sozusagen an der Endstufe angelangt, und jetzt plötzlich sollte ich Clementi spielen! Heute bin ich Georgii dankbar dafür, denn das bot mir Einblick in eine Kategorie von Musik, mit der ich mich bis dahin überhaupt nicht auseinandergesetzt hatte. Bei Frau Sachsse hatte ich zwar Clementi-Sonatinen gespielt, aber dann waren wir schnell auf Mozart und Beethoven übergegangen. Georgii zwang mir nun diese Auseinandersetzung mit Clementi-Sonaten auf, und heute zählt die Beschäftigung mit Clementi und Scarlatti mit zu meinen schönsten Erinnerungen.

Es lief letztlich auf ein Formproblem hinaus. Frau Sachsse und Professor Ruoff waren ausgesprochen romantisch orientiert; das die Disziplin herausfordernde Bach-Spiel pflegten beide nicht so sehr. Nicht, daß ich deshalb keine Beziehung zu Bach gehabt hätte, aber die für Bach notwendige Disziplin beim Spielen einer vierstimmigen Fuge, die Unabhängigkeit der Finger – bei Schubert ist die linke Hand doch mehr Begleitung –, die Eigenständigkeit manueller Fertigkeit, dies alles funktionierte damals noch nicht so recht.

Ich hatte bis dahin verhältnismäßig wenig Bach gespielt. Georgii verlangte es jetzt. Vielleicht weil er schon beim Vorspielen erkannt hatte, daß es da bei mir eine Lücke gab. Jetzt jedenfalls lernte ich die Partiten, die englischen und französischen Suiten, die Kunst der Fuge kennen. Dazu kam der Einblick in Scarlatti und Clementi, in die strenge Form der Vorklassik.

Georgii selbst war Autor von Büchern über die Technik des modernen Klavierspiels; er hatte eine »Geschichte der Musik für Klavier zu zwei Händen von den Anfängen bis zur Gegenwart« verfaßt. Bei ihm kam ich mit Philipp Jarnach, Karl Höller, Igor Strawinsky in Berührung, die eine ganz andere Behandlung des Fingersatzes, der Fingertechnik erforderten: Plötzlich wurde mir ein viel diszipliniertes Spiel abverlangt. Georgii machte mich auch mit den Hindemith-Klaviersonaten bekannt, die ich bis heute immer wieder spiele, wenn ich mich auf ein Stück in dieser Richtung einstellen möchte.

Bei Georgii und Mersmann habe ich musikgeschichtlich sehr viel gelernt; Mersmanns Wissen und Können, vor allem aber seine Menschlichkeit haben mich sehr beeindruckt. Ich erinnere mich an seine Bemerkungen vor den Abschlußexamina, denn offensichtlich hatte er längst gemerkt, daß ich eher ein Praktiker als ein Theoretiker bin:

»In der Prüfung bin ich natürlich gezwungen, Ihnen einige Fragen zur Musikgeschichte zu stellen. Aber machen Sie sich keine

Sorgen, ich stelle Ihnen schon Fragen, von denen ich weiß, daß Sie sie beantworten können. Versuchen Sie in Ihren Antworten zwei, drei Komponisten, bei denen Sie sich gut auskennen, des öfteren zu erwähnen, dann stelle ich Ihnen eine Spezialfrage zu diesen Komponisten... Und ich bitte Sie: Bei dem, was Sie werden wollen und was Sie dazu kennen müssen, verschwenden Sie keine Zeit, sich Jahreszahlen zu merken, wann geboren, wann gestorben, wo wann was komponiert, unter welcher Kompositionsnummer – vergessen Sie das alles, denn das können Sie in Dutzenden von riesigen Lexika nachlesen. Sie müssen Ihre Partituren kennen, Ihre Opern, Ihre symphonische Literatur! Belasten Sie sich nicht mit der Frage, ob dieser oder jener Komponist 1921 oder 1922 gestorben ist, solange Sie gerade noch wissen, daß Bach vor Wagner gelebt hat...«

Das wußte ich. Als ich dann in die Prüfung ging, begann Mersmann mit den denkbar leichtesten Fragen. Eine Garantie hatte ich natürlich nicht, daß sein Vorschlag wirklich ernst gemeint war, aber ich erwähnte immer wieder den Namen Schumann. Und tatsächlich fragte mich Mersmann nach meinen Kenntnissen über die romantische Musik, zum Beispiel Schumann...

Ich redete drauflos. Nach zehn Minuten unterbrach er mich: »Sie kennen sich da ja weiß Gott hervorragend aus!« Mit einer Eins in Musikgeschichte ging ich nach Hause.

Nach drei Monaten Hochschule jedenfalls hatte ich mein staatliches Abschlußexamen in der Tasche, von dem ich heute noch nicht einmal mehr weiß, wo es liegt.

Ein weiteres entscheidendes Ereignis dieser Zeit: Mechthild und ich fanden uns wieder. Die Wohnung ihrer Eltern war völlig ausgebombt, auch die gegenüberliegende Werkstatt ihres Vaters war zerstört. Einige der Orgelbaumaterialien hatte er rechtzeitig ausquartiert; auch das Klavier war aufs Land ausgelagert worden.

Mit das wichtigste für uns alle war damals, daß mein Schwiegervater in spe seinen Opel P 4 aus den Flammen hatte retten können. Die Reifen waren etwas angesengt, aber ansonsten lief das Auto. Er war auch einer der ersten, der die Genehmigung erhielt, ein Auto zu fahren – da man ihm als Orgelbauer die Möglichkeit einräumen mußte, sein Material zu transportieren. Natürlich profitierten wir alle von dieser Genehmigung. Ein herrliches Auto! Ohne Bodenschutz, ohne Heizung, aber ein Opelmotor, der lief... Trotzdem mußten wir bei jeder Fahrt die Zeit für eine Reifenpanne einkalkulieren. Kein Ausflug, bei dem wir nicht die brüchigen Reifen hätten flicken müssen! Doch das haben wir gern in Kauf genommen.

Es war ungefähr in der Zeit meiner Abschlußprüfung, als Walter Georgii eines Tages zu mir kam und sagte: »Hätten Sie Lust, am Stadttheater in Augsburg als Korrepetitor anzufangen? Ich weiß nicht, ob Sie das Theater wirklich interessiert, aber ich bin mit Fritz Schnell befreundet, seines Zeichens städtischer Musikdirektor in Augsburg, und er hat mich gefragt, ob ich nicht in meiner Klavierklasse einen begabten Pianisten hätte, der als Korrepetitor anfangen möchte, um sich vielleicht einmal als Kapellmeister zu entwickeln. Ich habe ihm gesagt, daß ich mit Ihnen sprechen werde, was hiermit geschehen wäre!«

»Ich weiß nicht so genau, was für eine Aufgabe das ist, aber sie hat mit Musik zu tun, ist vielleicht der Beginn einer Theaterlaufbahn, und Augsburg ist nicht weit von München – ich sage ja!«

Georgii sprach noch einmal mit Schnell. Schnell lud mich zu sich nach Hause ein. Das war im Herbst 1946. Ein netter, feiner Herr blickte mich prüfend an: »Spielen Sie mir etwas vor!«

Ich weiß nicht mehr, was es war, aber ich spielte ihm sicher etwas in meinen Augen sehr Eindrucksvolles vor. Schließlich kam ich ja von der pianistischen Seite her...

»Wie ist es bei Ihnen denn mit dem Blattspielen bestellt?« wollte Schnell wissen. »Als Korrepetitor bekommen Sie Klavierauszüge vorgelegt, die Sie vom Blatt spielen müssen.«

»Vielleicht legen Sie mir etwas vor...«

Er legte mir den »Figaro« vor. Ich spielte vom Blatt. Er schien beeindruckt.

»Gehen wir mal eine Stufe höher!« schmunzelte er und legte mir den »Rosenkavalier« vor.

Dies war für mich gewissermaßen die erste Begegnung mit Richard Strauss, denn auf dem Sektor der Klavierliteratur gibt es von

Strauss ja so gut wie nichts. Ich kannte natürlich die symphonischen Dichtungen, ich hatte Strauss-Opern in München gesehen, aber ich hatte keine Erfahrung mit dem Klavierauszug einer Strauss-Oper! Er gab mir die Einleitung zum ersten Akt »Rosenkavalier«. Ich muß sie mit einer solchen Begeisterung heruntergespielt haben, daß Schnell völlig perplex war.

»Ab 1. Januar 1947 sind Sie in Augsburg engagiert!«

Das war der Beginn meiner Tätigkeit am Theater. Ich schlug meine Zelte in Augsburg auf. Ich nahm ein möbliertes Zimmer bei Leuten, die ein Modegeschäft hatten, einer Familie Rübsamen.

Noch stand mir das Gespräch mit dem Verwaltungsdirektor des Hauses, Guido Nora, bevor, denn nachdem Musikdirektor Schnell erklärt hatte, er wolle den Sawallisch haben, mußte Ende 1946 der Vertrag ausgehandelt werden. Nora ließ mich zu sich kommen.

»Sie sollen ab 1. Januar als Korrepetitor und Solo-Repetitor anfangen – was stellen Sie sich denn finanziell so vor?«

Mutig wie ich damals war, dachte ich: »Jetzt oder nie!« Und sagte kühn: »Ich möchte 250 Mark!«

Das waren noch Reichsmark.

»Sind Sie wahnsinnig? Als Anfänger! Sie sollten dankbar sein für die Chance, die wir Ihnen bieten! Kommt überhaupt nicht in Frage!« pfiff mich Nora an.

Inzwischen weiß ich ja selbst, wie man so etwas macht.

»200 Mark und nicht eine Mark mehr!« beschloß Nora.

»Einverstanden!«

Wir waren handelseinig geworden. Eine Schachtel Zigaretten kostete damals auf dem Schwarzmarkt 120 Mark, für mein Zimmer bezahlte ich 50 Mark Miete. Ich hatte ein phantastisches Auskommen.

2. Kapitel

Lehrzeit und Lehrgeld

»Halten Sie sie fest!«
Engagement in Augsburg

Das Augsburger Stadttheater war zerstört. Man spielte im Ludwigsbau, der später abgerissen wurde. Heute steht da das Augsburger Kongreß-Zentrum.
Und es gab in Augsburg die »Kleine Komödie« mit nur wenigen Plätzen. Als ich nach Augsburg kam, wurde dort das Singspiel »Bezauberndes Fräulein« gegeben. Für die musikalische Begleitung sorgten der Augsburger Operettenkapellmeister und ein Kollege an zwei Klavieren, denn für ein Orchester war kein Platz vorhanden.
Am zweiten Tag meines Augsburger Engagements wurde der zweite Pianist krank. Er mußte ersetzt werden, ich sollte übernehmen. Ich wurde vom Operettenkapellmeister eingewiesen, da ich von diesem Stück keine Ahnung hatte. Und es wurde ein fulminanter Abend! So fulminant, daß mir das »Bezaubernde Fräulein« erhalten blieb, denn der erkrankte und wieder genesene Kollege war froh, einen Nachfolger gefunden und das Benatzky-Stück losgeworden zu sein.
Bei der vierten oder fünften Vorstellung, die ich bestritt, fiel plötzlich der Strom aus. Man sah absolut nichts mehr, denn auch die Notbeleuchtung funktionierte nicht. Alle saßen wie gelähmt da. Jeder wartete, was geschehen würde. Aber das Licht ging und ging nicht an. Ich spürte eine allgemeine Unruhe aufkommen und dach-

te, jetzt hilft nur eins – ich spiel' einfach Melodien aus dem »Bezaubernden Fräulein«, das mir inzwischen ja einigermaßen geläufig war. In absoluter Dunkelheit unterhielt ich die Leute mit einem Potpourri, und es wurde mucksmäuschenstill. Als schließlich das Licht wieder anging, wurde ich mit kräftigem Beifall belohnt...

Wenig später – ebenfalls in der »Kleinen Komödie« – wurde mir dann die musikalische Leitung bei einer Neueinstudierung von Benatzkys »Meine Schwester und ich« übertragen. Daneben absolvierte ich jeden Tag von neun Uhr früh an meine Korrepetitionen. Es wurde gut, hart und intensiv gearbeitet. Man mußte ja ein neues Repertoire aufbauen. Nicht nur, daß das eigentliche Haus zerstört und der Fundus ausgebrannt war, alles mußte neu erarbeitet werden. Alle drei, vier Wochen stand eine Neuproduktion auf dem Programm.

Operette, das war für mich damals völliges Neuland, und doch fand mein Einstieg ins Dirigieren in Augsburg über die Operette statt. Bei einer »Madame Dubarry« in einer Nachmittagsvorstellung stand ich zum erstenmal als Operettenkapellmeister am Pult.

Ich erinnere mich, wie ich ganz genaue Tempo-Vorstellungen entwickelte und mir gründlich überlegte, was ich schneller oder langsamer nehmen wollte... Am Tag der Aufführung aber ließen sich vier Fünftel davon nicht verwirklichen! Alles wurde immer langsamer, immer schwerer; zusammen war es, viel mehr aber auch nicht. Die Leichtigkeit, die Eleganz, die ich mir für diese Operette erträumt hatte, sie wollte und wollte sich an diesem Nachmittag einfach nicht einstellen.

Bei den nächsten Vorstellungen und bei anderen Operetten versuchte ich herauszufinden, warum das Orchester langsamer wurde und wie ich meine Vorstellungen besser auf das Orchester übertragen könnte. Ich lernte, musikalische Hürden in der Praxis zu überwinden. Ich begriff, daß meine Vorstellungen und die Technik meiner Bewegungen, Hände und Einsätze auseinanderklafften, und fand heraus, was ich tun mußte, um den von mir gewünschten Effekt zu erzielen. Von der Pieke auf lernte ich, mit einem Orchesterapparat umzugehen, auf Musiker einzugehen, mit Sängern zu arbeiten und die Abläufe zwischen Bühne und Orchester technisch zu koordinieren.

Dabei hatte ich keinen Vertrag als Dirigent, sondern ein Engagement als Korrepetitor, der auch für die Bühnendienste in der Oper, von den Trompeteneinsätzen des »Lohengrin« hinter der Bühne bis zum Summchor in »Madame Butterfly« verantwortlich war. Die Abendvorstellungen dirigierte ich sozusagen nebenher. Doch ohne solche Erfahrungen, das kann nicht oft genug betont werden, kommt eines Tages der Moment, an dem man einbricht. Vielleicht ist mir dies nur wegen meiner siebenjährigen Augsburger Anfängertätigkeit erspart geblieben. Und die Zeitumstände haben den Beginn meiner »Ochsentour« mitgeprägt. Der Krieg saß uns allen noch in den Knochen. Man probierte in Mänteln, da es keine Heizung gab. Auch Sessel gab es nicht, das Publikum saß auf Bänken. Notlösungen, mit denen man tagtäglich konfrontiert war...

Aber all das führte, glaube ich, zu menschlicheren Beziehungen unter den Ensemble-Mitgliedern. Jeder war glücklich, überhaupt die Chance zu haben, Musik zu machen. Es herrschte ein ganz anderes Gefühl für persönlichen Einsatz, für Kunst, für den Willen, dem Publikum alles zu geben.

Hautnah erlebte ich damals, welcher Unsinn die Behauptung ist, die Oper sei eine elitäre Institution! Als es nichts zu essen, nichts zu heizen und nichts anzuziehen gab, kamen die Menschen in die Oper, um sich dort begeistern zu lassen, um sich Lebensmut und Freude zu holen, die sie in ihren eigenen vier Wänden ohne Fensterscheiben und ohne Heizung oft nicht fanden. Sie hatten genug von all den Grausamkeiten der letzten Jahre, von der Not, aber auch der Hybris des »Tausendjährigen Reichs«, und plötzlich besann man sich auf die Kunst, auf die Musik. Für diese Menschen war Musik so etwas wie eine Offenbarung.

Ich bin meinem Schicksal dankbar, daß ich in eine Zeit hineingewachsen bin, in der das Musizieren, das Klavierspiel den Menschen wirklich etwas gab, etwas Essentielles. Musik zu machen war damals eine Lebensaufgabe, und der Einsatz, sie auf die Zuhörer zu übertragen, war bedingungslos. Niemand beklagte sich, wenn man fragte, ob es vielleicht möglich wäre, am Samstagnachmittag noch eine Vorstellung anzuberaumen! Ein »Zuviel!«, »Zu spät!«, »Jetzt ist Schluß!«, das gab es nicht. Es wurde gearbeitet. Es wurde probiert. Es wurde im Sinne der Kunst gedacht.

Die Operette war für mich die heilsamste Schule, die ich mir vorstellen kann. Als der alte Operettenkapellmeister pensioniert wurde, bat man mich, sein Nachfolger zu werden. Ich willigte ein und blieb drei Jahre, obwohl die Operette natürlich nicht mein erklärtes Lebensziel war. Wenn ich die Stücke, die ich damals dirigiert habe, Revue passieren lasse, muß ich gestehen: Zum Teil kennt man sie heute nicht einmal mehr dem Titel nach...

Eine dieser Operetten – die »Lockere Odette« – hob ich als Uraufführung aus der Taufe. Sie fiel so sehr durch, daß ich den Weg aus dem Orchestergraben hoch zur Bühne nicht schnell genug schaffte, um noch den Beifall des Publikums entgegenzunehmen.

Unser Oberspielleiter hieß Schönfelder, ein Theaterblut, wie man es heute nicht mehr findet! Er lebte nur fürs Theater, war selbst ein hervorragender Regisseur, gerade für Operetten, er spielte mit und sang die Buffo-Partien. Als Kapellmeister mußte ich mit ihm zurechtkommen, aber zuweilen gerieten wir aneinander. Er hatte seine eigenen Vorstellungen, und sein Instinkt trog ihn selten. So erinnere ich mich, wie er zu mir einmal sagte: »Du bist wirklich ein guter Dirigent, aber ein Operettenkapellmeister wirst du nie!«

Noch im selben Jahr wurde mir das erste Operndirigat übertragen: »Hänsel und Gretel« – die erste Oper, die ich als Kind in München gesehen hatte. Ein Traum schien sich zu erfüllen! Das Stück, das entscheidend gewesen war für meinen Wunsch, Dirigent zu werden, konnte ich jetzt als meine allererste Oper dirigieren.

Dabei stellte ich schnell fest, daß dieses Werk alles andere als leicht ist. Vielmehr ist es ein ganz diffiziles Stück mit einer komplexen Instrumentation. Hat man oben auf der Bühne, wie es ja sein sollte, zarte Kinderstimmen für Hänsel und Gretel, dann bedarf es schon einer sehr subtilen Orchesterführung, daß sie durchkommen; denn eigentlich benötigt man für Humperdincks Reverenz an Wagner Heldenstimmen, um dem Orchester gewachsen zu sein. Auch technisch ist »Hänsel und Gretel« nicht einfach. Heute würde ich sagen: Als Probedirigat sollte man jungen Kapellmeistern nicht »Tannhäuser« oder »Rigoletto«, sondern »Hänsel und Gretel« oder »Land des Lächelns« geben. Da erkennt man sehr schnell und sehr genau, was technisch und musikalisch los ist.

Anscheinend absolvierte ich mein »Hänsel und Gretel« in Augsburg gut, denn das Stück blieb in meiner Hand. Kurz darauf folgte dann »Rigoletto«, mein Einstieg ins italienische Fach, und etwa ein Jahr später wurde ich aufgefordert, ein Symphoniekonzert zu dirigieren.

Rückblickend erinnere ich mich voller Dankbarkeit an die beiden Musikchefs Augsburgs, an Fritz Schnell und Anton Mooser. Es hätte auch anders sein können, und an vielen Häusern ist es anders gewesen – aber Schnell und Mooser ließen mir jede nur denkbare Förderung angedeihen und spürten, daß es sinnvoller war, meine Begeisterung im Interesse des Hauses zu nutzen als sie zu unterdrücken.

Ihnen verdanke ich, daß ich sehr früh mit vielerlei Aufgaben betraut worden und sehr früh ans Dirigentenpult gekommen bin. Nach noch nicht einmal einem Jahr, im Dezember 1948, unterzeichnete ich den Vertrag als Kapellmeister mit Korrepetitorverpflichtung. Dann erhielt ich den Vertrag als Ballett- und Operettenkapellmeister – denn ich habe damals bereits die großen Ballette von »Schwanensee« bis »Nußknacker«, von »Feuervogel« bis »Petruschka«, von »Dornröschen« bis »Giselle« dirigiert.

Ballett, Operette, Oper, Konzert – ich hatte jede Möglichkeit zu experimentieren, meine Operettenerfahrungen auf die Oper zu übertragen und zu lernen, wie man die Oper durch das Rubato-Mäßige der Operette beleben kann. Und umgekehrt färbte die Oper auf meine Operettendirigate ab. Ich hatte mich von einer Stunde auf die andere umzustellen. Schöpferische Pausen zur Einstimmung von einer Gattung auf die andere gab es nicht. So stand ich im Dezember 1949 zweiunddreißigmal am Pult, in einem Monat also, der einen Heiligen Abend und nur einunddreißig Tage hat. An einem Nachmittag dirigierte ich Operette, abends »Rigoletto«, am nächsten Nachmittag Ballett und am Abend »Hänsel und Gretel«. Ich stand jeden Tag, jeden Abend am Pult und dirigierte jedesmal etwas anderes! Ich war selten so aktiv und so fröhlich in meiner Arbeit wie in dieser Zeit.

Eine Schule besonderer Art war die Freilichtbühne Augsburgs am Roten Tor, wo ich »Die Macht des Schicksals«, »Das Weiße Rößl«

und »Carmen« dirigierte und nebenher mit Anton Mooser für seine Freilichtbühnen-»Elektra« die Sänger einstudierte. Sowohl für das Orchester als auch für die Sänger bedeutet es eine gewaltige Umstellung, sich aus der Geborgenheit des Konzertsaals hinauszubegeben ins Freie, wo die Akustik eine andere ist und immer irgendwelche Geräusche in der Luft liegen. Auch der Dirigent sieht sich plötzlich ungeahnten Problemen gegenüber. Allein schon das vieltausendköpfige Publikum zur Ruhe zu bringen, ist gar nicht so einfach. Und ich hatte mir damals schon angewöhnt, erst mit der Arbeit zu beginnen, wenn wirklich Ruhe eingekehrt war.

Aber bei der öffentlichen Generalprobe von »Carmen« wurde und wurde es nicht ruhig. Das Orchester war nur durch eine Hecke vom Publikum getrennt. Ich stand am Pult und wartete. Irgendwann dachte ich, jetzt hilft nur eines: Jetzt stech' ich zu! »Carmen« beginnt ja mit einem rasanten Vorspiel, einem Beckenschlag – mit einer der brillantesten Opernerörfnungen, die man sich vorstellen kann.

Ich warf also meinem Beckenschläger – Scharf hieß er – einen Blick zu, der ihm bedeutete: Los! Nichts wie los! Mit aller Kraft! Und Scharf schlug zu. Es war, als hätte sich die Erde aufgetan. Das Becken explodierte förmlich.

»Sawallisch, sind Sie wahnsinnig?« fauchte hinter mir eine Stimme. »Hören Sie sofort auf! Sofort!« Es war Intendant Dr. Becker, ein älterer Herr, der mit dem Rücken zu mir hinter der Hecke gestanden und geruhsam ins Publikum geblickt hatte. Der Scharfsche Beckenschlag war ihm in die Knochen gefahren.

»Lieber Herr Dr. Becker, die Lichter sind aus, die Leute reden, wir können nicht anfangen – man muß ihnen einen Anfang servieren, daß ihnen vor Schreck die Luft wegbleibt. Man muß spektakulär beginnen!«

Er starrte mich an, immer noch fassungslos, dann, nach ein paar endlos scheinenden Sekunden, sagte er: »Da haben Sie recht! Großartige Idee! Halten Sie sie fest! Machen Sie das noch mal!« Mit diesen Worten baute er sich hinter mir auf und – strahlte! Wir fingen die »Carmen« von vorn an ...

Im vierten Bild von »Carmen«, vor dem Einzug in die Arena, singen Carmen und Escamillo ihr Liebesduett. Wir hatten eine Alti-

stin mit einer exorbitant schönen Altstimme, Ännelie Stadler-Baumbach. Die Dame war nicht gerade schlank und rank, aber das übersah und vergaß man, wenn sie die Seguidilla und die Habañera sang. Aber das Unglück wollte es, daß sie sich das Bein brach. Sie absolvierte ihre Carmen also mit Gipsverband und Krücke – nicht gerade eine ideale Verkörperung einer verführerischen Spanierin!
Ännelie auf ein Pferd zu bringen, war nicht ganz einfach. Aber es wurde bewerkstelligt. Oben, von der Straße, ritt von der einen Seite Escamillo, von der anderen Seite Carmen ein, bei ihrer Begegnung in der Mitte sollten sie »Si tu m'aimes« singen. Ich gab den Einsatz für das »Liebst du mich?«, da sehe ich, wie Carmen vom Pferd steigt und sich mit einem Fuß im Steigbügel verfängt. Der begleitende Pferdebursche bemühte sich verzweifelt, Carmens Füßchen aus der Schlinge zu zerren, schaffte es aber nicht...
Heute würde ich vielleicht anders reagieren, doch damals fehlte mir noch die Routine. Ich dachte, es muß um jeden Preis weitergehen, und verpaßte den Punkt, an dem man hätte unterbrechen und warten können, was heute eine Selbstverständlichkeit wäre. Damals jedenfalls musizierte ich weiter. Ännelie mußte wohl oder übel singen – und sie sang das ganze Duett durch, immer den Fuß im Steigbügel, in den Armen des Escamillo, flankiert von dem Burschen, der das Pferd zu beruhigen versuchte.

Spielte das Wetter mit, gingen große Aufführungen über die Freilichtbühne. War uns der Wettergott nicht hold, dann konnte man nie vorhersagen, was passierte. Oft wußte man am Tag selbst noch nicht, ob man am Abend würde spielen können oder nicht. Durch Fähnchen an Straßenbahnen und Autobussen wurde dem Publikum kundgetan, wozu man sich entschlossen hatte. Waren bei zweifelhaftem Wetter keine Fähnchen aufgesteckt, fand die Vorstellung nicht statt. Klarte es gegen fünf Uhr auf, kamen die Fähnchen zum Einsatz.
Natürlich waren wir bemüht, bei zweifelhaften Wetterverhältnissen eher von der optimistischen Prognose auszugehen und zu spielen. In solchen Fällen pflegte das Orchester Vorsorge zu treffen, die zehn-, zwölfjährigen Kinder der Orchestermusiker wurden als Schirmbuben engagiert und mit großen schwarzen Schirmen neben

ihren Eltern aufgebaut. Wenn es zu regnen anfing, gingen sämtliche Schirme auf. Auch das Publikum versuchte sich mit Schirmen zu schützen, so gut es ging. Zu sehen und zu hören war zwar nicht mehr viel, wenn der Regen auf die Schirme prasselte. Aber meistens ging die Aufführung weiter. Der einzige, der dann ohne Schirm auskommen mußte, war der Kapellmeister. Er hatte etwas erhöht zu stehen, um den Überblick über die Freilichtbühne und das Orchester zu bewahren. Das Orchester konnte zwar den Dirigenten nicht mehr sehen, trotzdem wurde munter weitergefidelt. Den Sängern auf der Bühne lief die Schminke herunter, das Ballett rutschte aus. Es war herrlich!

Unter dem Orchesterpodium hatte man einen Unterstand eingerichtet, in dem die Instrumente gelagert wurden. Dahin konnte man sich flüchten, wenn den Regenguß kein Schirm mehr abhielt. Die Vorstellung wurde dann eben kurz unterbrochen.

Ich erinnere mich an eine »Macht des Schicksals«, in der wir diese auf paradoxe Weise zu spüren bekamen. Das Stück beginnt mit einer großen Ouvertüre. Im ersten Bild stirbt der Marchese von Calatrava, die Pistole des Don Alvaro entlädt sich beim Aufprall auf dem Boden und tötet den Vater seiner Geliebten... Das Schicksal nimmt vielleicht zehn oder fünfzehn Minuten nach Beginn der Oper seinen Lauf.

An diesem Abend war es ungewiß, ob es regnen würde oder nicht. Noch am Spätnachmittag hatte es geregnet, dann hörte es plötzlich auf, und wir beschlossen: Wir spielen! Der erste Regenschauer beendete unseren Versuch, mit der Ouvertüre zu beginnen. Wir brachen ab und kehrten in den Unterstand zurück. Nach zehn Minuten war der Schauer vorbei, die Stühle wurden abgewischt, und das Orchester ging hinaus. In diesem Augenblick kam der nächste Guß! Wir verloren zehn Minuten, zwanzig Minuten. Auch damals schon warteten die Reisebusse der Besucher auf das Ende der Vorstellung. Wir hatten möglichst pünktlich zu Ende zu kommen.

»Was wir jetzt verlieren, können wir auf keinen Fall hinten dransetzen«, beschlossen wir, »fangen wir die Ouvertüre einfach mit dem letzten Tutti an!«

Es regnete weiter. Ein neuer Beschluß war fällig: »Lassen wir doch die ganze Ouvertüre weg! Wir fangen gleich mit dem ersten Bild an!« Damit war die Ouvertüre gestorben. Mit dem Wetter aber ging es weiter hin und her. Die Zeit lief uns davon.

»Jetzt sind wir eigentlich schon im ersten Bild!«, sagte ich. »Fangen wir doch gleich mit dem Auftritt des Marchese an!«
Die Bühne wurde laufend von unserem Umdisponieren informiert. Der langen Rede kurzer Sinn: Als es endlich zu regnen aufhörte, hatten wir so viel Zeit verloren, daß wir eigentlich das ganze erste Bild hätten streichen müssen.

»Unmöglich!« insistierte ich. »Die Leute wollen doch wenigstens wissen, wie das Schicksal zuschlägt... Der Marchese muß auf offener Bühne erschossen werden!«

»Du trittst im Dunkeln auf«, erklärte ich dem Sänger des Marchese, »das Licht geht an, Alvaro wirft seine Pistole, der Schuß löst sich, du fällst um, stirbst, und das Schicksal nimmt seinen Lauf.«

Der Marchese starb, ohne eine einzige Note gesungen zu haben. Dann spielten wir noch die drei Minuten dieses ersten Bildes, und weiter ging es mit der Oper... der Augsburger Version von »Macht des Schicksals«.

Bei der Freilichtbühnenarbeit konnte ich aber nicht nur nasse, sondern auch nützliche Erfahrungen sammeln. Gerade bei »Macht des Schicksals«, wenn der Extra-Chor in Mönchskutten oben auf der Straße zur großen Einkleidungsszene der Leonore schreitet, habe ich gelernt, wie man Entfernungen überbrückt. Bekanntlich braucht der Ton eine gewisse Zeit, bis er ans Ohr gelangt, auf der Freilichtbühne bei einem 180 Meter entfernten Chorauftritt bedeutete dies eine Verzögerung von einer halben bis zu einer ganzen Sekunde, die nur zu überbrücken war, wenn der Chor eine Sekunde früher als das Orchester einsetzte. Ich hatte also zwei Zeichen zu geben: mit der einen Hand dem Chor, der das Orchester nicht hören konnte, mit der anderen Hand dem Orchester. Ich hatte den Chor also so vorzudirigieren, daß Chor und Orchester das Publikum zusammen erreichten.

Es war eine gute Schule, unabhängig voneinander verschiedene Tempi zu geben und im Laufe des Näherkommens des Chors die

Zeitdifferenz allmählich aufzuheben, bei einer Sekunde Unterschied, und bei einem Einsekunden-Schlag bedeutete das eine völlige Verschiebung der metrischen Bewegung.

Kammermusikalische Besessenheit
Ein Preis und seine Folgen

Als ich nach Augsburg ging, war Gerhard Seitz noch nicht Mitglied eines Konzertorchesters. Wir nutzten jede Gelegenheit, Kammermusik zu machen. Wir spielten in Augsburg und unternahmen weiterhin Konzertreisen, allerdings nicht mehr so häufig wie vor meiner Augsburger Verpflichtung.

Im Herbst 1949 fand die Ausschreibung zum alljährlichen Genfer Musikwettbewerb »Concours international d'Exécution musicale« statt, bei dem sich auch Solti einmal den ersten Preis als Pianist erspielt hatte. Die Ausschreibung 1949 betraf Duos, Violine und Klavier.

Wir meldeten uns an, wurden zugelassen und erspielten uns mit Beethoven, Brahms und Hindemith den zweiten Preis. Ein erster Preis wurde nicht vergeben. Damit waren wir die ersten Deutschen, denen es nach dem Krieg gelang, in der französischen Schweiz einen Preis zu machen.

Zum erstenmal sah ich die Victoria Hall und das Konservatorium in Genf, Institutionen, die mir später als Directeur artistique des Orchestre de la Suisse Romande eine zweite Heimat wurden. Wir lernten damals auch einen der hervorragendsten Geigenbauer unserer Zeit kennen, Vidoudez. Er war ein Mann von Eleganz und ein Musiknarr durch und durch. Wir wohnten bei Vidoudez. Bei ihm aßen wir unsere ersten Artischocken; da keiner von uns wußte, wie er damit umgehen sollte, haben wir uns, glaube ich, schrecklich bemüht, die harten Blätter komplett zu essen.

Die Schweiz, das war für uns damals die heile Welt. Wir waren selig und noch seliger, als wir den Preis erhielten – achthundert Schweizer Franken. Mit von Stolz geschwellter Brust, diesen Preis als erste Deutsche erhalten zu haben, gingen wir in Lindau über die

Grenze. Der Zollbeamte fragte uns, ob wir etwas zu verzollen hätten, ob wir Schokolade oder Geld mit uns führten.
»Schokolade keine, aber jeder von uns hat Schweizer Franken dabei!« erklärten wir.
»Wo haben Sie das Geld her?«
»Wir haben in Genf an einem Wettbewerb teilgenommen und einen Preis gemacht. Hier ist die Urkunde!«
»Abliefern!«
Wir hatten keine Ahnung, daß nach dem alliierten Kontrollratsgesetz keine Geldbeträge unangemeldet nach Deutschland eingeführt werden durften. Was interessierten mich als jungen Musiker alliierte Kontrollratsgesetze?! Wir mußten das Geld jedenfalls abliefern und bekamen obendrein noch ein Strafverfahren wegen illegaler Einfuhr von Devisen.

Die Affäre eskalierte. Schließlich wurde das Bayerische Wirtschaftsministerium mit dem Fall befaßt. Wir erhielten einen Strafbescheid von der alliierten Kontrollbehörde und mußten ein Bußgeld zahlen, denn wir hatten das Geld erst auf die Frage des Grenzbeamten hin deklariert, hatten es also zu schmuggeln versucht. Nichts hätte uns ferner gelegen, denn wir waren ja stolz darauf, soviel Geld bekommen zu haben.

Nach monatelangem Hin und Her wurde uns mitgeteilt, wir würden das Geld nach Abzug des Bußgeldes zurückerhalten, von weiterer Verfolgung werde Abstand genommen. Wir kamen also noch einmal davon.

Und doch: Der Vorfall erschütterte mich damals tief. Da hatten wir für unser Land einen Preis errungen, und wurden dafür wie Verbrecher behandelt! Nicht einer dieser Beamten freute sich mit einem »Bravo« mit uns. Kein freundliches Wort, daß wir als erste Deutsche nach dem Krieg für unser belastetes Land mit unserer Musik, mit unserer Kultur international Anerkennung gefunden hatten. Kein Wort des Lobes! Kein Wort des Dankes! Nur Bürokratie, Beamtensturheit und Strafe!

Nach dem Preis flammte die Konzertaktivität des Duos Seitz/Sawallisch noch einmal auf. In meiner Karriere als Kapellmeister aber ließ ich mich dadurch nicht beirren; der dirigentische Weg war mit den Augsburger Jahren endgültig vorgezeichnet.

Ein Erbe dieser Zeit ist eine Liebe zur Kammermusik, eine Verbundenheit, die noch nachklingt. Bis heute ergreife ich jede Gelegenheit, Kammermusik zu machen. Auch wenn ich als Liedbegleiter fungiere, ist die Kammermusik für mich die einzige wirkliche aktive musikalische Betätigung. Als Dirigent bin ich auf die Mitarbeit von Sängern, Solisten und Orchestermusikern angewiesen, die ich von meinen Ideen überzeugen muß. Um meine Vorstellungen in Klang übertragen zu können, brauche ich einen guten ersten Trompeter, einen guten Hornisten, oder aber ich habe dafür zu büßen, innerlich oder manchmal auch äußerlich.

Als Kammermusiker und Liedbegleiter bin ich es selbst, der gestalterisch von einer zur anderen Sekunde eingreifen kann, was eine noch mehr auf den Moment konzentrierte Gestaltungskraft mit sich bringt und einen noch persönlicheren Antrieb bedeutet. Es ist eine andere Art von Freude, nach einem gelungenen Abend rückblickend sagen zu können: Das habe ich jetzt selbst gemacht!

Die Kammermusik und das Liedwerk aller Komponisten, von Mozart und Haydn bis zur zeitgenössischen Musik, gehört mit zum Besten im Werk des jeweiligen Komponisten. Ob Schubert, Schumann, Brahms, Beethoven oder Mozart, von der Form, vom Ausdruck, von der Thematik, von den Einfällen, von der Intensität und vom Klang her schrieben sie mit ihre schönsten Werke für Kammermusik. Was doch in den Brahms-Klavierquartetten oder in einem Schumann-Quintett alles steht! Auch die Modernen haben kammermusikalische Meisterwerke geschaffen. Alle waren sich bei der Komposition ihrer Kammermusikwerke bewußt, nur für einen kleinen Kreis von wirklich Interessierten zu schreiben; sie gingen von der Wiedergabe in einem verhältnismäßig kleinen Rahmen aus und mußten nicht dem Konzertspektakel Tribut zollen. Dies trifft vor allem auch auf das Lied zu, das sich vom Volumen her von vornherein diese Beschränkung auferlegt.

Kammermusik, das ist echtes Musizieren ohne allen Bombast, ohne den Symphonie-der-Tausend-Effekt, ein Musizieren, das aus dem Herzen kommt, für Menschen, die offenen Herzens bereit sind, diese Kostbarkeiten in sich aufzunehmen.

Anfang der fünfziger Jahrer wurde Seitz Konzertmeister beim Rundfunk-Symphonieorchester. Meine dirigentischen Verpflichtungen in Augsburg und ab 1953 die Chefposition in Aachen ließen es nicht mehr zu, größere Konzertreisen zu unternehmen. Eine sehr fruchtbare Zusammenarbeit ging damit zu Ende.

Mit Gerhard Seitz verband mich eine kollegiale Freundschaft, ein rasches, für uns beide bewegendes Verstehen. Beide waren wir in der Lage, leicht vom Blatt zu lesen. Im ersten Durchgang vertrauten wir voll auf unsere Spontaneität und Flexibilität, Feinheiten der Interpretation konnten wir bereits im zweiten Durchgang angehen. Auch in der zeitgenössischen Kammermusik verschafften wir uns einen Überblick – eine Besessenheit, die uns in unserem Musikverständnis nachhaltig prägte.

Der Taktstock
Barometer des Gemützustandes

Vieles geschah für mich in meinen Augsburger Jahren zum erstenmal. Auch das: Ich nahm einen Taktstock in die Hand, um den Versuch zu wagen, meine Vorstellungen auf einen Orchesterapparat zu übertragen.

Der Stab des Dirigenten soll nichts anderes sein als sein verlängerter rechter Arm, er soll rhythmische und tempomäßige Vorstellungen deutlich machen. Er ist ein Instrument, das zur besseren Übertragung auf den Musiker dient, der, vor allem wenn er weiter entfernt sitzt, den Dirigenten oft nur im Blickwinkel seines Auges mehr spürt und ahnt als sieht, denn schließlich hat er sich auf seine Noten zu konzentrieren. Der Musiker wird die verlängerte Bewegung eines Armes leichter wahrnehmen. Die linke Hand sollte unabhängig von der rechten – und die Unabhängigkeit beider Hände ist eine der Voraussetzungen überhaupt – Ausdruck, Agogik, Dynamik vermitteln, während die rechte Hand das Zusammenspiel aller Beteiligten zu gewährleisten hat. Auch von der Bühne aus wird der entweder aus hellem Holz gemachte oder weiß lackierte Stab im Scheinwerferlicht eher wahrgenommen als die verhältnismäßig kurze Hand; er wirkt als Signal.

Taktstöcke sind dazu da, daß man sie zerbricht, das passiert jedem Dirigenten. Man bleibt am Pult hängen, man läßt sie fallen, oder sie brechen bei einer besonders scharfen Bewegung. Mein Verhältnis zum Taktstock ist unpersönlich, unemotional. Er ist ein notwendiges Requisit, um mit dem Orchester bessere Resultate zu erzielen. Ich verstehe aber auch Kollegen wie beispielsweise Pierre Boulez, die den Taktstock grundsätzlich ablehnen.

Ich benutze den Taktstock nie, wenn ich Chorwerke dirigiere. Von der Zeit, in der ich meine ersten Madrigale dirigierte, weiß ich, daß man da mit Atem, Sprache, Artikulationshinweisen und zwei freien Händen größere Nuancen herausholen kann. Benutze ich den Stab, ist meine rechte Hand als Ausdrucksinstrument blockiert, und ich kann nur noch mit der linken Hand gestaltend agieren. Angesichts eines Chors, der auf weit mehr Nuancen reagieren sollte als ein Orchester, ziehe ich es vor, beide Hände zur Gestaltung zu nutzen.

Eine kultische Beziehung zu meinen Taktstöcken hatte ich nie. Mein Taktstock des Jahres 1947 ist – übertragen gesprochen – inzwischen vielleicht 150mal gebrochen. Der Taktstock ist ein Utensil, das zum Habitus dazugehört. Er ist nicht mehr als eben ein Mittel zum Zweck. Und doch besteht ein gewisses Spannungsverhältnis zum Gegenstand Taktstock an sich. Ich stelle immer wieder fest, daß das Zerbrechen eines Taktstocks mit von meiner Gemütsverfassung abhängt. Wenn ich wegen administrativer Vorgänge oder eines Mißverständnisses mit dem Orchester, was äußerst selten vorkommt, nicht in der gelösten Stimmung bin, die ich zum Beispiel für eine Orchesterprobe brauchte, dann wächst meine Bereitschaft, einen Taktstock zu zerbrechen, dann wird der Taktstock Barometer meiner augenblicklichen Verfassung. In Japan fühle ich mich, warum auch immer, derart wohl und arbeite so entspannt mit dem Orchester, daß ich mich nicht entsinnen kann, dort je einen Taktstock zerbrochen zu haben. In Japan ist meine Hand offenbar so locker, daß kein unmittelbarer Druck auf den Taktstock einwirkt. Hier äußert sich der eigene Gemütszustand, die eigene Verfassung.

Es kann auch vorkommen, daß der Taktstock einen Defekt hat, daß eine Drehung des Holzes im gleichen Schwingungsverhältnis wie eine meiner Bewegungen steht; dann dreht sich der Taktstock in sich ab, da er die Geschwindigkeit meiner Bewegung nicht nachvollziehen kann.

Es gibt Wochen, in denen ich drei, vier Taktstöcke zerbreche, dann wieder hält ein Taktstock über Monate. Und dann sage ich mir: Der darf jetzt nicht kaputtgehen, alle Opern der letzten drei, vier Monate sind auf ihm drauf! So gesehen entsteht dann doch ein gewisses persönliches Verhältnis trotz der grundsätzlichen Distanz.

Ich kannte einen Taktstockmacher in Hamburg. Er hieß bei uns nur Graf Manzau. Er war kein Graf, aber er sah aus wie ein Graf. Georg Manzau war Orchesterwart. Alte Schule. Weißgrau meliertes Haar. Jeden Abend kam er im Smoking zur Arbeit, stellte die Pulte auf und legte die Noten auf. Graf Manzau war ein hervorragender Taktstocklieferant. Dutzende und Aberdutzende von Dirigenten versorgte er mit Taktstöcken und mit Taktstock-Etuis. Weltweit. Auch mein Etui, ein Bambusrohr, in das fünf bis sechs Taktstöcke passen, ist Marke Manzau. Von Ormady bis Knappertsbusch, wer immer in Hamburg dirigierte, erhielt von Graf Manzau als Präsent ein Taktstock-Etui.

Heute bestelle ich meine Taktstöcke bei einem hervorragenden Taktstockbauer in Augsburg, einem ehemaligen Orchestermusiker. Während bei Manzau die Dirigenten die Taktstöcke zu benutzen hatten, wie er sie schuf, baut Seidel die Taktstöcke nach den Wünschen der Dirigenten. Man kann bei Seidel einen Taktstock bestellen, der dreißig oder fünfzig Zentimeter lang ist, ein bestimmtes Gewicht und diesen oder jenen Griff hat. Ich benutze Taktstöcke mit einem sehr schlanken, mit Kork überzogenen Griff.

Markevitch und Mechthild
Exkursionen nach Salzburg

Furtwängler als der Salzburger Festspiel-Dirigent schlechthin gab jedes Jahr in Salzburg einen Interpretationskurs. So auch 1950. Ich ließ mir für die acht bis zehn Tage Urlaub geben, denn ich wollte mich einmal in meinem Leben mit dem Phänomen Furtwängler aus der Nähe befassen.

1 Wolfgang Sawallisch im Alter von drei Jahren
2 Mit Vater Wilhelm und Bruder Werner (links), 1927
3 Mit Mutter Maria und Vater Wilhelm

4 Als 12jähriger Schüler
5 Als 21jähriger Soldat
6 Als 25jähriger Student
7 Mechthild im Alter von 18 Jahren

8 Prof. Wolfgang Ruoff
9 Mit Gerhard Seitz beim »Concours International d'Exécution musicale« in Genf, 1949
10 Dirigierkurs mit Igor Markevitsch in Salzburg, 1951

11 In Augsburg, 1951
12 »Otello« in Aachen, 1953
13 »Capriccio«-Einspielung in London, 1957: (v. links) Elisabeth Schwarzkopf, Eberhard Waechter und Nicolai Gedda

14–16 In Aachen, 1953

17 Mit Wieland Wagner, 1959
18 Mit Wolfgang Windgassen, 1957
19 Mit Wilhelm Pitz, 1959

20–22 Probe zu »Tristan und Isolde« (21 mit Wolfgang Wagner), Bayreuth 1957

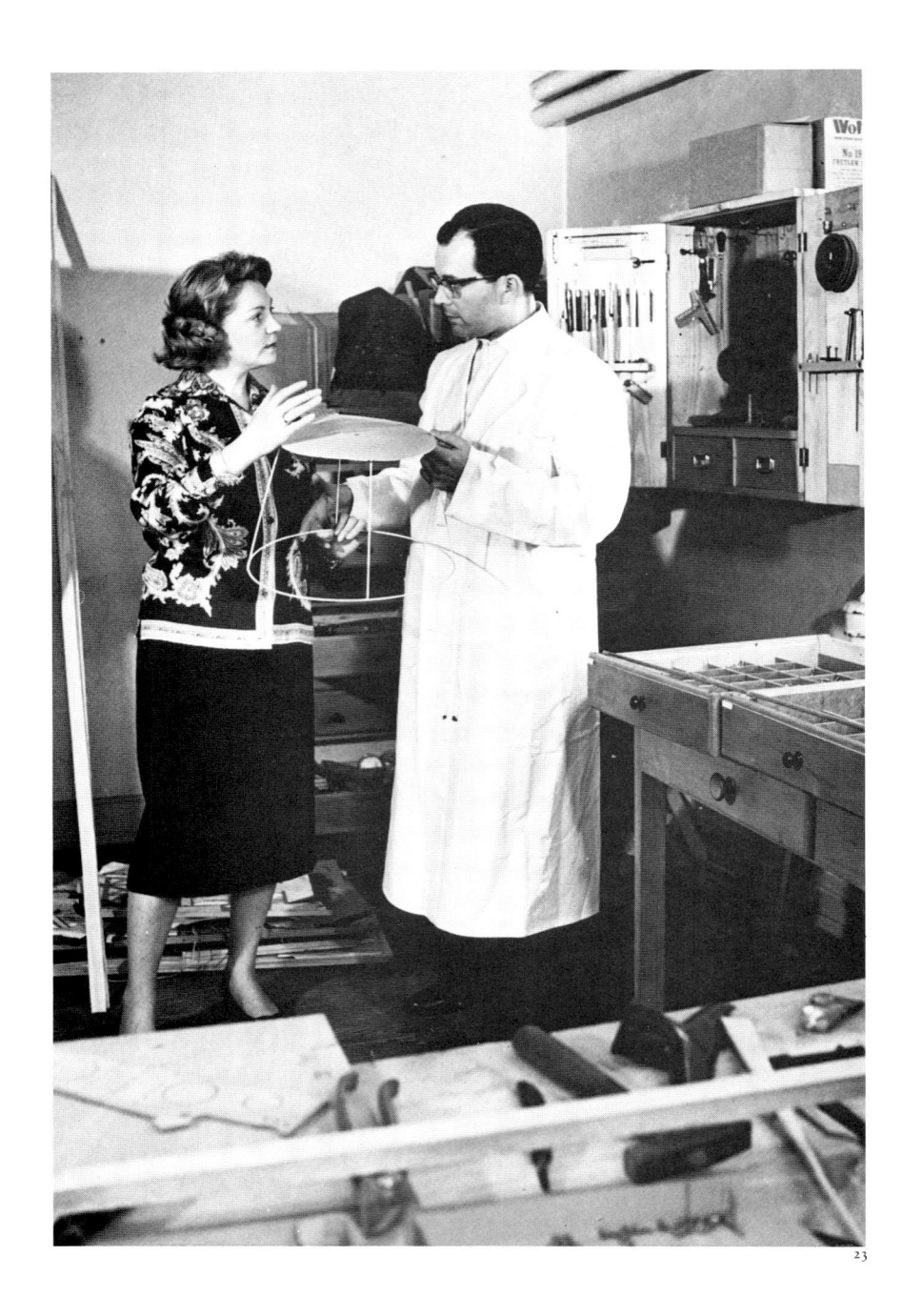

23 Das Ehepaar Sawallisch in der Wiesbadener Bastelwerkstatt, 1960

Voraussetzung für die Teilnahme an dem Kurs war, daß man eine gewisse Erfahrung mitbrachte. Die konnte ich nachweisen, und ich wurde angenommen. Ein paar Tage vor Kursbeginn teilte man uns mit, daß Furtwängler aus Gesundheitsgründen nicht mehr in der Lage sei, diesen Kurs selbst abzuhalten, ein Igor Markevitch würde statt seiner den Kurs abhalten. Markevitch war mir damals absolut kein Begriff, doch ich hatte mir Urlaub genommen, die Teilnahmegebühr bezahlt und sagte mir: Warum nicht trotz Furtwänglers Absage einfach nach Salzburg fahren und schauen, was auf einen zukommt? Etwa fünfzig bis sechzig Damen und Herren hatten offensichtlich ähnlich reagiert wie ich. Markevitch, eine interessante Persönlichkeit, ein Russe, begann seinen Kurs.

Zum erstenmal geschah etwas, was ich heute, nach fast vierzig Jahren, gut verstehen kann: Es baute sich in mir ein innerer Widerstand gegen diesen Kurs, nicht gegen Markevitch selbst auf! Ich war hier, um zu erfahren, wie ein großer Dirigent mit Beethoven, Brahms oder Bruckner umgeht, und jetzt wurde plötzlich der Interpretationskurs zum Dirigierkurs, etwa mit dem Thema: Wie übertrage ich einen 4/4-Takt oder einen 3/4-Takt? Das wußte ich inzwischen. Deshalb war ich nicht hierher gekommen! Schließlich fing Markevitch an, uns zu erklären, wie man einen 5/8-Takt schlägt, und zeichnete Figuren an die Tafel.

Ich wurde rebellisch, denn ich begann mich zu langweilen. Ich hatte keine Lust, mir vorschreiben zu lassen, wie eine Bewegung auszuführen sei, weil ich wußte, daß jeder Dirigent »seine« Bewegung aufgrund der eigenen physischen Konstitution zu finden hat. Ich wußte, daß ein Knappertsbusch mit seinen 1,90 Metern andere Bewegungen machte als ein Dirigent, der nur 1,60 Meter groß ist. Ich wußte, daß zur Übertragung einer spezifischen Persönlichkeit die Bewegungen individuell sein mußten. Auch wenn ich einen 4/4-Takt auf dem Kopf stehend dirigiere und das Orchester spielt ihn nach meinen Vorstellungen, ist es »richtig«. Selbst wenn ich das Ganze mit dem Fuß dirigiere und das Resultat stimmt, ist es »richtig«. Was sollte ich mir also hier vorschreiben lassen?

Ich sperrte mich! Zudem hatten wir die von Igor Markevitch vorgetragenen Bewegungen im Trockenkurs zu imitieren. Es sträubte sich einfach alles in mir, Bewegungen im Trockenkurs zu absolvieren, die letzten Endes Ausdruck einer dirigentischen Persönlichkeit sind. Sie mochten eindrucksvoll ausschauen, aber dies bedeutete noch lange nicht, daß ein Hundert-Mann-Orchester bereit gewesen wäre, sich auf diese Bewegungen einzulassen. Die Theorie ist das eine, in der Praxis aber würde passieren, was mir mit »Madame Dubarry« passiert war. Der Befehl, der in jeder Bewegung steckt, wird nur befolgt, wenn der, der ihn zu erteilen versucht, den Individualisten, die er vor sich hat, vorzuschreiben in der Lage ist, ihren Individualismus zu vergessen und genau das zu tun, was er will. Das lernt man nicht im Trockenkurs. Ein 5/8-Takt oder 5/4-Takt sieht bei dem einen Komponisten so, bei einem anderen vielleicht aber ganz anders aus.

Die Markevitch-Methode war in meinen Augen jedenfalls keine Methode, mit jungen Dirigenten zu arbeiten, die in der Praxis bereits Erfahrungen gesammelt hatten. Igor Markevitch, mit dem mich später bis zu seinem Tod eine kollegiale Freundschaft verband, spürte, daß zumindest einer seiner Kursteilnehmer passiven Widerstand leistete. Immer wieder versuchte er, meinen Arm zu korrigieren, um mir zu demonstrieren, was seiner Meinung nach nicht richtig war, und bemerkte meine Abwehr.

Nach zwei Kurstagen bat er mich zu sich: »Schau, so viele Schüler kann ich gar nicht allein betreuen. Willst du Assistent sein von mir? Wir bilden zwei Klassen – ich das, du das...«

Er begriff, daß er meinen Widerstand vielleicht überwinden konnte, indem er mir die Mitarbeit anbot. Der Schüler wurde zum Assistenten. Nun hatte ich mich nicht mehr nach seinen Vorschriften zu richten, denn wir arbeiteten in separaten Abteilungen und tauschten sozusagen auf kollegialer Ebene Erfahrungen aus.

Ein Jahr später nahm ich noch einmal als Assistent von Markevitch am Salzburger Kurs teil. Ich erlebte Furtwängler mit den Wiener Philharmonikern bei einer Probe zu Bruckners Fünfter, die ich nie vergessen werde. Es war drei Jahre vor seinem Tod, auf der sublimen Höhe seines Wirkens.

Ich sah, wie er arbeitete, wie er die Dinge zum Vorschein brachte. Ich erinnere mich an den Beginn von Bruckners Fünfter Symphonie, an das Pizzicato der Kontrabässe und Celli. Ich glaube, er ließ es acht- oder zehnmal wiederholen, ohne ein Wort zu sagen. Wir alle, die wir hinten herumsaßen, haben uns nur angeschaut: Warum unterbricht er eigentlich, es ist doch alles phantastisch!? Die Philharmoniker spielen grandios, es klingt hinreißend... Warum bricht er ab? Was ich als Jugendlicher in Berlin erlebt hatte, erlebte ich jetzt wieder. Furtwängler korrigierte nicht, er kommentierte nicht, er schwieg. Kein Wort. Und das achtmal. Als er dann nach dem achtenmal weitermachte, wußten wir, warum er unterbrochen hatte: Es war gegenüber dem erstenmal wie schwarz gegen weiß.

Kein Wort von ihm, kein »Kürzer«, »Schneller«, »Langsamer«, »Sonorer«, nichts! Es war die Kraft des Ausdrucks, die er übertrug. Das letzte Pizzicato kam dann traumhaft, und keiner konnte genau sagen, wie und warum.

Nie werde ich vergessen, wie in dieser Generalprobe dem Hornisten ein ganz kleiner Kickser unterlief. Furtwängler wurde wütend, unterbrach, schimpfte. Widerstand im Orchester: Das kann doch passieren! Und bei einer Generalprobe! Furtwängler spürte diese für mein Empfinden durchaus verständliche und natürliche Reaktion des Orchesters genau! Er hob die Hand und sagte mit einer Stimme, die jeder im Raum hörte: »Meine Herren, bei keinem Orchester der Welt würde ich auch nur eine Silbe verlieren, wenn das passiert. Den Wiener Philharmonikern darf so etwas nicht passieren! Bitte!«

Kein Muckser mehr. Ein Ergebnis, das unvergleichlich höher lag... Mit einer einzigen Bemerkung und kraft seiner Persönlichkeit.

Ich erinnere mich an eine Kritik über dieses Konzert, sie bestand nur aus drei oder vier Zeilen, für mich eine der schönsten Kritiken, die ich je gelesen habe. Der namhafte Münchner Kritiker sagte, er habe ein Konzert in einer Vollendung erlebt, über die man nicht mehr schreiben könne... Und das war es. Das war Furtwängler!

Später erzählte mir Gerhard von Westermann – Intendant der Berliner Philharmoniker –, daß es Furtwänglers ausdrücklicher Wunsch gewesen war, mich nach Berlin einzuladen. 1953, inzwischen in Augsburg erster Kapellmeister für Oper und Konzert, kam ich nach Berlin, um im Titania-Palast mit einem Programm aus Strawinsky,

Mendelssohn und Tschaikowsky mein erstes Konzert mit den Philharmonikern zu geben.

Als Furtwängler 1954 starb, lud mich Gerhard von Westermann ein, im Schiller-Theater die Totenfeier zu dirigieren. Ich wählte den langsamen Satz aus der Siebten Bruckner – das erste Mal, daß ich dieses Stück dirigierte – und das Andante aus Furtwänglers Zweiter Symphonie. Zu Beginn spielten die Philharmoniker ohne Dirigenten »Air« aus Bachs h-Moll-Suite.

Oscar Fritz Schuh, damals Intendant des Theaters am Kurfürstendamm, hielt die Totenrede, denn er hatte mit Furtwängler in Salzburg viel zusammengearbeitet. Oscar Fritz Schuh und ich verstanden uns auf Anhieb.

»Falls ich einmal Intendant an einem deutschen Opernhaus werden sollte«, fragte mich Schuh damals, »hätten Sie Lust, mit mir zusammenzuarbeiten? Ich hätte Sie gern als Musikalischen Leiter!«

Ich sagte ja, aber es sollte noch vier Jahre dauern, bis ich einen Brief von Schuh erhielt, in dem stand: »Ich werde Intendant in Köln. Wollen Sie mein Musikchef werden?«

Augsburg bedeutete für mich den Eintritt in eine andere, zunächst völlig fremde Welt. Unmittelbar nach dem Krieg besuchten Mechthild und ich die Abonnementskonzerte der Münchner Philharmoniker unter Hans Rosbaud in der Aula der Universität. Wieder die große Musik original hören zu können, die seit 1944 nach Ausrufung des totalen Kriegs nicht mehr in Konzertsälen erklingen konnte, das waren bewegende Momente.

Mechthild arbeitete wieder beim Rundfunk und machte Sendungen. Sie nahm auch ihre Gesangstätigkeit wieder auf. 1952 entschlossen wir uns, zu heiraten. Aber wir behielten das für uns. Wir baten Mechthilds Vater, uns seinen Opel P 4 zu leihen, denn unsere Hochzeitsreise sollte ein Konzertbesuch in Salzburg sein. Auch unsere Eltern hatten keine Ahnung, was wir vorhatten und wofür wir das Auto brauchten. Wir dachten, wenn wir heiraten, dann geht das nur uns beide etwas an. Unsere Familien sollten einfach vor die vollendete Tatsache gestellt werden. Wir heirateten in München und fuhren nach Salzburg, zu einem Konzert von Igor Markevitch, um uns »Le Sacre du Printemps« anzuhören.

Kurz vor Bergen aber wollte der Opel nicht mehr. Wir schafften es gerade noch bis Bergen. Dort hatten wir das Glück, einen ausgezeichneten Monteur zu finden. Während er den P 4 reparierte, gingen wir essen. Eine Hochzeitstafel zu zweit.
Gerade noch rechtzeitig erreichten wir schließlich Salzburg. Im Anschluß an sein Konzert lud uns Markevitch ein, ohne zu wissen, daß wir an diesem Tag geheiratet hatten.

Aachen oder Augsburg
Odyssee einer Bewerbung

Um die Jahreswende 1952/53 erfuhren wir, daß die GMD-Stelle in Aachen neu besetzt werden sollte. Ich wußte, daß Fritz Busch in Aachen angefangen hatte; ich wußte, daß Herbert von Karajan dort seine erste GMD-Position nach Ulm wahrgenommen hatte. Trotzdem war ich skeptisch, ja mehr als das.

»Nach sechs Jahren Augsburg jetzt schon nach Aachen? Das sehe ich nicht!« erklärte ich kategorisch. Mit anderen Worten, ich dachte nicht daran, mich zu bewerben.

Monate später kam Dr. Karl Schumann, der meinen Werdegang in Augsburg verfolgt hatte, auf mich zu und sprach mich noch einmal auf die freie GMD-Position in Aachen an. Er meinte, ich sollte mich unbedingt bewerben. Und meine Frau teilte seine Ansicht. Es sei doch eine einmalige Chance: eine der wenigen freien GMD-Stellen, die es in der Bundesrepublik Deutschland augenblicklich gebe... Ich wollte nicht. Und das wiederum hatte heftige Diskussionen zur Folge.

»Du bist jetzt sechs Jahre in Augsburg, du mußt dich weiterentwickeln!« hielt meine Frau mir vor.

Auch von Aachener Seite bestürmte man mich, die Bewerbung voranzutreiben.

»Sie müssen sich bewerben!« kam es von Schumann. »Du mußt dich bewerben!« echote meine Frau. Ich streckte die Waffen, gab meinen Widerstand auf und bewarb mich. Die Unterlagen hätten bis zum Jahresende in Aachen vorliegen sollen. Dieser Termin war abgelaufen. Meine Bewerbung würde deshalb ohnehin zu spät kommen. Meine Frau begleitete mich schließlich zum Briefkasten, um sicherzugehen, daß ich das Bewerbungsschreiben auch wirklich einwarf.

Die Aachener akzeptierten meine Bewerbung, obwohl der Stichtag längst vorbei war. Ich war der vierundsechzigste Bewerber. Dann kam die Aufforderung, am Freitag, den 13. Februar 1953 in Aachen den »Tannhäuser« zu dirigieren.

»Seid ihr alle wahnsinnig?« schimpfte ich. »Ich hab' den ›Tannhäuser‹ doch nie dirigiert. Ich kann nicht nach Aachen fahren und mich unter diesen Voraussetzungen als Chef bewerben! Bei einem Wilhelm Pitz als Chor-Direktor, *dem* Bayreuther Chor-Direktor, einem Mann, der mit Knappertsbusch und Karajan gearbeitet hat! Und ausgerechnet ›Tannhäuser‹, die große Chor-Oper! Ich blamier' mich bis auf die Knochen, wenn ich da rauf fahre und keine Ahnung von dem Stück hab'!«

Es gelang meiner Frau, auch diese Bedenken auszuräumen. »Das kannst du schon, und wenn nicht, dann hast du wenigstens einmal den ›Tannhäuser‹ dirigiert!« meinte sie trocken. Ich forderte schließlich in Aachen die »Tannhäuser«-Partitur an, um Striche und Sprünge zu kontrollieren und festzustellen, was ich zu studieren hatte.

Wie an beinahe allen Bühnen üblich, war auch in Aachen das Chor-Finale am Schluß des zweiten Aktes gestrichen, und man ging gleich auf den Schluß »Nach Rom! Nach Rom!« über, eine Streichung, die vorgenommen wird, um das Stück zu beschleunigen und dem Chor einige Schwierigkeiten zu ersparen. Jedenfalls war ich heilfroh, daß diese Stelle auch bei Willi Pitz gestrichen war. Ich versuchte, mich in der kurzen Zeit so intensiv wie möglich mit der Partitur zu beschäftigen. Und am 13. Februar stand ich am Pult in Aachen.

Mein Kontakt zu Willi Pitz war vom ersten Augenblick an ausgezeichnet. Jedem Kandidaten wurde eine Chor-Probe und eine Orchester-Bühnenprobe eingeräumt. Meine Orchester-Bühnenprobe dauerte genau zwanzig Minuten. Da ich in der kurzen Zeit ohnehin nicht alle Schwierigkeiten und Feinheiten des Stückes würde bewältigen können, dachte ich mir, ich mache ein bißchen Ouvertüre und wegen der Entfernungen ein bißchen Chor, dann beendete ich die Probe...

Die Vorstellung am Abend lief ganz gut. In der ersten Pause beglückwünschte mich Pitz zum ersten Akt:»Wunderbar, wunderbar...«

»Danke! Danke! Ich bin froh, lieber Herr Pitz, daß das große Finale im zweiten Akt gestrichen ist!«

»Gestrichen? Bei uns ist das strichlos!« sagte er.

»Kann nicht sein! Ich hab' die Aachener Partitur bekommen, in der ist die Stelle weggeklammert – mit einer dicken Klammer, die so alt ist, daß sie schon rostet!«

»Kann schon sein, daß da eine verrostete Klammer drin ist, stammt vielleicht aus einer früheren Inszenierung. Seit ich hier Chor-Direktor bin, werden selbstverständlich alle Chöre original gesungen...«

Ich hatte das noch gar nicht richtig realisiert, als schon das »Bitte auftreten« kam. Während ich den zweiten Akt dirigierte, zog ich die verrostete Klammer aus der Partitur heraus und dirigierte das Finale vom Blatt. Es klappte erstaunlich gut. Offensichtlich verstand ich es, alles laufenzulassen und die nötige Präzision zu wahren, ohne groß in den interpretatorischen Ablauf einzugreifen.

Im Anschluß an die Vorstellung wurde ich mit Komplimenten überhäuft. »Es stehen jetzt nur noch Sie und ein weiterer Kollege zur Debatte!« erklärte man mir. »Jeder von Ihnen sollte jetzt noch ein Konzert dirigieren!«

Seit Busch und Karajan spielte das Konzert in Aachen eine besondere Rolle.

Ich hatte die Wahl, was das Konzertprogramm betraf, und entschied mich für die »Symphonie classique« von Prokofieff, für Dvořáks Cello-Konzert mit dem Cellisten Tibor de Machula und für die Vierte Symphonie von Brahms. Das Konzert fand wiederum an einem Freitag statt, und zwar am 13. März 1953. (Das Programm habe ich am Ende meiner Aachener Zeit als Abschlußkonzert noch einmal dirigiert.) Unmittelbar nach dem Konzert trat man auf mich zu: »Sie sind der neue Chef!«

Ich wurde für drei Jahre zum Aachener Generalmusikdirektor gewählt. Es war der Beginn einer eigenen verantwortlichen Tätigkeit. Intendant Paul Mundorf war zunächst sehr zurückhaltend. Offenbar spürte er, daß mit mir ein Musikalischer Leiter engagiert worden war, der nicht automatisch als sein verlängerter Arm fungierte und ausführte, was er sich vorstellte. Er begriff, daß er mit mir rechnen und reden mußte. Aus der anfänglichen Distanz entwickelte sich dann eine fruchtbare Zusammenarbeit. Auch unsere Frauen freundeten sich an.

Am 1. September 1953 fing ich offiziell in Aachen an.

Mein Aachener Einstand war Verdis »Otello«. Willi Pitz hatte einen wahrhaft großartigen Städtischen Chor aufgebaut. In der Zeit, in der er Leiter des Opernchors und des Extra-Chors war, zusammen etwa zweihundert Leute, war das einer der gewaltigsten Chöre Nordrhein-Westfalens. Ein Chor, mit dem wir alles aufführen konnten, von der Neunten Beethoven bis zum Brahms-Requiem, von Schuberts Es- und As-Dur-Messe bis zu Haydns Oratorien »Die Schöpfung« und »Jahreszeiten«, von Bachs »Matthäus-Passion« bis zu Brittens »War-Requiem«, nahezu alles, was in der großen Chorliteratur wichtig ist.

In gegenseitigem Einvernehmen wurde mein Vertrag dann um weitere zwei Jahre bis 1958 verlängert.

3. KAPITEL

Drehscheibe Aachen
Chancen und Zufälle

»Zum erstenmal«
Das Abenteuer Musik

Augsburg – im Rückblick waren es die schönsten Jahre meiner Tätigkeit. Ich hatte die Chance weiterzukommen, ohne daß ich die Verantwortung zu tragen hatte, die mich schon wenig später drückte. Alles, was ich damals zum erstenmal machte, habe ich auch mir selbst gegenüber als Lehr- und Lernprozeß empfunden.

Wäre etwas schiefgelaufen, hätte ich mir eben etwas anderes einfallen lassen müssen. Ich stand einfach noch nicht so auf dem Präsentierteller. Ich konnte Wünsche äußern, und verständnisvolle Chefs gaben mir jede Chance. »Der Fliegende Holländer«, »Fidelio« und »Carmen« waren bereits Augsburger Erfahrungen. Auch im italienischen Fach konnte ich mir einige Kenntnisse erwerben. So habe ich z. B. »La Bohème« und »Tosca« dirigiert.

Ich fühlte mich frei. Die Frische und Spontaneität, mit der ich damals an einen »Fidelio«, an eine »Zauberflöte« heranging, wären später undenkbar gewesen. Danach war alles mit Überlegungen, Gedanken, Skrupeln, Vorbehalten verbunden. Als ich das erste Mal den »Figaro« dirigieren konnte, war das ein so faszinierendes, überwältigendes Erlebnis, daß ich mir keine großen Gedanken machte, ob der Übergang von einem Bild zum nächsten und von der Arie zum Rezitativ oder aus dem Rezitativ heraus zur Arie auch wirklich »richtig« war oder nicht.

Auch heute weiß ich nicht genau, ob es »richtig« ist, wie ich etwas mache, damals aber legte ich mir noch nicht Rechenschaft ab wie heute, nach jahrzehntelanger Kenntnis einer Partitur. Ich habe munter drauflosmusiziert. Und wenn etwas nicht funktionierte, versuchte ich es bei der nächsten Aufführung anders zu machen; ich versuchte zum Beispiel herauszufinden, ob die Spannung größer ist, wenn man eine Stelle etwas breiter oder etwas schneller nimmt; ich versuchte einfach, Erfahrungen zu sammeln.

Aachen – das war dann die erste Möglichkeit, auf das Programm direkt Einfluß zu nehmen und künstlerische Entscheidungen eigenverantwortlich zu treffen; und es war der Beginn einer auch international orientierten Aktivität: zum erstenmal London, zum erstenmal große Plattenaufnahmen, zum erstenmal Mailänder Scala, Wien, Prag, Salzburg, Luzern, Bayreuth.

Ich war damals der jüngste deutsche GMD. Mit knapp dreißig Jahren übernahm ich die Position sozusagen in der Nachfolge eines Fritz Busch und eines Herbert von Karajan. Aachen war schon immer eine der wichtigsten deutschen und internationalen Drehscheiben gewesen. Seine Lage am Dreiländereck Holland, Belgien, Deutschland, die Nähe zu Frankreich, Köln/Bonn als Einzugsgebiet, trotzdem aber deutlich getrennt vom Rheinland, das alles schuf eine spezielle Situation und ständige Fluktuation: Ich ging mit Orchester und Chor nach Lüttich, um dort »Carmina Burana« als belgische Erstaufführung zu realisieren; wir reisten auch zu Gastspielen nach Ostende und musizierten in Brüssel.

Dann wurde ich nach Brüssel und Amsterdam eingeladen, um dort drei-, viermal im Jahr Konzerte zu dirigieren. Die ersten internationalen Verbindungen kamen zustande.

1954 lud mich der damalige Staatsintendant Rudolf Hartmann nach München ein, um mit ihm Verdis »Simon Boccanegra« zu produzieren. Schließlich inszenierte aber nicht Hartmann, sondern Heinz Arnold. Die Premiere fand im Prinzregententheater statt. Im Jahr darauf habe ich in München Carl Orffs »Die Kluge« und »Carmina Burana« dirigiert, ebenfalls im Prinzregententheater.

Etwa um diese Zeit bot mir Hartmann an, sein Münchener Musikchef zu werden – ein Angebot, das mich einerseits lockte, andererseits schreckte. Die Konditionen schienen günstig. Die Gespräche mit dem Kultusministerium verliefen positiv. Bei Ferienbeginn waren die Verhandlungen bis kurz vor den Abschluß gediehen.

Im Urlaub mieteten wir in Italien ein kleines Haus am Meer und baten in Aachen den Briefträger, uns die Post nachzuschicken. In den ersten Tagen traf regelmäßig Post aus Deutschland ein, dann aber mit einemmal nicht mehr. Wir wunderten uns zwar, unternahmen zunächst aber nichts, denn vielleicht war ja tatsächlich keine Post für uns gekommen.

Schließlich aber rief ich meine Sekretärin in Aachen an: »Ich krieg' seit Tagen keine Post mehr. Könnten Sie bitte in der Wohnung nachschauen, was da los ist?«

Nach ein paar Stunden rief sie zurück: »Stapelweise Post!« Sie war inzwischen in unserer Wohnung gewesen.

»Versteh' ich nicht, sie sollte uns doch nachgeschickt werden!«

»Soll ich sie Ihnen nachschicken?«

»Muß nicht sein. Wir kommen nächste Woche zurück. Am Ende ist die Post dann hier, und wir sind in Aachen.«

Als wir aus dem Urlaub nach Aachen zurückkamen, fanden wir in unserer Post den Vertragsentwurf des Kultusministeriums und den zauberhaften Hinweis des Postboten: »Ich kann es einfach nicht verantworten, Ihnen die ganze Post nachzuschicken. Es wird zu teuer!«

Der Zeitpunkt, bis zu dem ich zum Vertragsentwurf des Ministers hätte Stellung beziehen müssen, war verstrichen. Oper und Ministerium waren ziemlich verärgert, daß ich nicht mit einem Wort reagiert hatte. Sie entschlossen sich daraufhin, Ferenc Fricsay als neuen GMD zu engagieren...

Im nachhinein war ich ganz froh, daß der Briefträger Schicksal gespielt hatte. Heute weiß ich, daß es richtig war, damals noch nicht nach München zu gehen, denn ich hatte einfach noch nicht die Routine, die man für eine Position wie in München braucht: für ein Haus, an dem ich Clemens Krauss und Hans Knappertsbusch als Wagner- und Strauss-Interpreten erlebt und bewundert hatte. Ein Münchner GMD muß einschlägige Erfahrungen mit Richard Strauss und Richard Wagner haben. Man kann einfach nicht in München zum erstenmal einen »Ring« oder eine »Elektra« dirigieren; man muß diese Werke, wo auch immer, bereits gemacht haben.

Nach diesem Wink des Schicksals beschloß ich jedenfalls, an keines der ganz großen Opernhäuser zu gehen, bevor ich nicht den »Parsifal«, den »Ring« komplett sowie eine »Elektra« und eine »Arabella« dirigiert hätte.

Was den Konzertsektor betrifft, so konnte ich mir in Aachen das gesamte klassische und romantische Repertoire erarbeiten. Ich war verantwortlich für die acht Symphoniekonzerte und die zehn Volks-Symphoniekonzerte mit ihren verschiedenen Programmen. Nur drei der achtzehn Konzerte wurden von Gastdirigenten bestritten.

In einem Zeitraum von fünf Jahren jeweils fünfzehn Konzerte, das bedeutete, daß ich alle Beethoven-Symphonien, alle Bruckner-Symphonien, die Symphonien von Brahms, Schubert, Mozart, Schumann und Werke von Strauss dirigieren konnte. Noch heute lebe ich von diesen Erfahrungen in dem Sinn, daß ich im Prinzip alle wichtigen Werke – auch Hindemith, Strawinsky, Honegger und Bartók – in den Aachener Konzerten und mit dem Aachener Orchester in Aachen und auf Gastspielen in Holland und Belgien kennenlernte. Es war eine optimale »Gesellenzeit« nach meinen Augsburger Lehrjahren. Ich entwickelte mich Stufe um Stufe weiter, entschlossen, keine Sprosse auf meiner »Ochsentour« auszulassen.

Nicht nur im Konzert, auch auf dem Gebiet der Oper konnte ich meine Vorstellungen weitgehend verwirklichen, denn mit Paul Mundorf hatte ich einen Intendanten, der auf meine Vorschläge bereitwillig einging. Ich dirigierte den ganzen Verdi, von der »Macht des Schicksals« über »Don Carlos«, »Rigoletto« und »Aida« bis zum »Falstaff«; von Richard Strauss »Rosenkavalier« und »Arabella«; und von Wagner standen weiterhin »Tannhäuser« auf dem Programm und als einziges »Ring«-Werk »Walküre«; für »Siegfried« und »Götterdämmerung« reichte der Aachener Apparat nicht aus.

»Jetzt legen wir los!«
Begegnung mit Oistrach und Gieseking

In Brüssel gab es damals eine Konzertreihe, die sich »Concerts des concerts« nannte. Bedeutende Solisten wurden eingeladen, um an einem Abend drei Konzerte zu geben; ich bezweifle, daß sich dazu heute noch jemand bereit erklären würde. Die Konzerte fanden im Palais des Beaux Arts statt, und zwar mit dem belgischen Orchestre National.

Bei einem dieser Konzerte musizierte ich mit David Oistrach. Auf dem Programm standen Bachs Violinkonzert E-Dur, Prokofieffs Erstes Violinkonzert und Sibelius' Violinkonzert op. 47. An einem anderen Abend spielte Walter Gieseking Mozarts Klavierkonzert KV 467, das Erste Klavierkonzert von Beethoven und Schumanns Klavierkonzert. In der Zusammenarbeit mit diesen beiden großen Interpreten lernte ich eine Unmenge: vor allem wie man Beethoven, Schumann und Prokofieff spielt.

Ein anderes wegweisendes Ereignis war kurz zuvor die Begegnung mit Alfred Cortot, dem legendären Schumann-Interpreten gewesen, der in den letzten Jahren seines Lebens einmal nach Augsburg kam, und ich durfte – wirklich: ich durfte! – ihn bei seinem Schumann-Konzert begleiten!

Erinnerungen an Koryphäen, die noch aus dem Beginn dieses Jahrhunderts stammten, die selbst von Erinnerungen an eine Epoche geprägt waren, die längst untergegangen war. Sie standen der Zeit eines Schumann, eines Prokofieff noch näher als wir alle und vermittelten in ihren Konzerten ein Gefühl faszinierender Authentizität.

Das Sibelius-Konzert Oistrachs – ich erinnere mich noch daran, als wäre es gestern gewesen! Vielleicht gerade, weil ich es vorher und nachher oftmals mit anderen Künstlern aufgeführt habe. Die Oistrach-Interpretation hat den tiefsten Eindruck in mir hinterlassen, auch die Begegnung mit dem Menschen Oistrach. Ich war damals noch keine dreiunddreißig Jahre alt, also ein junger Kerl, und Oistrach war ein Begriff. Später haben wir dann in der Wiener Zeit noch einige Male zusammen musiziert. Aber diesem ersten Treffen habe ich mit etwas gemischten Gefühlen entgegengesehen.

Ich dachte, er würde sich unnahbar geben, kaum ansprechbar, auf jeden Fall aber ziemlich schwierig sein. Gedanken dieser Art schossen mir durch den Kopf, als ich mutterseelenallein in meinem Dirigentenzimmer in Brüssel saß und mich auf die erste Orchesterprobe mit Oistrach vorbereitete. Ein paar Minuten vor Beginn der Probe ging die Tür auf – und vor mir stand David Oistrach. »Ich habe schon von Ihnen gehört«, begrüßte er mich. »Ich freue mich, mit Ihnen zu spielen!«
Oistrach war von einer zauberhaften Herzlichkeit. Und im Verlauf der Probe brachte er mir kraft seiner Persönlichkeit und seiner Erfahrung sehr charmant bei, wie das Sibelius-Konzert zu interpretieren ist. Beispielhaft! Nicht einmal hörte ich von ihm, »das möchte ich jetzt so und so!« Alles übermittelte sich durch seinen Ausdruck, seine Art des Spielens. Es war einfach ein herrliches Musizieren. Ich mußte das Gefühl haben, daß zwischen uns ein wunderbares Einverständnis entstand.

Ähnlich Walter Gieseking, für mich neben Wilhelm Backhaus und Wilhelm Kempff der Gigant unter den deutschen Pianisten. Wir gingen in der Probe kurz den letzten Satz des Schumannschen Klavierkonzerts durch, und Gieseking sagte: »Herr Sawallisch, von dieser Stelle ab wollen wir ein ganz kleines bißchen schneller werden – da machen wir einen ›final drive‹. Wenn wir das richtig hinkriegen – glauben Sie mir, ich kenne das Publikum der lateinischen Länder – und wenn es uns gelingt, das Publikum zwanzig oder sechzehn Takte vor Schluß zum Applaudieren zu bewegen, dann sind wir gut gewesen!«

Während der Aufführung – wir hatten fast die Stelle erreicht, über die wir gesprochen hatten – blickte ich zu Gieseking nach unten. Mit einem unmerklichen Augenzwinkern gab er mir zu verstehen: Jetzt legen wir los! Und so geschah es.

Nicht, daß wir Showgeschäft betrieben hätten, aber wir wurden immer intensiver, waren bei der Stelle, bei der laut Gieseking das Publikum eigentlich hätte anfangen müssen zu applaudieren – und tatsächlich! Unser gemeinsamer Aufschwung schien offensichtlich so unwiderstehlich, daß gewaltiger Applaus anhob.

Na, was hab' ich Ihnen gesagt! Wir waren gut! schien mir Gieseking zuzuzwinkern.

Eines Tages tapezierte ich das Speisezimmer in unserem Aachener Haus. Handwerkliche Arbeit hat mir nicht nur damals ungeheuren Spaß gemacht; sie war schon eher eine Leidenschaft. Wir hatten die Fenster mit Bettüchern verhängt, denn die Passanten sollten nicht sehen, womit sich der Aachener GMD an einem Karfreitag die Zeit vertreibt.

Ich war gerade bei der Decke angelangt, als das Telefon klingelte. Meine Frau nahm ab und kam kurz darauf herein: »Karajan ist am Telefon!«

»Karajan? Was will Karajan?«

Ich stieg von der Leiter und konnte mir partout nicht vorstellen, was Karajan von seinem Aachener Nachfolger hätte haben wollen. Es war tatsächlich Karajan. Kurz zuvor war er Operndirektor in Wien geworden. Jetzt suchte er für sein Haus junge Kapellmeister, die das Repertoire dirigieren sollten. Mich hatte er ausersehen, einer von ihnen zu sein.

Auf der einen Seite war dies ein verlockendes Angebot. Auf der anderen Seite, überlegte ich, wäre es nicht gut gewesen, in einem kleineren, wenn auch sehr bedeutenden deutschen Haus die Chefposition zu bekleiden und im benachbarten Österreich als Repertoire-Kapellmeister zu fungieren. Ich bat mir jedenfalls Bedenkzeit aus.

Tatsächlich mußte ich mir erst über das Für und Wider seines Angebots Klarheit verschaffen. Kurze Zeit später habe ich dann in einem Brief versucht, ihm meine Gründe für das »Nein« darzulegen. Karajan hat auf diesen Brief nie reagiert, weder mit einem Zeichen des Verständnisses noch einem Zeichen des Unverständnisses. Später bin ich ihm einige Male in Salzburg begegnet, aber unser telefonisch-brieflicher Kontakt kam nie zur Sprache.

Auch in der Rückschau halte ich meine damalige Entscheidung für richtig: Die Aachener Jahre waren für mich eine sehr aufregende, sehr anregende, sehr vielfältige Zeit. Ich machte neben Oper und Konzert viele Sendungen mit dem WDR. Als Dirigent des Kölner Rundfunk-Symphonieorchesters sammelte ich meine ersten Erfahrungen im Mitschnitt von Konzerten. Darüber hinaus intensivierte sich auch die Zusammenarbeit mit den Berliner Philharmonikern und mit dem Rias-Orchester.

Für alle diese Aktivitäten war Aachens Lage ideal; da ließ sich vieles miteinander verbinden. Alles, was für die nächsten Jahre bestimmend sein sollte, nahm irgendwo von Aachen seinen Ausgang: auch die Einladung der Mailänder Scala, im November 1957 zwei Konzerte zu geben.

Überdies habe ich in Aachen 1955 meinen ersten »Tristan« dirigiert. Daraufhin machte Wilhelm Pitz, der Aachener Chordirektor, bei seiner jährlichen Bayreuth-Tätigkeit Wolfgang und Wieland Wagner auf mich aufmerksam.

Wolfgang Wagner kam nach Aachen, hörte sich den »Tristan« an und lud mich ein, 1957 in Bayreuth die Eröffnungspremiere des »Tristan« zu übernehmen.

4. KAPITEL

Ereignisfeld Bayreuth

»Tristan« und »Holländer«
Ein »Bravo« von Knappertsbusch

In Bayreuth zu dirigieren war damals noch ein Ereignis, eine Ehre, eine Auszeichnung. Heute steht es anders um Bayreuth, aber vielleicht sehe ich es auch nur anders! Im Abstand von über drei Jahrzehnten erscheint es mir fast als Frevel, daß ich mich damals gleich an »Tristan« gewagt habe. Mit vierunddreißig Jahren in Bayreuth den »Tristan«... Diese Kühnheit läßt sich nur mit dem Impetus und der Ungeduld der Jugend rechtfertigen.

Nur in einer Zeit, in der man sich noch nicht mit all den Überlegungen und der Kenntnis aller Schwierigkeiten der musikalischen Abfolgen quält, kann man sich so etwas leisten. Daran ändert auch nichts, daß ich den »Tristan« zuvor in Aachen dirigiert hatte und Wolfgang Wagner davon offensichtlich beeindruckt gewesen war.

Ich hatte das Glück, daß in dieser »Tristan«-Inszenierung Birgit Nilsson als Isolde debütierte; sie hatte zuvor in Bayreuth nur die Elsa gesungen. Wolfgang Windgassen sang den Tristan. Die Bekanntschaft mit diesen beiden Künstlern bedeutete mir viel für mein weiteres Leben.

Es gehörte damals zum guten Ton, die riesigen Wagner-Partituren auswendig zu dirigieren. Ich tat das nicht. Eines Tages kam Wolfgang Windgassen mit sichtlichem Ausdruck der Erleichterung auf mich zu. »Ich bin so froh, daß Sie da unten Ihre Partitur liegen haben. Was ich alles an Text und Noten kennen muß! Was ich alles behalten muß, was der Regisseur mir gesagt hat! Ich bin wirklich dankbar, einen verläßlichen Hinweis für den nächsten Einsatz zu erhalten, ohne selbst zählen zu müssen! Und wenn auf der Bühne einmal etwas passiert und wir sehen, daß auch der Dirigent keine Noten vor sich hat, dann wird das für uns zum reinsten Trapezakt...«

Windgassen hatte die Erfahrung einiger Dirigenten hinter sich, die auf ihr unfehlbares Gedächtnis vertraut und ohne Partitur dirigiert hatten. Natürlich ist es unerläßlich, jede Partitur mehr oder weniger im Kopf zu haben, aber ich fragte mich: Warum soll ich mich damit belasten, mir zu merken, daß nach siebenunddreißig Minuten des zweiten Akts von »Tristan« ein Einsatz der Posaunen oder des dritten Horns kommt...

Mit Recht erwarten Musiker, daß man ihnen einen kleinen Hinweis gibt, damit sie nicht endlos zählen müssen, um den Einsatz nicht zu verpassen. Unmöglich, das alles im Kopf zu behalten, ohne darüber die große Linie aus den Augen zu verlieren! Hilfen dieser Art erleichtern allen Beteiligten die Konzentration auf das Wesentliche.

Ich arbeitete zum erstenmal mit einem perfekten Wagner-Orchester, mit den besten Musikern aller Orchester... Diese Atmosphäre! Diese Tradition! Mir schlug das Herz fast bis zum Hals.

Und erst die Arbeit selbst! Die Zeit, die man hat, denn in Bayreuth gibt es nichts anderes als Richard Wagner. Man kann sich voll auf das eine konzentrieren. Und das war die Basis unwiederholbarer Aufführungen.

Wolfgang Wagners »Tristan«-Inszenierung wurde 1958 und 1959 noch mal gespielt. 1958 kam Wieland Wagner zu mir und versuchte, mich seinem Bruder sozusagen abspenstig zu machen und mich für eine Neuproduktion des »Fliegenden Holländer« zu gewinnen. Wohl kein Dirigent hätte bei dieser Besetzung widerstehen können: Leonie Rysanek, George London, Fritz Uhl, Josef Greindl. Einfach phänomenal!

Dennoch sagte ich Wieland Wagner: »Sie müssen wissen, daß ich vom ›Fliegenden Holländer‹ eine ganz eigene Auffassung habe, eine strengere als üblich!«

Bekanntlich hatte Wagner seine von härteren Orchesterfarben geprägte Erstfassung später selbst abgeschwächt. Wieland Wagner zeigte sich an meiner Interpretation interessiert.

Ich ging ins Bayreuther Archiv und las die Originalpartituren Wagners nach. Dabei entdeckte ich Anmerkungen von Wagners eigener Hand, die mich in meiner Auffassung bestärkten und mir den Weg zu einer neuen »Holländer«-Konzeption wiesen.

Ich kannte den »Fliegenden Holländer« von München her, und ich wußte, daß Knappertsbusch in seinen Tempi ein verhältnismäßig langsamer, aber unerhört intensiver Dirigent war. Während meiner Generalprobe zum »Fliegenden Holländer« erfuhr ich, daß Knappertsbusch im Haus war, um sich anzuhören, was ich da zu veranstalten gedachte.

Ich sagte mir, da gibt's nur eines: sich nach der Generalprobe so schnell wie möglich zu verdrücken, um dem Altmeister nicht in die Hände zu fallen. Ich wußte, daß Knappertsbusch in seinen Bemerkungen sehr hart und direkt sein konnte. Nach dem letzten Akt ging ich also, so schnell ich konnte, aus dem Orchesterraum die verhältnismäßig breite und hohe Treppe hinauf, um möglichst ungesehen in meinem Zimmer verschwinden zu können. Jeder wußte, daß Knappertsbusch gleich links am Ende der Treppe sein Zimmer hatte. Schnell hoch und an dem Zimmer vorbei! dachte ich.

Plötzlich sah ich Knappertsbusch oben auf der Treppe stehen und in seiner ganzen Größe auf mich warten. Seelenruhig ließ er mich hochkommen. Ich hatte keine Wahl – ich mußte an ihm vorbei. Er blickte mich unverwandt an. Ich grüßte ihn eher beiläufig und versuchte mich schnell an ihm vorbeizudrücken. Da sagte er mir ein einziges Wort: »Bravo!«

Das war's! Dieses eine Wort war das höchste Lob, das ich mir hätte wünschen können – und angesichts meiner »Holländer«-Version eine maßlose Überraschung. Selten hat mich etwas stolzer und glücklicher gemacht als dieses eine Wort vom Altmeister des Wagner-Repertoires.

Von diesem Augenblick, von dieser Fünf-Sekunden-Begegnung an verband mich mit Knappertsbusch ein sehr gutes Verhältnis. Sooft wir uns trafen, sprachen wir über Dinge, die uns gerade bewegten, und dies waren nicht immer nur Fragen der Musik. Knappertsbusch war eine ungeheure Persönlichkeit.

Viel später, 1960/61 – ich war inzwischen Chef des Philharmonischen Staatsorchesters in Hamburg geworden –, rief ich Knappertsbusch einmal mit folgendem Anliegen an: »Als Chef der Hamburger Philharmoniker möchte ich Sie bitten, im nächsten Jahr bei uns ein Gastkonzert zu übernehmen!«

Seine Antwort fiel merkwürdig aus: »Sagen Sie, Sawallisch, das Rundfunkorchester – das ist doch ein sehr gutes Orchester? Oder?«

»Herr Professor, Sie täuschen sich, es handelt sich nicht um das Rundfunk-Symphonieorchester, ich spreche vom Philharmonischen Staatsorchester!«

»Weiß ich schon, aber sagen Sie – das Rundfunkorchester ist doch ausgezeichnet, nicht?« kam es von Knappertsbusch zurück.

Ich war irritiert und wies ihn ein zweites Mal auf seinen offensichtlichen Irrtum hin.

Da wechselte er plötzlich das Thema: »Haben Sie noch denselben Konzertmeister?«

»Nein, ich habe bei meinem Amtsantritt einen neuen Konzertmeister engagiert; er war vorher erster Konzertmeister bei den Berliner Philharmonikern, wollte dort aber weg, weil er sich als ehemaliger Flieger im Krieg zum absoluten Fliegereigegner entwickelt hat und die ständige Reisetätigkeit der Berliner per Flugzeug nicht mehr ertragen konnte.«

»Verstehe, dann komm' ich!«

Wir besprachen noch am Telefon das Programm, und von da an kam Knappertsbusch jedes Jahr nach Hamburg, um das Orchester zu dirigieren. Bis zu seinem Tod.

Erst viel später erfuhr ich, was es mit diesen merkwürdigen Fragen auf sich hatte: Knappertsbusch hatte mit dem Konzertmeister der Hamburger Philharmoniker irgendwann einmal Ärger gehabt, der ihm so nachhing, daß er völlig auf das andere, in seinen Augen unproblematische Hamburger Orchester fixiert war.

Die große Ballade der Senta ist bekanntlich das Zentralstück des »Fliegenden Holländers«; von hier aus begann Richard Wagner zu komponieren. Vielleicht ahnte er anfangs selbst noch nicht, was dabei herauskommen würde. Er war wohl zunächst nur von dieser Ballade fasziniert. Von dort aus tastete sich Wagner gleichermaßen nach vorn und nach hinten. Und sosehr er das Stück auch in beide Richtungen fortschrieb, bezog er sich immer wieder auf diese Ballade als Keimzelle der ganzen Oper, wie ich bei meinen Bayreuther Recherchen herausfand.

Ich war maßlos überrascht, als ich die Originalpartitur aufschlug und dort die Ballade in a-Moll entdeckte. Denn bislang hatte man die Senta-Ballade immer nur in g-Moll gehört, also einen Ton tiefer. Schlagartig wurde mir jetzt das musikalische Umfeld der Ballade klar. Plötzlich verstand ich dir Tonalität der um die Ballade herum geschriebenen Stücke, die in der Dur- und in der Moll-Parallele stehen; und ich verstand, warum in der Ouvertüre auf die a-Moll-Stelle Bezug genommen wird.

Natürlich wollte ich nun herausfinden, warum in allen Klavierauszügen und allen späteren Partituren die Ballade immer in g-Moll steht. Und siehe da, ich entdeckte in der Originalpartitur einen Zettel, auf dem Wagner für den Kopisten notiert hatte: Bei den Aufführungen mit Frau Schröder-Devrient von diesem Kreuz bis zu diesem Kreuz einen Ton tiefer! Offensichtlich hatte Wagner diese Änderung schon bei der Premiere vorgenommen, vermutlich nachdem ihn Frau Schröder-Devrient gebeten hatte, die für sie zu hohe Ballade einen Ton tiefer zu setzen.

Ich kontrollierte dann anhand der von Wagner markierten Kreuze die Länge dieser Transpositionen. Sie stimmte auf den Takt genau mit einer Anmerkung überein, die ich mir in meinem ersten Klavierauszug bei meiner ersten »Fliegenden Holländer«-Einstudierung in Augsburg gemacht hatte. Ich hatte mir damals notiert: »Hier kann was nicht stimmen!« Und meine Kreuze saßen genau auf den Takten, bei denen Wagner die Transposition nach unten und wieder zurück vorgenommen hatte.

Bei unserer Bayreuther Neueinstudierung 1959 eliminierten wir erstmals auch den Harfenschluß der Ouvertüre. Schon immer hatte ich mich gefragt: Was hat die Harfe im »Holländer« zu suchen? Der »Holländer« ist doch kein »Tannhäuser« und kein »Lohengrin«, er ist ein viel härteres, dramatischeres Stück! Warum kommt die Harfe nur in ein paar Takten der Ouvertüre vor und dann plötzlich am Schluß der Oper wieder? Warum gibt es während der ganzen Oper keine einzige Note für die Harfe? Auch auf diese Frage fand ich in

Wagners Originalpartitur die Antwort. Auf einem der Partitur beigefügten Zettel stand in Wagners Handschrift in französischer Sprache: »Der Harfenschluß ist nur für das Konzert in Paris bestimmt!«
Bei einem Konzert, das Wagner in Paris dirigierte, standen alle Vor- und Zwischenspiele, die er bis dahin komponiert hatte, auf dem Programm. Unter die französische Bemerkung »Seulement pour le concert à Paris« hatte Wagner in deutscher Sprache noch geschrieben: »Ich habe inzwischen den ›Tristan‹ komponiert. Jetzt weiß ich, wie der Erlösungsschluß der Senta sein muß, gleich Isolde!« Offensichtlich hatte er deshalb dieselbe Tonfolge wiederholt und die Harfe mit dem Hinweis eingefügt: »Dasselbe soll auch am Schluß der Oper gespielt werden!« Da der Kopist Wagners Anmerkungen in den ersten Klavierauszug übernahm, existierte bis dahin kein Klavierauszug mit dem harten »Ouvertüre«-Schluß und der Senta-Ballade in a-Moll.

Für mich war klar, daß ich den Versuch in Bayreuth unternehmen mußte, einmal das Original der Ballade aufzuführen. Ein Wunsch, den ich 1960 mit Anja Silja verwirklichen konnte.

Vom Beginn der Zusammenarbeit mit Wieland Wagner ergab sich zwischen uns und unseren Familien ein sehr reger künstlerischer und menschlicher Kontakt. Wieland, seine Frau Gertrud, meine Frau und ich, wir waren nicht nur nach jeder Vorstellung bei ihm in Wahnfried, wir versuchten auch in gemeinsamer Diskussion eine neue Interpretationslinie für die Werke seines Großvaters zu finden. Wieland spürte, daß ich kein Dirigent bin, der die Augen vor dem Bühnengeschehen verschließt und seinen Part da unten einfach wegdirigiert. Er realisierte sehr schnell, daß ich gewohnt war, regen Anteil an dem zu nehmen, was sich optisch und szenisch auf der Bühne abspielt.

Er zog mich immer hinzu, wenn er beispielsweise im Festspielhaus Beleuchtungsproben machte: »Kommen Sie doch mal vorbei, ich möchte eine neue Farbe ausprobieren. Ich hätte gern gewußt, wie sie Ihrer Meinung nach zur Musik paßt!«

Das tat ich. »Fliegender Holländer«, Schluß des dritten Akts. Nach dem Tod der Senta tauchte er die Bühne in eine merkwürdig indifferente Farbmischung aus Grün, Blau, Grau...

»Wieland, nehmen Sie es mir nicht übel: Zu der Musik, die ich da unten veranstalte, zu der Härte, mit der das Stück nach Sentas Tod endet, paßt diese Farbe überhaupt nicht, sie wirkt labberig...«
»Finden Sie? Ich schaue mir das bei der nächsten Probe noch einmal an!«
Nach der nächsten Probe kam er zu mir: »Ich glaube, Sie haben recht. Ich muß mir da was anderes einfallen lassen. Ich hab' es jetzt zur Musik gesehen, das paßt tatsächlich nicht zusammen...«
Von diesem Moment an diskutierten wir auch über Farben! Als wir 1960 den »Lohengrin« machten, erklärte er mir: »Für den ersten Akt stelle ich mir Blau und Silber auch in den Rüstungen und Chorkostümen vor, aber das Blau, das ich eine Stunde lang ertragen kann, habe ich noch nicht gefunden...«
In der Nacht um zwei Uhr rief er mich an und holte mich aus dem Schlaf: »Sawallisch, ich glaube, ich hab's! Seit Mitternacht sitz' ich im Festspielhaus. Es wäre schön, wenn Sie jetzt einen Moment Zeit hätten...«
»In der Nacht um zwei...?«
»Ja, kommen Sie doch mal herauf, ich möchte, daß wir uns das gemeinsam anschauen...«
Ich zog mich an und fuhr zum Festspielhaus hinauf. Da saß er mit seinem Beleuchtungschef, Herrn Eberhardt, die ganze Bühne blau ausgeleuchtet, ein paar silbrige Ritterrüstungen gegen das Blau gestellt. Eine Stunde lang starrten wir auf die Bühne, sprachen kein Wort, ich schaute mir nur das Blau an! Früh um vier Uhr sagte er zu seinem Eberhard: »Weißt du was? Ich kann dieses Blau nicht mehr sehen! Weg damit! Ich kann's nicht mehr sehen! Wir müssen was anderes erfinden!«
Er nahm mich am Arm: »Jetzt gehen wir!« Er zog mich aus dem Festspielhaus: »Ich kann dieses Blau nicht ertragen! Mir tun schon die Augen weh!«
Gegen fünf Uhr früh, nach einer geschlagenen Stunde Diskussion, ging ich wieder ins Bett. Das Blau hatte sich inzwischen verändert. Was an ihm aber anders geworden war, ob es nun heller, dunkler, gräulicher geworden war, ich konnte es beim besten Willen nicht feststellen. Wieland jedenfalls war zufrieden: Genau dieses Blau wurde das »Lohengrin«-Blau, und Wieland hatte eine der mär-

chenhaftesten Bühnendekorationen und Bühnenfarben geschaffen, die man sich vorstellen kann. Wielands Blau und Silber entsprachen dem A-Dur der Musik Wagners, der selbst ein Anhänger der Farbenlehre gewesen war. Es war die richtige Farbe, das Unwirkliche des »Lohengrin« zu evozieren. Ich fing an, Wieland zu bewundern.

Wie um das alles zu vertiefen, überraschte mich Wieland Wagner eines Tages mit der Erklärung: »Den nächsten Bayreuther ›Ring‹ möchte ich mit Ihnen zusammen machen! Aber wir sollten ihn vorher an einer anderen Bühne ausprobieren, sozusagen als eine Art Generalprobe!«

Als ich 1960 in Köln anfing, stand die geeignete Bühne für unser Vorhaben zur Verfügung: »Wieland, jetzt könnten wir unsere Generalprobe veranstalten!«

»Wunderbar! Phantastisch! Könnten Sie mich mit Oscar Fritz Schuh zusammenbringen!«

»Kein Problem!«

Ich ging zu Schuh: »Wieland Wagner ist interessiert, mit uns in Köln einen neuen ›Ring‹ zu inszenieren...«

»Na, sofort!« unterbrach mich Schuh. »Laden Sie ihn sofort ein!«

»Es wird natürlich eine Kleinigkeit kosten...«

»Egal, was es kostet, das müssen wir machen!«

Ich ging wieder zu Wieland: »Oscar Fritz Schuh ist begeistert. Wir machen den ›Ring‹!«

Wir legten alle Termine fest und besprachen die gesamte Besetzung. Schuh sagte zu allem ja und amen, unterschrieb die Verträge und bestätigte alle Abmachungen. Eines Tages kam er zu mir: »Wir haben keinen Vertrag mit Wieland Wagner! Sagen Sie, was kostet der Mann eigentlich? Ich muß wissen, in welcher Größenordnung sich das bewegt!«

»Ich red' mit Wieland!«

»Sagen Sie ihm, er soll Ihnen die Summe auf einen Zettel schreiben, und Sie geben mir dann den Zettel. Damit ist die Sache erledigt. Einen Vertrag brauchen wir gar nicht. Ich zahl' ihm, was er verlangt!«

Ich sprach mit Wieland. »Ich will gar nicht wissen, was Sie für die vier ›Ring‹-Stücke verlangen, aber schreiben Sie bitte hier drauf die Summe, von der Sie denken, daß Oscar Fritz Schuh sie bezahlen kann!« Er nahm ein Stück Papier und schrieb darauf: »Fünfzigtausend Mark, einschließlich Reisen, Spesen, Hotel.« Ich faltete den Zettel zusammen und gab ihn an Oscar Fritz Schuh weiter, der fürchtete, daß eine astronomische Summe auf ihn zukommen würde. Als er den Zettel entfaltete, traf ihn fast der Schlag: »Ist ja billig! Ist ja billig!« freute er sich.

Das waren noch Zeiten, in denen Verträge auf diese Weise »ausgefertigt« wurden!

Über »Lohengrin« und »Tannhäuser«, vor allem aber über unseren »Ring« in Köln haben Wieland Wagner und ich stundenlang diskutiert. Wir gingen dabei meist im Bayreuther Hofgarten spazieren, weshalb wir unsere Unterhaltungen »Hofgarten-Gespräche« nannten.

»Zu dieser Stelle«, sagte Wieland zum Beispiel, »gibt es eine Bemerkung meines Großvaters; da steht, wie er sich das vorgestellt hat. Wenn wir nach Hause kommen, suche ich Ihnen den Band heraus, und wir kontrollieren das.« Und wenn wir dann zu ihm nach Hause, nach Wahnfried, kamen, ging er in seiner riesigen Bibliothek zielstrebig auf das entsprechende Buch zu und las nach. Er kannte sich im Werk seines Großvaters genauestens aus.

Was den »Ring« und seine Auffassung angeht, ist mir in diesen »Hofgarten-Gesprächen« vieles klargeworden, vor allem hinsichtlich einer nicht immer Wort für Wort, Buchstaben für Buchstaben zu übertragenden Idee, auch wenn Wagner sie in seiner Partitur festgelegt haben sollte. Schon zu seinen Lebzeiten sah Richard Wagner in seiner Phantasie viele Dinge anders, als er sie dann in der Partitur fixierte. Die Freizügigkeit, die Wieland Wagner bei der Auslegung des ganzen »Ring«-Geschehens für sich reklamierte, war wohlüberlegt und begründet, weshalb er sich immer über die Behauptung ärgerte, Richard Wagner hätte in seinen Partituren alles genau festgelegt. Dieser borniert Standpunkt läuft darauf hinaus, selbst nichts mehr denken zu müssen, da ja angeblich alles, auch jeder Auftritt, festgeschrieben sei.

Als Wagner seinen »Ring« dichtete und komponierte, gab es noch kein elektrisches Licht, und die Basis aller Bühnenbeleuchtung war das Petroleumlicht. Wagner schrieb zwar aus seiner Zeit heraus und entwickelte seine Beleuchtungsvorstellungen aufgrund der damaligen Beleuchtungsmöglichkeiten. Hätte er aber hundert Jahre später gelebt, hätte er mit Sicherheit alle neuen Möglichkeiten dankbar aufgegriffen.

Wieland Wagners »Ring«, der »entrümpelte ›Ring‹« der fünfziger Jahre, räumte die Bühne leer und vertraute auf eine Scheibe, die in einem bestimmten Licht einer unendlichen Weite oder einem Abgrund glich oder wie vor eine Wand gesetzt wirkte. Dieser »Entrümpelungs«-Akt, der Mut, alle unnötigen Requisiten wegzulassen, stieß zunächst auf heftigen Widerspruch. Doch ein paar Jahre später schon feierte man Wielands Tat als Askese und begriff, daß die Reduktion alles Rankenwerks die Konzentration auf das Wort und auf die Gestalten steigerte. Nicht vergessen werden darf bei Wieland Wagners erster »Ring«-Konzeption auch, daß damals Künstlerpersönlichkeiten von enormer Ausstrahlungskraft zur Verfügung standen, die von sich aus schon die Bühne füllten und mit denen Wieland seine Vorstellungen optimal erarbeiten konnte.

Als es dann um die Neukonzeption des Kölner »Ring« ging – Regie, Bühne und Kostüm in seiner Hand vereinigt –, erklärte mir Wieland: »Sawallisch, die Zeit des Fünfziger-Jahre-›Rings‹ ist vorbei! Heute kann man nicht mehr eine Scheibe und die Personen wirken lassen: Wir müssen die Bühne reaktivieren. Wir müssen gegenständlicher werden. Es gibt – Mythologie und Mythos hin oder her – zwei ganz realistische Dinge im ›Ring‹, die stattfinden müssen: Das erste ist das zu schmiedende Schwert, denn wir haben die Schmiedelieder; dazu brauchen wir den Amboß. Und das zweite ist Siegfrieds Tod. Siegfried muß ›erschlagen‹ werden. Auch wenn ich alle anderen einen mehr oder weniger ›seelischen‹ oder psychologisch überhöhten Tod sterben lassen kann: Siegfried muß vor den Augen des Publikums von Hagen ermordet werden. Um diese ganz realistische Szene komme ich nicht herum. Von diesen beiden Szenen ausgehend, muß ich entscheiden, welche weiteren ›Ring‹-Elemente realistisch sein müßten oder könnten, welche Rolle zum Beispiel Wotans Speer spielt!«

In stundenlangen Gesprächen entwickelte Wieland Wagner eine

Konzeption, die sich in Bühne, Kostüm und Gesamtdarstellung von seinem früheren »Ring« abhob. (Mehr darüber im Zusammenhang mit meinen eigenen »Ring«-Erfahrungen.) Faszinierend, wie Wieland nie stehenblieb, immer weiter arbeitete, immer neue Ideen entwickelte. Unsere Bayreuther Hofgarten-Gespräche wurden »Ring«-Exkurse – für mich eine Gelegenheit, in der Diskussion zu lernen. Und Wieland nahm es dankbar an, wenn ich seine Konzeption aufgrund meiner musikalischen Kenntnisse beeinflußte oder veränderte.

Zuweilen wurde ich als Dirigent auf das verdeckte Orchester im Bayreuther Festspielhaus und seine speziellen akustischen Voraussetzungen angesprochen. Gelegentlich wurde behauptet, man höre unten nichts von der Bühne oben und habe als Kapellmeister deshalb große Schwierigkeiten. Ich hatte vom ersten Moment an keine solchen Probleme. Die ersten und zweiten Geigen sitzen in Bayreuth aus akustischen Gründen bekanntlich »verkehrt«, die ersten Geigen sitzen rechts, die zweiten Geigen links, damit die ersten Geigen in die Öffnung hinausspielen können. Geht man davon aus, daß Sänger und Chor für den Dirigenten überhaupt hörbar sind, und ich hatte damit keine Probleme, habe ich mit der Bayreuther Akustik nur allerbeste Erfahrungen gemacht. Auch die Teilung der Celli und Kontrabässe, vier links, vier rechts, und die so erzielte stereophone Wirkung im Orchestergraben hat mich begeistert. Es ist ein optimales Musizieren.

Vielleicht könnte man argumentieren, daß »Tristan« das verdeckte Orchester gut verträgt, der »Fliegende Holländer« und »Lohengrin« aber eigentlich das offene Orchester brauchten. Als Zuhörer – selbst habe ich sie in Bayreuth nicht dirigiert – hatte ich die größten Probleme mit dem Bayreuther »Meistersinger«-Klang. Von Wagners sehr dezenter kammermusikalischer Behandlung des Orchesters geht in der »vermischten« Bayreuther Akustik, bei der man nie genau weiß, wo etwas herkommt, vieles verloren. Ideal für die Bayreuther Orchestersituation und speziell dafür geschaffen ist »Parsifal«, dessen mystisches Klangbild sich in Bayreuth wie nirgendwo sonst auf der Welt produzieren läßt. Ich könnte mir vorstellen, daß es ein besonderes Erlebnis ist, gerade den »Parsifal« in Bayreuth zu dirigieren.

Dazu ist es nicht gekommen, denn meine Aktivität in Bayreuth ging abrupt zu Ende.

»Das möchte ich mir ersparen«
Der Bruch mit Bayreuth

Zunächst aber stand in Bayreuth eine Neuinszenierung des »Tristan« mit Wieland Wagner auf dem Programm. Aber genau das warf Probleme für mich auf. Ich teilte Wielands Ansichten, was meine Person betraf, nicht.

»Wieland, ich möchte den ›Tristan‹ jetzt eigentlich nicht schon wieder übernehmen«, sagte ich ihm. »Ich habe ihn 1957 mit Wolfgang gemacht. Schon sechs Jahre später den nächsten Bayreuth-›Tristan‹ als Dirigent herauszubringen ist in meinen Augen zu früh. Ich habe mich in diesen sechs Jahren kaum geändert. Aus einer Distanz von vielleicht zehn Jahren wäre das leichter. Dann hätte eine größere Entwicklung stattgefunden. Vielleicht werde ich jetzt zwar das eine oder andere in einem neuen Licht sehen, aber meine Grundeinstellung hat sich nicht gewandelt. Letztlich stehe ich dem ›Tristan‹ heute genauso gegenüber wie 1957. Ich will nicht, daß es heißt, der Regisseur ist neu, der Dirigent blieb sich gleich!«

Möglich, daß im Laufe der Vorbereitungszeit gewisse Entwicklungsprozesse eingetreten wären, deren man sich nicht so bewußt wird. Ganz automatisch hätte sich vielleicht vom Tempo, vom Ausdruck und von der Gesamterfassung des Werks – bei »Tristan« weiß Gott nicht einfach – in meiner Konzeption einiges bewegt. Aber deshalb hätte die technische Übertragung nicht grundsätzlich anders aussehen müssen. Trotz aller Überlegungen schien mir der letzte Bayreuth-»Tristan« einfach noch zu nah.

Wieland akzeptierte meine Argumente und fragte mich, wen ich empfehlen würde. Ich schlug Karl Böhm vor. Dieser »Tristan« bedeutete Böhms Bayreuth-Debüt.

Sehr gern hätte ich die Neuinszenierung der »Meistersinger« gemacht. Aber da gab es in der Frage der Besetzung einen gravierenden Dissens zwischen Wieland und mir.

Ich hatte Anja Silja nach Bayreuth gebracht, als Leonie Rysanek die Wiederholungsvorstellungen des »Fliegenden Holländer« 1960 nicht mehr singen wollte oder konnte. Anja Silja war damals zwanzig Jahre alt und in Frankfurt engagiert. Ich hatte sie nach Wiesbaden gebeten, wo sie mir die Königin der Nacht vorsang: in meinen Augen eine Sensation. Zum erstenmal hörte ich diese Partie als dramatische Koloratur – von ungeheurer Aggressivität und Intensität und dabei von sauberster Ausführung; ihre Tonwiederholungen eskalierten zum Angriff; keine Spur des häufig zu hörenden Koloratur-Geplänkels.

Also schlug ich Wieland vor, sie sich einmal anzuhören. Anja Silja und ich fuhren nach Bayreuth, wo sie vorsang. Wieland schien vom ersten Augenblick an von ihr begeistert zu sein, auch als Regisseur. Und ich teilte seine Begeisterung. Tatsächlich hätte Anja Silja damals auch auf dem Kopf stehend oder an den Beinen aufgehängt gesungen, sie war ein Theatervollblut. Wieland engagierte sie sofort. Und ihre Senta war dann 1960 auch ein sensationelles Debüt. Dank ihrer Stimmintensität und Spielbegabung entwickelte sich Anja Silja immer mehr zur Idealfigur Wieland Wagners.

In unseren Hofgarten-Gesprächen hatten wir des öfteren Wielands Idee diskutiert, daß Wagner letztlich alle seine Frauenfiguren als eine einzige Gestalt gesehen hatte – und Wieland belegte das mit Zitaten seines Großvaters. Senta, Elisabeth, Elsa, Isolde, Kundry und Brünnhilde als letztlich eine Frauengestalt, die eines seelischen Todes stirbt, eng mit dem Erlösungsmotiv verknüpft ist und »entseelt zu Boden sinkt«, wie es so schön bei manchen Partien steht. Diese eine Frauenfigur sah Wieland Wagner in Anja Silja verkörpert.

Ich als Musiker dachte und denke anders als ein Regisseur. Zwangsläufig sieht ein Regisseur mehr die Persönlichkeit, spürt, wie jemand bereit und fähig ist, seine Ideen optisch glaubhaft nachzuvollziehen. Für den Musiker indessen ist die rein technische Bewältigung der Partitur ein nicht ganz unwichtiger Faktor. Ich versuchte, mit Wieland zu argumentieren.

»Wenn Sie schon die Isolde, die Senta, die Brünnhilde und die Elisabeth mit Anja Silja machen wollen – das ›Meistersinger‹-Evchen hat in meinen Augen mit diesen Partien gar nichts zu tun! Ich sehe Eva eher als ein munteres Mädchen, das – wie sie ja selbst sagt – ›Mühe‹ mit den Männern hat!«

Wieland zeigte sich unansprechbar. Aber ich war entschlossen, die Flinte nicht so schnell ins Korn zu werfen: »Evchen ist natürlich auch ein koketter Typ, sie weiß zum Schluß ganz genau, was sie mit ihrem Ritter von Stolzing will; aber von ihr werden musikalisch spezielle Dinge gefordert – das Quintett, das Duett mit Stolzing, das ›Sachs, mein Freund‹. Da erwarte ich mir Gesang und nicht so sehr hervorragende Gestik; da muß man Farbe bekennen; da muß man ganz ehrlich *singen*...«

»Ich bestehe auf Anja Silja!« war Wieland Wagners stereotyper Kommentar.

Ich redete mit Engelszungen auf ihn ein. Er forderte mich zu Gegenvorschlägen auf, die ich machte. Und die Bilanz unserer Silja-Gespräche formulierte er schließlich so: »Wir haben jetzt drei Jahre exzellent zusammengearbeitet, ich möchte die ›Meistersinger‹ auf jeden Fall mit Ihnen machen und unsere Arbeit fortsetzen!«

Anja Silja jedoch war nicht unser einziger Diskussionspunkt. In einer zweiten Partie wich ich ebenfalls von Wielands Vorstellung ab, denn ich wollte nicht in derselben Inszenierung eine Doppelbesetzung mit einem ausgesprochenen Bariton und einem ebenso ausgesprochenen Bassisten.

Auch in dieser Frage brachen wir die Diskussion ab. Ich hatte das Gefühl, Wieland von meinen Argumenten überzeugt zu haben. Nach den Bayreuther Festspielen 1962 verabschiedeten wir uns mit der Versicherung, Wieland werde mir so bald wie möglich Probezeiten, Besetzung usw. der »Meistersinger« für 1963 zukommen lassen.

Es kam ein Schreiben, in dem er mir mitteilte, daß er seine »Meistersinger«-Besetzung festgemacht habe – mit Anja Silja als Eva.

Lieber Herr Sawallisch,
ich erinnere mich dunkel, Ihnen versprochen zu haben, mich bis zum 20. September wieder zu melden.

Auf einsamen Spaziergängen am kühlen Strand von Sylt habe ich beschlossen, wenn auch nicht ganz freudigen Herzens, nächstes Jahr doch Meistersinger zu spielen. Ich möchte meine Bitte an Sie

wiederholen, die musikalische Leitung dieses Werkes zu übernehmen. Die Proben beginnen am [...]
Darf ich Sie bitten, mir bald zu schreiben?
Herzlichst Ihr
Wieland Wagner

Am 30. September 1962 beantwortete ich Wieland Wagners Schreiben mit einem Brief, dessen wichtigste Punkte ich hier ebenfalls wörtlich wiedergebe:

Lieber Herr Wagner,
Ich darf mich herzlich bedanken für Ihre Einladung, im kommenden Jahr in Bayreuth die ›Meistersinger‹ zu dirigieren. Da Sie dieses Angebot auch noch aufrechterhalten, nachdem immerhin die auch von mir gewünschte Urlaubspause zwischen den Festspielen dieses Jahres und Ihrem Brief steht, freut mich besonders. Trotzdem komme ich nicht drum herum, mich mit Ihnen – wenigstens jetzt brieflich – über die Besetzungsprobleme zu unterhalten.
[...]
Und damit sind wir [... bei dem] mir am meisten undurchführbar erscheinenden Punkt angelangt: Evchen. Das alte Lied beginnt von neuem. Der Tatsache, daß Sie trotz meiner vielstündigen Reden bei Ihnen in Bayreuth ohne ein weiteres Wort Ihrerseits mir wieder Fräulein Silja als Vertreterin einer der liebenswertesten und weiblichsten Figuren, die Ihr verehrter Großvater auf die Bühne gestellt hat, anbieten, und ich möchte schon sagen: zumuten, entnehme ich, daß Sie – und das selbstverständlich von Ihnen aus gesehen mit Recht – auf meine ehrliche und aufrichtige Mitarbeit nicht den Wert legen, den ich mir einmal in kühnen Träumen erhofft hatte. Die Konsequenz daraus liegt auf meiner Seite.
[...] Bei aller Sachlichkeit und bei allem Verständnis für die Idee Ihrerseits, zu glauben, in Fräulein Silja endlich die ideale Vertreterin für *alle* Partien des Wagner-Fachs gefunden zu haben, aber *die* Frau, die gleichzeitig in der Lage ist, über die Senta, die Brünnhilde, die Isolde und meinetwegen Elisabeth hinaus auch noch die Elsa und die Eva zu singen, diese Frau gibt es nicht, und die wird auch *nie* geboren werden. Dann müßten Sie erst eine Erfindung machen für

die mechanische Veränderung der Stimmuskulatur und des Kehlkopfes. Sie *dürfen* nicht alle Gedanken hinsichtlich der musikalisch-stimmlichen Ausführung und Ausfüllung einer Partie fallenlassen und *nur* auf Ihnen äußerlich ideal erscheinende Figuren zugehen. [...]
Sosehr ich es bedauere – Sie können mir glauben, daß es mir nach sechs Jahren Bayreuth und immerhin damit zusammenhängenden schönen Ergebnissen nicht nur für mich, sondern auch für Richard Wagner und die Festspiele, nicht leichtfällt, so etwas zu schreiben, aber ich möchte Sie doch herzlich bitten, dann von einer Mitarbeit meinerseits für 1963 abzusehen.
[...]
Ich dirigierte also nach 1963 nicht mehr auf dem Hügel. Bayreuth eine Absage erteilt zu haben, das galt – nicht nur danach – für nahezu unvorstellbar. Viele glaubten, andere Gründe als künstlerische hinter dem Vorgang wittern zu müssen, und die, die die Wahrheit kannten oder zu kennen glaubten, erregten sich über mein Verhalten.

So auch Hans Knappertsbusch, den ich in Wien traf. Er gab ein Sonntagskonzert mit den Philharmonikern. Ich dirigierte ein Konzert mit den Symphonikern. Wir trafen uns im Künstlerzimmer des Musikvereins. Wir hatten nach unserer »Holländer«-Begegnung des öfteren in Bayreuth miteinander gesprochen, und meine enorme Hochachtung vor dem Menschen und Künstler Knappertsbusch war eher noch gewachsen. Jetzt plötzlich reagierte er etwas frostig, als er mich sah. Jedenfalls hatte ich diesen Eindruck.

Was ist denn los? Ich hab' ihm doch nichts getan? dachte ich. Laut sagte ich: »Herr Professor, ich hab' das Gefühl, Sie...«

Er unterbrach mich und sagte: »Herr Kollege, das tut man nicht!«

»Ich weiß nicht, was Sie meinen?!«

»Sie wissen genau, was ich meine: Man sagt nicht ab!«

Ich war in Wien, Bayreuth war weit, und ich war mir nicht bewußt, was ich seiner Meinung nach nicht hätte absagen dürfen.

Er half mir heraus aus meiner Ratlosigkeit: »Wenn man nach Bayreuth eingeladen ist, sagt man nicht ab!«

Es kostete mich doch einige Mühe, dem von mir so hochverehrten Meister im Laufe einer halben Stunde die Gründe für meine Absage darzulegen. Seine abschließenden Worte bestätigten jedoch meine Entscheidung: »Ah, wenn es *so* ist, dann hatten Sie völlig recht! Das darf man nicht machen, dann *muß* man absagen!« Und damit war unser altes Verhältnis wiederhergestellt.

Vielleicht verhielt ich mich bei meiner Bayreuth-Absage deshalb so konsequent, weil ich trotz meiner Verweigerung bei »Tristan« und den »Meistersingern« nach einem Jahr Pause noch an die Realisierung des geplanten »Ring des Nibelungen« glaubte. Bereits 1960 waren Wieland und ich übereingekommen, den nächsten »Ring«-Zyklus in Bayreuth gemeinsam zu erarbeiten und dafür in den Jahren 1962 und 1963 am Kölner Opernhaus eine »Generalprobe« durchzuführen. Nach dieser Generalprobe wäre ich für den »Ring« auf jeden Fall nach Bayreuth zurückgekehrt. Wieland Wagners Erkrankung und sein Tod 1966 versetzten diese Überlegungen ins Reich der Spekulation.

Bayreuths Prestige rangierte damals noch höher als heute. Ich kann es ermessen, wenn ich von mir selbst ausgehe: Keine Einladung hat mich gleichzeitig so geehrt, so bescheiden, so dienend, so selbstlos gemacht wie die Einladung nach Bayreuth.

Als Wolfgang Wagner nach dem Aachener »Tristan« die Bayreuth-Einladung aussprach, sagte ich nur: »Seid ihr wahnsinnig? Ich soll mit vierunddreißig Jahren nach Bayreuth?!«

Damals hieß es, ich sei der jüngste Dirigent, der je in Bayreuth dirigiert hatte. Inzwischen weiß ich, daß dies nicht ganz stimmt: Richard Strauss dirigierte im Alter von dreiunddreißig Jahren in Bayreuth. Vierunddreißig Jahre alt zu sein und gleich mit dem »Tristan« in Bayreuth zu debütieren! »Lohengrin«, »Fliegender Holländer«, schön, aber »Tristan«! Und dann noch mit Künstlern wie Birgit Nilsson, Wolfgang Windgassen und Josef Greindl! Dies war eine Aufgabe, die einen adelte, die einen nachdrücklich prägte.

Was Bayreuth um die Jahrhundertwende und in den Jahrzehnten darauf bedeutete, läßt sich nur noch historisch nachvollziehen. Aber die Tatsache, daß sich in Bayreuth Dirigenten wie Felix Mottl, Hans Richter, Arturo Toscanini, Richard Strauss, Wilhelm Furtwängler, Herbert von Karajan und Hans Knappertsbusch die Türklinken in die Hand gaben und die weltersten Wagner-Sänger praktisch ohne Honorar oder für ein Spottgeld in Bayreuth sangen, ist ein untrügliches Zeichen dafür, daß der Stempel »Du warst in Bayreuth« damals in der ganzen Welt, Wagner betreffend, die Türen öffnete. In Bayreuth dirigiert, gesungen oder mitgewirkt zu haben galt als Eintrittsbillett ins Himmelreich der Richard-Wagner-Welt.

Heute verhält es sich eigentlich genau umgekehrt, wie mir Wolfgang Wagner des öfteren bestätigt hat, denn heute gilt Bayreuth als eine Experimentierbühne, die sich eine ganz andere Funktion zu erfüllen vorgenommen hat. Man geht heute nicht nach Bayreuth, wenn man die sogenannten »niederen Weihen« schon hinter sich hat, man empfängt diese ersten Weihen in Bayreuth, um mit diesem Zertifikat dann in die Wagner-Welt hinauszugehen und seine Chance zu suchen. Eine völlige Umwertung der Rolle Bayreuths hat stattgefunden, was in meinen Augen ein bezeichnendes Licht auf die Veränderungen in der Struktur des Theaterspielens und speziell des Wagner-Spielens wirft.

Früher hieß es, jetzt bin ich soweit, daß ich in Bayreuth singen darf – und was sich dann in Bayreuth abspielte, war ein Maßstab für andere Häuser und Aufführungen. Hört man sich die alten Platten an, dann steht man trotz der beschränkten Aufnahmemöglichkeiten staunend vor Sängerpersönlichkeiten, wie man sie heute nicht mehr so häufig findet. Noch in der Zeit, in der ich in Bayreuth arbeitete, sangen, um nur einige zu nennen, Martha Mödl, Astrid Varnay, Wolfgang Windgassen, Birgit Nilsson, Josef Greindl und Hans Hotter – Künstler, mit denen Wieland über Jahre, und zwar nicht nur in Bayreuth, gearbeitet hatte und die auch als Schauspieler seinen Regiestempel trugen.

Heute existiert die Maßstabfunktion Bayreuths nicht mehr. Bayreuth ist inzwischen im besten Sinne eine Experimentierbühne, über die mir Wolfgang Wagner einmal ganz offen gesagt hat: »Ich hab' es viel besser als Sie. Ich engagiere meine Leute für die sechs oder acht Vorstellungen, und wenn mir eine Neuinszenierung nicht paßt, dann schmeiß' ich sie nächstes Jahr eben wieder raus. Ich gehe keine langfristigen Ehen ein. Wenn Sie eine neue Produktion herausbringen, müssen Sie sie ewig spielen!«

So entschlossen ich in Bayreuth die »Meistersinger« und zum zweitenmal »Tristan« nicht dirigieren wollte, so schweren Herzens habe ich auf den »Ring« verzichtet. Die Emotionen kochten dabei nicht mehr so hoch, da Wieland Wagner nicht mehr lebte. Daß unser »Ring« nicht zustande kam, empfand ich nicht als Verlust, sondern als einen Akt des Respekts dem Mann gegenüber, mit dem mich viel verbunden hatte. Es wäre mir wie ein Verrat vorgekommen, wenn ich den »Ring« in Bayreuth mit einem anderen Regisseur herausgebracht hätte.

5. KAPITEL

Italienische Reisen

»Und dann geschieht das Wunder!«
Italienisch-deutsche Impressionen

Im November 1957 wurde ich eingeladen, an der Mailänder Scala ein Konzert zu dirigieren – an einem Haus, an das man nicht nur als junger Kapellmeister mit Respekt denkt: Persönlichkeiten wie Toscanini, de Sabata, Caruso, Gigli, Rossini, Verdi, Puccini haben hier gewirkt. Die großen Opernwerke des italienischen Repertoires sind untrennbar mit dieser Bühne verbunden. Schwer, dieses Haus nicht mit einer Art heiligen Scheu zu betreten!

Zwar hat es Francesco Siciliani, damals Direttore artistico der Scala, Gründer des Maggio Musicale Fiorentino und später Musikchef der RAI sowie Präsident der Santa Cecilia in Rom, verstanden, mir jegliches bange Gefühl zu nehmen. Aber ohnedies dauert es nicht sehr lange, bis man dahinterkommt, daß auch an einer Scala nicht alles Gold ist, was glänzt, sondern daß auch dort ganz normal, ganz menschlich um die gleichen Probleme wie an anderen Häusern gerungen wird. Dennoch ist mir der Respekt für dieses Haus geblieben. Ich empfinde ihn auch heute noch, nach über dreißig Jahren.

An das erste Konzert mit dem Orchestra della Scala – mit Mozarts Pariser Symphonie, Zafreds Harfen-Konzert und Beethovens Siebenter Symphonie – erinnere ich mich als an etwas ganz Besonderes, etwas sehr Erregendes. Ich empfand eine Spannung, die sich bis zum heutigen Tag fortsetzt, auch wenn ich heute aus ganz anderen Gedanken und mit einer ganz anderen Überlegenheit vor das

Orchester treten kann. Heute sind zwar kaum noch Musiker aus den frühen Tagen meiner Tätigkeit an der Scala, mit ihnen aber verbindet mich über das Musikalische hinaus auch menschlich viel.

Wenn man gewohnt ist, mit deutschen Orchestern zu arbeiten, bedeutet die erste Begegnung mit einem italienischen Orchester eine enorme Umstellung. Was am Abend der Aufführung geschieht, ist von einer unvorstellbaren künstlerischen Intensität und Lebendigkeit – unvorstellbar vor allem nach den Erfahrungen während der Proben. Man hält es zunächst einfach nicht für möglich, diese Vollkommenheit je erreichen zu können.

Daran hat sich bis auf den heutigen Tag nichts geändert. Ich selbst weiß natürlich inzwischen Bescheid und sehe nicht mehr in dem Maß Ängste auf mich zukommen, wie ich sie ausstand, als ich zum allererstenmal vor dieses Orchester trat.

In Italien jedoch, und vor allem bei den Werken, die italienischen Musikern weniger geläufig sind, gewinnt man von Probe zu Probe mehr den Eindruck: hoffnungslos, das wird nicht mehr! Eigentlich, sagt man sich, müßte man abreisen. Da kann es geschehen, daß einfach einmal die dritte Flöte fehlt. Oder die erste Trompete und der Pauker sind abgängig. In Italien ist der bekannte Witz vom Pauker, der bis zur Generalprobe dabei ist und dann dem Dirigenten erklärt, er werde zur Premiere einen Kollegen schicken, da er selbst nicht kommen könne, kein Witz.

Das wirkt vielleicht überzeichnet, von der Sache her aber ist in Italien so etwas durchaus möglich. Musiker werden ausgewechselt; man kommt zu spät; ein Musiker kann heute nicht, weil der Bruder seiner Freundin silberne Hochzeit feiert, ins Krankenhaus eingewiesen wurde oder vom Krankenhaus abgeholt werden muß... Nichts, was es nicht gibt. Die unglaublichsten Gründe, warum Musiker nicht an einer Probe teilnehmen können. Alle diese Gründe werden mit einer so beredten Überzeugungskraft vorgebracht, daß man eigentlich keine Chance hat, nein zu sagen. Man kann nicht anders, man muß es einfach akzeptieren, oder an irgendeiner Stelle der Stadt würde das ganze Familienleben zusammenbrechen. Die Folge ist, daß ein Musiker, der bei dieser Probe nicht dabei ist, bei der nächsten prompt patzt, denn er war nicht da, als diese oder jene Stelle probiert wurde... Selbst noch nach der Generalprobe, wenn dann schon vieles besser geworden ist, neigt man als Dirigent zur Resignation, beschließt innerlich, das Konzert – koste es, was es wolle – durchzuziehen und schnell aus der Erinnerung zu löschen.

Und dann, am Abend, geschieht das Wunder. Ein Wunder, das einen immer wieder zwingt, nach Italien zu gehen! Plötzlich ist dann alles so überwältigend, so voller Bereitschaft zu musizieren – einer Bereitschaft, die nicht nur die Musiker, sondern auch den letzten Bühnenarbeiter einer Opernvorstellung ergreift. Hatte man zuvor das Gefühl absoluter Anarchie und totaler Desorganisation – am Abend selbst stehen alle Verwandlungen und Lichteffekte, und alles ist von einer Perfektion, wie man sie eben nur in Italien erzielen kann.

Es ist ein bewundernswert künstlerisches Land. Sogar der Orangenverkäufer auf einem Obstmarkt – auch wenn er sich selbst darüber gar nicht klar ist – ist auf seine Art ein Künstler und geprägt von einer grundlegenden kulturellen Einstellung allen Dingen gegenüber.

Einem Italiener würde es nicht im Traum einfallen, großangelegte Polemiken zu starten, weil für »sein Theater« – in das er vielleicht gar nicht geht und von dem er vielleicht gar nichts versteht –, »sein Orchester« oder »seine Musik« ein paar Millionen Lire zuviel ausgegeben wurden. Eine Debatte über Verschwendung von Steuergeldern, wie sie bei uns gang und gäbe ist, findet in Italien nicht statt. Man geht vielleicht selbst nicht in die Scala, aber man betrachtet sie als Nationalheiligtum, das man entschlossen verteidigt, wenn es attackiert wird.

Da manifestiert sich eine jahrhunderte-, wenn nicht jahrtausendealte innere Verbundenheit mit Kultur schlechthin, mit der Gesamtkultur einer Nation. Man schimpft, nichts klappt, man streikt, die Arbeit nimmt überhand, und dann entsteht da auf einmal eine Liebe zur Musik, zum Gesang, zum Musizieren, und man verausgabt sich völlig.

Hört man aufmerksam zu, wenn Italiener »ihre« Musik spielen, ihren Rossini und Verdi, die Melodien, die jeder Spatz vom Dach pfeift, stellt man mitunter fest, daß dies doch etwas mit der linken Hand geschieht. Investiert man da ein bißchen musikalische »Sauberkeit«, Genauigkeit und Disziplin, entdecken plötzlich auch die

Italiener, daß hinter ihrer beiläufig praktizierten Melodienseligkeit noch eine andere Dimension von Musik aufscheint.

Ein phänomenaler Prozeß der Neubewertung ist da in Gang gekommen. Überhaupt hat sich in den letzten dreißig Jahren in Italien viel verändert, viel bewegt, auch wenn sich italienische Musiker bei etwas »langatmigeren« Stücken – sagen wir einmal: Bruckner – und bei der großen symphonischen Form deutlich schwerer tun als wir. Sich innerhalb einer gedrängten Zeitspanne auch instrumental völlig zu verausgaben fällt ihnen nicht schwer, aber sie haben langen Phrasen gegenüber nicht die gelassene (deutsche) Einstellung, den Atem – auch physisch gesehen. Trompeten, Hörner, Posaunen, die speziell bei Bruckner in leuchtender Strahlkraft gefordert werden, halten im ersten Satz wunderbar durch, im zweiten Satz geht die Röte der Köpfe in eine gewisse Blässe über, und im vierten Satz, wenn nach einer Stunde der strahlende Höhepunkt anzupeilen wäre, kann es schon geschehen, daß der Atem angesichts der ungewohnten Herausforderung nicht mehr ganz reicht. Das lange Aushalten von Tönen, der von Bruckner gewünschte »Orgelersatz«, fällt oft schwer. Das ist besser geworden, denn die nachwachsenden Musiker »leben« heute bereits in der Hochschule mit Strauss, Bruckner und Mahler. Die rein körperliche Erziehung stellt sich heute deshalb anders dar als noch Anfang der fünfziger Jahre.

Als ich 1986 an der Scala »Die Frau ohne Schatten« produzierte, war diese Oper auf Italiens Bühnen noch völlig unbekannt, aber ich war glücklich, wie sie vom Orchester, von der Bühne, vom Publikum und der Kritik angenommen wurde. Sicherlich zählt gerade diese Oper zu den musikalisch schönsten und wertvollsten Partituren von Strauss, und sicherlich hat auch das beim ersten Kennenlernen etwas verworrene Bühnengeschehen das Seinige dazu beigetragen, daß »Die Frau ohne Schatten« erst verhältnismäßig spät sich breiteren Publikumsschichten geöffnet hat. Es war bei dieser Aufführung an der Scala in erster Linie das Verdienst des genialen Regisseurs und Bühnenbildners Jean-Pierre Ponnelle, alle Zusammenhänge so überzeugend einfach und klar »dargestellt« zu haben, daß selbst ein der deutschen Sprache nicht mächtiges Publikum bei einiger Aufmerksamkeit dem Geschehen folgen konnte. Ponnelles Kunst, gleichsam der Musik folgend mythologische Vorgänge bildhaft darzustellen, hatte sich aufs beste bewährt, wie überhaupt dieser einmalige Regisseur einer der besten Kenner und Könner der heutigen Musikszene ist.

Ähnliches war geschehen, als ich 1970 die Scala-Erstaufführung der »Arabella« – in einer Inszenierung von Rudolf Hartmann – mit Catarina Ligendza als Arabella dirigierte. Obwohl »Arabella« von der Struktur her, zumindest was den technischen Ablauf betrifft, und wegen der verzwickt ineinander verschachtelten Themen über weite Strecken komplizierter ist als »Die Frau ohne Schatten«, meisterten die Musiker das Werk großartig. Generell habe ich den Eindruck, man geht mit enormer Intensität und mit Interesse an Stücke heran, die man nicht kennt; man will sie unbedingt kennenlernen, legt sie dann aber verhältnismäßig rasch wieder beiseite.

Als ich an der Scala zum erstenmal Mozarts »Idomeneo« machte, stellte ich schnell fest – auch das ist inzwischen anders geworden, denn Riccardo Muti und Claudio Abbado haben das Mozart-Repertoire für Italien erschlossen –, daß Mozart immer als ein Parlando-Musiker auf Rossini-Ebene betrachtet wurde. Daß eine Begleitfigur, die dasteht, als wäre sie nur eine harmonische Begleitfigur, im musikalischen Gesamtgeschehen etwas ganz anderes ausdrücken kann, etwa eine bedeutsame innere Emotion oder die Schilderung von Seelenzuständen, ist eine Vorstellung, die früher nicht geläufig war. Diese Erfahrung mußte erst noch gemacht werden.

Umgekehrt ergeht es mir manchmal so, daß ich die italienische Versenkung in Bellini-Opern oder unbekanntere Donizetti-Opern nicht ganz nachvollziehen kann. Den Italienern ist dies selbstverständlich, denn es ist ihre Schule, ihre Erziehung, ihre Tradition, damit sind sie groß geworden. Es kann ganz schön spannend sein, in Rom oder Mailand den Versuch zu machen, diese divergierenden Erziehungstraditionen bei bestimmten Stücken und Werken zusammenzuführen.

Interpretatorisch neu zu entdecken war für mich die italienische Oper in Italien nicht. Mag sein, daß sich bei einer »Lucia di Lammermoor« während einer Scala-Aufführung neue Aspekte ergeben, aber Verdi-Werke wie »Troubadour«, »Rigoletto« oder »Maskenball« sind längst »Weltschlager«, die in den USA, in Japan und ganz Europa von den Spitzenorchestern gleichermaßen gut und richtig gespielt werden. Da klaffen keine Welten mehr auseinander. Man weiß heute international, was das ist, der Verdi-Stil, und italienische Dirigenten haben der Welt beigebracht, was trockene Tutti-Sforzato-Schläge sind. Ein Ausbrechen aus dieser Tradition mag bei Orchestern und Aufführungen manchmal als Aha-Effekt packend und interessant sein, ein neuer Verdi-Stil oder gar eine neue Verdi-Deutung ist damit aber noch lange nicht geboren. Man kann wieder auf Toscanini zurückgehen, der mit unglaublicher Gründlichkeit die Partituren von den neu eingezeichneten Fermaten auf Spitzennoten gesäubert hat und zu Recht erklärte: Wenn da eine Fermate steht, dann hat sie der Komponist bewußt gesetzt, und wenn der Komponist keine gesetzt hat, dann ist da auch keine zu spielen. Dinge dieser Art werden von Jahrzehnt zu Jahrzehnt anders gesehen. Dirigenten, Sänger und auch Regisseure griffen sich als Futter ihres Starruhms immer wieder andere Aspekte aus Opern heraus. Sänger wie Caruso oder Gigli waren so einmalig in ihrem Stimmtimbre und in ihrer Singkultur, daß sie es sich angesichts jubelnder Massen erlauben konnten, einen hohen Ton effektvoll zu halten. Ebenso verständlich aber dann auch ein Mann wie Toscanini, der zu dem zurückkehrte, was dasteht.

Was uns bei frühen Verdi-Werken oft als etwas monoton erscheint, wird in Italien – ich erinnere mich an eine von Abbado dirigierte Sonntagsmatinee an der Scala – mit einer ganz anderen inneren Einstellung »abmusiziert«. Bei aller Linkshändigkeit, wie sie auch unseren Sonntagnachmittagsvorstellungen eigen sein kann, ist hier von der Tradition her etwas da, was für uns am Sonntagnachmittag unerreichbar ist. Vermutlich würde sich ein Italiener wundern, mit welcher Intensität, mit welcher Verve wir am Sonntagnachmittag einen Richard Strauss spielen, und wir würden nicht mehr als eben eine Sonntagnachmittagsvorstellung entdecken können. Von der Grundeinstellung, der Erziehung und der Technik her ist die Basis anders gelagert.

»... das muß sich in Deutsch ereignen«
Sibelius, Strauss und Belcanto

Faszinierendes, aber immer wieder auch »überraschendes« Italien! Ich nenne jetzt bewußt die Stadt nicht, denn ich erlebte später in ihr auch sehr schöne Dinge, zwar nicht mit dem dortigen Orchester, aber im Rahmen von Konzerttourneen mit anderen Orchestern und als Pianist. Als dritten Programmpunkt für ein Konzert im Mai 1965 hatte ich die zweite Suite aus »Daphnis und Chloé« von Ravel ausgewählt. Bekanntlich verlangt dieses Stück dreifaches Holz, also drei Flöten, drei Oboen, drei Klarinetten, drei Fagotte und drei Trompeten.

Ich komme zur Probe, schaue mir die Aufstellung des Orchesters an und erlaube mir die Frage: »Wo bitte ist das Englischhorn? Hat es sich für heute entschuldigen lassen?«

»Maestro, wir haben kein Englischhorn! Das wird von der Baßklarinette übernommen!«

»Aha!«

Ich schaue zu der Stelle, an der normalerweise die Baßklarinette sitzt: »Und wo ist die Baßklarinette?«

»Maestro, wir haben keine Baßklarinette, wenn etwas auf Baßklarinette ist, dann wird das vom Englischhorn übernommen...«

»Ah so... Außerdem sehe ich nur zwei Trompeten, wo ist die dritte?«

»Maestro, wir haben in unserem Orchester nur zwei Trompeten!«

»Dann frage ich mich, warum hier ein Stück wie ›Daphnis et Chloé‹ überhaupt angesetzt werden kann?!«

Beethovens Siebte ging noch, auch Guido Turchis »Piccolo Concerto Notturno«. »Daphnis et Chloé« aber war unser Meisterstreich: Da und dort fiel eine Passage aus; das Englischhorn-Solo fand nicht statt; statt der drei Trompeten spielten nur zwei. Die Leute jedoch waren begeistert.

Nicht die Stadt, aber ihr Orchester habe ich dann längere Zeit gemieden. Inzwischen hat sich aber auch da einiges geändert.

Einige Bruckner-Werke habe ich in Italien – vor allem in Rom – zum allererstenmal für Italien aufgeführt. Und es ist für mich immer wieder überraschend festzustellen, daß regional-musikalische Abgrenzungen oft über Jahrzehnte hin funktionieren. Ein italienisches Publikum wird mit Richard Strauss gelegentlich eben mehr Schwierigkeiten haben als zum Beispiel ein Publikum in München. Ich habe mich bei meinen Italien-Aufenthalten immer darum bemüht, das italienische Publikum mehr für Komponisten wie Bruckner oder Strauss zu motivieren, doch es wäre sinnlos und auch grotesk, die landschaftlich bedingte Besonderheit der Menschen nachhaltig verändern zu wollen. Je weiter südlich man kommt, desto nachdrücklicher wird Italien zu einem Land sogenannter Lebenskünstler. Was bedeutet, daß ein Süditaliener der Musik generell anders gegenüberstehen wird als ein Musikinteressierter aus Finnland oder Sibirien.

Was ein Sibelius, dieser Poet und Maler merkwürdiger Stimmungen, der landschaftlichen Weite, der Kälte, des Nebels, der Seen, für seine Heimat bedeutet, wird einem Neapolitaner weitgehend verschlossen bleiben, weil er diese Stimmungen nicht kennt und sie deshalb auch kaum nachvollziehen kann. Sibelius – und sei er noch so perfekt und überzeugend musiziert – hat es schwer, im südlichen Italien zu gefallen.

Es beginnt bereits damit, daß ein italienisches Orchester Schwierigkeiten mit »horizontaler Musik« hat, mit dem Ineinanderfließen von Farben, Nuancen, Schattierungen. Für den Süditaliener muß, klischeehaft gesprochen, möglichst alles eine klare rhythmische und harmonische Abfolge haben, abgesehen vielleicht von zeitgenössischer Musik, die heute von Finnland bis Palermo austauschbar ist.

Uns geht das übrigens auch nicht viel anders, denn je weiter man in den Norden kommt, desto leichter hat man es zum Beispiel mit Sibelius. Als ich gleichzeitig Chef der Wiener Symphoniker und des Philharmonischen Staatsorchesters in Hamburg war, konnte ich damit hautnah Erfahrungen sammeln. In Hamburg wurde eine Sibelius-Symphonie mit großer Bereitschaft angenommen, während dies in Wien noch lange nicht der Fall war. Geschweige denn in Rom! Wenn ich es da einmal wage, einen Sibelius zu spielen, ist es mit dem Beifall vorbei, bevor ich mich umdrehen kann.

Im Hinblick auf Richard Strauss hat sich in Italien wenigstens einiges bewegt. Zunächst kannte man seinen »Don Juan« – »Don Giovanni«, wie die Italiener sagen –, den »Till Eulenspiegel« und den »Rosenkavalier«; man schätzte Strauss' Humor, Heiterkeit und Walzerseligkeit. Man begeisterte sich auch für »Elektra« und »Salome«, denn da passieren Dinge, die auch einen Süditaliener in äußerste Spannung versetzen, zumal er aus der antiken Überlieferung mit ihnen vertraut ist. Außerdem ist das Spektakel nach spätestens zwei Stunden vorbei.

»Aus Italien opus 16« blieb merkwürdigerweise unzugänglich, vielleicht, weil man sich nicht vorstellen kann, daß ein Richard Strauss genug von italienisch-neapolitanischem Leben begriffen hat, um es in Musik setzen zu können. »Ein Heldenleben« kommt eher an, vermutlich wegen seines bombastischen Gestus.

Einige Male habe ich versucht, das Duettino Concertante für Klarinette, Fagott, Harfe und Streichorchester und den »Bürger als Edelmann« in der Kammermusikbesetzung in Italien zu spielen. Für ein gewisses Feinschmeckerpublikum, das es in jeder Stadt gibt, ist das sehr wohl verständlich, für die Allgemeinheit aber ist es nicht mehr als ein gewisses Aha-Erlebnis nach der Devise »Haben wir nun auch mal kennengelernt«, was noch lange nicht heißt »lieben gelernt«!

In den letzten Jahren – speziell auf Richard Strauss bezogen – hat sich da eine gewisse Wandlung vollzogen. Ob man Strauss tatsächlich liebt und wirklich das Gefühl für seine strömende Melodie aufbringt, läßt sich von außen her schwer feststellen. Vom konzentrierten rhythmischen Ablauf etwa der Musik Verdis, Bellinis und Donizettis, von dieser »senkrechten« Musik ist der Übergang auf eine schwebende, »horizontale« Art von Musik nicht leicht, auch wenn man von ihrer Klangraffinesse und von ihrem linear melodischen Gefüge beeindruckt sein sollte.

»Ariadne auf Naxos«, die wir als Gastspiel der Münchner Oper, jedoch mit dem Scala-Orchester, an der Mailänder Scala brachten, und »Die Frau ohne Schatten«, in einer Scala-Eigenproduktion mit acht Repliken, wurden als sensationelle Ereignisse empfunden, als Novitäten. Ob dies auch in Rom so gewesen wäre, wage ich zu bezweifeln. Es braucht eine Institution wie die Mailänder Scala, um solche Unterfangen zu riskieren und zu etablieren.

Nach diesem Erfolg wurde die Staatsoper München eingeladen, 1988 mit drei in Italien noch nie gespielten Strauss-Opern – »Liebe der Danae«, »Daphne« und »Die schweigsame Frau« – an der Scala zu gastieren. Nur mit Produktionsaustausch solcher Art lassen sich die Hörgewohnheiten verändern.

Als ich 1965 an der Scala den »Lohengrin« dirigierte, hieß der dortige Direttore artistico, wie bereits erwähnt, Francesco Siciliani. Unter seiner Ägide war die Scala das mit Topkünstlern am besten bestückte Opernhaus der Welt. Als mich Siciliani einlud, den »Lohengrin« herauszubringen, stand die Frage im Raum, ob dies in deutscher oder in italienischer Sprache geschehen sollte. Es war die Zeit, in der alle internationalen Häuser dazu übergingen, das jeweilige Werk in der Originalsprache aufzuführen. Fünf Jahre nach »Lohengrin«, als wir 1970 in Mailand »Arabella« machten, wurden Hartmann und ich allerdings noch gebeten, die Oper in Italienisch zu spielen. Ich dachte: »Hofmannsthal italienisch? Das kann ich mir nicht vorstellen!« Doch dann kam eine inhaltlich und poetisch über alle Erwartungen geglückte Übersetzung zustande.

Dennoch: »›Lohengrin‹«, bestimmte Siciliani, »muß sich in deutscher Sprache ereignen!«

»Ist Ihnen klar, daß der Chor mehr zu singen hat als Lohengrin selbst...?« wandte ich ein.

»Macht nichts! Wir haben die Künstler schon verpflichtet: Ingrid Bjoner, Astrid Varnay, Gustav Neidlinger, Josef Greindl, Jess Thomas...«

Es dauerte nicht lange, bis die Nachricht kam, daß der Chor der Mailänder Scala sich weigerte, seine riesigen Partien rein phonetisch in deutscher Sprache zu lernen...

Ein Chor, der nicht weiß, was er singt, ist diminuiert, vor allem bei über vier Stunden »Lohengrin«. Ich hatte das Gefühl, wir alle würden uns da sehr schwertun, und schlug vor, »Lohengrin« vielleicht doch auf italienisch zu machen.

Siciliani aber blieb eisern: »Wenn der Scala-Chor streikt, dann nehmen wir den Tschechischen Philharmonischen Chor Prag...!«

Ein Chor, der bis heute einer der europäischen Spitzenchöre ist. Ein Chor, mit dem ich beim Festival in Perugia nahezu alles auf dem

Chor- und Oratoriensektor musiziert hatte, von den Bach-Passionen über Haydns »Schöpfung« und »Jahreszeiten« bis zu den Schumann-Werken.

Siciliani engagierte den etwa hundert Mann starken Chor, der bislang nur in Frack und Abendkleid Oratorien gesungen, aber noch nie auf einer Opernbühne gestanden hatte. Unvorstellbar, was geschah: Noch nie habe ich einen Chor so intensiv am Geschehen einer Oper bis zur letzten Vorstellung teilnehmen sehen. Sie hatten alles wunderbar studiert, sie sangen ein hervorragendes Deutsch.

Anläßlich dieses Choreinsatzes zeigte sich einmal mehr, was charakteristisch ist für die Arbeit in Italien. Die Körpermaße des Tschechischen Chors waren der Scala offensichtlich nicht mitgeteilt worden, damit für die Damen und Herren rechtzeitig die entsprechenden Kostüme hätten hergestellt werden können. Es kam erst anläßlich der Klavierhauptprobe zur Kostümprobe, und die tschechischen Damen und Herren standen da wie in Lumpen gehüllt: Die Kostüme paßten hinten und vorne nicht. Unmut machte sich breit. Wir beschlossen, noch die Orchester-Bühnenprobe am nächsten Tag abzuwarten. Aber der Anblick des Chors war immer noch unverändert grauenvoll. Ein Bild des Jammers!

Wir setzten uns erneut zusammen, um das Problem zu besprechen. Klar war, daß wir die Leute so nicht in die Premiere schicken konnten.

»Wenn schon der italienische Chor nicht bereit ist, den ›Lohengrin‹ zu singen, dann muß der Gastchor so eingekleidet werden, daß er vorgezeigt werden kann, auch noch drei Tage vor der Premiere...«

»Maestro, da haben Sie recht...«, hieß es.

Und dann geschah es. Dem Chor wurde Maß genommen, es wurde die ganze Nacht durchgearbeitet – und am nächsten Tag in der Generalprobe standen die Damen und Herren mit fabelhaft sitzenden Kostümen auf der Bühne.

Wieder einmal glaubte ich, alles ist verloren, und dann genügte ein einziges Wort! Plötzlich wurden keine Kosten und Mühen gescheut, um das Unmögliche möglich zu machen. Über Nacht saßen über hundert Kostüme perfekt. Ob dies alles gewerkschaftlich vertretbar war oder nicht, spielte plötzlich keine Rolle mehr. Wie das überhaupt zu schaffen war, woher der Stoff kam, in welchen Werkstätten hundert Kostüme in Nachtarbeit genäht werden konnten...? Ich weiß es nicht!

Der Chor verbuchte einen riesigen Erfolg. Die »Lohengrin«-Chöre sind ja auch sehr beifallsträchtige Chöre. Dieser Erfolg brachte den Scala-Chor so in Rage, daß er beschloß, bei Bedarf auch längste deutschsprachige Chorpartien selbst einzustudieren. Die Gelegenheit dazu ergab sich zwei Jahre später beim »Tannhäuser«. Der Sängerkrieg auf der Wartburg, die Pilgerchöre, die A-cappella-Chöre verlangen den Leuten eine ganze Menge an Können und Einsatz ab. Aber der Scala-Chor lernte seinen »Tannhäuser« perfekt. Ein zweites Mal sollte der tschechische Chor nicht auf der Scala-Bühne stehen!

An allen Brennpunkten des italienischen Musikgeschehens tauchte immer wieder der Name Francesco Siciliani auf. Er war *der* Musikpapst Italiens über Jahrzehnte.

Siciliani rief auch das Perugia-Festival Sagra Musicale Umbra ins Leben. Siciliani, selbst in Perugia geboren, verteilte das musikalische Geschehen auf zwei Punkte der Stadt, auf das Teatro Morlacchi, das als Konzertsaal genutzt werden kann, und auf die Kirche San Pietro.

Siciliani lud mich mit den Wiener Symphonikern, mit dem RAI-Orchester oder mit dem Orchester der Santa Cecilia nach Perugia ein, um mit dem tschechischen Chor Prags die großen Chorkonzerte zu dirigieren, und im Teatro Morlacchi brachten wir in konzertanten Opernaufführungen »Tannhäuser« sowie Rossinis »Mosè« heraus. In Perugia habe ich u. a. auch die »Matthäus-« und die »Johannes-Passion« dirigiert, die »Lukas-Passion« von Heinrich Schütz, die Haydn-Oratorien »Jahreszeiten« und »Schöpfung«, Schumanns »Faust-Szenen«, Dvořáks »Geisterbraut« und Schumanns »Das Paradies und die Peri«.

Perugia war als Festival konzipiert, bei dem Werke entweder rein religiösen Charakters wie »Matthäus-Passion« und »Johannes-Passion« oder zum Lobpreis Gottes geschriebene Werke wie »Die Jahreszeiten«, »Die Schöpfung« und »Tannhäuser« das Programm bestimmen sollten. Gelegentlich mußte bei dieser Thematik schon um drei Ecken herum gedacht werden, aber Siciliani ist es immer irgendwie gelungen, die Verbindung zu Gott herzustellen: »Fidelio« als Gedanke der Freiheit, der Treue, der Liebe, des Glaubens...

Solange ich noch freier Dirigent war, konnte ich die Perugia-Termine Ende September/Anfang Oktober problemlos wahrnehmen. Mit meiner Münchner Verpflichtung und dem Beginn der Münchner Spielzeit im September ließ sich die Tätigkeit in Perugia nicht mehr vereinbaren. Leider! Aber nicht nur. Denn irgendwann kommt immer der Moment, an dem ein Weg ausgeschritten ist und neue Konzeptionen gesucht, neue Wege gegangen werden müssen.

Meine Perugia-Aktivität hat mir die Begegnung mit vielen Menschen und mit einer Landschaft gebracht, die für meine Frau und mich immer wieder zum Erlebnis wurde. Sie hat mir alle Jahre wieder das Musizieren mit dem tschechischen Chor unter Josef Veselka, einem der ganz großen (inzwischen abgelösten) Chorleiter und damit auch ein spezielles Verhältnis zu Prag und dem Prager Frühling beschert. Sie hat mir das Eingehen auf Werke ermöglicht, mit denen man verhältnismäßig selten konfrontiert wird.

Die Tage in Perugia bedeuteten also auch musikalisch viel für mich. In Perugia arbeitete ich zum erstenmal mit Peter Schreier zusammen. »Auf höchstem Niveau und mit erstklassigen Solisten!« Das war das Prinzip, das Siciliani und ich entschieden verfolgten, auch was die »Matthäus-Passion« anging, für die Fritz Wunderlich engagiert worden war. Als Fritz Wunderlich tödlich verunglückte, wurde mir als Ersatz von Robert Schulz, dem fabelhaften Münchner Theater- und Konzertagenten, Peter Schreier empfohlen, und seitdem gibt es für mich nur einen Evangelisten: Peter Schreier. Inzwischen haben wir die »Matthäus-Passion« einige Male zusammen musiziert.

Eine andere Begegnung, an die ich mich im Zusammenhang mit Italien erinnere: Clara Camus, eine zauberhafte, außerordentlich gebildete alte Dame, die in Rom eine Konzertagentur hatte. Bis zu ihrem letzten Atemzug versuchte sie, neue Leute nach Italien zu bringen, Verbindungen herzustellen. Sie vermittelte mein erstes Engagement nach Rom. Ihr verdanke ich auch die ersten Kontakte zur RAI. Vielleicht weil Clara eine Generation älter war als wir, entstand zwischen uns eine Art Mutter-Kind-Verhältnis. Immer wenn wir mit ihr zusammen waren, schwelgte sie in Erinnerungen an ihre Begegnung mit Künstlern wie Arthur Rubinstein, Gregor Piatigorsky, Jascha Heifetz, Edwin Fischer, Walter Gieseking, Vladimir Horowitz, Wilhelm Backhaus, Fritz Kreisler – sie alle hatte sie als Konzertagentin nach Italien gebracht. Mit Swjatoslaw Richter, Emil Gilels, Mstislaw Rostropowitsch war sie per Du. Ihr Büro befand sich in der Via Boncompagni. An der Haustür prangte ein Schild »Propaganda musicale«. Doch wer hinaufging, mußte an fünf verschiedenen Türen klopfen, bis er den Eingang fand, und kam dann in eine Kammer, in der es aussah, als hätte ein Sturm alle Akten durcheinandergewirbelt. Alle ihre Räume glichen einem Museum mit Wänden voll von Widmungen der berühmtesten Künstler. Sie kannte alle, von Furtwängler bis Monteux, von Barbirolli bis Koussevitzky.

Clara besaß auch ein Haus bei Terracina, südlich von Rom, auf dem Weg nach Neapel, das sie uns immer mit folgenden Worten anbot: »Wenn ihr Urlaub machen wollt, kommt doch in mein Haus! Keine Angst, ich geh' weg, damit euch mein Anblick erspart bleibt, damit ihr mich altes Weib nicht ständig sehen müßt!«

Das einzige, wovor Clara Camus panische Angst hatte, war das Autofahren. Sie selbst besaß kein Auto, sondern erledigte ihre Fahrten mit dem Taxi. Und in Rom Taxi zu fahren kommt bekanntlich einem Hasardspiel, einem Kamikaze-Unternehmen gleich. Immer wenn Clara Camus in ein Taxi stieg, gab sie eine schauspielreife Nummer zum besten: »Bitte fahren Sie ganz langsam, ich komme gerade aus dem Krankenhaus, ich habe eine schwere Operation hinter mir...«

»Natürlich, Signora!«

Wir holten sie auf dem Weg nach Perugia immer in Rom ab und fuhren mit ihr, so gemächlich es irgend ging, zur Sagra Musicale Umbra. Die Tragödie der Clara Camus war, daß sie tatsächlich durch einen Autounfall ums Leben kam. Sie verunglückte auf dem Weg von Terracina zurück nach Rom – durch das Verkehrsmittel, das sie Zeit ihres Lebens gehaßt hatte. Ein Musiker fuhr, sie saß auf dem Rücksitz und wurde bei dem Unfall verletzt. Wir besuchten sie noch zweimal im Krankenhaus, aber sie wollte nicht mehr auf die Beine kommen.

»Der Unfall ist ein Zeichen Gottes, daß mein Leben abgelaufen ist...«, sagte sie.

Zehn Jahre vor diesem Ereignis waren in Italien die Konzertagenturen laut Gesetz zugunsten der staatlichen Künstleragentur verboten worden. Clara Camus hatte natürlich weitergearbeitet, auch wenn die Künstler offiziell nicht mehr von ihr vertreten werden durften. Sie managte alles, handelte die Honorare aus, regelte Terminfragen und bekam, alles ohne Vertrag, von uns ihre Prozente.

Trotzdem aber sah Clara Camus für sich keine Zukunft mehr. Ihre Verletzung war nicht so schwer, daß sie an ihr hätte sterben müssen; sie wollte nicht mehr...

Maria Callas habe ich nicht ein einziges Mal auf der Bühne erlebt. Ich habe immer nur Sensationelles über sie sagen hören. Ihre heute technisch veralteten Aufnahmen können nur bedingt einen Eindruck von ihrer Einmaligkeit vermitteln. Das Phänomen Callas kann nicht allein ihre Stimme gewesen sein, sondern ihre Gesamterscheinung, ihre faszinierende Persönlichkeit, ihre Darstellungskunst.

Sänger und Stimmen in Italien... Ich glaube, daß Italiener von Haus aus mehr zum Singen, zum Musizieren, zum Sich-Mitteilen geboren sind, was sicherlich mit der ganzen Lebensart zusammenhängt. Italiener sind von der Dynamik her einfach lauter als wir. Wenn sich zwei Italiener unterhalten, muß man aufpassen, daß man nicht mit einem »Jetzt vertragt euch wieder!« dazwischengeht. In einem normalen, freundschaftlichen Gespräch werden da oft frappierende Lautstärken frei. Dazu die Sprache der Hände, das Temperament an sich. Was unter Gesang verstanden wird, geht also in Italien von einer anderen Basis aus. Dem Italiener ist es ein Bedürfnis zu singen.

Das alles beeinflußt den Gesang bereits bei der Schulung. Die italienische Schule geht von einer anderen Technik aus; sie orientiert sich von Anfang an mehr auf Melodienseligkeit. Viele Italiener tun sich deshalb schwer, wenn sie Strauss- oder Wagner-Opern einstudieren, wo es nicht so sehr auf die oft nicht mehr vorhandene Melodie ankommt, sondern mehr auf den Ausdruck, auf die Darstellung, auf die Intonation des gesprochenen Wortes.

Der fragwürdige deutsche Text eines »Troubadour« entspricht zwar einem weitgehend fragwürdigen italienischen Original, aber man singt ihn anders, man teilt sich selbst anders mit. Im Zentrum des italienischen Gesangsstils steht nach wie vor der Belcanto, das schöne Singen. Wenn ein Caruso, Gigli, di Stefano, Pavarotti und wie sie alle hießen und heißen, ihre Spitzentöne hinstellten und hinstellen, wird etwas ganz anderes frei als etwa bei deutschen Sängern. Nach der Devise: »Wenn damit der große Erfolg gemacht wird, müssen wir das auch machen!«, durchlaufen längst nicht mehr nur Italiener die »Italienische Schule«.

Gerade in der Darstellung des italienischen Repertoires hat sich eine deutlich zunehmende Lautstärke entwickelt, die sich bevorzugt da abspielt, wo sie sich am besten mitteilt – vorn an der Rampe, den Bühnenraum hinter sich, übers Orchester hinweg, direkt ins Publikum. Die Aktionsfreudigkeit italienischer Sänger hat darunter in den letzten drei Jahrzehnten ziemlich gelitten. Es entwickelte sich eine generell andere Einstellung zum Opernspiel.

Ich erinnere mich, ich war damals vielleicht vierzehn Jahre alt, an eine Scala-Aufführung in München unter Gino Marinuzzi, einem hervorragenden Dirigenten – es war eine »Aida« im Rahmen einer Festveranstaltung, ich weiß nicht mehr, aus welchem Anlaß. Benjamino Gigli sang den Radames, Dusolina Giannini die Aida – beides gewichtige Persönlichkeiten, die aufgrund ihrer Körperfülle zu einer Umarmung nicht mehr fähig waren, aber hinreißend sangen. Undenkbar, daß diese Sänger angesichts ihrer körperlichen Vorräte – wie vom Libretto vorgesehen – jemals hätten verhungern können! Und was sich da trotz allem, zum Beispiel im Duett, an Stimmschönheit, an Musikalität ereignete! Hier konnte man sich in der Tat fragen: Was eigentlich ist Oper? Gesang an der Rampe? Belcanto, der Stück und Inhalt vergessen macht? Und wenn die menschliche Stimme ein Instrument ist, das dem Zuhörer entweder gefällt oder mißfällt, muß er sich, wenn es ihm gefällt, ständig fragen, ob diese Schönheit das Resultat von Haß, Liebe, Eifersucht oder Intrigen, Dummheit oder Intelligenz ist? Schmilzt man nicht angesichts einer Tenorstimme und eines neapolitanischen Volksliedes – auch wenn es sich um eine Schnulze handelt – dahin, weil es einfach so schön anzuhören ist? Aber selbst wenn man nicht immer mit der Schönheit der Stimme eines Gigli konfrontiert ist – kann man nicht einfach eine Stimme akzeptieren, die einem gefällt, und es als Wohltat empfinden, sie eine Phrase singen zu hören, ohne sich große inhaltliche Fragen zu stellen?

Es gibt kein Land, in dem die Musik so sehr zum einzelnen Menschen gehört wie in Italien. Kein Italiener käme auf die Idee, sich für unmusikalisch zu halten. Vielleicht interessiert er sich nicht sonderlich für die Musica seria, sondern zieht die Musica leggera vor, aber sie alle bewegt von der Tradition und der Kultur her eine andere Grundeinstellung zu musischen Dingen. Jeder Italiener, der einigermaßen bei Stimme ist, glaubt, daß an ihm ein Caruso oder ein Tagliavini verlorengegangen ist. Die Tatsache, daß er sich sein Geld vielleicht auch als Chorsänger verdienen könnte und müßte, ist für ihn zunächst völlig undenkbar. Er tut es dann zwar doch, lebt dabei aber immer auf dem Niveau der Spitzensänger.

Mit Italienern über Musik zu sprechen, über das zu sprechen, was Musik für das Leben, für die Beziehung der Menschen untereinander bedeutet, fällt sehr, sehr leicht. Das Verständnis dafür, daß Musik ein Bestandteil des Lebens ist, ist in Italien immer da. Ob in Turin, Mailand, Genua, Neapel oder Rom, wer in Italien mit Musik zu tun hat, wird mit anderen Augen betrachtet als bei uns.

Musik generell findet größere Aufnahmebereitschaft, eine deutlicher nach außen gelebte Begeisterung. Beim wirklich interessierten Publikum ist die Fähigkeit zum kritischen Zuhören groß, und die Kritik entwickelt eine weitaus größere Bereitschaft als bei uns, sich ernsthaft mit der Interpretation von Musik, dem Stil einer Aufführung usw. auseinanderzusetzen. In Italien ist es sogar ein Vergnügen, mit Kritikern zu diskutieren.

Eines Tages fragte die Scala bei mir an, ob ich, da Günther Rennert nicht zusagen konnte, mit Luchino Visconti den »Ring des Nibelungen« erarbeiten wollte. Ich akzeptierte sofort. Jedes Jahr sollte, auf vier Jahre verteilt, ein Werk herauskommen. Die Termine standen fest, Visconti hatte sich einverstanden erklärt – wie dieses »Ring«-Unterfangen endete, darüber mehr in einem späteren Kapitel.

Franco Zeffirelli bin ich nur einmal begegnet, anläßlich der »Missa solemnis« in der Peterskirche: Ich lernte in ihm einen besessenen, einen hochmusikalischen, ganz auf das Filmische, auf den großen Aufwand, auf die große Dimension und nicht unbedingt auf das pure Bühnenereignis ausgerichteten Regisseur kennen.

Sein »Don Giovanni« und seine »La Bohème«, ebenso »Tosca« und »La Traviata«, die um die Welt gingen, belegten allerdings, daß er auch einer der ganz, ganz großen Bühnenregisseure sein kann.

Franco Zeffirelli und Giorgio Strehler, den ich ganz gut kenne, sind zweifellos zwei exzeptionelle Regiepersönlichkeiten. Beide machen, was ihre Inszenierungstätigkeit betrifft, einen großen Bogen um die Bundesrepublik. Strehler inszenierte bei den Salzburger Festspielen und Zeffirelli in Wien. Nach den zahlreichen Einladungen, die ich an beide Regisseure ausgesprochen habe, fragte ich mich oft, warum letztlich dann doch nie ein Vertragsabschluß erfolgte. Ich besuchte Zeffirelli in seinem Domizil in Rom. Wir unterhielten uns großartig. Auf Projekte angesprochen, sagte er stets: »Si, si, Wolfgang! Con grandissimo piacere!« Es sei nur noch eine Frage des Zeitpunkts – und genau in der fraglichen Zeit drehte er dann einen Film. Einmal sagte er auch zu, und ein halbes Jahr später erhielten wir die Nachricht, daß sich die Außenaufnahmen zu einem Film verzögert hätten, weshalb er sich jetzt doch nicht freimachen könne...

Warum es zu keiner Zusammenarbeit kam, liegt in beiden Fällen – ganz vorsichtig ausgedrückt – an einem gewissen Negativrespekt vor der deutschen Kritik und vor dem deutschen Publikum. Zeffirelli und Strehler sind es nicht gewohnt, und sie haben es auch nicht nötig, bewußt in offene Messer zu laufen. Dem wollen sich beide Künstler nicht aussetzen. In meinen Augen sind sie geniale Regisseure, selbst wenn sie einmal eine Aufführung nicht in unserem Sinn inszenieren. Jede ihrer Arbeiten ist stilistisch und handwerklich so perfekt, daß man eigentlich auch dann »Hut ab!« sagen müßte, wenn die Konzeption vielleicht gerade nicht ganz unser Fall sein sollte.

Im Zusammenhang mit der »Falstaff«-Übernahme nach München – ursprünglich eine Strehler-Inszenierung – besuchte ich Strehler und bat ihn, die Münchner Einrichtung seiner Scala-Inszenierung selbst zu übernehmen. Er sagte zu, wurde dann aber Abgeordneter für kulturelle Belange im römischen Senat, ließ sich in München entschuldigen und schickte seinen Assistenten...

Ich erlebte Strehler einmal bei einer Prüfung junger Schauspieler in seinem Piccolo Teatro in Mailand. Wie er da selbst vorspielte, was er von den Schülern forderte, wie er sie animierte, wie er mit ein paar hingeworfenen Sätzen eine Situation umschrieb, wie er sich selbst aufs Podium stellte – das hat mich ungemein beeindruckt. Strehler ist eine Persönlichkeit, die in jeder Situation über den Dingen steht, die präzise Einstellungen und Vorstellungen hat, die sich allerdings nicht immer mit den Gegebenheiten eines deutschen Opernhauses decken. Er ist ein Regisseur, dem zwischen zehn Uhr abends und ein Uhr morgens plötzlich etwas einfällt, und genau dann will er mit seinen Schauspielern arbeiten! Sie wissen es, sie vergöttern ihn, sie gehen für ihn durchs Feuer. Und wenn er in der Früh um drei Uhr anfängt, sind sie eben um drei Uhr dabei.

Probenpläne dieser Art würden bei uns einige Probleme mit sich bringen. Strehler weiß das. Schon beim Aufstellen des Probenplans, an dem er sehr interessiert war, habe ich ihm sagen müssen, daß unsere Zeiten von 10 Uhr bis 13 Uhr und nachmittags von 17 Uhr bis 20 Uhr liegen. Bei dem Wort 10 Uhr früh zuckte er zusammen. Offensichtlich keine Zeit, zu der er eine Probe ansetzen würde...

Raum, Zeit und Musik
Die »Missa solemnis« im Petersdom

Eines der spektakulärsten Ereignisse meiner italienischen Tätigkeit fand am 23. Mai 1970 in der Peterskirche in Rom statt: die Aufführung der »Missa solemnis« in Anwesenheit von Papst Paul VI. mit Ingrid Bjoner, Christa Ludwig, Placido Domingo, Kurt Moll und Franco Zeffirelli als Regisseur.

Es war das erste weltliche Konzert im Petersdom und brach die Vorschrift, nach der Musik in St. Peter nur im Rahmen kirchlicher Handlungen erlaubt ist. Anläßlich des 200. Geburtstags Beethovens, des damit verbundenen »Beethoven-Jahres« und des fünfzigjährigen Priesterjubiläums von Papst Paul VI. kam Francesco Siciliani auf die Idee, mit einem großen weltlichen Konzert dieses Verbot einmal zu durchbrechen. Und Papst Paul VI. erteilte tatsächlich seine Zustimmung. Das Orchester der RAI, der Chor des Bayerischen Rundfunks und die Solisten wurden vor dem Baldachin des Bernini-Altars direkt unter der Kuppel aufgebaut. Zeffirelli zeichnete dieses Konzert ganz besonderer Art für das Fernsehen auf. Diese Aufzeichnung wurde zu einem Dokument.

Es war einer jener Anlässe, bei denen es einem schwerfällt, immer die Ruhe zu bewahren. Die Einmaligkeit des Schauplatzes, die Kraft dieses Bauwerks und das Bewußtsein – das war uns schon vor der Generalprobe klar –, daß die erste Akustikprobe ein Desaster sein mußte, waren eine gewaltige Herausforderung. Und dann standen wir in diesem riesigen, jetzt völlig menschenleeren Dom, im Zentrum des Kreuzes vor dem Bernini-Altar. Womit anfangen? dachte ich. Zwangsläufig hatte Chor, Orchester und alle Beteiligten eine »innere Disziplin« ergriffen, die man in einem normalen Konzertsaal erst mühsam herstellen muß. Auf der einen Seite die »heilige Scheu«, überhaupt ein lautes Wort zu sagen, auf der anderen Seite aber die Notwendigkeit, sich angesichts gigantischer Dimensionen, die jedes gesprochene Wort in tausenfachen Hall auflösen, laut verständigen zu müssen. Eine merkwürdige Situation.

Ich begann nicht mit dem Kyrie, sondern sofort mit dem Gloria. Es war ein unvergeßliches Erlebnis, diesen gewaltigen musikalischen Aufschwung in die Kuppel hinaufzuschicken und sich zu vergegenwärtigen, daß diese Töne zum erstenmal in diesem Dom erklangen. Der Mut, hier überhaupt zu musizieren! Man sah förmlich, wie dieser Klang des D-Dur-Aufstiegs zur Kuppel emporschoß und dort oben zu bleiben schien: zwölf Sekunden Nachhall!

Einerseits waren wir überwältigt, wie hier Musik zu Ehren Gottes in den Himmel stieg, andererseits waren wir deprimiert. Wie würden wir je den Klang von da oben wieder herunterholen können? Wie sollten wir diesen Schauplatz akustisch-musikalisch einigermaßen in den Griff bekommen? Ich entschloß mich, die Tempi etwas langsamer, verständlicher zu machen, mir bei Übergängen von einem ins andere Tempo Zeit zu nehmen, auch wenn dies, um keinen Bruch entstehen zu lassen, in einem regulären Konzertsaal kaum möglich gewesen wäre. Ich wartete also ein, zwei Sekunden, bis sich die Wirkung des Nachhalls reduziert hatte, um dann erst mit einer neuen Harmonie zu beginnen. Auch die Solisten hatten ihre Probleme: In diesen riesigen Raum hineinzusingen, die Stimme weggehen und wieder zurückkommen zu hören war schon ein ungewohntes Phänomen. Als dann mehr als achttausend Menschen den Dom füllten, verringerte sich der Zwölf-Sekunden-Nachhall auf etwa acht Sekunden.

Es war ein Konzert, das zu den ergreifendsten musikalischen Ereignissen meines Lebens zählt. Unglaublich, wie die von Beethoven in seiner »Missa solemnis« formulierten Zweifel an einem Credo, an einem Sanctus oder einem Agnus Dei in diesem überwältigenden Raum auf die Seite geschoben wurden, wie plötzlich alles stimmte!

Stundenlang, tagelang hatten Siciliani und ich überlegt, welches Werk man im Petersdom aufführen sollte und könnte. Was würde standhalten? Eine Mozart-Messe, so schön sie ist, würde sie nicht von Michelangelo erschlagen werden? Eine Bruckner-Messe zu Ehren Gottes würde vielleicht im Linzer Dom zur vollen Wirkung kommen, aber in diesem Bauwerk? Wir suchten ein Werk, in dem sich zwei Schöpfer gleichberechtigt gegenüberstehen konnten, und fanden Beethoven. Mit Beethoven und Michelangelo würden zwei Giganten, zwei überdimensionale Genies zueinander sprechen, der eine würde dem andern in nichts nachstehen. Bruckners brave Devotion hätte untergehen müssen; die Kraft, die innere Auflehnung eines Komponisten wie Beethoven hielt stand als Gegenpol zum Bauwerk.

Auch aus anderen Gründen wurde dies für mich als Musiker die bedeutsamste Auseinandersetzung mit der »Missa solemnis«. Lange war sie für mich ein Buch mit sieben Siegeln geblieben. Ich hatte mich schwergetan, zu diesem Werk eine Beziehung zu finden, und dirigierte es als letztes aller großen Beethoven-Werke. Ähnlich empfinde ich bis auf den heutigen Tag gegenüber Bachs h-Moll-Messe, einem in seiner Konstruktion und Einmaligkeit für mich unfaßbaren Werk, das ich bis heute noch nicht dirigiert habe, an das ich mich einfach nicht herantraue. Wie ein menschlicher Geist ein solches Werk konzipieren und komponieren kann!

Ich erinnere mich, daß ich über meine Empfindungen der »Missa solemnis« gegenüber einmal mit Walter Legge, dem Ehemann Elisabeth Schwarzkopfs und Musikalischen Leiter der EMI, sprach. Es war während meiner ersten größeren Schallplattenproduktion in London.

»Ich kann dich verstehen«, sagte Legge, »die ›Missa solemnis‹ ist ein Werk, bei dem man nie genau weiß, wohin... Ich hab' eine Idee: Otto Klemperer gibt in Amsterdam die ›Missa solemnis‹, Elisabeth singt den Sopran; komm' doch von Aachen rüber nach Amsterdam und hör' dir das mal von Klemperer und dem Concertgebouw-Orchester an. Vielleicht wird dir bei dieser Gelegenheit einiges klar!«

Meine Frau und ich fuhren nach Amsterdam. Wir erlebten eine wunderbare Aufführung. Nach dem Konzert stellte mich Walter Legge Klemperer vor.

»Maestro Klemperer, ich habe hier einen jungen Kapellmeister aus Aachen – Wolfgang Sawallisch!«

Klemperer erhob sich, ein Riese von über 1,90 Metern... Körperlich, aber auch musikalisch kam ich mir gegen ihn wie ein Zwerg vor. Er begrüßte mich sehr herzlich.

»Herr Sawallisch hat die ›Missa solemnis‹ noch nie dirigiert, er ist eigens zu Ihrem Konzert gekommen...«, erklärte Legge den wahren Grund meines Hierseins.

»Und?« fragte Klemperer.

»Ich empfinde eine solche Scheu vor diesem Werk. Ihr Konzert war bewegend, aber auch heute abend ist es mir nicht gelungen, den Schlüssel zur ›Missa solemnis‹ zu entdecken. Ich kann zwar nachvollziehen, was dahinter ist, bin aber vielleicht noch zu jung, dieses Werk wirklich zu verstehen!«

»Was glauben Sie, wie lange es bei mir gedauert hat, bis ich zur ›Missa solemnis‹ kam! Sie sagen, Sie haben den Schlüssel nicht gefunden, ich hab' ihn auch nicht!«

Es war für mich sehr tröstlich, mit welcher Gelassenheit dieser Mann nach einem so fordernden Konzert – und die »Missa solemnis« ist auch rein physisch außerordentlich anstrengend – diese Worte sprach: als Beweis seiner Demut und Hochachtung dem Werk gegenüber – und als Hoffnungsschimmer für mich jungen Dirigenten.

Auch für Furtwängler, einen der größten Beethoven-Interpreten überhaupt, gehörte die »Missa solemnis« zu den Werken Beethovens, die er am seltensten dirigierte.

Ich habe mich immer wieder mit der »Missa solemnis« auseinandergesetzt. Zum erstenmal dirigiert habe ich sie viel später: in Japan, zehn Tage vor dem Konzert in St. Peter. Vielleicht blieb mir das Rom-Erlebnis mit diesem Werk auch deshalb unvergeßlich, weil ich an diesem Abend in diesem gewaltigen Bau spürte, was Raum, Musik und Zeit bedeuten können. Plötzlich verstand ich den Text der Verwandlungsszene im »Parsifal«. Indem Gurnemanz Parsifals Arm auf seine Schulter legt, um ihn von der Aue in den Tempel zu führen, sagt Parsifal zu ihm: »Ich schreite kaum, doch wähn' ich mich schon weit«, worauf Gurnemanz erwidert: »Zum Raum wird hier die Zeit!« Was Wagner hier ausdrücken wollte, blieb mir lange verschlossen. Erst in St. Peter, erst im Veschmelzen des musikalischen Ablaufs mit dem Raum; erst als plötzlich Klang, Zeit und Raum zur Einheit wurden, erst als Beethovens Musik in der Konfrontation mit Zeit und Raum ihre eigentliche Dimension offenbarte, begann ich zu begreifen. Ich erlebte, daß es für Beethovens Musik in diesem Moment keine Grenze mehr gab. Jeder Konzertsaal, jede Mauer wird zur Begrenzung, die die Musik daran hindert auszuschwingen – da aber strömte die Musik plötzlich hinaus und lebte, entwickelte ein Eigenleben, kehrte zurück und mischte sich mit dem Nachfolgenden. Sie wurde im wahrsten Sinn des Wortes unfaßbar.

Zum erstenmal erfuhr ich, was Beethoven und die »Missa solemnis« bedeuten können, welchen inneren Raum diese Musik sprengt, um hinauszutreten in einen äußeren Raum – fast ohne Wiederkehr.

Inzwischen habe ich die »Missa solemnis« in größeren zeitlichen Abständen, etwa in der Kathedrale von Saint-Dénis in der Nähe von Paris, vielleicht fünf-, sechsmal dirigiert. Jedesmal trete ich mit neuer Scheu vor dieses Werk, das ich im Petersdom mit anderen Augen und mit anderen Ohren sehen, hören und erleben gelernt habe.

Nach einem solchen Erlebnis auf den Boden alltäglicher Konzertgegebenheiten zurückzukehren ist nicht ganz einfach.

Der römische »Ring«
Die Chancen konzertanter Aufführungen

Wilhelm Furtwängler hatte 1953 in Rom den »Ring« mit den damals besten Sängern und viel Beifall konzertant aufgeführt: Fünfzehn Jahre später bot man mir an, den »Ring« in Rom noch einmal konzertant zu machen. Anlaß zu dieser Einladung war ein von mir 1967 bei der RAI dirigiertes Beethoven-Konzert mit dem gleichen Programm, das Furtwängler bei seinem letzten Beethoven-Konzert in Rom gegeben hatte.

Acht Abende waren vorgesehen: »Rheingold« zusammenhängend, dann »Walküre« erster und zweiter Akt, »Walküre« dritter Akt, »Siegfried« erster und zweiter Akt, »Siegfried« dritter Akt, von »Götterdämmerung« jeden Abend einen Akt. Alles zwischen dem 21. Februar und dem 30. März 1968. Die Aufführungen fanden im Foro Italico, im großen Sendesaal der RAI, statt. Die RAI hatte das Geld zur Verfügung gestellt, um wirklich einmal das von Wagner vorgeschriebene Originalorchester mit sechzehn ersten und sechzehn zweiten Geigen, mit sechs Harfen für »Rheingold« und »Walküre« usw. zu engagieren. Das hatte ich noch in keinem Theater erlebt. Was da plötzlich aus dem Feuerzauber wurde! Mir ist bis heute rätselhaft, wo die RAI damals die Musiker herholte.

Ich hielt mich für diese Produktion über zwei Monate in Rom auf. Wir führten bereits den ersten und zweiten Akt »Walküre« auf, und das Orchester wußte sozusagen noch gar nicht, wie »Walküre« dritter Akt aussieht. Doch die Musiker arbeiteten sich fabelhaft in die wagnerianische Motivwelt ein. Und wir warteten mit einer Reihe sehr, sehr guter Sänger auf: u. a. Theo Adam, Erwin Wohlfahrt, Zoltan Kélémen und Jean Cox. Erwin Wohlfahrt hatte bei Wieland Wagner und mir in Köln schon den Mime gesungen. Zoltan Kélémen war damals neben Gustav Neidlinger vielleicht der beste Alberich. Nadezda Kniplova sang die Brünnhilde, Theo Adam den Wotan, und Jean Cox studierte mit mir seinen ersten Siegfried minutiös ein.

Das Publikum war wie wild hinter den Karten her. Aus den Briefkästen wurden die von der RAI verschickten Einladungen und die Karten gestohlen. Briefträger wurden bestochen. Es herrschte eine unvorstellbare Nachfrage und eine »Ring«-Begeisterung, wie ich sie selten erlebt habe. Die Leute kauften sich Klavierauszüge und Texthefte. Sie saßen auf den Treppen des Auditoriums oder standen im Fond des Sendesaals: den ganzen »Ring« durch. Der »Ring« war das Stadtgespräch Roms.

Interessant war es auch, festzustellen, daß sich die ganzen zwei Monate über kein einziger Orchestermusiker krank meldete. Von Akt zu Akt, von Woche zu Woche erläuterte ich ihnen auf italienisch den Fortgang der Handlung, ohne zu verraten, wie sich diese oder jene Situation schließlich lösen würde. Von Probe zu Probe wollten sie begieriger wissen, wie der »Ring«-Krimi weitergehen würde.

Günther Rennert reiste aus München an, als er hörte, daß ich in Rom dabei war, einen neuen Siegfried zu kreieren. Er selbst plante in München einen neuen »Ring« mit Joseph Keilberth und später dann mit Lovro von Matacic am Pult. Obwohl Rennert alle Hebel in Bewegung setzte, gelang es ihm nicht, eine Karte zu ergattern. Meine Frau und ich schleusten ihn schließlich mit uns in den Saal, und er mußte den ganzen »Siegfried« über stehen. Nach der Aufführung engagierte er Cox für seinen Münchner »Siegfried«.

Niemand hatte mit diesem Andrang und mit diesem Erfolg gerechnet. Das Orchester, obwohl stets diszipliniert und interessiert, übertraf sich selbst. Schon wenige Jahre später änderte sich vieles: Konzertmeister Angelo Stefanato ging zur Santa Cecilia hinüber; der erste Oboist erkrankte; der erste Flötist, der erste Hornist und der Pauker verließen das Orchester. Beim Orchester der Santa Cecilia dagegen stieg die Qualität.

Während unserer Zeit in Rom hatten wir eine Wohnung mit Blick über die Dächer der Ewigen Stadt. Damals lernten wir auch den Architekten Stefano Zegretti kennen, einen Musikliebhaber par excellence. Er wurde unser Freund. Heute lebt er in Portland, Oregon. Er hielt es in seiner Heimat nicht mehr aus, obwohl er sich ein wunderschönes Haus an der Via Appia Antica gebaut hatte, in dem wir seine ersten Gäste waren. Wir selbst wurden halbe Römer. Man unterhielt sich italienisch. Man aß italienisch. Als sich auch der künstlerische Erfolg einstellte, war es ein Rom-Aufenthalt, wie wir ihn uns schöner nicht vorstellen konnten.

Die Akt-für-Akt-Aufführung des konzertanten »Ring« bedeutete für mich auch in anderer Hinsicht eine besondere Erfahrung, denn zwangsläufig konzentriert man sich ohne das optische Element wesentlich mehr auf die Musik. Bis dahin hatte ich immer geglaubt, daß zum Wagnerschen Gesamtverständnis notwendig die Bühne gehört, daß die Einheit von Optik und Akustik zum Erfassen des Gesamten unerläßlich sei.

Beim konzertanten »Ring« in Rom entdeckte ich oft Motivverflechtungen und Themenbezüge, über die man sich angesichts des Bühnengeschehens normalerweise keine großen Gedanken macht. Ohne die visuelle Komponente tritt plötzlich vieles klarer zutage. Man wird einfach mehr gefordert, sich zu fragen, warum an dieser Stelle eigentlich das sogenannte Schwert-, Treue- oder Brünnhilden-Motiv steht; man versucht, die Gründe dafür herauszufinden, nimmt sich den Text noch intensiver als sonst vor, erforscht, welchen Bezug Wagner aufgrund welcher Thematik weiterentwickelte, und erschließt sich viel stärker als auf der Opernbühne differenzierte musikalische Zusammenhänge.

Für mich bedeutete dieser »Ring« auch eine erneute Vertiefung in die Beziehung Wort und Musik, nicht Bild und Musik. Ich realisierte wie nie zuvor Wagners gewaltigen Atem, der auf weite Sicht im voraus oder in unendlicher Rückerinnerung an Themen Verbindungen herzustellen in der Lage ist.

Auch für die Zuhörer steigerte sich die Wirkung von Abend zu Abend. Als Siegfried – alles andere als ein römischer Held – erschlagen wurde, war das Publikum in Tränen aufgelöst. Unglaublich, wie die Leute mitgingen, auch wenn sich ihnen vielleicht nicht alle Zusammenhänge erschlossen.

Ich brachte konzertanten Aufführungen immer eine gewisse Skepsis entgegen und hege sie auch heute noch: Bei Stücken, die musikalisch nicht so stark wie »Der Ring des Nibelungen« sind, gehören optische Effekte dazu, eine Oper zur Oper zu machen, um sie über gewisse Durststrecken hinwegzuretten. Beim »Ring« in Rom stellte ich fest, daß es diese Durststrecken nicht gibt. Die Musik ist von solcher Intensität, daß sie für sich genommen trägt. Die Tatsache, daß dieser »Ring« nicht in einer optischen Zeit ablief, öffnete mir die Augen dafür, daß der »Ring« im Grunde ein zeitloses

Stück ist, im Gegensatz etwa zu »Lohengrin«, »Tannhäuser« oder den »Meistersingern«, die eher von der Atmosphäre einer bestimmten Epoche und einer historisch einzuordnenden Geschichte leben. Mir fiel damals auf, wie stark die Gegenwart dieser Musik und wie zeitlos ihre Bezogenheit auf den Abend der Aufführung ist. Ich entdeckte den »Ring« als nirgendwo einzuordnenden Sonderfall.

Konzertante Aufführungen in Italien sind nicht gleichzusetzen mit konzertanten Aufführungen in Deutschland. Für meine Begriffe macht eine konzertante Aufführung dann durchaus Sinn, wenn es an einem Ort kein Opernhaus gibt, das bereit oder in der Lage ist, eine Aufführung im Sinn des Opernwerks im Zusammenwirken von Chor, Orchester, Solisten und Bühne zu bewerkstelligen. Für viele Städte, vor allem in Amerika – jenem Land, in dem heute die meisten konzertanten Aufführungen stattfinden –, ist es die einzige Möglichkeit, wesentliche Werke zumindest musikalisch vorzustellen.

Ein weiteres vertretbares Motiv für die konzertante Aufführung von Opern ist, wenn es sich um ein Werk mit sehr wertvoller Musik, doch einem eher schwachen Sujet handelt. »Euryanthe« ist ein solches Beispiel, für mich eine der grandiosesten Opernmusiken Carl Maria von Webers. Dasselbe gilt für »Oberon«, ein großes dramatisches Stück, das hervorragende Sänger erfordert, aber ein ausgesprochen schwaches, nur schwer aufführbares Libretto hat. Oder »Der Cid« von Peter Cornelius. Um solche Werke nicht ganz in Vergessenheit geraten zu lassen, scheint es sinnvoll, sie konzertant zu geben.

Drittens gibt es Stücke, deren Musik und Libretto gleichermaßen hervorragend sein mögen, die sich aber trotzdem aus bestimmten Gründen auf der Bühne nicht halten können. Oft deshalb, weil es angesichts von Partien höchsten Schwierigkeitsgrades unmöglich ist, eine adäquate Besetzung zu bekommen, die das Stück à la longue tragen könnte. Manchmal handelt es sich dabei auch um Stücke, die aus welchen Gründen auch immer, beim Publikum partout nicht ankommen.

Für mich gibt es noch einen vierten Grund, Opern konzertant zu spielen, nämlich wenn es sich um Frühwerke handelt, etwa von Richard Strauss oder Richard Wagner. Wagners erste Oper »Die Feen«, ein sehr romantisch gefärbtes Werk, bedürfte einer sensationellen Bühnentechnik, um das Feenreich und die schnell wechselnden Situationen zwischen Realität und Irrealität herzustellen. Angesichts dieses gewaltigen Aufwands mutet der eigentliche Gehalt des Stücks doch etwas zu dürftig an. Aus ähnlichen Gründen wird heute auch »Der Freischütz« eher selten gespielt – und wenn er aufgeführt wird, dann ist das Unterfangen meist mit sehr großen Problemen verbunden.

Daß man die weniger populären Werke eines Komponisten, dessen Gesamtwerk, wie im Fall von Wagner, Mozart und Strauss, auf der Bühne präsent ist, gelegentlich einmal konzertant gibt, ist verständlich. Einen Zyklus mit allen vollendeten dreizehn Wagner-Opern kann man heute eben nicht realisieren, ohne mit den »Feen« zu beginnen. Aber sosehr der »Fliegende Holländer« immer wieder Anlaß zur Auseinandersetzung eines Regisseurs mit dem Stück liefert, so wenig scheint das auf »Die Feen« zuzutreffen. Das Stück wäre auf der Bühne verloren, wenn man nicht das inszenieren wollte, was vorgegeben ist. Ein Publikumserfolg aber würde es trotz allen Aufwands nicht. Anders liegen die Dinge beim »Liebesverbot«. Unsere Münchner Aufführung erreichte ein breites Publikum.

Auch bei dieser Inszenierung, die ich Jean-Pierre Ponnelle anvertraut hatte, glaube ich sagen zu können, es war zu einem ganz hohen Maße sein Verdienst, daß die Aufführung so großen Beifall fand. Auch für ihn war diese Arbeit eine erste Herausforderung und Auseinandersetzung mit dem Frühwerk Wagners. Die Art, wie er Ernst und Heiterkeit, Humor und »politischen Hintergrund« überzeugend in Szene setzte, mußte jedem aufgeschlossenen Zuschauer und Zuhörer bewußt machen, daß dieser geniale Jugendstreich vielleicht gerade heute wieder eine große Bedeutung gewinnen kann.

Richard Strauss' »Guntram«, den er selbst mit der Bitte: »Führt mir dieses Stück nicht auf!«, quasi von der Bühne verbannt hat, oder den »Friedenstag«, der sehr schöne Stellen besitzt, aber vom Sujet her nicht so zwingend auf den Spielplan gehört – diese Opern sollte man ruhig konzertant geben.

Oder ein anderes Beispiel: Wir planen in München »Semiramis« von Gioacchino Rossini, eine hinreißende Partie für Edita Gruberova. Aber sollte man deshalb das Stück gleich szenisch aufführen, mit der Absicht, es jeden Abend spielen zu können? In Italien wäre das etwas anderes, dort wird die »Semiramis« auch von der Bühne her akzeptiert. Bei uns reichen hingegen vermutlich zwei, drei konzertante Aufführungen.

Oder Hans Pfitzner: Die einzige Oper von ihm, die heute noch – und auch das nicht weltweit – szenisch gespielt wird, ist »Palestrina«. Für mich ein Jahrhundertstück, das in Bereiche der Ethik und Ästhetik vorstößt, die sich von den Grundvoraussetzungen der Oper weit entfernt haben! Eine »Tosca« mit all ihren menschlichen Verstrickungen steht da eben näher am Alltag und auf den Grundfesten der Oper. Kürzlich habe ich in einer sehr schönen Aufnahme Pfitzners »Christelflein« wiedergehört: musikalisch ein Werk ohne Einschränkung; seine dick aufgetragene Deutschtümelei aber ist einfach unerträglich. Pfitzners »Das Herz« kenne ich nicht gut genug; seine »Rose vom Liebesgarten« aber wäre für eine konzertante Aufführung interessant.

Oft lassen sich ganze Jahrzehnte, in denen eine bestimmte musikalische Richtung kreiert wurde – beispielsweise die Opern Franz Schrekers, die ja heute zum Teil wieder gegeben werden und für sechs, sieben Aufführungen auch ein Publikum finden –, auf dem konzertanten Sektor sozusagen als Ausgrabungen leichter neu entdecken.

In Rom habe ich auch konzertante Aufführungen von »Ariadne auf Naxos«, »Elektra«, »Der Fliegende Holländer«, »Fidelio« und »Zauberflöte« (sogar mit den Dialogen!) gegeben. In Italien ist man in dieser Hinsicht aufgeschlossener. Wir geben an zweihundertfünfzig Abenden im Jahr Oper und an siebzig Abenden Ballett, während es die Scala pro Jahr auf allenfalls achtzig Opernabende bringt. Die Haltung konzertanten Aufführungen gegenüber ist auch aus diesem Grund anders.

Für den Musik- und Opernliebhaber hat die konzertante Aufführung zusätzlich einen unschätzbaren Vorteil: Er kann sich sein Bühnenbild, seine Regie, seine optische Vision herstellen, ohne sich gegängelt zu fühlen. Und bekanntlich ist dies eine ständige Quelle

24 Im Garten des Grassauer Heims, 1964

25/26 In der Mailänder Scala: Proben zu »Idomeneo«, 1968
27 »Parsifal«, 1971

Der konzertante »Ring«, Rom 1968: 28 Vor der Aufführung
29/30 Nach der Aufführung

31 Hamburger Musikhalle: Mit dem Philharmonischen Staatsorchester Hamburg, 1960
32 Musikverein Wien: Mit den Wiener Symphonikern, 1960

33 Das Ehepaar Sawallisch in Warschau: Gastspiel mit dem Philharmonischen Staatsorchester Hamburg, 1964

34 Mit Papst Paul VI. nach der Aufführung der »Missa solemnis« im Petersdom in Rom, 1970
35 Klosterkirche Baumburg: Rossinis »Petite Messe solennelle« mit Dietrich Fischer-Dieskau, Brigitte Fassbaender, Peter Schreier, Kari Lövaas und Reinhard Raffalt (Harmonium), 1972

36 Mit Werner Egk
37 Mit Carl Orff

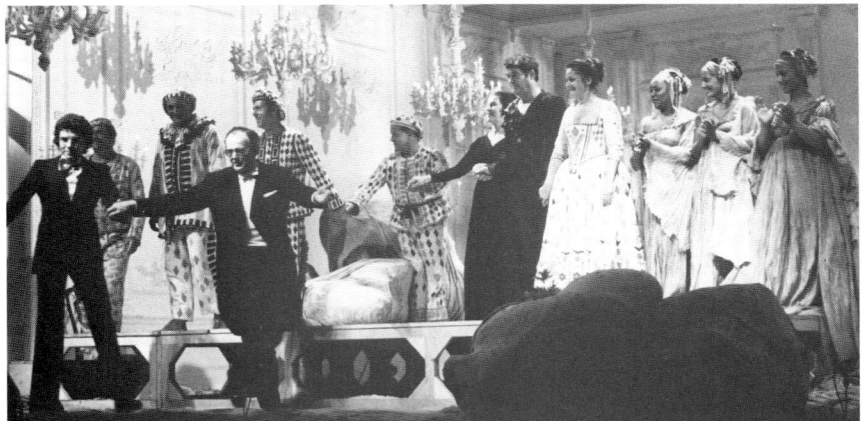

38 Mit Günther Rennert, 1971
39 Mit Dieter Dorn nach »Adriadne auf Naxos«, Salzburg 1981
40 Mit Hans Lietzau während einer Probe zu »Rienzi«, München 1983

fruchtloser Auseinandersetzungen: Viele kommen mit Vorstellungen in eine Oper, die geprägt sind von ganz frühen, allerersten Eindrücken dieser Oper, die sich inzwischen als unverrückbar im Kopf zementiert haben. Wehe, wer es wagt, zwanzig, dreißig Jahre später an dieser Vorstellung zu kratzen! Und die Generation, die eine neue Inszenierung jetzt als ihre erste Inszenierung erlebt, wird diese Inszenierung in zwanzig, dreißig Jahren ähnlich entschlossen verteidigen. Viel Toleranz und auch einige Intelligenz gehören dazu, diesem Prozeß nicht zu erliegen. Wenn das Publikum die Augen schließt, sich das Werk in einer hervorragenden musikalischen Darbietung anhört und sich seine Bilder selbst ausmalen kann, gibt es Probleme dieser Art nicht.

6. KAPITEL

Studio-Perspektiven

London und Dresden
»Capriccio« und Kapriolen

Meine erste Schallplatte nahm ich im Berlin der späten vierziger Jahre auf. Die amerikanische Firma Remington hatte eine Schallplattenreihe gestartet, und ihr Musikchef – ein Mister Hallasch, den ich auch später noch hier und da in den USA traf – hatte mich gebeten, mit dem RIAS-Symphonieorchester u. a. Bachs Brandenburgische Konzerte, Händels Concerto grosso und Tschaikowskys b-Moll-Klavierkonzert mit Conrad Hansen als Solisten einzuspielen. Ich arbeitete das erste Mal in einem Aufnahmestudio, hatte das erste Mal die Möglichkeit, eine Aufnahme selbst zu schneiden und praktische Erfahrungen damit zu sammeln.

Dann wurde Walter Legge, EMI-Chef in London, auf mich aufmerksam und lud mich ein, in London mit dem Philharmonia Orchestra Plattenaufnahmen zu machen. Legge war nach dem Krieg als britischer Offizier nach Deutschland gekommen und Mitglied einer Kommission gewesen, die Künstler auf ihre nationalsozialistische Vergangenheit hin zu überprüfen hatte. Böhm, Krauss, Knappertsbusch, von Karajan und andere Dirigenten durften nach 1945 bekanntlich zunächst nicht auftreten. Und da war es Walter Legge, der sich zumindest in der englischen Besatzungszone für eine Aufhebung dieses Dirigierverbots einsetzte.

In dieser Zeit trat ein reicher Araber an Walter Legge mit dem Angebot heran, ein Orchester zu gründen und dafür die denkbar besten Musiker zu verpflichten. Das Philharmonia Orchestra wurde ins Leben gerufen und mit den Scheich-Geldern ein Konzert- und Schallplattenorchester geschaffen, wie es in Europa bisher nicht vorhanden gewesen war. Hintergrund der Legge-Aktivitäten in den Jahren 1947/48 war es, für die EMI ein umfassendes Klassikrepertoire aufzubauen.

Im Zuge seiner Tätigkeit als Entnazifizierungsoffizier lernte Legge Herbert von Karajan kennen. Er machte ihn zum Chef des Philharmonia Orchestra – wohl wissend, daß Karajan im Moment in Deutschland noch nicht dirigieren durfte. Karajan sah eine neue Aufgabe vor sich – denn in England kümmerte sich niemand um seine angeblich belastete Vergangenheit. Er schulte und formte in zwei, drei Jahren intensiver Arbeit dieses Orchester und absolvierte für die EMI und Walter Legge eine Aufnahme nach der anderen. Zunächst wurden diese auf höchstem Level produzierten Platten nicht publiziert; sie blieben in der Schublade bis zum Tag der Entnazifizierung Karajans. Dann kamen plötzlich Dutzende von Philharmonia-/Karajan-Platten auf den Markt.

Legge hatte die Produktionen auch in die USA verkauft. Die eingeflogenen Kritiker schwärmten in Superlativen, und in der Tat waren diese Einspielungen – ich erinnere mich noch an den Beethoven- und den Brahms-Zyklus Karajan/Philharmonia – von ausgesuchter Qualität. Karajan und das Orchester wurden in den USA über Nacht berühmt. Es war ein ungeheurer Start. Sobald Karajan wieder dirigieren durfte, war er mit diesem Orchester omnipräsent: bei den Festspielen in Edinburgh und Luzern, bei den Wiener und Berliner Festwochen – beinahe überall. Wer von den Konzerten beeindruckt war, konnte zur Schallplatte greifen. Eine gigantische Publicity-Kampagne setzte ein.

Wie Walter Legge auf mich kam, weiß ich nicht mehr. Jedenfalls zögerte ich keine Sekunde, zu den Plattenaufnahmen mit dem Philharmonia Orchestra nach London zu fahren. Ein Vertrag zwischen uns existierte nicht, wir hatten ein Gentlemen's Agreement auf Exklusivbasis.

Als uns Walter Legge am Flughafen abholte, schwärmte er mir auf dem ganzen Weg in die Stadt nur von seinen Freunden »Herbert« und »Otto« vor und von den großartigen Einspielungen, die er mit ihnen gemacht hatte. Vermutlich hoffte er, mit dem Lobgesang auf Karajan und Klemperer meinen künstlerischen Ehrgeiz anzustacheln. Konkurrenzspielchen dieser Art lagen und liegen mir ganz und gar nicht, und so hatte ich nicht übel Lust, wieder nach Hause zu fahren.

»Wenn Herbert und Otto so großartig sind, was soll *ich* dann hier? Ich habe keine Lust, den taktischen Spielball abzugeben...«
Meine Frau ließ mich brummen und stimmte mich schließlich um.

In den ersten Aufnahmen konzentrierten wir uns auf symphonische Literatur. »Der Bürger als Edelmann« von Strauss, die Symphonien Nr. 8 in G-Dur und Nr. 9 in e-Moll sowie das Scherzo capriccioso von Antonín Dvořák, die Nußknacker-Suite und »Schwanensee« von Tschaikowsky fehlten im damaligen EMI-Katalog noch. Karajan hatte sie nicht mehr aufgenommen: Er war nach Furtwänglers Tod Chef der Berliner Philharmoniker geworden. Zwar blieb er dem Philharmonia Orchestra als ständiger Gastdirigent verbunden und nahm mit ihm weiterhin Platten auf, trotzdem hatte sich die Beziehung Karajan/Philharmonia etwas gelockert, denn Karajan fing an, auch mit den Berliner Philharmonikern Platten zu produzieren.

Daß ich als junger Deutscher mit diesem Orchester zusammenarbeiten konnte, erwies sich als unvorstellbarer Glücksfall. Nicht zuletzt dank Walter Legge überwand ich die Schwellenangst und entschloß mich, als erste Oper »Capriccio« im Studio aufzunehmen.

Legge war einer der wenigen musikalischen Aufnahmeleiter – in meiner Erinnerung vielleicht sogar der einzige –, der stets von zwei Voraussetzungen ausging:

Erstens: Der Dirigent soll bei den Klangvorstellungen, die er mit einem Orchester zu erzielen gedenkt, völlig freie Hand haben. »Ich als Techniker möchte ihm nicht sagen: Die Fagotte sind zu laut, oder: Die Klarinetten sind zu leise. Wenn er es so hört, dann überlasse ich das ihm. Ich will ihn nicht kontrollieren. Ich will ihm nicht meinen Geschmack aufzwingen, denn ich habe ihn engagiert, seine Klangvorstellungen zu übersetzen.«

Und zweitens: Legge war in der Lage, hinter der Abhörwand mit seinen Technikern genau die Klangvorstellungen zu realisieren, die er von den Proben im Studio her im Ohr hatte. Er wußte hundertprozentig, was zu geschehen hatte, damit die Klangvorstellungen des Dirigenten aufs Band kommen konnten.

»Ich möchte, daß du, wenn du eine Aufnahme abhörst, alles genau *so* hörst, wie du es bei der Aufnahme drin im Studio direkt mit dem Orchester gehört hast. Du sollst mir nie vorhalten können, daß du bei den Streichern intensiv gearbeitet hast, sie aber jetzt nicht mehr hörst, weil die Trompeten da hinten zu laut sind. Du sollst mir nie vorwerfen können, daß es im Saal ganz anders klingt. Die Aufnahme soll alles so wiedergeben, wie du es im Saal gehört hast.«

So ungefähr formulierte Walter Legge sein aufnahmeleiterisches Credo. Gelegentlich kam er heraus und sagte: »Ich hab's noch nicht! Bei dir heraußen klingt es anders, als ich es über die Mikrophone höre!« Dann fummelte aber nicht endlos ein Techniker an den Mikrophonen herum; Legge kümmerte sich selbst darum, fand heraus, wie das gewünschte Klangbild zu erreichen war, und gab seinen Technikern klare Anweisungen, welches der Mikros sie höher oder tiefer hängen sollten. Und plötzlich stimmte es.

Bei den Aufnahmen von Carl Orffs »Der Mond« und »Die Kluge«, wo aufgrund des Dialogs wieder andere Gesetze gelten, fragte er mich:

»Was willst du bei der Orffschen Musik? Was möchtest du erreichen?«

Wir diskutierten meine Vorstellungen, probierten bestimmte Dinge im Studio aus, und innerhalb einer halben Sitzung gelang es Legge, genau die Klangverhältnisse zu schaffen, die mir vorschwebten. Unsere Aufnahmen wurden vom Klanglichen her so richtungweisend, daß es kein Problem war, sie später von Mono auf Stereo zu übertragen.

Meine Frau und ich verstanden uns ausgezeichnet mit Walter Legge und seiner Frau Elisabeth Schwarzkopf. Unser Kontakt wurde bald sehr persönlich. Bei einigen unserer London-Aufenthalte wohnten wir im Haus der Legges.

Einmal begleitete ich Elisabeth Schwarzkopf bei einem Liederabend in der Royal Festival Hall. Sie sang Hugo Wolf, und es war faszinierend mitzuerleben, wie Walter Legge dieses Konzert mit seiner Frau vorbereitete, wie er mit ihr an der Gestaltung der Lieder feilte, die Hintergründe und Bezugspunkte der Texte aufschlüsselte und jeden Programmpunkt genauestens abwog. Diese gottbegnadete, hochintelligente Sängerin am Klavier begleiten zu dürfen war auch aus einem anderen Grund ein besonderes Erlebnis: Trotz des schwierigen deutschen Programms war die Royal Festival Hall bis auf den letzten Platz ausverkauft. Das Publikum folgte dem Programm geradezu atemlos. Die Reaktion war so überwältigend, daß ich sogar einmal ein Nachspiel wiederholen mußte.

Elisabeth Schwarzkopf war neben Dietrich Fischer-Dieskau eine Jahrhunderterscheinung auf dem Liedsektor, aber auch bei ihr erwies sich Walter Legge in Sachen Qualität von unerbittlicher, brutaler Härte. Wenn er dann aber einmal »yes« gesagt hatte, konnte man sicher sein, daß musikalisch-technisch das Maximum erreicht war.

Das erlebte ich auch bei der Studio-Arbeit. Aber die äußerste Perfektion, mit der hier vorgegangen wurde, verstellte mir nie den Blick für das nicht auf Wiederholbarkeit angelegte Musizieren im Konzertsaal. Das Philharmonia Orchestra lehrte mich, wie sich die Spontaneität einer Live-Aufführung auf eine Studio-Aufnahme übertragen läßt und wie die Präzision einer Studio-Aufnahme die Basis liefern kann, in einer Live-Aufführung einen Schritt weiter zu gehen.

Vermutlich war ein weiterer Faktor der Qualitätssteigerung, daß Legge die Musiker nicht monatlich bezahlte; sie alle hatten nur Verträge von Aufnahme zu Aufnahme, von Konzert zu Konzert. Legge hockte bei den Aufnahmen hinter seiner Glasscheibe, und wehe, wenn ein Streicher nicht vorne auf der Stuhlkante saß oder wenn sich ein Bläser ein paarmal verspielte oder mit der Intonation Probleme hatte – er war am nächsten Tag nicht mehr da. Legge ließ ihn nach der Sitzung kommen, zahlte ihn aus, sagte »Goodbye« und engagierte den nächsten. Die Folge war, daß am Ende einer dreistündigen Aufnahme – bei normalen Musikern beginnt nach der zweiten Stunde und nach permanenten Wiederholungen ein gewisses »Largieren« – dieselbe Präzision, Spannung und Begeisterung herrschte wie drei Stunden zuvor. Das zeichnete dieses Orchester aus, das zudem durch eine Persönlichkeit wie Karajan geschult war.

Der Plan, »Capriccio« aufzunehmen, wurde bei einem Salzburg-Besuch von Walter Legge und Elisabeth Schwarzkopf geboren. Wir setzten uns zusammen, um anhand des Klavierauszugs die Besetzung zu besprechen. Von vornherein waren wir uns einig, »Capriccio« strichlos aufzunehmen.

Für mich war das insofern ein ungewöhnliches Unterfangen, als ich die letzte Oper von Richard Strauss im Theater noch nie dirigiert hatte. Es war eigentlich genau der Weg, der mir immer zuwider gewesen war und dem ich mich in bezug auf München, Bayreuth und andere Angebote verweigert hatte: etwas im Blickpunkt des Geschehens anzugehen, das ich nicht schon sozusagen in der »Provinz« kennengelernt hatte. Zudem hatte ich bei »Capriccio« mit den Spitzensängern ihrer Zeit zu tun, mit Elisabeth Schwarzkopf, Christa Ludwig, Anna Moffo, Dietrich Fischer-Dieskau, Hans Hotter und Eberhard Waechter. Als junger Dirigent hätte ich da aus dem Zittern gar nicht mehr herauskommen dürfen. Aber Walter Legge kreierte kraft seiner Persönlichkeit schnell das richtige Arbeitsklima. Er scheute sich ganz und gar nicht, auch einem Hans Hotter oder Fischer-Dieskau zu sagen: »Sie sind zu hoch. Sie sind zu tief. Das kommt zu spät!«

Vor allem aber half mir bei alledem eines sehr viel – mein Klavierspiel. Ich hatte mich mit Klavierauszug und Partitur intensivst auseinandergesetzt. Besser vorbereitet hätte keiner in diese Aufnahmen gehen können. Ich kannte die Partitur in- und auswendig. Auch die Tatsache, daß ich bei den vorausgehenden Ensemble-Proben auf einen Korrepetitor verzichtete, sondern mich selbst ans Klavier setzte und erläuterte, was ich mir vorstellte, verschaffte mir sofort Respekt, denn jeder sah, daß ich die Materie vom Tempo und der Harmonie her beherrschte.

Für die meisten der Künstler war »Capriccio« eine Novität. Sogar Elisabeth Schwarzkopf und Dietrich Fischer-Dieskau sangen ihre Partien zum erstenmal. Ich half ihnen am Klavier in Einzelstunden, ihre Partien nach meiner Vorstellung einzustudieren, was zudem noch den Vorteil hatte, daß es später bei den Aufnahmen keine Temposchwankungen mehr gab. Was wir uns in den Klavierproben erarbeitet hatten, übertrugen wir auf das Orchester, für das »Capriccio« ja ebenfalls Neuland war. Jedenfalls hatte ich keine

Probleme, mich durchzusetzen. So entstand eine der Opernaufnahmen, auf die ich heute noch mit Stolz zurückblicke – und mit einiger Wehmut, wenn ich mir vor Augen halte, wie heute Studio-Aufnahmen von Opern absolviert werden.

Vor allem was die Moral der Künstler betrifft, haben sich die Zeiten in den letzten dreißig Jahren drastisch geändert. Um bei »Capriccio« zu bleiben, da es sich anerkanntermaßen um eine exemplarische Aufnahme mit damals bereits zur Weltspitze gehörenden Künstlern handelt: Keiner von ihnen wäre auf den Gedanken gekommen, eigenwillig »Capricci« in der Art »Das mag ich nicht... Das will ich nicht... Das dauert mir zu lange...« zu machen. Undenkbar, daß der Produzent Walter Legge einem einzigen Künstler zugestanden hätte, bei einer der Proben oder der Aufnahmen nicht anwesend zu sein; undenkbar also, daß er – wie heute üblich – gezwungen gewesen wäre, etwas musikalisch aufzunehmen und später die Stimme darauf zu synchronisieren. Walter Legge hätte einen solchen Künstler, ohne eine Sekunde zu zögern, sofort ausgetauscht. Seltsamerweise wurde damals auch keiner »krank«. Das gab es nicht! Staralüren – sie existierten nicht.

Heute werden Opern vielfach anders produziert: Ein »Fidelio« wird aufgenommen, ohne daß der Florestan jemals seine Kollegen gesehen hat. Heute ist kein Dirigent, kein Aufnahmeleiter und keine Schallplattenfirma dagegen gefeit, daß der eine oder andere Künstler kategorisch erklärt, an dem Termin könne er nicht, da habe er noch an der Met zu tun; zum nächstmöglichen Termin kann aber seine Kollegin nicht usw. Der Standpunkt, sich entweder auf eine Studio-Produktion richtig einzulassen oder sie besser bleibenzulassen, ist nicht sehr verbreitet. Wie man sich bei der Studio-Produktion gerade von Opern heute aus der Affäre zu ziehen versucht, mit welch sträflicher Leichtfertigkeit man da an die größten Werke der Musikliteratur herangeht, ist ärgerlich. Mehr als einmal war ich mit Sängern konfrontiert, die schulterzuckend meinten: »Nehmt schon mal mit dem Orchester allein auf, ich hab' erst in drei Monaten Zeit!«

Ich bin dagegen, daß es den Beteiligten ermöglicht wird, sich der Studio-Atmosphäre zu entziehen; auch im Studio sollte eine gewisse Live-Intensität herrschen, denn auch im Studio soll schließlich etwas »produziert« werden. Das Rotlicht oder in manchen Ländern das Grünlicht sollte für alle Mitwirkenden das Zeichen dafür sein, daß von ihnen ein Live-Ereignis erwartet wird, das sich via Tonträger vermitteln soll. Daß man heute ohne Chor und ohne Sänger in Plattenaufnahmen geht, dürfte schwerlich zur Qualitätssteigerung beitragen.

»Bestens! Technisch alles okay, kein Geräusch, alle Noten an der richtigen Stelle, zusammen ist es auch, Schluß, erledigt...!« Ein Aufnahmeleiter-Kommentar dieser Art ist heute keine Seltenheit. Ob das Ganze Spannung hat, ob es im Gesamtablauf stimmt, scheint nicht mehr so wichtig. Heute ist es »Alltag« – auch ich mußte solche Dinge mitmachen –, eine Opernaufnahme mit der dritten Szene aus dem zweiten Akt zu beginnen, obwohl keiner nachempfinden kann, was sich bis dahin vielleicht entwickelt hat; dann folgt das Finale dritter Aufzug, dann der Anfang erster Akt...

Man muß bei einer solchen Arbeitsweise als Kapellmeister die Stücke so gut kennen, daß man wenigstens ungefähr – ein hundertprozentig gibt es da nicht mehr – weiß, wie sich dieses oder jenes Thema in welcher Form vorher oder nachher abgewandelt, entwickelt hat oder zum dramatischen Kulminationspunkt eskaliert ist.

Ich kann mich entsinnen, daß wir bei der »Capriccio«-Aufnahme nur eine einzige Stelle vorwegnahmen: den Schlußgesang der Gräfin. Weil Elisabeth Schwarzkopf – und das muß man akzeptieren – meinte: »Wenn ich fünf, sechs Tage ununterbrochen im Studio stehe, mit den Wiederholungen, mit all dem, was eben notwendig ist, dann komme ich, wenn wir es der Reihe nach aufnehmen, ausgesungen in den sechsten Tag – und genau an dem Tag, beim Monolog der Gräfin, erwartet man von mir die schönste und perfekteste Stimme. Das ist unmöglich, wenn ich fünf Tage lang alle Ensembles gesungen habe. Ich bitte euch, laßt mich das, was für die Madeleine das wichtigste ist, im voraus aufnehmen!« Ein Vorschlag, der Sinn machte und dem wir folgten.

Ansonsten lief das Stück von »Bezaubernd ist sie heute wieder...« bis zum Gräfinnen-Schluß Note für Note, Takt für Takt chronologisch durch.

Die heute praktizierte Sorglosigkeit treibt abstruse Blüten. Unlängst hörte ich, wie sich ein von seiner Wichtigkeit erfüllter Sänger brüstete, ihm sei es gelungen, sich aus dem Aufnahmetermin auszuklinken; man habe ihn um jeden Preis haben wollen und es ihm erspart, mit dem Orchester zu arbeiten: Er brauche die Partie nur mit seiner Stimme abzumachen.

Dieses Nachlassen der Disziplin, das größere Angebot an die Spitzensänger auf dem Schallplatten- und auf dem Live-Sektor, die von den Spitzensängern selbst geschaffenen und von den Produzenten aus Kostengründen begrüßten Einschränkungen der Produktionszeiten – lieber am Tag sechs Stunden singen als einen zweiten oder dritten Tag mit jeweils drei Stunden anhängen –, alle diese Faktoren bewirken letztlich, daß sich der Markt wieder mehr auf Live-Mitschnitte konzentriert. Wenn diese Tendenz anhält, wird sich das Verhältnis Live-Mitschnitt/Studio-Produktion weiter zuungunsten der Studio-Produktion verschieben. Zu den erwähnten Komponenten kommt die Tatsache, daß die Kosten eines Live-Mitschnitts, wenn man sich auf zwei untereinander austauschbare Mitschnitte beschränkt, weitaus geringer sind. Und bei Live-Mitschnitten können die Schallplattenfirmen einigermaßen sicher sein, daß der Sänger auch wirklich da ist – ein nachträgliches Synchronisieren ist schwerlich möglich.

Auch glaube ich, daß das Schallplattenpublikum angesichts der absoluten Perfektion – ob in zehn, zwanzig Jahren eine weitere Steigerung möglich ist, wage ich nicht vorherzusagen – geräuschfreier Platten wieder das Bedürfnis nach einem unmittelbaren Erlebnis entwickelt. Ohne dies vielleicht gleich immer formulieren zu können, spürt es, daß zwischen einer noch so geleckten Studio-Aufführung und einer Live-Aufführung Welten liegen können. Es nimmt dann auch einen Huster in Kauf (den man heute übrigens herausfiltern kann), und es nimmt in Kauf, daß sich ein Sänger gelegentlich vom Mikrophon entfernt und leiser wird. Live heißt: direkt dabeisein, auch wenn man sich die Live-Aufführung zu Hause in Filzpantoffeln anhört.

Ein anderes fragwürdiges Studio-Phänomen ist die Konfrontation mit Sängerinnen und Sängern, die bestimmte Partien zwar auf der Platte singen können, sie aber live nicht durchstehen. Zu allen

Sängern habe ich immer wieder geradezu beschwörend gesagt: »Ich bitte euch, nichts auf Schallplatte zu singen, was ihr nie auf der Bühne werdet singen können, wollen oder dürfen!« Einige sind dieser Maxime gefolgt, andere sind es nicht und mußten ihr Lehrgeld zahlen. Kapellmeister, Operndirektoren oder Manager, die eine solche Stimme per Platte geliefert kriegen, sagen sich vielleicht: »Was?! Sie singt diese Partie?! Muß ich sofort haben, müssen wir machen!«

Wer einmal eine hochdramatische Partie auf Platte eingespielt hat, ohne sie auf der Bühne bewältigen zu können, wird zwangsläufig mit diesem Fach – nicht nur mit dieser Partie – identifiziert. »Wenn die das singen kann«, heißt es, »dann müßte sie ja eigentlich auch dies singen können!«

Wer seine Platte also verkaufen möchte, ist letztlich, um das Publikum zu motivieren, gezwungen, auf der Bühne ein Fach zu singen, das eigentlich nicht sein Fach ist. Da geschehen oft Fachüberschreitungen, die gar nicht mehr rückgängig zu machen sind. Ich kann nur allen raten: Habt den Mut, nein zu sagen. Sonst kann dies für einen Künstler von der Stimme und vom Prestige her den Ruin bedeuten.

Ich habe noch nie gehört, daß schwerere Fächer, ein hochdramatischer Sopran oder ein Heldentenor, auf der Schallplatte für leichtere Partien eingesetzt worden wären. Es ist doch ausnahmslos so, daß man Sänger zu Plattenleistungen zwingt, die sie normalerweise stimmlich nie bewältigen könnten! Man vertraut blind auf die Macht der Mikrophone, dreht das Orchester weg und hofft, daß bei zwanzig Versuchen schon ein gelungener dabei ist. Dies kann langfristig jedoch auch nicht im Interesse der Schallplatte liegen, die für mich – auch heute noch – eine Art Dokumentation sein sollte, wenn auch eine Dokumentation, die einen Tag nach der Aufnahme, da es die Dokumentation eines Augenblicks ist, bereits überholt ist.

Ich verstehe die Hinwendung des Publikums zum Live-Mitschnitt. Da kann die Schallplatte aktuell sein, kann auf spezielle Konstellationen und Musikereignisse reagieren, die es vielleicht nur alle zehn Jahre in dieser Kombination gibt und die aufgrund von Exklusivrechten und Terminen als Studio-Produktion gar nicht herstellbar wären. Auch wenn vielleicht einmal ein Sänger

»schmeißt« – die Atmosphäre des Ganzen live einzufangen und nachzuvollziehen ist in meinen Augen oft wichtiger als eine letztlich nicht ehrliche Studio-Produktion.

Trotzdem gibt es selbstverständlich gute Gründe für eine Studio-Produktion, denn bei einer Reihe von Werken ist eine Live-Aufführung aus unterschiedlichen Motiven nicht praktikabel. In der Konzertliteratur zum Beispiel existieren etliche Werke, die selten einmal auf den Konzertprogrammen erscheinen, in einer guten Diskothek aber nicht fehlen sollten. So nahmen wir damals in London zum Beispiel mit Dennis Brain, einem der größten Hornisten aller Zeiten, die beiden Hornkonzerte von Richard Strauss auf.

»Genau *so* muß es sein!«
Auf den Aufnahmeleiter kommt es an

Es wird nie ohne Studio-Produktionen gehen. Eine der Voraussetzungen dafür ist die gute Zusammenarbeit mit dem Menschen hinter der Glasscheibe. Wie sie im Idealfall aussehen kann, habe ich mit Walter Legge erfahren. Ich habe insgesamt nur drei, höchstens vier Aufnahmeleiter kennengelernt, bei denen ich bedingungslos sagen konnte: »Ich mache diese Aufnahme, und ich mache sie gern, weil ich mich voll auf Sie verlassen kann!«

Oft ist es doch so, daß man selbst – wie übrigens auch bei Live-Aufführungen – einen ganz anderen Eindruck als der Zuhörer von dem hat, was gerade geschieht. Manchmal ärgere ich mich bei einer Opernaufführung oder einem Konzert, weil irgend etwas nicht so gelungen ist, wie ich es glaubte erarbeitet zu haben – und dann ist es ein so gigantischer Erfolg, daß man sich hinterher sagt: »So gut waren wir doch gar nicht!«

Andererseits gehe ich manchmal glückselig vom Pult, weil alles mit enormer Perfektion und klanglicher Subtilität abgelaufen ist, die Sänger präzise waren und etwas entstanden ist, von dem man nur sagen kann: »Genau *so!* Genau *so* muß es sein!« – und dann sagen die Leute trocken: »Ganz gut! Nicht schlecht!«

Ähnlich kann es einem bei Plattenproduktionen ergehen. Ich ma-

che eine Aufnahme, hole tief Luft und sage mir: Das war's! Das Nonplusultra! Wir waren zusammen und dynamisch – genauso hab' ich mir's vorgestellt! Und dann kommt die Stimme des Aufnahmeleiters: »Danke schön, ich glaube, wir sind allmählich auf dem richtigen Weg!«
»Sind Sie wahnsinnig?! Besser ist das nicht hinzukriegen!«
»O doch!«
»Das kann nicht sein!«
»Bitte hören Sie sich's mal an!« Und man geht hinter die Glasscheibe, hört sich die Aufnahme an und denkt: Um Gottes willen, da sind wir nicht beieinander, da stimmt das Tempo nicht, da ist der Übergang falsch... Hast du das eigentlich vor drei Minuten nicht gehört?!
Und dann gibt es Fälle, in denen ich sage: »Hört ihr das denn nicht? Da war die erste Trompete zu früh, da kleckert's innerhalb der Streicher!«
»Kommen Sie herein, hören Sie es sich an!«
Und man hört es sich an und fragt sich: »Was hab' ich da eigentlich auszusetzen gehabt? Es läuft perfekt!«
Die eigenen Empfindungen stimmen da manchmal mit der Wirklichkeit nicht überein, und zwar in beiden Richtungen, im negativen wie im positiven Fall. Die Mitarbeit eines erstklassigen Aufnahmeleiters, auf den man sich absolut verlassen kann, ist unerläßlich.

Walter Legge war der perfekte Studiopragmatiker. Durch bloßes Umdisponieren des Aufnahmegeräts oder eine andere Orchestereinteilung vermochte er die Klangbilder herzustellen, die ich mir erarbeitet und vorgenommen hatte. Dabei blieb er stets kritisch. So konnte er etwa sagen: »Mir gefällt die Durchsichtigkeit der Holzbläser nicht.« Oder: »Die Blechbläser sind mir zu massiv.« Oder: »Ich möchte bei diesem Stück, wo Streicher und Holzbläser viele Passagen gemeinsam haben, die Parallelität von Streichern und Holzbläsern verdeutlichen!« Und jedesmal konnte er diese Vorstellungen verwirklichen.
Oft fragte er mich auch: »Möchtest du da ein eher kompaktes oder ein eher durchsichtiges Klangbild? Stellst du dir die Streicher

wuchtiger oder brillanter vor? Möchtest du innerhalb der Streicher ein ausgewogenes Bild von den ersten Geigen bis hinunter zu den Kontrabässen, oder bevorzugst du einfach nur die Eckpfeiler; und möchtest du eher zurücknehmen, was von Holzbläsern und liegenden Blechbläsern ohnehin verdoppelt wird?«

Man konnte Wünsche und Gedanken äußern, und Legge ging darauf ein. Basis der Kooperation war, was sich während der Probe abspielte. Was der Dirigent in der Arbeit mit dem Orchester betonte oder abdämpfte, setzte Legge aufgrund seines technischen Knowhow gekonnt um. Es war großartig, wie er sich auf die verschiedenen Aufnahmelokalitäten einstellte: Ob in der Londoner Kingsway Hall, einem wunderbaren Ort, oder in den Abbey Road Studios der EMI – er kannte die verschiedenen Klangcharaktere dieser Räume und wußte genau, was zu geschehen hatte, um etwas Bestimmtes zu erreichen.

Bei meinen Plattenproduktionen in der DDR fand ich ein Jahrzehnt nach Walter Legge in Gerhard Worm einen zweiten, für mich idealen Aufnahmeleiter. Worm, selbst Dirigent, richtete mit seinem Tontechniker zunächst ein sozusagen dem »Firmenklang« verpflichtetes Grundschema ein. Und es war ein ganz spezielles Klangbild, das die »Deutsche Schallplatte« für die Staatskapelle Dresden in der Lukaskirche herstellte. Alle Modifikation klanglicher Art hatte der Dirigent während der Probenarbeit zu bewerkstelligen; war dies einmal geschehen, konnte man sich hundertprozentig darauf verlassen und mußte während der ganzen Aufnahmezeit eigentlich keinen Takt mehr abhören.

Bei Worm kam etwas hinzu, was Walter Legge in der Zusammenarbeit mit dem Dirigenten nicht so am Herzen lag: Worm versuchte, hinter die interpretatorischen Absichten des Dirigenten zu kommen. Wenn man sich als Interpret nach einer Reihe verschiedener Takte vielleicht einmal nicht mehr ganz sicher war, welcher der eingespielten Takte nun eigentlich der beste war, dann wartete Worm mit einer dezidierten Meinung auf. Er hatte sich die Qualität jedes einzelnen Taktes notiert und argumentierte als Musiker. Er besaß da klare Kriterien.

Wenn sein »Professor, in Ordnung!« kam, war es überflüssig zu fragen, ob wirklich alles »da« sei. Doch wenn man dann hörte: »Jaa... Vielleicht... Könnten Sie bitte noch einmal...«, dann wußte man, daß Worm seine Gründe hatte, auch wenn man selbst sie vielleicht (noch) nicht wahrhaben wollte.

Einmal nahm er mich in einer Pause beiseite: »Wissen Sie Professor, daß Sie nach der dritten und vierten Wiederholung immer langsamer geworden sind?«

»Kann nicht sein! Unmöglich!«

»Glauben Sie mir! Wenn Sie die letzten Aufnahmen abhören, sind Sie der erste, der die Hände über dem Kopf zusammenschlägt!«

Oder er sagte: »Da haben Sie ein Thema gespielt, das haben Sie gestern in der Aufzeichnung schneller genommen! Wollen Sie das jetzt langsamer?«

»Ich? Nein!«

»Ich wollte Sie nur darauf aufmerksam machen! Entweder Sie waren gestern zu schnell und heute zu langsam, oder wir müssen die Aufnahme von gestern korrigieren, damit es da langsamer wird und das heutige damit übereinstimmt. Aber wie ich Sie kenne, ist Ihnen das von gestern lieber...«

Er hatte in hundert Fällen hundertmal recht. Phantastisch, auch hinter der Glasscheibe jemanden zu haben, der einen musikalisch versteht: »Ich weiß genau, wo Sie mit dieser Steigerung hinwollen und warum Sie da zurückhalten. Aber das ist es noch nicht. Da muß noch was passieren!«

Einmal ging es um Franz Schuberts Sechste Symphonie, die in meiner Interpretation zweiunddreißig Minuten dauerte, zu einer Zeit, in der eine Plattenseite dreißig Minuten möglichst nicht überschreiten sollte.

»Professor, ich weiß nicht, was wir mit den zweiunddreißig Minuten anfangen sollen. Das geht nicht. Ich weiß aber auch nicht, wie Sie es anders machen könnten...«

»Machen wir's noch mal, ich werde versuchen, an manchen Stellen etwas anzuziehen...«

»Professor, ich kenn' Sie ja inzwischen einigermaßen, ich garantiere Ihnen, daß Sie von den zweiunddreißig Minuten nicht herunterkommen!«

»Wetten?«

»Sie schaffen es nicht, und wenn, dann kommen Sie heraus zu mir und erklären: Mir gefällt es nicht!«

»Ich schaffe es!«

Wir machten einen kompletten Durchlauf der ganzen Symphonie. Ich tat, was ich konnte. Geschafft?

Worm trocken: »Zweiunddreißig Minuten! Ich hab's Ihnen gleich gesagt!«

Er hatte wieder einmal recht behalten.

Auch wenn zwei Tage später Teile von Aufnahmen nachgespielt werden mußten, wußte er: »Bei Ihnen brauch' ich das Tempo von vorgestern nicht zur Kontrolle hereinzuspielen. Steigen Sie gleich bei Ziffer soundso ein. Sie werden sehen, es stimmt!«

Und es stimmte.

Ich nahm mit Worm und der Dresdner Staatskapelle die Schubert- und Schumann-Symphonien und mit dem Philharmonia Orchestra die Mendelssohn-Symphonien auf. Schließlich bot man mir an, mit den Dresdnern alle Mozart-Symphonien einzuspielen. Ich sagte begeistert ja, obwohl ich wußte, es würde eine Arbeit von Jahren sein. Der Plan bestand darin, die Symphonien, von KV 16 angefangen, in chronologischer Reihenfolge aufzuzeichnen, um innerhalb der Mozartschen Komposition von der ersten bis zur letzten Symphonie die Steigerung nachzuvollziehen und als Dirigent zu zeigen, wie sich der Komponist Mozart entwickelt hat.

Alles war abgesprochen und terminiert, als Gerhard Worm plötzlich aus seiner Position bei der »Deutschen Schallplatte« in Ost-Berlin entfernt wurde. Worm wurde später Konzert- und Opernchef in Karl-Marx-Stadt: Er machte sozusagen Karriere. Für mich aber bedeutete sein Weggang, wofür offensichtlich innerparteiliche Gründe ausschlaggebend gewesen waren, den Verlust des zuverlässigen Mitarbeiters.

Ich zog die Konsequenzen: »Ohne Gerhard Worm muß ich schweren Herzens auf dieses einmalige Angebot verzichten, auch wenn ich weiß, daß ich diese Chance nie mehr in meinem Leben bekommen und diese Dokumentation nie mehr werde machen können. Lieber keine Interpretation der Mozart-Symphonien als mit einem Mitarbeiter, auf den ich mich menschlich und musikalisch nicht verlassen kann!«

Als ich Chefdirigent der Wiener Symphoniker war, stand ich unter umgekehrten Vorzeichen vor einer vergleichbaren Situation. Wir hatten vor, die 104 Haydn-Symphonien in Eisenstadt aufzunehmen – im Saal des Esterhazy-Palais, wo die meisten dieser Symphonien zum erstenmal erklungen waren. Doch die Firma Philips wollte nicht. »Nicht kommerziell genug«, hieß es. Vielleicht hatte die Schallplattenfirma vom kommerziellen Standpunkt aus recht, denn Haydn galt in den sechziger Jahren bei der Musikwissenschaft noch nicht sehr viel.

7. Kapitel

Angebote

»Haben Sie Vertrauen!«
New York, Berlin, Wiesbaden oder Köln?

Anläßlich eines Konzerts bei den Luzerner Festspielen bat mich Met-Direktor Rudolf Bing um ein Gespräch. Er lud meine Frau und mich auf den Bürgenstock ein, wo er wohnte. Ich hatte keine Ahnung, was Bings Anliegen war, als wir zu ihm hinaufgingen.
»Ich habe viel von Ihnen gehört!« begann er. »Ich möchte Ihnen einen Vorschlag machen: Hätten Sie nicht Lust, sechs Monate im Jahr als verantwortlicher Musikalischer Leiter für das deutsche und das italienische Repertoire an die Met zu kommen? Mein Plan ist es, das deutsche und das italienische Repertoire in einer Hand zu vereinigen. Sie haben doch schon den ganzen Verdi dirigiert...«
Was Bing sagte, war richtig, denn ich hatte vom frühen bis zum späten Verdi tatsächlich alle seine Opern dirigiert. Um so absurder ist es, wenn man mir heute unterstellt, ich sei Verdi-feindlich oder Italiener-feindlich! Mitte der fünfziger Jahre jedenfalls galt ich für das italienische Repertoire als bester deutscher Dirigent. Rudolf Bing erzählte mir, er hätte meinen »Maskenball« in Berlin gehört.
Ich war knapp über dreißig. In so jungen Jahren ein Angebot an die Met zu bekommen, war schon eines Gedankens wert, zudem auch die finanziellen Bedingungen außerordentlich verlockend waren. Mechthild und ich überlegten hin und her, ob ich akzeptieren sollte oder nicht. Schließlich setzten sich dieselben Erwägungen durch, die mich letztendlich bereits angesichts des Rudolf-Hart-

mann-Angebots nach München geleitet hatten: Solange ich nicht wirklich alle Mozart-, Strauss- und Wagner-Opern, also praktisch das deutsche Repertoire, dirigiert hatte, mußte ich ein solches Angebot ablehnen. Es wäre mir unmöglich erschienen, an die Met zu gehen, ohne den »Ring« dirigiert zu haben. An Strauss-Opern hatte ich »Rosenkavalier«, »Arabella« und »Ariadne« aufgeführt, aber keine »Frau ohne Schatten«, keine »Elektra«.

Bing erklärte ich: »Beim italienischen Repertoire ist es, was die Met betrifft, nicht mit Verdi und Puccini getan, die ich vielleicht akzeptabel beherrsche; es gehören auch Bellini, Donizetti und Rossini dazu – Komponisten, die, mit Ausnahme von Rossini, bisher nicht unbedingt meine Favoriten waren. Auf der einen Seite habe ich das Gefühl, nicht wirklich Bescheid zu wissen, auf der anderen Seite kämen Aufgaben auf mich zu, die mich nicht so interessieren... Ich kann Ihr Angebot nicht annehmen!«

Mein »Nein« hat Bing sehr verbittert; es hat ihn böse gemacht. Er hat schlicht nicht verstanden, wie ich die Frechheit besitzen konnte, sein Angebot auszuschlagen. Ich habe nie mehr ein Wort von ihm gehört und war für die Met »gestorben«. Erst als er die Met verließ, erging erneut eine Met-Einladung an mich. Ich konnte ihr wieder nicht folgen – diesmal aus Zeitgründen.

Carl Ebert, Intendant in Berlin, zusammen mit Fritz Busch Mentor und Initiator des Glyndebourne Festival, hatte mich eingeladen, mit ihm in Berlin den »Maskenball« und »Don Carlos« zu machen. Es kam zu einer ausgezeichneten Zusammenarbeit zwischen Regisseur und Dirigent, zu einem wunderbaren gegenseitigen Eingehen auf Vorschläge und Ideen. Daraufhin bot er mir die Berliner GMD-Stelle an.

Konnte ich einer Stadt, in der Blech, Furtwängler, Kleiber und Klemperer Stars des internationalen Dirigenten-Himmels geworden waren, in meiner Jugend und Unerfahrenheit das geben, was man dort von mir erwartete? Carl Ebert nahm mir dieses Zögern sehr übel. Wie übel, erfuhr ich später von seinem Sohn Peter Ebert, als ich mit ihm in Aachen den »Falstaff« herausbrachte: »Wie konnten Sie nur?! Wie konnten Sie das meinem Vater antun?!«

Tatsächlich hatte die ganze Angelegenheit einen sehr unschönen

Aspekt. Es war in Berlin vorschnell publik geworden, daß Ebert und ich wegen der GMD-Position verhandelten. In diesen Vorgesprächen wurden alle Fragen der zeitlichen Anwesenheit und der Finanzen geklärt, nur eines blieb offen – die Kompetenzen. Ebert behauptete immer: »Mit Sawallisch ist alles klar. Wir diskutieren nur noch über Anwesenheit und Finanzen.« Genau das Gegenteil war der Fall.

In der Zeitung stand, ich hätte nur drei Monate Anwesenheit zugesagt und würde durch neun Monate Abwesenheit von Berlin glänzen. Auch das stimmte nicht. Vereinbart waren neun Monate Anwesenheit. Am Schluß hieß es dann: Sawallisch stellt unannehmbare Forderungen, was alle Welt auf das Geld bezog.

Was die Kompetenzen betraf, war Ebert der Auffassung gewesen, es sei allein seine Sache, zu entscheiden, was ich zu dirigieren hätte. Ich aber bestand darauf, selbst zu bestimmen, welche Stücke des Repertoires einer Spielzeit mich als Dirigenten interessieren. Schließlich lenkte Ebert ein. Vertraglich zusichern wollte er mir unsere Absprache allerdings nicht.

»Haben Sie doch Vertrauen zu mir!« argumentierte Ebert. »Achten Sie meine weißen Haare! Wenn ich Ihnen als alter und erfahrener Theatermann etwas zusichere, bedarf es doch keines Vertrags. Haben Sie Vertrauen!«

»Wenn Sie mir diese Kompetenzen schon offiziell anbieten, dann könnten wir sie doch auch schwarz auf weiß in einem Vertrag festlegen...«

So ging es eine Weile hin und her. Als die Polemik, die Presse-Attacken und die Falschdarstellungen nicht aufhörten, legte ich die Fakten – den Briefwechsel Ebert/Sawallisch – auf den Tisch. Der Berliner Presse und den Berliner Instanzen waren diese Tatsachen nicht gerade angenehm. Man hatte volles Verständnis für meine alles andere als überzogenen künstlerischen Forderungen.

Ebert aber verstand nicht, wie ich ihm überhaupt etwas abschlagen konnte. Er verzieh mir nie, daß ich nicht mit fliegenden Fahnen und zu allen Konditionen nach Berlin gekommen war.

Eines Tages nahm Karl Elmendorff, einer der bekanntesten deutschen Dirigenten, Wiesbadener Musikchef, ausgezeichneter Wagner-Interpret, der in Bayreuth mit Heinz Tietjen, Wilhelm Furtwängler und Hans Knappertsbusch abwechselnd am Pult stand, Kontakt mit mir auf. Es ging um Wiesbaden. Für die Zeit nach 1958 wollte mir, so Elmendorff, Wiesbaden ein interessantes Angebot machen.

Wiesbaden besaß damals zwei Orchester, ein staatliches, das des Hessischen Staatstheaters, und das städtische Orchester. Mit etwa fünfundfünfzig bis sechzig Mann pro Orchester war im Grunde genommen jedes dieser Orchester zu klein für das ihm übertragene Arbeitsgebiet. Bei größeren Opernproduktionen mußten Musiker vom Städtischen Orchester ausgeliehen werden, und wollte das Städtische Orchester ein Symphoniekonzert mit aufwendigen Werken veranstalten, griff es auf die Musiker des Staatsorchesters zurück. Elmendorff sollte den Versuch unternehmen, beide Orchester zusammenzulegen, ein Orchester mit hundertzwanzig Musikern zu formen und es dann allmählich auf etwa hundert Musiker zu reduzieren. Er sollte so ein wirklich kompetentes Orchester bilden, das auf dem Opern- und auf dem Konzertsektor Hervorragendes zu leisten in der Lage sei. Das Projekt sollte 1958 verwirklicht werden – vorausgesetzt Elmendorff gelang es, einen Kapellmeister zu finden, der dieser Aufgabe gewachsen war.

Über die Problematik war man sich klar: Beide Orchester hatten ihren ersten Konzertmeister und ihre ersten Solobläser; einer mußte bei der Zusammenlegung der zweite werden. Es war also ein Mann vonnöten, der diesen diffizilen Prozeß mit Energie und ohne Verstrickung in die regionalen Empfindlichkeiten angehen konnte, der willens und in der Lage war, sich durchzusetzen.

Ich fuhr nach Wiesbaden und schaute mir das Hessische Staatstheater an. Genau der logische Weg der Weiterentwicklung, den ich brauche!, sagte ich mir. Endlich ein großes Orchester, mit dem ich den »Ring«, die »Elektra« und alle die Werke aufführen kann, die ich in Aachen ausklammern mußte.

Ich akzeptierte, auch unter dem Gesichtspunkt, daß ein längerfristiges Wiesbaden-Engagement ohnehin nicht möglich war, da ich bei Oscar Fritz Schuh für 1960 bereits im Wort war. Entschlossen, die zwei Wiesbadener Jahre voll zu nutzen, führte ich das Orchester zusammen. Die befürchteten Querelen kamen gar nicht erst auf, die

Problematik der zwei ersten Konzertmeister löste ich durch Aufteilung ihrer Funktion zwischen Konzert und Oper. Ich hatte die Möglichkeit, Gastdirigenten zu verpflichten, und versuchte Carl Schuricht, der viele Jahre lang als Chef des Städtischen Orchesters eine Wiesbadener Institution gewesen war und dessen Arbeit ich von Wien her schätzte, nach Wiesbaden zurückzuholen. Ich schrieb Schuricht einen sehr freundlichen Brief und bekam eine bitterböse Antwort: Wie ich mir anmaßen könne, ihm, dem langjährigen Leiter des Städtischen Orchesters, ein Angebot zu machen, jetzt, wo ich die altbewährte Orchestertradition der Stadt zerstört hätte; er sei ein absoluter Gegner dieser verabscheuungswürdigen Orchester-Zusammenführung; er werde sie durch seine Dirigate nicht sanktionieren; er werde nie mehr in Wiesbaden dirigieren... Der Brief traf mich zutiefst, denn ich fühlte mich nicht als Zerstörer des Wiesbadener Musiklebens.

Sofort nach Antritt meiner Wiesbadener Position, noch im Herbst 1958, begann ich mit der langersehnten »Ring«-Produktion, mit meinem ersten »Ring«. Es war mir damals relativ gleichgültig, wer die Inszenierung besorgte und wie sie aussah – es ging mir in erster Linie darum, dieses Werk als Ganzes herauszubringen und die zwei Wiesbadener Jahre intensiv für meine musikalische Entwicklung zu nutzen. Noch heute arbeite ich mit den »Ring«-Partituren von damals und bin immer wieder erstaunt, wie wenige meiner damaligen Einzeichnungen ich inzwischen revidieren mußte, weil ich etwa zu anderen Tempo- und Bewegungsvorstellungen gekommen wäre. Eine »Ring«-Jugendsünde war es jedenfalls nicht, nicht zuletzt wahrscheinlich wegen meiner Aachener »Walküren«-Erfahrung drei Jahre zuvor und meiner Einstudierung der »Walküre« sechs Jahre zuvor in Augsburg. Was man einmal selbst einstudiert hat, das sitzt.

Es gibt in diesem Zusammenhang ein schönes Wort von Clemens Krauss, der eine Strauss-Oper – ich glaube, es war »Elektra« – nie gemacht hatte und auf die Frage, warum er ausgerechnet dieses Werk nie dirigiert habe, erklärte: Weil ich es nie korrepetiert habe!

Ein Werk wirklich kennenlernen kann man nur, wenn man es sich mit den Sängern selbst erarbeitet. Auch den konzertanten »Ring« in Rom habe ich dann noch einmal mit allen Sängern, angefangen von den Rheintöchtern, am Klavier einstudiert. Es wäre schwer, mir da etwas vormachen zu wollen.

In Wiesbaden dirigierte ich auch »Elektra« das allererste Mal, und zwar mit der Original-Orchesterbesetzung. Ich entdeckte in Wiesbaden meine Liebe zum »Barbier von Bagdad«. Als Auftakt wählte ich »Macht des Schicksals«, ein Stück, das ich bereits in Augsburg und Aachen dirigiert hatte und das ich dann später auch in Köln als erste Premiere ansetzte. »La forza del destino« blieb mir treu.

Schuh, Wagner, Rennert
Drei Wege der Regie

Ich hatte Oscar Fritz Schuh bei der Berliner Gedächtnisfeier für Wilhelm Furtwängler kennengelernt und ihm versprochen, bei ihm Musikalischer Leiter zu werden, sollte er einmal ein Angebot als Opernintendant bekommen. Fünf Jahre später, als man ihm die Intendanz der Kölner Oper anbot, fragte Schuh bei mir an, ob ich noch zu meinem Wort stünde, denn sonst würde er nicht nach Köln gehen. Ich erneuerte meine Zusage, erklärte ihm jedoch, daß ich erst 1960 in Köln anfangen könne, da ich bis dahin noch vertraglich in Wiesbaden gebunden sei.

Die Zusammenarbeit mit Schuh war für mich von entscheidender Bedeutung. Alle die Musik betreffenden Fragen wie Besetzungen, Probenzeiten, Ensemble-Politik auf dem sängerischen Sektor überließ er mir.

»Dafür habe ich Sie!« lautete seine stereotype Bemerkung. »Ich will von diesen Dingen gar nichts wissen. Für mich ist die Oper in erster Linie Musik. Musik, bevor der Vorhang aufgeht, Musik, wenn sich der Vorhang schließt. Die Menschen kommen in die Oper, um Stimmen zu hören, um Ensemble-Klang zu hören, um ein Orchester zu hören – um Musik zu hören!«

Grundsätze eines Regisseurs und Intendanten, die sich auch in der Praxis manifestierten: »Wenn Sie auf Ihren Reisen irgendwo einen Sänger hören, der Ihnen gefällt und von dem Sie glauben, daß er richtig für Köln ist, dann brauchen Sie nicht lange bei mir rückzufragen; handeln Sie mit ihm die Gage aus und engagieren Sie ihn. Schicken Sie mir einfach ein Telegramm mit seinem Namen, den ins Auge gefaßten Terminen und seiner Gage. Fragen Sie nicht lange, teilen Sie mir einfach die Tatsachen mit!«

Schuh bezog mich auch in die Programm- und Probenplanung ein: »Sie müssen wissen«, sagte er, »ob Sie eine oder zwei Proben brauchen, wenn wir eine Oper neu ansetzen, oder ob überhaupt keine Proben notwendig sind. Ich richte meine Bühnen- und Regieproben nach Ihren Proben, und sollte es eng werden, verschieben wir die Neuaufnahme eben um ein paar Tage!«

In allen musikalischen Fragen konnte ich in Köln uneingeschränkt bestimmen. Eine Machtbefugnis, die ich nutzte. Das Kölner Ensemble war ein von mir engagiertes Ensemble. Helen Donath, Edith Mathis, Hermann Prey, Fritz Wunderlich, Elisabeth Grümmer, Franz Crass – alles, was in Köln sang, war von mir an Oscar Fritz Schuh »herangetragen« worden.

Natürlich hörte auch Oscar Fritz Schuh, wenn er zum Beispiel in Salzburg inszenierte, oft Sänger, die ihm gefielen und ihn begeisterten, denn er lebte seit Jahrzehnten mit der Oper und wußte genau, was eine schöne Stimme ist: Nie aber hat er selbst Engagements ausgesprochen. Er verwies die Sänger, die ihn beeindruckt hatten, an mich und sagte: »Wenn der Sawallisch einverstanden ist, sind Sie engagiert!« Nicht ein einziges Mal hat er eigenmächtig gehandelt und in den musikalischen Sektor eingegriffen. Er war von eindrucksvoller Souveränität und Noblesse.

Noch bevor ich nach Köln kam, erklärte mir Schuh aufgrund des ihm zur Verfügung stehenden Etats: »Zahlen kann ich Ihnen monatlich soundsoviel. Sind Sie damit einverstanden?« Es war eine achtbare Summe, und ich war einverstanden. Zwischen der Stadt Köln und mir kam dann ein Vertrag zustande, in dem es dem Sinne nach hieß: Die Stadt Köln verpflichtet Wolfgang Sawallisch als Musikalischen Oberleiter – der Inhalt dieses Vertrages wird bestimmt von einem Briefwechsel Schuh/Sawallisch. Der Vertrag selbst klammerte die Gage aus; in einem Brief Schuhs stand die Summe und in meinem Brief das »Einverstanden«. Das war es. Heute werden acht Seiten lange Verträge ausgehandelt. Zwischen uns reichte ein nüchternes Blatt Papier, um einen Vier-Jahres-Vertrag als Musikalischer Leiter perfekt zu machen.

Dank Oscar Fritz Schuh habe ich zwei der für mich bedeutendsten Bühnenbildner kennengelernt – Caspar Neher und Teo Otto. Beide sollten in meinem weiteren Theaterleben eine große Rolle spielen. Caspar Neher kannte ich von Berlin her, wo wir mit Carl Ebert zusammen »Ein Maskenball« herausgebracht hatten; ich war damals aber noch zu unerfahren gewesen, um Nehers Bedeutung wirklich würdigen zu können. Erst während der Arbeit mit Caspar Neher und Oscar Fritz Schuh am »Fidelio« in Köln entdeckte ich, daß Caspar Neher ein Bühnenbildner war, der eine ganze Epoche auf dem Sektor Bühnenbild kreiert hatte. Von seinen technischen Fähigkeiten einmal abgesehen – er war ein wirklich innovativer Bühnengestalter. Mit ihm zu arbeiten, sich von ihm das Warum einer Bühnenidee erklären zu lassen, von der musikalischen Seite her eigene Gedanken und Wünsche einbringen zu können – es war faszinierend.

Im »Fidelio« beispielsweise wollte ich keine dritte Leonoren-Ouvertüre, um den Umbau vom Kerker auf das Schlußbild zu kaschieren.

»Wir brauchen sie auch nicht. Ich mache Ihnen einen Übergang von Schwarz auf Weiß, der nicht länger als zehn Sekunden dauert!« erklärte Neher.

Aber nicht nur von Neher, auch von Teo Otto, der – und das mit durchaus normalen Mitteln – ein besessener Ausstattungs-Phantast war, habe ich viel gelernt. Es war erregend, auf den Proben zu erleben, wie Schuh mit Neher einen Sänger durch das Bühnenbild führte, wie Neher sah und hörte, was Schuh mit den Sängern erarbeitete, wie er mit Veränderungen an der Bühne darauf reagierte und so die Regie unterstützte, aber auch wie Schuh seine Regie auf die Erfordernisse der Bühne einstellte, etwa wenn Neher eine Lichtnische brauchte.

Selten erfuhr ich eine so vollkommene Zusammenarbeit zwischen Bühnenbildner, Regisseur und Kapellmeister. Eine Erinnerung – schön und schmerzhaft, denn heute, aus welchen Gründen auch immer, gibt es das kaum noch.

Schuh lebte in Bergisch Gladbach, wir wohnten ein paar Kilometer südlich, in Bensberg, wo wir uns ein Haus gemietet hatten. Ganz zwangsläufig ergab sich so ein fast freundschaftliches Verhältnis.

Als Schuh nach Salzburg eingeladen wurde, um dort »Macbeth« zu inszenieren, überraschte er mich: »Ich habe denen in Salzburg erklärt, ich übernehme die Inszenierung nur, wenn der Sawallisch dirigiert. Machen Sie mit?«

»Selbstverständlich!«

Wir brachten dann in Salzburg nicht nur »Macbeth«, sondern auch »Die Zauberflöte« heraus.

Mit einer kleinen Geste versuchte ich später meine unendliche Dankbarkeit Oscar Fritz Schuh gegenüber ein wenig abzutragen – als ich Rennert bat, mit Oscar Fritz Schuh 1972 in München die »Frau ohne Schatten« herausbringen zu können. Es wurde eine Inszenierung, die heute noch standhält.

Unsere künstlerische und persönliche Beziehung währte über ein Jahrzehnt, bis Oscar Fritz Schuh einem Angebot nach Hamburg als Nachfolger von Gustaf Gründgens ans Deutsche Schauspielhaus folgte. Schuh verließ Köln gleichzeitig mit mir, noch vor Auslaufen seines Vertrags.

Bei Schuh erlebte ich intellektuelles Theater. Was bewirkt eine kleine Geste, ein Aufstehen, ein Gang, ein Blick? Ich begriff, wie entscheidend es ist, ob sich jemand zuerst mit dem linken oder mit dem rechten Knie hinkniet, oder wie sich eine Gestalt mit einer kleinen Geste dem Partner öffnet oder verschließt. Schuh war besessen von der Magie der kleinen Bewegungen. Geniale Bühnenbildner wie Teo Otto und Caspar Neher komplettierten Schuhs spezifisches Genie mit ihrem großen Gestus.

Ich werde oft gefragt, worin sich eigentlich Regisseure wie Oscar Fritz Schuh, Wieland Wagner und Günther Rennert von den meisten heutigen Regisseuren unterscheiden. Es verhält sich ähnlich wie beim Kapellmeister. Vielleicht könnte ich bei einem Stück, das ich gut kenne, heute durchaus Regie führen, und einige Leute schlugen das im Vorfeld des Münchner »Ring« auch vor; doch ich finde: Regie führen muß genauso erlernt werden, wie man es als Kapellmeister lernen muß, sich eine Oper mit dem Sänger und dem Klavierauszug von ganz unten her zu erarbeiten. Man hat alles zu wissen, alles zu kennen, Regisseure wie Wieland Wagner, Oscar Fritz Schuh oder Günther Rennert haben ihren Beruf gelernt. Sie gingen nicht einfach auf die Bühne und oktroyierten dem Sänger ihre Meinung über ein Stück, das sie inszenierten.

Zu »Lohengrin« kann man hundert Ideen entwickeln. Wie schlüssig, wie stimmig eine Idee wirklich ist, läßt sich aber erst ermessen, wenn man etwas mehr weiß über die Hintergründe des Stoffes und über das, was Wagner an diesem Stoff fesselte. Regisseure wie Schuh, Wieland Wagner und Günther Rennert praktizierten diese Art von Auseinandersetzung von jungen Jahren an. Sie wußten eben, wie man eine Gestalt mit beleuchtungstechnischen Mitteln charakterisiert, welchen Effekt permanentes Zwielicht macht und dergleichen mehr. Sie waren über alle Aspekte des Stücks und alle technischen Möglichkeiten umfassend informiert.

Es geht nicht darum, eine Oper irgendwie für die Bühne zu arrangieren. Die Herausforderung besteht darin, ein Bühnenwerk zu inszenieren.

Der erste Regisseur, bei dem ich spürte, was Regie in diesem Sinn bedeuten und was eine Regie-Potenz auf der Bühne veranstalten kann, war Wieland Wagner. Bei ihm sah ich, wie ein Regisseur, der die nötige Überzeugungskraft mitbringt, Sänger zu Darstellern umformen und Szenen entwickeln kann, in denen vermeintlich nichts passiert, die dann aber plötzlich über die Rampe »explodieren«. Bei Wieland Wagner erfuhr ich, was Statuarik, was Bewegung, was Licht, was Begriffe wie vordergründig und hintergründig bedeuten können.

Wie ein Wieland Wagner den ganzen Bühnenrahmen nutzte, optisch die Tiefe erzeugte, durch das Diagonalspiel der Personen eine Spannung über zehn Meter entstehen ließ! Wie ein Schuh das Bühnengeschehen in kleinste, alles formulierende Gesten auflöste! Ich werde nie vergessen, wie der durch sein Hüftleiden behinderte Schuh einmal seinen Stock beiseite warf und sich selbst hinkniete, um anrührend und von Herzen kommend einem Sänger eine Bewegung, eine Haltung, eine Geste zu demonstrieren. Wie keinem zweiten gelang es ihm, aus Kleinigkeiten große Beziehungen zu entwickeln und etwas zutiefst Menschliches herzustellen. Und wenn er bemerkte, daß einem Sänger die von ihm vorgeschlagene Bewegung nicht wirklich lag, ließ er sofort ab: »Vergessen Sie es, vergessen Sie es. Können Sie nicht, nein, nein...« Zwei, drei Minuten später fiel ihm etwas anderes ein, dann ersetzte plötzlich eine Handbewegung den Kniefall – und Schuh erzielte damit den gleichen Effekt. Welche Beweglichkeit! Welche Fähigkeit, Spannung und Leben in eine Szene zu bringen! Schuh war in dieser Beziehung ein Genie.

Günther Rennert, um zum dritten großen Regie-Namen in meiner Laufbahn zu kommen, bewegte sich künstlerisch zwischen Wieland Wagner und Oscar Fritz Schuh. Er hatte den Blick für das Detail und für das Ganze.

Ich könnte mir keine Schuh-Inszenierung ohne die Bühnenbilder Caspar Nehers und Teo Ottos vorstellen. In der Erinnerung an unsere Inszenierungen in Köln und Salzburg sehe ich heute noch den kleinen Punkt einer Geste sofort im gesamten, von Neher geschaffenen Bühnenrahmen.

Von Wieland Wagner habe ich am deutlichsten die ersten »Meistersinger« in Bayreuth vor Augen, vor allem den ersten und zweiten Akt. Ich habe damals zu Wieland gesagt: »Das müssen Sie sich patentieren lassen!« Ich sehe heute noch die Bühne als Gesamteindruck vor mir, aber ich weiß nicht mehr, wie die Figuren auf ihr standen und sich auf ihr bewegten.

Rennert war die Symbiose beider Wege. Bei ihm war es nicht so entscheidend, wer das Bühnenbild gestaltete. Ich sehe nur noch das Ganze, das die eine – Rennerts – Handschrift trägt. Rennerts Bühnenbildner realisierten von Anfang an Rennert-Vorstellungen.

Nicht erst in der Zusammenarbeit mit Rennert, Wagner und Schuh begriff ich, wie abhängig und beeinflußbar man als Dirigent von dem ist, was sich oben auf der Bühne abspielt. Je schlüssiger und stimmiger, je motivierter, kompetenter und inspizierter eine Inszenierung ist, desto überzeugender wird auch die dirigentische Interpretation sein können: Bühne und Pult als Pole eines musikalischen Spannungsfelds, als alles entscheidende Momente eines gesamtkünstlerischen Ereignisses.

8. KAPITEL

Orchester-Stationen

Die Weltstadt der Musik
Was ist das, der Wiener Mozart-Stil?

Als ich 1960 als Chefdirigent der Wiener Symphoniker und im September 1961 als Hamburgischer Generalmusikdirektor und Chefdirigent des Philharmonischen Staatsorchesters zwei der bedeutendsten Orchester Europas übernahm, lagen die ersten Wiener und Hamburger Begegnungen schon über zwei Jahre zurück, aber ich konnte das Angebot einer festen Position erst nach Ablauf meines Wiesbadener Vertrags akzeptieren.

Mein erstes Konzert in Wien hatte ich bereits 1957 gegeben. Es ist nun über dreißig Jahre her, und ich weiß nicht, ob es immer noch so wichtig ist, daß man als Dirigenten-Neuling dort sein erstes Dirigat im Musikverein absolviert. Wien, das war für mich eine Stadt wie New York oder London. Ich kannte ihre Spielregeln nicht. Mir war es gleichgültig, wer es mir übelnehmen könnte, daß ich da oder da nicht zum erstenmal dirigierte.

Doch von allen Seiten hörte ich immer wieder den guten Rat: Wer in Wien dirigiert, sollte sein Debüt im Musikverein geben. Ich versuchte, den Tip zu befolgen, und hatte bei Wien-Einladungen so lange taube Ohren, bis das Wort »Musikverein« auftauchte.

Eines Tages kam diese Einladung – die Aufforderung, mit den Wiener Symphonikern zu konzertieren, und zwar im Musikvereinssaal. Ich sagte allerdings nicht nur wegen des richtigen Stichworts zu, sondern auch und vor allem wegen des Namens des Orchesters. Die Wiener Symphoniker sind *das* Wiener Konzertorchester. Wiens Konzertleben wird in erster Linie mit den Wiener Symphonikern identifiziert, während die Wiener Philharmoniker, die sich als Konzertorchester aus dem Wiener Staatsopernorchester heraus entwickelt und etabliert haben, als Konzertinstitution eigentlich nur ihren eigenen Zyklus im Musikverein bestreiten, eine auf eigene Initiative aufgebaute Konzertreihe, die seit vielen Jahrzehnten am Samstagnachmittag und Sonntagvormittag stattfindet, denn abends spielt das Orchester in der Oper. Das eigentliche Wiener Konzertorchester also waren und sind die Symphoniker, gegründet im Jahre 1900 – inzwischen habe ich den 60., den 70. und den 80. Geburtstag mit dem Orchester gefeiert.

Bei meinem ersten Konzert mit den Symphonikern dirigierte ich die Französische Suite von Werner Egk, das Klavierkonzert Nr. 5 von Ludwig van Beethoven mit Friedrich Wührer als Solisten und Dvořáks Achte Symphonie. Mein Debüt kam offensichtlich nicht nur bei Publikum und Presse gut an, denn kurze Zeit darauf nahm man von Wien aus Fühlung mit mir auf. Zwei Jahre lang versuchte man, mich dazu zu bewegen, mit dem Orchester eine feste Bindung einzugehen. Zwei Herren aus Wien reisten mir durch halb Europa nach, um diesem Wunsch Nachdruck zu verleihen. Mechthild und ich haben bewundert, mit welcher Konsequenz sie ihr Ziel verfolgten. Ich sagte schließlich ja zu einer Reihe von Konzerten in den Jahren 1958 und 1959 und akzeptierte die Chefposition ab 1960.

Die Wiener Symphoniker hatten sich längst eine internationale Bedeutung erspielt – nicht zuletzt unter Herbert von Karajan als Chefdirigent. Er hatte das Orchester zu einem erstklassigen Instrument geformt.

Ich wußte, daß der Wiener mehr mit der Kunst und speziell mit Oper und Konzert im Sinn hat als der Normalbürger anderer Städte. Am Tag nach meinem Wiener Debüt begriff ich, was das bedeutet: In den Zeitungen stand, die Frage der Karajan-Nachfolge sei nunmehr gelöst. Die Taxifahrer kannten meinen Namen, und als Mechthild in einer Drogerie einkaufte, wurde sie auf das Konzert angesprochen. Die unmittelbare Teilnahme am Musikgeschehen, das Interesse an allem Neuen, das ist mir in Wien auf Schritt und Tritt begegnet.

Das Orchester hatte mit der Firma Philips einen Exklusiv-Schallplattenvertrag. Das nicht zuletzt hatte bei meiner positiven Entscheidung für Wien den Ausschlag gegeben, denn jetzt würde ich mit dem eigenen Orchester Platten aufnehmen können und nicht bei jeder Einspielung mit einem neuen Orchester konfrontiert sein.

Mit Walter Legge, dem Philharmonia Orchestra und der EMI hatte ich ein Gentlemen's Agreement getroffen. Legge verstand, daß es mich reizte, mit den Wiener Symphonikern zu arbeiten und Platten aufzunehmen. »Aber vielleicht ergibt sich früher oder später die Möglichkeit einer Kooperation zwischen den Wienern und EMI!« meinte er.

Vielleicht wollte ich aus Legges Worten nichts heraushören, vielleicht war ich damals noch zu unerfahren. Jedenfalls schloß ich mit der Firma Philips einen Exklusivvertrag über zehn Jahre – eine der ganz wenigen Handlungen meiner beruflichen Laufbahn, die ich bitter zu bereuen hatte. Nie mehr habe ich, glaube ich, eine Entscheidung getroffen, die so eklatant falsch in der Konsequenz, im Aufbau und für meine berufliche Weiterentwicklung gewesen war. Teil des unschönen Spiels war es, daß man mir beim Abschluß des Zehn-Jahres-Vertrags zwischen der Firma Philips und mir verschwiegen hatte, daß der Zehn-Jahres-Vertrag zwischen der Firma Philips und den Wiener Symphonikern bereits im Auslaufen begriffen war. Ein Jahr nachdem mein Zehn-Jahres-Vertrag mit den Wiener Symphonikern und der Firma Philips einsetzte, weigerte sich Philips, den Vertrag mit dem Orchester zu erneuern.

Die Folge war, daß ich mit einem Exklusivvertrag dastand, aber mit meinem Orchester nicht aufnehmen konnte. Ich habe zwar dann mit dem Concertgebouw-Orchester Amsterdam einige schöne Platten für Philips gemacht, aber es schmerzte, mit den Symphonikern in dieser Hinsicht nicht arbeiten zu können. Hin und wieder ergaben sich zwar auch Aufnahmen mit den Wiener Symphonikern für Philips, aber ein kontinuierliches Aufarbeiten der Konzertliteratur, die mich interessierte, war nicht möglich. Hintergrund dieses vertrackten, unfairen Spiels war es angeblich, daß das Orchester – nachdem ich als Chefdirigent engagiert war – bei Philips wesentlich höhere Forderungen stellen zu können glaubte, damit aber nicht durchkam.

Ich wartete sehnsüchtig darauf, daß dieser Zehn-Jahres-Vertrag auslief, und beschloß: Was auch immer an Schallplattenangeboten an mich herankommt – so schnell werde ich keinen Exklusivvertrag mehr abschließen.

So sinnvoll Exklusivverträge auf der einen Seite sein können, so gefährlich sind sie auf der anderen. Sicher wird eine Firma für ihren Exklusivkünstler entschieden mehr Werbung machen, als wenn ihr Klient auf mehreren Hochzeiten tanzt, denn dann macht jede Firma bei der PR für ein bestimmtes Werk automatisch auch Reklame für Veröffentlichungen bei anderen. Begreiflich also, daß Schallplattenfirmen erst dann wirklich aktiv werden, wenn sie ihre Künstler exklusiv unter Vertrag haben.

Jeder Exklusivvertrag birgt in sich aber auch die Gefahr, daß man sich nur noch innerhalb der Programmvorstellungen und der Künstlerpolitik der betreffenden Firma bewegen kann. Projektiert man als Exklusivkünstler eine neue Opernproduktion, wird die Firma ganz automatisch für die Besetzung der Sopranpartie ihren Exklusivsopran und für die Besetzung des Tenors ihren Exklusivtenor verpflichten wollen. Weigere ich mich, handle ich mir bereits die ersten Schwierigkeiten ein. Mit der Exklusivität zieht eine gewisse Unfreiheit in die musikalische Vorstellungswelt ein.

Wien, das ist für jeden Künstler, der mit der Musik lebt, ein zentraler Punkt auf dieser Welt. Nach Wien eingeladen zu werden und dort musizieren zu können, bedeutete damals viel für einen relativ jungen Künstler. Wer in Wien zum erstenmal auftritt, wird schnell begreifen, daß er in dieser Stadt mit anderen Maßstäben als in allen anderen Städten der Welt gemessen wird. Die Tradition dessen, was uns mit Musik verbindet, ist dort so unendlich groß und in der Stadt und ihren Menschen so tief verwurzelt, daß Wien wohl für immer eine extreme Sonderstellung einnehmen wird.

Man geht in Wien mit größerem Herzklopfen an eine Aufgabe heran als anderswo. Ein Konzert in Wien ist – bei allem Respekt vor der Kunst generell – nicht dasselbe wie zum Beispiel in Düsseldorf. Die Größe der Vorbilder, die festgeschriebenen Traditionen, das Mitgehen des Publikums... Bei meinen ersten Wien-Konzerten stellte sich da schon ein gewisser Respekt ein. Im Laufe der Jahre und Jahrzehnte hat sich dieses Gefühl zwar abgeschwächt, aber es hat sich nie abgenutzt. Es ist und bleibt die erregende Berührung mit einer überwältigenden Musikwelt: Musik und Wien, Wien und Musik sind Synonyme. Mag sein, daß auch in Österreich nur ein relativ kleiner Teil der Bevölkerung ein wirklich inniges Verhältnis zur Musik und da speziell zu Oper und Konzert hat. Aber eines steht fest: Wer heute in Wien die Oper oder das Musikleben unqualifiziert angreifen oder öffentlich erklären würde, die Oper an sich sei überflüssig, weil zu elitär – ich glaube, der letzte Einödbauer aus Tirol, auch wenn er vielleicht nie in Wien war und keine Ahnung vom Wiener Musikleben hat, würde auf die Barrikaden gehen und erklären: Alles könnt ihr euch erlauben, aber rührt nicht an unsere Oper, rührt nicht an unsere Musik!

Ich weiß nicht, was die Ursache für diese Einstellung ist, vielleicht hätte ich in den zehn Jahren meiner Wiener Zeit dahinterkommen können und müssen. Aber ich wollte mich nie in Spekulationen ergehen, und Formulierungen wie: »Das Besondere an Wien ist die Luft! In ihr ist etwas Schwingendes, etwas Singendes!«, helfen da auch nicht weiter. Jedenfalls scheint es etwas Musikalisches zu geben in dieser Stadt, das jeden aktiven Musiker anders bewegt. Auch den Wienern selbst fällt es schwer, es zu definieren, wenn die Geschichte, die ich in Wien erlebt habe, charakteristisch sein sollte.

Natürlich hatte ich bereits vor Wien viel Mozart dirigiert, konzertant und Oper gleichermaßen. Jeder macht sich eine gewisse Vorstellung, wie Mozart klingen müßte und könnte. Man hört viel, man studiert die Partituren, man entwickelt Tempo-Vorstellungen... Aber in der Wiener Presse – die gelegentlich ja recht robust sein kann – gelang es mir nicht auf Anhieb, mit meinen Mozart-Interpretationen die Anerkennung zu finden, die man mir bei Beethoven, Brahms, Bruckner oder Schubert zollte und die mir auch sonst bei Mozart entgegengebracht wurde. Kurzum, die Wiener Kritiker fanden, es fehle mir der rechte Mozart-Stil. Ich hörte mir die Vorhaltungen eine Zeitlang an, dann fielen sie mir auf die Nerven.

Warum kommt eigentlich keiner, sagte ich mir, der mir einmal konkret mitteilen könnte, worin sich denn mein Mozart-Stil von *dem* Mozart-Stil unterscheidet, ob ich die Tempi überziehe und alles zu schnell mache, ob ich alles zu schwerfällig anlege und Mozarts Leichtigkeit vernachlässige, ob ich alles zu laut mache und Mozarts *mezzoforte* zum *forte* verunstalte, ob ich alles eleganter sehen oder mehr *rubato* musizieren oder alles romantischer angehen müsse... Irgendwer könnte mir vielleicht mal erklären, was ihm ganz konkret nicht paßt an meinem Mozart-Stil!

Nach vier, fünf Jahren Mozart-Interpretation in Wien begann ich, die Wiener Intimkenner des wahren Mozart-Stils zu fragen: »Seit über zweihundert Jahren wird in Wien Mozart gespielt. Die Wiener müßten es also wissen – was, bitte, ist der Mozart-Stil?«
»Ja, wissen S'...« – »Kann ich Ihnen genau sagen...« – »Leicht zu erklären...« – »Der Mozart-Stil ist, wenn Sie, sagen wir mal...« – »Also der Mozart-Stil, das ist etwas Besonderes... Verstehen Sie?«
Ich verstand.

Auch die urwienerischsten Musikexperten zeigten sich also außerstande, das Phantom namens Mozart-Stil zu definieren und mir darzulegen, was ich eigentlich falsch machte, wo ich, wenn überhaupt, die Tradition verletzte und worin nun der wahre Wiener Weg zu Mozart bestehen sollte.

Heute begreife ich vielleicht besser als damals, daß man den Mozart-Stil tatsächlich nicht beschreiben kann. Auch ich würde heute vielleicht behaupten: Es ist etwas Besonderes um den Wiener Mozart-Stil – ob man ihn nun definieren kann oder nicht! Damals konnte ich schließlich mein Innerstes nicht einfach umkrempeln, um einem mysteriösen »Stil« hinterherzulaufen. Man bleibt seiner Linie treu und setzt sich damit durch oder zieht die Konsequenzen. Musik ist ein unglaubliches Betätigungsfeld. Warum sollte Mozart nicht in diesem und in jenem Stil gespielt werden?

Vielleicht gibt es ein junges Publikum, das auf *den* Mozart-Stil noch nicht eingeschworen ist, und vielleicht gefällt diesem Publikum mein Mozart-Stil. Und sieht nicht in zwanzig Jahren der offizielle Wiener Mozart-Stil wieder ganz anders aus? Ist nicht alles permanent im Wandel – auch in Wien?

Und heute? Heute betrachtet man Musiktradition ohnehin mit anderen Augen – mit Augen der Medien. Stilistische Eigenheiten und nationale Eigenarten verschwimmen längst in einem auf den internationalen Markt hin produzierten und vom internationalen Markt weltweit reproduzierten Spitzen-Mozart-Stil, der letztlich überall herstellbar ist.

Der Wiener Musikverein ist eine der ältesten Musik-Institutionen der Stadt. Damals leitete ihn Professor Rudolf Gamsjäger, ein ausgefuchster Manager, der genau wußte, wann es von Nutzen war, einen Newcomer – sei es ein Geiger, Pianist, Sänger oder Dirigent – für seine Gesellschaft »einzukaufen«. Die Bezahlung war schäbig. Wie der Mailänder Scala oder Bayreuth gelang es aber auch Gamsjäger – heute wäre das nicht mehr möglich –, Sänger für bescheidenste Gagen mit dem bewährten Argument einzukaufen, daß ein Auftritt beim Wiener Musikverein dem Empfang zumindest der mittleren Weihe gleichkäme.

»Warum soll ich dich noch teuer bezahlen?« konstatierte er bei Sonderkonzerten auch mir gegenüber. »Willst du als Chefdirigent der Wiener Symphoniker dein eigenes Orchester nicht dirigieren?«

Er verstand es, Musiker glücklich zu machen! Auf dieser Basis erarbeiteten wir einen kompletten Mozart-Zyklus, einen Beethoven-Zyklus, einen Strauss-Zyklus, einen Bruckner-, Tschaikowsky- und Strawinsky-Zyklus.

Nach sieben, acht Jahren meiner Tätigkeit als Orchesterchef kam er eines Tages mit einer neuen Idee auf mich zu: »Weißt du was? Wir hören jetzt mit den Komponisten-Zyklen auf – und starten einen Sawallisch-Zyklus!«

»Lieber Rudolf, ich mach' vieles mit, aber das nicht... Einen Schubert-Zyklus, einen Schumann-Zyklus, einen Schönberg-Zyklus, aber nicht einen Zyklus, der mit meinem Namen verbunden ist!«

»Karajan hat auch seinen Zyklus gehabt!« warf er ein.

»Kann schon sein, aber einen Sawallisch-Zyklus wird es nicht geben... Wenn schon einen neuen Zyklus, dann einen Wiener-Symphoniker-Zyklus!«

»... aber einen Wiener-Symphoniker-Zyklus, der mit dem Namen seines Chefdirigenten Wolfgang Sawallisch verbunden ist!«

»Mach' es, wie du willst, solange es auf den Ankündigungen heißt: Wiener-Symphoniker-Zyklus!«

»Aber exklusiv mit dir! Wenn dein Vertrag ausgelaufen ist, wird es keinen Wiener-Symphoniker-Zyklus mehr geben – er ist ausschließlich mit deinem Namen verbunden!«

Wir machten den mit meinem Namen verbundenen Symphoniker-Zyklus. Nach zehn Jahren gab ich die Position in Wien auf. Ich glaubte, nach fünfundzwanzig bis dreißig Konzerten im Jahr und zehn Jahren Wien die Konzertliteratur nahezu ausgeschöpft zu haben. Mit fast fünfhundert Konzerten – so steht es im Goldenen Buch der Wiener Musikfreunde – halte ich angeblich den Konzertrekord der Stadt. Da kommt dann der Moment, in dem sich das Gefühl einstellt, daß man gehen sollte.

Der eigentliche Grund aber war, daß ich 1969 die Einladung erhielt, als Generalmusikdirektor die Münchner Staatsoper zu übernehmen. Es war mir klar, daß sich beide Positionen nicht vereinbaren ließen.

Vom Vater auf den Sohn
Wiener Orchester-Traditionen

Man kann davon ausgehen, daß die Musiker, die für die Wiener Symphoniker und die Wiener Philharmoniker ausgewählt werden, absolute Spitzenmusiker sind, Musiker, die ihr Instrument und ihr Handwerk perfekt beherrschen. Wie überall auf der Welt gibt es auch bei den Wiener Orchestern Probejahre, um festzustellen, wie sich ein neuer Musiker ins Ensemble einfügt.

Kaum anderswo aber wird die Bedeutung eines Probejahres derart ernst genommen wie in Wien. Wenn man – aus welchen Gründen auch immer – das Gefühl hat, daß ein Musiker Schwierigkeiten hat, sich zu integrieren, wird er rigoros und rücksichtslos mit einem »Danke vielmals!« verabschiedet. Bei den Philharmonikern geht man exklusiv, bei den Symphonikern mit Nachdruck davon aus, daß die Musiker aus Wiener Schulen kommen, d. h. aus den traditionellen Geiger- und Bläserschulen an den staatlichen Hochschulen usw. Die Philharmoniker sind in dieser Beziehung unerbittlich. Kein Japaner, kein Amerikaner und kaum ein nicht-österreichischer Europäer ist in ihren Reihen zu finden. Es ist vorwiegend ein Wiener Orchester. Dank dieser bewußten »Inzucht« auf höchster Ebene, dank dieser vom Vater auf den Sohn vererbten Überlieferung erzielt das Orchester ein Klangvolumen und eine klangliche Eigenart, die durch keine äußeren Einflüsse verändert oder gestört werden und einzigartig und unverkennbar sind.

Die Eigentümlichkeit des Klangs und der Intonation ist das Resultat dieser speziellen Schulung. Es verhält sich wie beim Tanz, wo ebenfalls auf Anhieb zu registrieren ist, ob jemand aus der russischen, der französischen oder der englischen Schule kommt. Bei einem Orchester sind es bestimmte Erziehungsmethoden – mit Qualität hat das noch nichts zu tun –, die einen bestimmten Klang zur Folge haben. Die auf der ganzen Welt berühmte und gerühmte Klangfarbe und Klangschönheit der Wiener Philharmoniker hängt damit zusammen. Die Wiener Symphoniker streben ein ähnliches Ideal an und verwirklichen es soweit wie möglich, doch sie wissen ganz genau: Je qualitativ höher ein in Wien aufgewachsener, erzogener, ausgebildeter und mit der Tradition verhafteter Musiker steht, desto mehr steigen seine Chancen bei den Philharmonikern, denn sie sind die eigentlich zuständige und exklusive Institution. Die Symphoniker wissen, daß sie diesen oder jenen Musiker in zwei Jahren an die Philharmoniker verlieren werden. Deshalb werden Bewerbungen – auf allerhöchster Ebene versteht sich – aus anderen Städten Österreichs, aus den europäischen Ländern oder eben aus der ganzen Welt berücksichtigt. Phänomenale Musiker sind auf diese Weise zu den Symphonikern gekommen.

In den zehn Jahren als Chefdirigent der Wiener Symphoniker war ich für die Engagements mitverantwortlich, allerdings anders als in München, wo ich ein klares Veto habe. In Wien hatte ich zwar ein Veto, konnte aber letztlich überstimmt werden, was, soweit ich mich erinnere, nie geschah, denn in der Beurteilung dieser Dinge ist man sich dann doch sehr schnell einig und weiß genau, wer der richtige ist und wer nicht. Generell sah ich keinen Anlaß, von meinem Veto Gebrauch zu machen, außer ich bemerkte, daß einem Kandidaten beim Probespielen aus unerfindlichen Gründen unterschwellig Hilfestellung geleistet wurde. Wenn ich feststellte, daß gemauschelt werden sollte, erlaubte ich mir zu sagen: »Vorhang runter, es wird hinter dem Vorhang gespielt!« Dann habe ich eigentlich immer recht bekommen, weil sich der künstlerische Faktor durchsetzen konnte. Zwei-, dreimal war ich mit Situationen dieser Art konfrontiert.

Zu einem großen Teil tragen zur legendären Qualität der Wiener Philharmoniker wie auch der Wiener Symphoniker die Konzertmöglichkeiten beider Orchester bei: der Konzertsaal und der Musikvereinssaal.

Der Große Saal im Musikverein, entstanden in einer Zeit, in der es die Philharmoniker noch gar nicht gab, ist einer der akustisch besten Säle nicht nur Wiens, sondern der Welt. Ich kenne keinen Sänger, Solisten, Dirigenten, der von ihm nicht begeistert wäre.

Es ist essentiell, daß ein Orchester, über Jahre und Jahrzehnte hin tradiert vom Vater auf den Sohn, in einem Saal spielen kann, in dem es das Gefühl hat: Hier kommt unsere Leistung wirklich zur Geltung, denn spiele ich schlecht, gibt es der Saal schlecht zurück. Spiele ich aber gut, werde ich vom Saal in einer beglückenden Form belohnt.

Die Arbeit der Wiener Orchester in diesem Saal trägt dazu bei, daß das Musizieren und die Musik in dieser Stadt wirklich jedem Freude bereiten. Es gibt nichts Frustrierenderes, als wenn ein Orchester über Jahre unter schlechten Konzertsaalbedingungen arbeiten muß. Nichts ist entsetzlicher, als sich immer wieder sagen zu müssen: Ich kann mich anstrengen, soviel ich will, ich kann säbeln, bis mir der rechte Arm weh tut, der Ton ist weg, ist trocken, ist kalt, es gibt keinen Rückklang – alles verlorene Liebesmüh! Natürlich wird man trotz dieser Frustration als Musiker immer wieder mit letzter Hingabe einsteigen. Zementiert sich dieser Zustand aber, dann leidet die klangliche Intensität erheblich unter solchen Verhältnissen.

Auch die Berliner Philharmoniker sind in der ehemaligen Berliner Philharmonie, wo schon Arthur Nikisch und Wilhelm Furtwängler musiziert haben, und später in der heutigen Philharmonie, die eine unerhörte Selbstkontrolle zuläßt, geformt worden. Das gleiche gilt für den Concertgebouw in Amsterdam, neben dem Wiener Musikverein einen der unglaublichsten Säle der Welt. Auch dieses Orchester ist seit seinem Bestehen eng mit seinem Saal verbunden, kennt die akustischen Verhältnisse genau und weiß, wie ein Klang zu geben ist, damit er entsprechend zurückkommt.

Heute baut man Säle, in denen es, auch wenn man schlecht spielt, immer noch irgendwie klingt – ich kenne solche Säle in den USA. Es gibt Säle, die auch bei zweitklassigen Orchestern einen erstklassigen, abgerundeten Effekt hervorbringen. Vermutlich aber stellt sich dieser Effekt vor allem bei Gastorchestern ein, denn ein ständiges Orchester wird zwangsläufig zu jedem Saal, und wenn er noch so »schönt«, ein differenzierteres Verhältnis entwickeln.

Der Wiener Musikvereinssaal veredelt nicht. Er macht nicht aus Zweitrangigem Erstrangiges – er zwingt jeden, erstklassig zu sein, und belohnt diese Anstrengung.

Zwischen Wien und Waterkant
Wie lieben Sie Brahms?

Wien hat mir sehr viel gegeben, vielleicht auch, weil ich klug genug war, die traditionell in Wien beheimatete klassisch-romantische Musik auf mich zukommen zu lassen und zuzuhören, wie ein Wiener Orchester Brahms und Bruckner und Schubert spielt.

Ich habe schnell gespürt, daß es angesichts einer stimmigen Tradition nicht ratsam wäre, um jeden Preis eigene Vorstellungen durchzusetzen. Dazu kam, daß ich gerade in der Wiener Zeit eine sehr heilsame Schule durchlief – denn gleichzeitig mit der Wiener hatte ich meine Hamburger Position wahrzunehmen.

Man kann sich nichts diametral Entgegengesetzteres vorstellen als die Hamburger und die Wiener, beide Orchester höchster Qualität, mit dem Unterschied allerdings, daß das Hamburger Orchester im Gegensatz zu den Wiener Symphonikern auch in der Oper spielt, was mitunter von Vorteil ist, denn ein Orchester, das gewohnt ist, Oper zu spielen, wird besser begleiten. Daran hatte ich bei den Wiener Symphonikern noch zu arbeiten. Andererseits besaß das Wiener Orchester eine ungeheure Repertoirekenntnis.

Denken wir nur an Johannes Brahms: in Hamburg geboren, der Hamburger Komponist schlechthin. Die Hamburger leiten von dieser Tatsache das Anrecht auf ihre Art der Brahms-Interpretation her, während die Wiener der Ansicht sind, Brahms sei, da er es in Hamburg nicht ausgehalten habe, so schnell wie möglich nach Wien geflüchtet – den eigentlichen Brahms könne man deshalb nur in Wien hören.

Es ist des öfteren passiert – manchmal aus Zufall, manchmal nicht ganz ohne Absicht –, daß ich in Hamburg eine Brahms-Symphonie dirigierte und sie drei Tage später in Wien ebenfalls auf dem Programm hatte oder umgekehrt. Es mag lächerlich klingen, aber für mich als Musiker war das ein Unterschied wie Tag und Nacht, wenn auch vielleicht nicht unbedingt für jemanden, der beide Konzerte gehört hätte. Bis heute könnte ich nicht eindeutig sagen, der Wiener Brahms sei richtiger als der Hamburger Brahms oder umgekehrt. Die Strenge, die ich bei Brahms liebe, das Herbe, das Aneinanderstellen harmonischer Abläufe, die nicht geglättet und abgerundet werden, sondern hart aufeinanderprallen und eine Art Herbststimmung mit kontrastierenden Farben, das Grün eines immergrünen neben dem Rotbraun eines absterbenden Baumes, erzeugen – diese stimmungsvollen Gegensätze waren in Hamburg sehr bewegend. Die Erfahrungen mit dem Brahms-Requiem, das in Hamburg jedes Jahr zum Buß- und Bettag in zwei und während meiner Zeit sogar in drei Aufführungen in der Michaeliskirche gegeben wurde, gehört mit zu meinen schönsten Erinnerungen. Die Nüchternheit und Klarheit der Michaeliskirche, die nichts von der süddeutschen Barock-Entfaltung kennt, die Strenge und Einfachheit, das mit Brahms immer einhergehende Gefühl für Tiefe, für Ausdruck, für Schwermut – all das hat mich in meinem Brahms-Verständnis sehr geprägt.

Und dann in Wien. Plötzlich sind die Herbheiten etwas geglättet, plötzlich kommt da ein Portamento hinzu; Phrasen werden ineinander gezogen; alles wird ein bißchen romantischer, eleganter, gefälliger...

Hier wie dort habe ich manchmal versucht, die speziellen Qualitäten des einen Orchesters auf das andere zu übertragen, um vielleicht beide davon profitieren zu lassen, doch es ist mir nicht geglückt. Nicht, daß ich es nicht hätte erzwingen können, aber beim Musizieren habe ich mir dann gesagt: Laß es bleiben, laß den

Hamburgern das und den Wienern jenes! Da eine Verbindung herzustellen wäre vielleicht gar nicht sinnvoll!

Zwei Welten – auch das Hotelleben hier wie dort. Mir persönlich sagte die Hotelatmosphäre im Hamburger »Vier Jahreszeiten« mehr zu; hatte man da die Zimmertür einmal hinter sich geschlossen, wurde man in seiner Privatsphäre vollkommen respektiert. In Wien – ich wohnte im »Imperial« – war das schon wesentlich komplizierter: Begrüßungen, die durchs ganze Café gehen, Herzlichkeit, die Aufsehen erregt, Aufgeschlossenheit, die ansteckt... Abgeschirmte Anonymität und die mit ihr verbundene Ruhe, nach der man sich sehnt, wenn man den ganzen Tag mit Menschen gearbeitet hat, findet man nur schwer.

Dezente Aufmerksamkeiten ereigneten sich aber auch in Hamburg. Nach vielen, vielen Jahren Hotelleben kannten schließlich die Portiers meine Empfindungen ziemlich genau: Wenn ich morgens die Generalprobe und abends ein Konzert hatte und mich nachts dann möglicherweise noch auf ein Konzert in einer anderen Stadt vorbereiten mußte, kann zwangsläufig irgendwann der Moment kommen, in dem ich von Musik einmal eine Weile nichts mehr wissen wollte. Ich bestellte mir Frankfurter Würstchen, die in Hamburg Wiener Würstchen heißen, und suchte – damals stand noch nicht auf jedem Zimmer ein Fernseher – nach irgendeiner Bettlektüre zum Einschlafen. Die Portiers des »Vier Jahreszeiten« versorgten mich zu diesem Zweck mit Kriminalromanen. Selbst wenn ein Krimi meisterhaft ist – so gut kann er nicht sein, daß ich nicht auf der Seite vor der Lösung des Falls das Buch weglege und einschlafe.

Am Tag darauf weiß ich ohnehin nicht mehr, was ich eigentlich gelesen habe. Zwei Portiers des »Vier Jahreszeiten« spezialisierten sich auf diesen Aspekt meines Hamburger Lebens.

»Herr Professor!« flüsterten sie mir zu, wenn ich im Hotel ankam.

»Ja?«

Sie zogen aus dem untersten Fach ihrer Theke einen Krimi: »Kennen Sie den schon?«

»Nein, kenn' ich nicht...«

»Dann nehmen Sie ihn mit!«

Und ich nahm ihn mit. Es ist lange her, aber noch heute kriege ich jedes Jahr von den Portiers des »Vier Jahreszeiten« nicht Kriminalromane, aber Neujahrsgrüße. Wenn mich meine Arbeit nach Hamburg und ins »Vier Jahreszeiten« führt, trifft sich das halbe Hotel beim Portier.

Ich liebe die Stadt Hamburg und war gern Chef des Philharmonischen Staatsorchesters. Die Verbindung mit dem Orchester war eng, was sich bei den Tourneen in die nördlichen Regionen Europas – nach Stockholm, Oslo, Helsinki, Kopenhagen, aber auch nach London – immer wieder manifestierte, auch wenn die Hamburger sogar auf Tourneen im allgemeinen etwas distanzierter bleiben als die Wiener.

Eine der eindrucksvollsten Konzertreisen mit den Hamburgern führte uns nach Warschau. Wir waren 1964 als erstes westliches Orchester in Polen zu Gast. Auch dieses Gastspiel verbindet mich mit den Hamburger Philharmonikern, ganz abgesehen von wirklich schönen Hamburger Erinnerungen und der Tatsache, daß ich in Hamburg für die Musik-Moderne mehr tun konnte als in Wien. Während sich Wien gerade in den Konzertreihen des Musikvereins etwas reservierter und konservativer gab – ein Strawinsky- oder Alban-Berg-Zyklus ist da schon das Nonplusultra –, konnte ich in Hamburg etliche Uraufführungen zeitgenössischer Komponisten realisieren.

Der Mensch hinter dem Musiker
Tourneebeobachtungen

Die ersten großen Konzerttourneen machte ich von Wien aus mit den Wiener Symphonikern. 1964 gingen wir auf Amerika-Tournee: mit zweiunddreißig Konzerten in achtunddreißig Tagen, eine anstrengende, aber auch an- und aufregende Reise. Mechthild und ich haben sie sehr genossen, denn wir bekamen Einblick in eine Welt, die wir bis dahin nicht kannten. Ich hatte keine Vorstellung davon, was eine Orchestertournee bedeutete. Es war ein Erlebnis, mit einem kompletten Orchester auf Reisen zu sein und sich immer darauf verlassen zu können, daß es allabendlich in Topform auf dem Podium sitzt. Vor allem aber hatten wir Gelegenheit, einander einmal näher kennenzulernen, einander helfen zu können, gegenseitig mit dem Repertoire so zu verschmelzen, daß bei äußerster Intensität nur noch kleine Hilfen notwendig sind, um hervorragende Konzerte zu machen...

Die Tournee trug mir damals einen kleinen Konflikt mit den Wiener Philharmonikern ein. Ein amerikanischer Journalist wollte wissen, ob ich mich denn mit dem Orchester für die Tournee gut vorbereitet hätte – eine Journalistenfrage, wie sie einem eigentlich die Sprache verschlagen sollte. Ich unterdrückte meinen Unmut und erklärte: »Natürlich haben wir uns gut vorbereitet!«

»Sie kommen aus einer Stadt, in der zwei Weltspitzenorchester zu Hause sind, und mich würde interessieren, welches dieser beiden Orchester Sie –«

»Ich möchte Ihnen eines sagen«, unterbrach ich ihn, »wir sind so gut auf diese Tournee vorbereitet, daß Sie die beiden Orchester, wenn sie hinter einem Vorhang spielen würden, nicht auseinanderhalten könnten!«

Diese Bemerkung wurde prompt nach Wien kolportiert und trug mir nach meiner Rückkehr aus den USA mit dem Vorstand der Philharmoniker einige Schwierigkeiten ein.

Ich glaube aber tatsächlich, daß heute die nationale oder regionale Bindung eines Orchesters nicht mehr so wichtig ist wie früher, womit ich die Einmaligkeit der Wiener Philharmoniker im Rahmen internationaler Spitzenorchester keineswegs antasten möchte.

Die bewußten Eigenarten eines französischen, eines deutschen, eines österreichischen oder eines amerikanischen Orchesters schleifen sich heute weitgehend ab. Platte und Fernsehen etablieren einen internationalen Spitzenlevel, den Orchester und Dirigenten kennen und als Standard produzieren. Da die großen Dirigenten heute in Wien, morgen in New York und übermorgen in Tokyo arbeiten, wird es ihnen in jeder Stadt und mit jedem Orchester gelingen, ihre Klangvorstellungen zu erzeugen. Hat ein Dirigent die Wiener Philharmoniker im Ohr, wird es ihm also auch in den USA weitgehend gelingen, diese Klangvorstellung zu realisieren. Umgekehrt läßt sich heute die Disziplin amerikanischer und japanischer Orchester durchaus mit der europäischer Orchester vergleichen.

Ob diese Entwicklung gut oder schlecht ist, ist eine andere Frage. Tatsache ist, daß es heute ein internationales Spitzenorchester-Niveau gibt, bei dem es schwerfällt, noch spezielle nationale Eigenarten herauszuhören. Ein Beethoven wird von einem russischen Orchester genauso gut bewältigt wie von einem Wiener Orchester, denn von den Platten her weiß man auch in Moskau, wie Beethoven zu klingen hat. Alles ist eine Frage der Bereitschaft der Musiker und des Gestaltungswillens des Dirigenten.

Zurück zur USA-Tournee. Man erhält Einblicke in das Gemeinschaftsleben eines Orchesters, die man im Orchesteralltag nie gewinnen kann, wenn man vier oder fünf Proben mit dem Orchester abhält, denn da sieht man die Musiker auf dem Podium, geht hinaus in die Pause, kommt nach der Pause zurück und arbeitet weiter. Eigentlich begegnet man dem Orchester immer nur auf dem Podium, bereit zu probieren, bereit zu konzertieren.

Was der einzelne Musiker macht, was in ihm vorgeht, erfährt man nicht. Auf einer Tournee, wenn man Hunderte und Aberhunderte von Meilen im selben Autobus zurücklegt, in denselben Hotels wohnt und an freien Abenden oder nach den Konzerten mit den Musikern bei einem Glas Bier oder auf Empfängen zusammensitzt – da endlich stellt sich einmal ein anderes, ein persönlicheres Verhältnis zu ihnen ein.

Dabei läßt sich auch viel abtragen von der zwangsläufig zwischen dem Dirigenten und dem Orchester errichteten Mauer. Denn es ist schon so: Da sitzen fünfzig, sechzig, hundert »Arbeiter«, und dort oben steht der Chef als ein Imperator, der befiehlt, wie schnell, wie laut, in welchem Rhythmus er etwas haben möchte. Wenn er sich ins Orchester setzt, hat der Musiker weitgehend seine Individualität mit dem Mantel draußen abzugeben. Er kann seine persönliche technische Qualität in der Beherrschung seines Instruments mit einbringen; ob er diese Stelle selbst gern schneller spielen, hier ein Accelerando machen oder jene Stelle leiser spielen würde, ist nicht seine Entscheidung. Er hat sich als Streicher in eine Gruppe einzufügen, hat sich auch als zweiter oder dritter Bläser unterzuordnen, und vor allem hat er auszuführen, was der Dirigent ihm abverlangt, gleichgültig, ob dies seiner Meinung nach gut oder schlecht ist. Er hat letztlich zu gehorchen.

Daß dieser Gehorsam im Laufe eines Orchesterlebens mit gewissen Frustrationen verbunden ist, scheint mir ganz selbstverständlich. Jeder Musiker – sonst wäre er vermutlich kein Musiker geworden – ist ein empfindsamer und empfindlicher Mensch; empfindlich auch in der Annahme oder Ablehnung von ihn überzeugenden oder ihm widerstrebenden musikalischen Aspekten. Das muß man als Dirigent wissen – und überwinden. Dirigentenaufgabe ist es, die Individualität so weit aufzuheben, daß seine Vorstellungen von Tempo, Ausdruck usw. auch Vorstellung und Gefühl des einzelnen werden. Die Mauer zwischen den Musikern und diesem autoritären Chef vor sich ist nicht niederzureißen, denn man muß autoritär sein, wenn man diesen Beruf ausüben will.

Auf einer solchen Reise trifft man dann plötzlich Menschen und nicht möglicherweise frustrierte Musiker, die an ihren Pulten sitzen und in Gottes Namen spielen, was der Dirigent ihnen abverlangt. Bei dieser Begegnung mit dem Menschen hinter dem Musiker entdeckt man auf einmal, daß viele Orchestermitglieder vom Pult aus einen ganz anderen Eindruck machen als im persönlichen Umgang. Natürlich kann diese Korrektur des Bildes in beiden Richtungen stattfinden, meistens aber ist sie eher vorteilhaft.

Einer schüttet bei stundenlangen Busfahrten oder bei einem nächtlichen Whisky sein Herz aus, und man erfährt, woher die Empfindlichkeit rührt, die man oft verständnislos von außen her registriert hat; man erfährt Kindheitstraumata, familiäre Probleme... Ohnehin gerät man, je länger man diesen Beruf ausübt, als Dirigent in die Nähe eines Psychiaters, der feststellt, daß bestimmte technisch-musikalische Dinge oft eben aus ganz persönlichen Motiven heraus nicht so funktionieren, wie sie funktionieren sollten.

Tourneen können zu Dirigentenlehrstunden werden. Aufgrund dessen, was man erfährt, lernt man, mit den Musikern menschlich anders, besser umzugehen. Gerade die Tourneen mit den Wiener Symphonikern haben mich stark bei einem Versuch geprägt, Orchestern auf einer Basis entgegenzutreten, die auf ein gemeinsames Bemühen vertraut und nicht nur auf die Befehlsgewalt von »oben« nach »unten«. Primus inter pares, wie es so schön heißt.

Die USA-Tournee bedeutete für mich aber nicht nur die Entdeckung eines Orchesters, sondern auch die Entdeckung eines Kontinents. Ich werde nie unseren Besuch in den Detroiter Ford-Automobilwerken vergessen, wo – damals völliges Neuland – innerhalb einer Stunde ein Auto sozusagen aus dem Nichts heraus vom Fließband rollte und mit laufendem Motor an der Ecke der Halle stand. Nicht nur für mich als technisch vorbelasteten Menschen, sogar für meine Frau und andere vielleicht weniger technisch interessierte Besucher war das ein aufregendes Erlebnis. Das amerikanische Hotelleben, die Universitäten – und wie konzentriert da gearbeitet wurde! – Städte wie New York, Chicago, Boston, Philadelphia zum erstenmal zu sehen... Ich entwickelte ein Gefühl dafür, was Amerika im Vergleich zu Europa ist, welche Kraft und Gewalt hinter diesem Kontinent steckt. Wir lernten damals nur den Osten kennen, etwa dreihundert Meilen ins Land hinein, erst bei späteren Tourneen gastierten wir auch in San Francisco, Los Angeles und Anchorage.

In die Konzerte kamen zahlreiche österreichische Emigranten, auch jüdische Mitbürger, die sich rechtzeitig vor Hitler in Sicherheit hatten bringen können und jetzt bei den Wiener Symphonikern k. und k.-Erinnerungen nachhingen. Der Jubel, mit dem sie ihre Landsleute begrüßten, elektrisierte auch jene Amerikaner, die uns nicht als Reminiszenz an ihre Vergangenheit, sondern als Wiener Gegenwart betrachteten. Ganze Abende schwelgten sie in Walzerseligkeit und Johann Strauß. Man hatte fast das Gefühl, wir fungierten hier mit unserem Mozart, Brahms, Schubert und Strauss gewissermaßen als Ersatz für einen unterlassenen Wien-Trip. Denn wir lieferten, anders als amerikanische Orchester, Original-Wien! Wien – ein Schlüssel, der Türen und Herzen öffnete.

Salzburger Erinnerungen
Karl Böhms »Ariadne«

In Salzburg habe ich mit den verschiedensten Orchestern musiziert: mit der London Symphony, der Staatskapelle Dresden, der Tschechischen Philharmonie Prag, den Berliner Philharmonikern und auch mit den Wiener Philharmonikern; mit ihnen habe ich 1964 Verdis »Macbeth« mit Dietrich-Fischer Dieskau und Grace Bumbry und 1967 die »Zauberflöte« in der Schuh-Inszenierung gemacht. Es gab auch Liederabende mit Dietrich Fischer-Dieskau und Hermann Prey.

Nachdem ich in München selbst für Opern-Festspiele verantwortlich wurde, bremste ich meine Salzburg-Aktivität ganz bewußt. Im Festspiel-Reigen Bayreuth, Salzburg und München stand und steht für mich natürlich München an erster Stelle. Und wenn die Münchner Festspiele am 31. Juli mit den »Meistersingern« zu Ende gehen, habe ich, auch an physischer Leistung, einiges hinter mich gebracht. Ich weiß nicht, ob ich dann noch in der Verfassung wäre, mit aller Frische auf höchster künstlerischer Ebene zum Beispiel in die Salzburger Festspiele einzusteigen.

Salzburger Erinnerungen: Karl Böhm, mit dem mich eine Art Vater/Sohn-Verhältnis verband, bat mich, ein Salzburger Philharmoniker-Konzert, das er selbst nicht dirigieren konnte, für ihn zu übernehmen.

Dann kam 1981 die Salzburger »Ariadne auf Naxos«. Böhm ging es bereits sehr schlecht, doch er wollte nicht, daß das Stück aus dem Festspielprogramm genommen würde, sondern äußerte den Wunsch, ich solle es dirigieren. Da die Münchner Festspiele vorüber waren, übernahm ich im Kleinen Festspielhaus Böhms »Ariadne« in der Dieter-Dorn-Inszenierung mit den Wiener Philharmonikern und Edita Gruberova als Zerbinetta, Gundula Janowitz als Ariadne und Welt-Bacchus Nr. 1 James King. Zwischen der ersten und der zweiten »Ariadne«-Aufführung am 18. August 1981 starb Karl Böhm.

Aufgaben dieser Art sind ehrenvoll, aber sie erfordern auch großen Respekt und große Diskretion. Gelegentlich wird man bei den Proben abbrechen müssen, um eigene Wünsche zu realisieren und die Vorstellungen eines hochgeschätzten, alten Kollegen zu verändern, ohne dabei das Gefühl der Hochachtung vor einer anderen Arbeit aufzugeben. Ein entschiedenes »So nicht!« ist in solchen Situationen nicht möglich, vielleicht aber auch nicht unbedingt notwendig, denn es ist das Geheimnis einer überzeugenden dirigentischen Übertragung, daß sie ohne Worte von der Bewegung, vom Ausdruck, von dem, was man durch die Gestik dem Orchester mitteilt, ausgehen kann. Ist dies stark genug, fragt keiner mehr nach dem Warum und Wieso, und man hat ein Orchester wie die Wiener Philharmoniker sofort für sich gewonnen.

Programme und Publikum
Der Streß der ersten acht Minuten

Seit Jahren und Jahrzehnten gehört es für mich zu den schwierigsten Herausforderungen, ein Konzertprogramm zusammenzustellen. In Aachen achtete ich noch nicht so sehr auf dieses Problem, denn Aachen war die erste Stadt, in der ich Programme in Eigenverantwortung machen konnte. Da galt für mich in puncto Programm die klassische Überlieferung: Einleitungsstück, Solistenkonzert, Pause, Symphonie bzw. symphonisches Werk.

In den hundert Konzertprogrammen meiner fünfjährigen Aachener Tätigkeit kam schon einige Repertoirekenntnis zusammen. Unbeeinflußt von meinen späteren Überlegungen, wie ein Programm noch idealer, künstlerisch noch aufregender sein kann, habe ich damals alles, was sozusagen nicht niet- und nagelfest war, dirigiert...

Erst viel später, als es dann um die Programme für die Wiener Symphoniker und das Hamburger Philharmonische Staatsorchester ging, begann ich, weitergehende Überlegungen anzustellen. Bei den Wiener Symphonikern hatte ich auf diesem Gebiet nur eine bedingte Unabhängigkeit, denn bei den fast fünfhundert Konzerten mit den Wienern wurde das Programm auch von den Generalsekretären des Musikvereins und der Konzerthaus-Gesellschaft bestimmt.

Die Aachener Erfahrungen fanden in Hamburg eine vertiefende

Fortsetzung. Dort fiel mir als Orchesterchef die alleinige Programmgestaltung zu. Ich habe es – von Ausnahmen abgesehen – bewußt vermieden, Parallelen zu schaffen, was mitunter sicher bequemer gewesen wäre, denn ich hätte Stücke, die ich in Wien dirigierte, auch in Hamburg ansetzen können. Ich hatte hervorragende Mitarbeiter in Hamburg: die Dramaturgin Irmgard Scharberth und den Orchester-Vorstand Ernst Schönfelder. Wir drei saßen stundenlang über Programmen, wenn eine neue Spielzeit vorbereitet werden mußte. In diesen Gesprächen ging es darum, wie man Programme sinnvoll und wertvoll gestalten kann. Ich wurde zu einem Programmfanatiker und verbringe auch heute noch Stunden damit, im eigenen Repertoire nachzugraben und mich zu fragen, was ich wieder machen könnte oder müßte; überdies halte ich ständig nach neuen Partituren Ausschau.

Eines der Kernprobleme ist es, anhand der zur Verfügung stehenden Solisten die richtigen Stücke auszuwählen und sie vom Charakter und der Tonart so voneinander zu trennen, daß kein langweiliges Programm entsteht. Denn was mich zur Interpretation zwingt, sind Gegensätze, sind Programme, die mir die Möglichkeit bieten, mich immer wieder neu zu engagieren und im Verlauf des Abends immer konzentrierter auf einen Punkt hinzuarbeiten...

Oft trennten wir uns in Hamburg, glücklich, nach langen Überlegungen das richtige Programm gefunden zu haben. Im Schlafwagen nach München oder Wien nahm ich mir dann die Programmfolge noch einmal vor, strich alles wieder durch, schickte am nächsten Tag ein Telegramm an Frau Scharberth oder rief sie an und änderte alles. Vielleicht überzeugte ich sie mit meinen Argumenten, vielleicht überzeugte sie mich mit Gegenargumenten; jedenfalls begann die Diskussion wieder von vorn.

Ein Programm muß in meinen Augen entweder stilistisch zusammenpassen, oder es muß sich »beißen«. Entweder gegensätzliche oder gleichgelagerte, aber nicht gleiche Stücke. Mir würde nie einfallen – und ein solches Konzert habe ich kürzlich besucht –, in unmittelbarer Nachbarschaft eine Schumann-Ouvertüre als Eingangsstück, dann einen Mendelssohn und noch einen Brahms zu spielen.

Vielleicht wird sich mancher fragen: Warum eigentlich nicht? Ich empfinde eine solche Zusammenstellung als ausgesprochen langweilig, als arm an innerer Spannung. Ähnlich sah es offenbar auch der Dirigent dieses Abends und hievte nach der Pause noch einen Schostakowitsch ins Programm. Das Publikum sollte gezwungen werden, aus der Romantik des ersten Teils abrupt umzuschalten auf Musik aus unserer Zeit, was dazu führte, daß es in der Pause das Konzert zum Teil verließ.

Ich würde mich vielleicht für ein Programm entscheiden, das komplett aus Schumann besteht, sich aber stilistisch nicht ähnelt – also vielleicht eine Symphonie vor der Pause und danach »Die Messe« oder »Das Requiem«, also ein Chorwerk. Oder ich würde – um bei Schumann zu bleiben – vor der Pause Ouvertüre, Scherzo, Finale und als Rarität das Konzertstück für vier Hörner und Orchester geben, also bewußt zwei weniger bekannte Stücke, und dann nach der Pause die Dritte oder Vierte Symphonie.

Ich tendiere – wenn vielleicht auch aus anderen Gründen – zur Einstellung Herbert von Karajans und restringiere von der Zeit her meine Programme: Ein Programm sollte nicht länger als maximal eineinhalb Stunden dauern, denn man kann heute das Publikum nicht über zwei Stunden hinaus so konzentriert bei der Stange halten, wie es früher vielleicht noch der Fall war. Früher wurden Monsterkonzerte von über drei Stunden gegeben; heute wäre das undenkbar. Ich ziehe es deshalb vor, aus der klassischen Dreiteilung auszubrechen und je ein Werk vor und nach der Pause zu spielen, wobei dem ersten Werk eine sehr wichtige Funktion zufällt. Jeder im Publikum kommt aus den unterschiedlichsten Tagesabläufen ins Konzert. Der eine konnte sich auf diesen Abend einstellen, der andere kommt direkt aus dem Büro, der dritte trägt ungelöste Probleme mit sich herum, der vierte hat Hunger... Mit dem ersten Ton des Orchesters sollen sich nun alle diese so unterschiedlich gestimmten und gepolten Menschen plötzlich auf eine Wellenlänge einpendeln. Das ist unmöglich. Nicht zuletzt aus diesem Grund hat man früher ein Stück quasi zum Einstimmen gegeben, zehn Minuten Ouvertüre sozusagen.

Genau mit diesem Procedere aber läuft man Gefahr, die ersten zehn Minuten zu verschenken; sie sind umsonst gespielt, auch wenn es sich um das wertvollste und schönste aller Musikstücke handelt. Wenn das Publikum von vornherein weiß, daß das »eigentliche« Werk, das Solistenstück, erst später kommt und nach der Ouvertüre noch die Nachzügler eingelassen werden, stellt es sich nicht richtig auf die Musik ein. Die Konzentration beginnt erst, wenn auch das Konzert »eigentlich« wird.

Diese ersten acht Minuten zu überbrücken ist schwer. Doch mir erscheint es besser, mit einem herausfordernden Stück die Leute sofort dazu zu bringen, sich konzentrieren zu müssen, und ihnen gar nicht die Zeit zu lassen, dem vergangenen Tag nachzuhängen. Erfahrungen, die ich erst machen mußte. Denn trotz aller Überlegungen ist es mir auch gelegentlich passiert, daß ich selbst von einer meiner Programmzusammenstellungen begeistert war, das Publikum aber bei weitem nicht so euphorisch reagierte. Andererseits aber freut es mich, wenn ich an der Publikumsreaktion ablesen kann, daß auch ein ausgefalleneres Programm durchaus goutiert wird.

Wenn man – wie in Hamburg oder München – das Programm langfristig in eine bestimmte Richtung lenken kann, tut man sich leichter, die eigenen Vorstellungen mit dem Interesse des Publikums zu koordinieren. Die Leute wissen dann nach einiger Zeit, daß meine Konzerte eine spezielle Attraktivität haben, nicht auf die landläufigen »Schnulzenstücke« abonniert sind und eigentlich immer mindestens ein seltener gespieltes Werk beinhalten.

Doch auch da, wo sich das Repertoire eher an den Säulen der Klassik orientiert, läßt sich Programmpolitik mehr oder weniger sinnvoll gestalten. Als ich unlängst einmal in Wien war, sprach mich ein etwa vierzigjähriger Mann an, der sich an meine Symphoniker-Jahre erinnerte:

»Wissen Sie, daß ich durch Sie die ganze symphonische Literatur kennengelernt habe? Mozart, Beethoven, Brahms, Tschaikowsky, Bruckner. Sie haben uns damals vieles nähergebracht, und ich erinnere mich oft an Ihre Symphoniker-Konzerte. Für mich war das wie eine Erziehung zur Musik!«

»Dann fahre ich eben nicht nach Dresden!«
Missionen mit Musik

Alle Menschen reden davon, vor allem die Politiker, daß man in Frieden leben möchte, daß geordnete Verhältnisse herrschen und die Menschen einander respektieren sollten. Es wird viel von friedlichen Beziehungen zwischen den Nationen gesprochen, aber es gibt nur wenige Faktoren, die zu gegenseitigem Verständnis beitragen.

Wenn die Kultur ganz allgemein ein essentieller Faktor ist, Spannungen zwischen Menschen und Völkern abzubauen, sao gilt das in erster Linie für die Musik. Ich glaube, die Musik ist die einzige Kunst, das einzige Medium, Begeisterung und Heiterkeit, Nachdenklichkeit und Empfindung als berührendes und verbindenes Gemeinschaftserlebnis über alle Kultur- und Sprachbarrieren hinweg zu vermitteln. Nicht nur einmal habe ich in meiner Laufbahn erlebt, daß in politischen Krisensituationen die Musik angerufen und ein Orchester in eine »Spannungszone« geschickt wurde, um Konfrontationen abzubauen und Bewegung in eine verfahrene Situation zu bringen, vor der auch die Diplomatie ohnmächtig stand. Und in der Tat schließen sich durch die Musik viele Türen des Hasses, der Vorurteile, der Ignoranz, und es öffnen sich Möglichkeiten zu gemeinsamem Erleben und gegenseitigem Verstehen. Ein Konzert, eine Opernaufführung wird eben gemeinsam erlebt, im Gegensatz zur Betrachtung eines Bildes oder zur Lektüre eines Gedichts; in der Musik werden die größten Erfolge in der Kommunikation erzielt, wobei es zunächst einmal sekundär ist, ob es sich um ein Symphonie- oder ein Popkonzert handelt.

Entscheidend ist das gemeinsame Erlebnis von Menschen verschiedener Altersstufen, verschiedener Rassen, verschiedener politischer Einstellung, verschiedener Religion. Im Moment des gemeinsamen Hörens heben sich zwangsläufig die Gegensätze auf, denn alle Sinne schwingen im gleichen Takt. Musik steckt an. Sie funktioniert als menschenverbindendes Ereignis, im Gegensatz etwa zu sportlichen Veranstaltungen, die – wenn ich an die Olympischen Spiele denke – längst in internationale Sportkriege ausgeartet sind, die als aberwitzige Schlachten um hundertstel Sekunden ausgetragen werden.

Als ich Chef des Philharmonischen Staatsorchesters in Hamburg war, erreichte mich eines Tages der Ruf des Auswärtigen Amtes, 1964 eine Konzertreise nach Warschau zu unternehmen. Dies war zu einer Zeit, als wir in Warschau noch keine Botschaft, sondern lediglich eine Handelsmission unterhielten und noch viele Abgründe im Verhältnis Polen/Deutschland zu überbrücken waren.

Der Ruf der Bundesregierung glich eher einem dringenden Appell. Mir war klar, was die erste Konzertreise eines bundesdeutschen Orchesters in die polnische Hauptstadt bedeuten würde. Also sorgte ich dafür, daß alle nur denkbaren Hindernisse ausgeräumt und alle anderweitigen Verpflichtungen hintangestellt wurden. Der Wunsch aus Bonn war uns allen Befehl!

Wir verstanden uns als Sendboten der Wiedergutmachung, als wir am 22. Mai 1964 mit der Zweiten Symphonie von Johannes Brahms, der Italienischen Symphonie von Felix Mendelssohn-Bartholdy und dem »Till Eulenspiegel« von Richard Strauss in der Warschauer Philharmonie gastierten. Nicht nur ich empfand es als erhebend, mit welcher Inbrunst, mit welcher Aufgeschlossenheit, mit welcher Begeisterungsbereitschaft das polnische Publikum einem deutschen Symphonieorchester zuhörte. Und am zweiten Abend wiederholte, ja steigerte sich der Triumph noch...

Erst viel später erfuhren wir, daß dieses Konzert ganz konkret als Brückenschlag deutsch-polnischer Annäherung gedacht war. Die Diplomatie nutzte das Terrain, das die Musik zuvor erschlossen hatte. Im ersten Augenblick hatten wir nicht begriffen, welche Aufgabe uns in Wirklichkeit zugefallen war und daß das musikalisch-gesellschaftliche Ereignis unserer beiden Konzerte auch politisch-wirtschaftliche Folgen zeitigen sollte.

Die Musik konnte dazu beitragen, bestehende Spannungen abzubauen und so etwas wie eine positive produktive Atmosphäre zu erzeugen. Ähnliches geschah bei einer Reise in die DDR mit Konzerten in Leipzig und Ost-Berlin und bei einer Konzertreise nach Helsinki, die ebenfalls aufgrund diplomatischer Intervention zustande kam – wir sollten mit der Musik den Weg ebnen helfen für den politisch-kulturellen Austausch zwischen Finnland und der Bundesrepublik.

Im Jahr 1984 gastierte ich mit der Bayerischen Staatsoper als erstem westlichen Opernensemble in Peking und Shanghai. Diese Begegnung zwischen zwei Kulturen wurde später richtungweisend für die Begegnung zweier Nationen. Weichenstellungen dieser Art sind Glücksfälle, aber auch Herausforderungen für alle Beteiligten.

Vielleicht wegen der selbstgewählten Isolation Chinas, vielleicht wegen meiner Liebe zu Japan interessierte mich China lange Zeit nur am Rande. Unsere Kontakte gingen eher in Richtung Südkorea, wo ich mit dem NHK-Orchester (Nippon Hoso Kyokai) von Japan aus schon gastiert hatte. Als dann die Einladung an uns erging, nach China zu reisen, war meine erste Reaktion: »Muß das sein?«

Die finanziellen Verhandlungen erwiesen sich als problematisch, obwohl sich das Auswärtige Amt am Zustandekommen des Gastspiels sehr interessiert zeigte. Wir hatten große Terminprobleme. Die mit dem China-Aufenthalt verbundenen Fragen des Transportes, der Unterbringung usw. ließen sich nur schwer abklären. Wir sollten, da es in China keine Bühnen in unserem Sinne gibt, spezielle Dekorationen herstellen, was viel Geld gekostet hätte. Das Unternehmen bewegte sich auf eine Sackgasse zu.

Zudem erwartete man, daß wir für »Figaro« und »Die Zauberflöte« große Sänger engagierten, für die das Geld nicht da war – kurzum, wir sagten das ganze Unternehmen ab. Zumindest zunächst. Nach einem Vierteljahr wurde offiziell bei uns angefragt, was denn nun mit dem China-Gastspiel sei.

»Haben wir doch längst abgesagt!«

»Ja, ja, aber es wäre in kultureller Hinsicht außerordentlich wichtig, nach China zu reisen...«

Ich führte dann ein klärendes Gespräch mit dem Bayerischen Ministerpräsidenten.

»Man erwartet, daß wir für ›Le Nozze di Figaro‹ und ›Die Zauberflöte‹ bei unserem ersten China-Gastspiel die besten Sänger engagieren. Die aber kann ich mir nicht leisten, und mit Sängern dritter Kategorie fahre ich nicht nach China!«

Ich schilderte Franz Josef Strauß alle weiteren Umstände, von den Transportproblemen bis zur Bühnendekoration. Plötzlich wurde unsere Reise zum Kulturpolitikum. Fragen wie Unterbringung oder Transport lösten sich mit einemmal von selbst.

Doch noch im Flugzeug waren wir uns nicht so ganz sicher, was wir in China eigentlich sollten, wie wohl alles funktionieren würde, welche Art von Neuland uns da erwartete. Im Anflug auf Shanghai hielt ich über das Bordmikrophon eine kleine Ansprache an die knapp zweihundert Damen und Herren des Ensembles, in der ich blumig umschrieb, was sich einfacher mit »Make the best of it!« ausdrücken läßt.

Und dann: Vom Moment der Landung in Shanghai an bis zu unserem Abflug aus Peking wurden die Tage und Wochen in China zu einem faszinierenden Ereignis für Bühnenarbeiter, Chorsänger, Orchestermusiker und Solisten. Die Gastfreundschaft, das Zuvorkommen, die Aufmerksamkeit der Chinesen waren unbeschreiblich.

Unglaublich auch, mit welch atemberaubender Konzentration die Chinesen unseren Konzerten und Opernaufführungen folgten! Und wie es die Chinesen verstanden, unser Gastspiel als Medienspektakel der Allgemeinheit zugänglich zu machen! Das Fernsehen sendete einstündige Einführungen in die Opern. Die Aufführungen selbst wurden live übertragen. Zum erstenmal sah ich in China auch die laufenden Spruchbänder der Textübersetzungen.

Missionen mit Musik... Rassengegensätze, politische Gegensätze, Konflikte aller Art – zumindest für die zwei, drei Stunden eines Konzerts oder einer Opernaufführung löst sich die Verkrampfung. Vor der Musik sind alle Menschen gleich. Mit der Musik hat Menschlichkeit eine gewisse Chance. Und andererseits: Was wurden uns für Ausblicke und Einblicke möglich! Momente, Tage und Wochen, in denen man wirklich glücklich ist, Musiker zu sein und als ein musikalischer Botschafter zu fungieren, der sich ohne den Konkurrenzdruck eines Wirtschaftsführers oder eines Politikers in einem fremden Land aufhalten kann.

Ich war so beeindruckt von China, daß ich heute die erste Möglichkeit wahrnehmen würde, wieder dorthin zu reisen. Die Weltstadt Shanghai, das ernstere Peking, die Kulturdenkmäler, der Kaiserpalast, der Himmelstempel... Sich vorzustellen, daß dies der reale Schauplatz der fiktiven »Turandot« ist, verstehen, was ein Begriff wie »Verbotene Stadt« an Macht innerhalb Pekings bedeutete... Die Chinesische Mauer, das einzige Bauwerk, das aus dem

Weltall zu erkennen ist... Am Jahrestag der Gründung der Volksrepublik China standen wir auf einem der höchsten Punkte Shanghais, auf dem Dachgarten eines Hotels, und beobachteten in allen vier Himmelsrichtungen der Stadt das Volksspektakel eines gigantischen Feuerwerks – eine Stunde lang erstrahlte Shanghai im Licht einer unvorstellbaren Feuerwerksorgie. Und dennoch: Bei aller Faszination waren dies letztlich nur Äußerlichkeiten, die in der einen oder anderen Form auch in Thailand oder Indien oder anderswo erlebbar sind.

Mehr noch als all das hat uns die immense Freundlichkeit der Menschen beeindruckt. Es ist nicht eine auf den Fremden hin orientierte, betonte Freundlichkeit, sondern ein ganz von innen kommendes Sich-Öffnen, eine Intensität, eine Wißbegier, bestimmt von unglaublicher Ruhe und Gelassenheit.

Hektik scheint nicht zu existieren. Das Gefühl, einen abfahrenden Bus unbedingt noch kriegen zu müssen, existiert nicht, vielleicht weil – die Organisation ist perfekt – ohnehin der nächste Bus in ein paar Minuten kommt. Die Verkehrsdisziplin ist phantastisch, auch die stoische Ruhe, wenn in den Stoßzeiten der Verkehr hoffnungslos zusammenbricht.

Bereits am ersten Abend, kurz nach unserer Ankunft in Shanghai, wurde in Anwesenheit des aus diesem Anlaß nach Shanghai gekommenen Stellvertretenden Kulturministers in einem riesigen Saal ein Festbankett veranstaltet. Wir hatten zunächst geglaubt, allenthalben mit dem Mao-Look konfrontiert zu werden. Bei diesem Empfang aber wurden wir eines Besseren belehrt – die Garderobe war europäisch, Haute Couture. Und der China-Look der Ministeriellen repräsentierte in Stoff und Schnitt perfekten Chic.

In der gigantischen Empfangshalle standen große runde Tische mit jeweils acht Plätzen. Musikstudenten, Musiker, Maler saßen zwischen unseren Musikern. Was an diesem Abend stattfand, glich einer Völkerverbrüderung. Bereits am ersten Abend hatten wir unsere Meinung über China gründlich zu revidieren...

Meine diversen Aufenthalte in der DDR basierten auf einer zufälligen Begegnung in Salzburg. Ich wurde 1965 nach Salzburg eingeladen, um mit dem Salzburger »Zweitorchester« dieses Jahres ein

Konzert zu geben – und zwar mit der Staatskapelle Dresden. Aus Salzburg schwang ein wenig die Entschuldigung mit, daß ich nicht die Berliner Philharmoniker dirigieren würde, aber ich sah das anders – denn die Dresdner Staatskapelle gehörte und gehört für mich zu den deutschen Spitzenorchestern. Ihre Beziehung zu Richard Strauss, ihre Tradition mit Fritz Busch und Karl Böhm – ich freute mich auf die Gelegenheit, mit diesem Klangkörper zusammenzukommen.

Die Dresdner musizierten in Salzburg auch mit anderen Dirigenten. Jedem von ihnen machten sie das Angebot, doch auch einmal in der DDR mit ihnen zu arbeiten. Viele von ihnen sagten zu, aber nur Karl Böhm und ich machten ihr Versprechen wahr. Böhm war aufgrund seiner Dresdner Zeit – er war vor Wien dort Opernchef, und viele der Strauss-Opern wurden in Dresden uraufgeführt – eng mit der Staatskapelle verbunden. Für mich war dies Neuland. Die Höflichkeit gebietet es vielleicht, während einer Zusammenarbeit, wie der in Salzburg, ein solches Angebot nicht gleich rundweg abzulehnen, sondern grundsätzliches Interesse zu zeigen, es noch von Terminen abhängig zu machen usw. Ich sah das anders. Ich fand das Orchester phänomenal und war entschlossen, jede Möglichkeit zu nutzen, mit ihm zu spielen.

Kaum war ich aus Salzburg zurück, erreichte mich die konkrete Einladung der Dresdner Staatskapelle. Ich folgte ihr, und bei meinen DDR-Aufenthalten entwickelte sich eine sehr fruchtbare Zusammenarbeit. Wir veranstalteten nicht nur Konzerte, sondern machten – wie berichtet – auch eine Reihe von Plattenaufnahmen.

Auch wenn sich viele Umstände meiner DDR-Aufenthalte – bei der Unterbringung angefangen – damals vielleicht nicht auf dem Standard von Städten wie Rom, Paris oder Wien abspielten, fanden eine Reihe sehr schöner Begegnungen statt. Der menschliche Aspekt war berührend.

Zwei Tatsachen reduzierten schließlich diese Zusammenarbeit: der Weggang von Dieter Gerhard Worm und meine Position in München, die längere Aufenthalte in Dresden nicht mehr zuließ. Und es kam dazu, daß das Projekt mit den Dresdnern, alle Mozart-Symphonien aufzunehmen, scheiterte und ich gezwungen war, andere Prioritäten zu setzen...

Die deutsch-deutschen Beziehungen sahen Mitte/Ende der sechziger Jahre noch anders aus als heute. Was uns inzwischen als selbstverständlich erscheint, gestaltete sich damals noch äußerst problematisch.

Das Abenteuer einer DDR-Einreise kommt mir in den Sinn. Mechthild und ich kamen aus Wien, wo ich ein Konzert gegeben hatte. Wir nahmen den »Vindobona« Wien–Prag–Dresden, glaubten, in ein paar Stunden in Dresden zu sein, wußten aber nicht, daß man mit unserem Visum nur bestimmte Grenzübergänge von West-Deutschland in die DDR benutzen durfte. Man wollte uns deshalb, von Prag kommend, nicht einreisen lassen. Ich versuchte den Grenzern klarzumachen, daß ich einer Einladung der Staatskapelle folgte und nicht zu meinem Privatvergnügen nach Dresden fuhr. Als alle Unterlagen, alle Briefe, alle Visa nichts nutzten und sich die Formalitäten immer problematischer entwickelten, schlug ich vor: »Gut, dann fahre ich eben nicht nach Dresden! Dann warte ich hier auf den nächsten Zug zurück nach Prag und Wien...«

Ich fand es grotesk! War es nicht egal, von welcher Seite wir in die DDR einreisten? War es nicht wichtiger, in der DDR die gemeinsam vereinbarten Verpflichtungen pünktlich zu erfüllen?!

Unsere Pässe wurden einbehalten, der Zug wartete über eine Stunde, bis sich die Grenzbeamten mit irgendwelchen höheren Stellen auf das weitere Vorgehen geeinigt hatten. Jedenfalls wurde beschlossen, uns zunächst einmal doch – sozusagen auf Probe – bis Dresden fahren zu lassen.

Am Bahnhof in Dresden nahm uns dann Polizei in Empfang. Wir wurden in eine Wachstube abgeführt. Man bat mich, Platz zu nehmen. Ich setzte mich – und der Stuhl krachte zusammen. Jetzt hatte ich auch noch Volkseigentum beschädigt.

Antworten auf unsere Fragen erhielten wir nicht. Plötzlich aber läutete das Telefon. Unser Aufpasser griff zum Hörer, nahm abrupt Haltung an und setzte ehrerbietig seine Mütze auf – eine Situation wie aus einer Kino-Groteske. Das höhere Tier am anderen Ende der Leitung kommandierte, daß man beschlossen habe, in unserem Fall die berühmte Ausnahme zu machen, und daß man uns trotz Mißachtung der DDR-Vorschriften einreisen lassen wolle.

Dies wurde uns in bestem Sächsisch mitgeteilt, dann wurden uns die Pässe ausgehändigt. Von diesem Augenblick an durfte ich keinen Koffer, keine Tasche, keine Tüte mehr anfassen. Drei Vopos tauchten auf, schleppten unser Gepäck und geleiteten uns respektvoll zu Gerhard Worms Wagen. Wir wurden Teil eines »großen Bahnhofs«.

Wir stiegen, mit allem versöhnt, in Worms »Wartburg«. Worm ließ den Motor an. Der »Wartburg« jaulte auf, und aus der Kühlerhaube qualmte Rauch in riesigen Schwaden. Kurz und gut: Wir machten uns in Vopo-Begleitung zu Fuß auf den Weg ins Hotel...

Es ist heute sicher vieles anders geworden, denn meine DDR-Aufenthalte liegen nun über zwei Jahrzehnte zurück. Aber es war manchmal doch etwas bedrückend, zu beobachten, daß »drüben« vieles hätte besser sein können...

Einmal waren wir im sogenannten »Intelligenz-Club der Stadt Dresden« eingeladen. An der Tür stand »Eintritt verboten«. Die Dresdner, die Mitglied dieses Clubs waren, lebten wie Feudalfürsten. Es gab alles zu trinken, alles zu essen – es gab hier in Hülle und Fülle, was den Nicht-»Intelligenten« draußen auf der Straße vorenthalten war. Unmenschliche Momente, die ich nur über einer Beethoven-, Brahms-, Schumann- oder Schubert-Symphonie vergessen konnte.

Zwei unserer besten Freunde sind in Dresden zu Hause – Theo Adam und Peter Schreier. Oft waren wir mit ihnen zusammen, besuchten sie bei sich zu Hause. Nun sind diese beiden international renommierten Künstler nicht unbedingt typische DDR-Normalbürger – aber über den Gesang, über die Musik kam es zwischen ihnen und uns auch zu einer menschlichen Begegnung, die alle Fragen nach Ost und West gegenstandslos machte.

Auch wenn ich an eine Konzertreise 1980 mit den Wiener Symphonikern denke, auf der wir in elf Ländern zweiundzwanzig Konzerte gaben und die über Ost-Berlin, Leipzig, Leningrad, Moskau, London, Wien, Budapest, Paris, Barcelona, Madrid, Brüssel, Genua, Zürich und Vaduz führte. Eine Mammutreise, ein Wechselbad, jeden Abend ein anderes, ein anders reagierendes Publikum, jeden Abend ein anderes Ambiente – und dann wieder die völkerverbindende Mission der Musik! Mozart, Brahms, Bruckner, von Einem und Johann Strauß, unser damaliges Programm – ob in Moskau oder Madrid, in Budapest oder Vaduz: die Musik schien die verschiedenen Weltanschauungen und Nationalitäten aufzulösen.

Mit das schönste Beispiel für die völkerverbindende Funktion der Musik ist vielleicht Beethovens Hymnus »An die Freude«. Kein anderes Werk eines Komponisten ist meines Wissens öfter übersetzt worden. Es ist kein Zufall, daß gerade der Schlußsatz der Neunten seine Wirkung auf die Völker dieser Erde nicht verfehlt hat. Die Botschaft Schillers und Beethovens an die Menschheit, der ekstatische Appell Beethovens verhallen nicht ungehört, wo immer man die Neunte aufführt: Beethoven hat damit eines der größten Werke der Völkerverständigung und des Friedens geschaffen.

Diese Botschaft, dieser Jubel, die selbstlose Explosion dieses Werks, das jeden Musiker, jeden Sänger, jedes Publikum in seinen Bann zieht – ich kenne kein anderes Musikstück, das diese Aufgabe besser erfüllen könnte. Im gleichen Atemzug ließe sich vielleicht nur noch die »Missa solemnis« nennen. »Vom Herzen möge es wieder zum Herzen gehen«; nicht zufällig schrieb Beethoven dies als Leitsatz über seine »Missa«.

9. KAPITEL

Japanische Symphonie

»Ich glaube, ich werde vertragsbrüchig!«
Zu Gast in Japan

Anfang der sechziger Jahre besuchte Prof. Dr. Daigoro Arima, Präsident und Generalmanager des NHK-Orchesters in Tokyo, eines meiner Konzerte im Wiener Musikverein. Damit trat Japan in mein Leben.

Das NHK-Orchester, in den zwanziger Jahren als reines Symphonieorchester gegründet, wurde später vom Rundfunk als Rundfunk- und Fernsehorchester übernommen. Dr. Arimas Bestreben war es, die profiliertesten Dirigenten und Musiker Europas – speziell aus Österreich und Deutschland – für dieses, für *sein* Orchester zu gewinnen.

Arima war ein weit vorausdenkender, hochgescheiter Mann, der im Wien der zwanziger Jahre Musik studiert und sich bei dieser Gelegenheit eine Unzahl Wiener Witze angeeignet hatte, die keiner besser erzählen konnte als er. Er sprach ein ausgezeichnetes Deutsch.

»Wir in Japan sind, was die solistische Qualität der Orchestermusiker betrifft, noch lange nicht auf dem Standard des Westens!« hatte er damals erkannt. Über Jahre hin beobachtete er aufmerksam, welche Impulse zum Beispiel von den Wiener Philharmonikern – mit einigen ihrer Musiker war er befreundet – für das Musik- und Orchesterleben der Stadt ausgingen. Systematisch versuchte er, seine Erkenntnisse für sein Land und sein Orchester zu aktivieren.

Regelmäßig alle vier, fünf Jahre kam er nach Europa und speziell nach Wien, um sich in klugen Verhandlungen Spitzenmusiker aus Orchestern wie beispielsweise den Wiener Philharmonikern für ein, zwei Jahre herauszukaufen: da einen Konzertmeister, dort den ersten Oboisten, hier einen Cellisten oder einen Fagottisten...

In den sechziger Jahren war Asien, vor allem aber Japan für uns noch eine fremde, ferne Welt. Wer von den Musikern Lust hatte, seinen Horizont zu erweitern, ließ sich gern für ein Jahr beurlauben. Und wenn sich die Verhandlungen einmal etwas schwieriger gestalteten, erzählte Arima einen seiner Witze, und alle hielten sich den Bauch vor Lachen... Er war ein großer Taktiker, er war aber auch ein großer Mann, der den vielleicht entscheidendsten Beitrag zur Musikbildung in Japan geleistet hat.

Nach dem Besuch meines Symphoniker-Konzerts lud Arima meine Frau und mich im Herbst 1964 nach Japan ein. Ich erklärte mich bereit, vier Wochen das NHK-Orchester zu dirigieren. Wir reisten wirklich viel und gern, aber die Reise in eine Welt, von der man damals nur träumte, war doch eine besondere Herausforderung. Nach einem Konzert in Hamburg flogen wir über Anchorage nach Tokyo.

Mir war klar, daß uns das japanische Leben, die japanische Kultur bei einem einmaligen Besuch von nur vier Wochen fremd bleiben mußten, zumal ich vermutlich ohnehin nicht viel Gelegenheit haben würde, Japan näher kennenzulernen; schließlich war ich eingespannt in meine Konzerttätigkeit, denn Arima hatte mich eingeladen, um mit seinem Orchester zu arbeiten, nicht um Urlaub zu machen. Sprache und Schrift mußten wir ohnehin auf uns zukommen lassen. Wir verließen uns auf Arima und darauf, daß er uns schon durch diese vier Wochen begleiten würde. Darüber hinaus stellte er mir für das erste Konzert einen ausgezeichneten Pianisten zur Verfügung – Takahiro Sonoda –, der mit seiner Frau längere Zeit in Deutschland gelebt und an einer Musikhochschule unterrichtet hatte. Nicht zuletzt um mir meinen Einstieg beim NHK-Orchester zu erleichtern, war Sonoda jetzt in seiner Heimat.

Wir kamen am frühen Nachmittag in Japan an. Unvorstellbar, welchen Empfang Arima für uns am Flughafen in Haneda inszeniert hatte – Fotografen und Geishas, eine Abordnung des Orchesters, Blumen, Reden, Presseleute, alles in allem ein Riesenaufgebot. Wir waren gerührt, nach dem mehr als zwanzigstündigen Flug aber auch hundemüde. Die Interviews, Begrüßungszeremonien und Empfangsreden wollten kein Ende nehmen... Wir standen da und wußten nicht mehr, wie wir hießen. Bis meine Frau Dr. Arima beiseite nahm und kategorisch erklärte: »Jetzt ist Schluß! Wir können nicht mehr. Kein Empfang mehr, kein Interview mehr – nur noch eins: das Hotel! Bitte!«

Wir fuhren ins Hotel, ins alte Hotel Imperial mit einer riesigen Empfangshalle im Kolonialstil, das vornehmste Hotel Tokyos damals. Ich komme ins Bad, da sehe ich in der Badewanne ein Tier herumspazieren – irgendeine Küchenschabe. Ich fiel sofort ins Bett.

Am nächsten Abend war ein Festessen angesetzt. In einem der besten japanischen Restaurants wurden wir Persönlichkeiten des japanischen Lebens vorgestellt. Die abenteuerlichsten japanischen Speisen kamen auf den Tisch... Wir ließen alles über uns ergehen. Viel spürten wir ohnehin nicht mehr, denn man hatte beim Essen mit untergeschlagenen Beinen zu sitzen...

Für meine Frau und mich war das alles schwer zu ertragen: »Ich glaube, ich werde vertragsbrüchig...«, sagte ich leise zu ihr.

Und da halfen dann Takahiro Sonoda und seine Frau, die beide deutsch sprachen: »Vielleicht war das alles ein bißchen zuviel für den Anfang. Dr. Arima hat es wohl zu gut mit Ihnen gemeint... Ich werde mich in den nächsten Tagen persönlich um Ihr Tokyo-Programm kümmern...«

Allzuviel Glück aber hatten die Sonodas nicht mit mir, denn ich hatte mir bei den ungewohnten japanischen Leckerbissen gründlich den Magen verdorben.

»Wissen Sie«, sagte Sonoda, »mir ist es in Deutschland mit Sauerkraut, Schweinsbraten und Kartoffelknödel auch nicht viel besser ergangen als Ihnen jetzt mit der japanischen Küche. Ich kenne ein paar gute Restaurants für den Übergang, damit Sie sich umstellen können...«

Die Sonodas waren rührend um uns besorgt, führten uns in japanische Lebens- bzw. Umgangsformen und Verhaltensregeln ein. Nach einer Woche hatten wir die Anfangsscheu überwunden. Nach wie vor aber waren wir über den Steinhaufen namens Tokyo entsetzt. Die Stadt machte uns ratlos. Es gab kaum englische Inschriften, und es war nahezu unmöglich, sich zu orientieren. Und die Taxifahrer rasten wie die Wahnsinnigen. Mit gutem Grund, wie wir erfuhren, denn die Taxiuhren blieben stehen, wenn das Taxi zum Beispiel bei Rot stehenbleiben mußte – bezahlt wurde nur die effektive Fahrt. Jeder Fahrer versuchte deshalb, so schnell wie irgend möglich durch den damals schon gewaltigen Verkehr Tokyos ans Ziel zu kommen, möglichst wenige Stopps bei Ampeln auf seiner Strecke zu haben und gelegentlich auch bei Rot über die Kreuzung zu schießen. Man konnte sich nur zurücklehnen, die Augen schließen und sein Schicksal erwarten. Höllenfahrten, Kamikaze, zum Preis von etwa achtzig Yen, was fünfzig Pfennig entsprach.

Wir waren in allem so verschreckt, so skeptisch, so ablehnend, daß mich eigentlich nur die Arbeit mit dem NHK-Orchester und die ersten – im übrigen erfolgreichen – Konzerte davon abhielten, meine Koffer zu packen und mit der nächsten Maschine zurückzufliegen.

Die Einfühlsamkeit Sonodas und seiner Frau bewirkte langsam Wunder. Während meiner Proben zeigte Frau Sonoda meiner Frau Tokyo, die Geschäfte, das Leben, die Kunstschätze – und meine Frau berichtete mir, was sie erlebt und gesehen hatte. Ganz allmählich öffneten wir uns Tokyo und fanden uns hinein in diese Metropole, die für uns heute eine der schönsten der Welt ist.

Langsam überwanden wir auch die Zeitumstellung und beschlossen, falls wir ein zweites Mal nach Japan kommen sollten, dürften, müßten, auf keinen Fall mehr durchzufliegen, sondern ein oder zwei längere Stopps von vier oder fünf Tagen einzulegen.

»Maestro, ist nicht japanisch, geht nicht!«
Die Arbeit mit dem NHK-Orchester

Das NHK-Orchester war damals bereits in großartiger Form. In einem ersten Konzert dirigierte ich den »Don Juan« von Richard Strauss, das Schumann-Klavierkonzert mit Sonoda und Beethovens Siebente. Während meines ersten Aufenthalts spielten wir auch die Erste Symphonie von Brahms, wovon ich heute noch die Tonbänder besitze. Wenn ich nach mehr als einem Vierteljahrhundert gelegentlich in sie hineinhöre, bin ich überrascht, wie klangschön und perfekt das NHK-Orchester spielte und wie ausgezeichnet die Aufnahmetechnik des japanischen Rundfunks damals schon war. Während des Aufenthalts traf ich auch einige Musiker der Wiener Philharmoniker wieder, die beim NHK-Orchester ihre Jahresverträge in Spitzenpositionen des Orchesters absolvierten.

Ich war vielleicht am meisten überrascht, wie sich im Laufe der vier Wochen in Tokyo auf einmal eine sehr persönliche Affinität zum NHK-Orchester und auch zu Japan entwickelte. Eines allerdings irritierte mich doch etwas: Da ich die Kritiken in der Landessprache nicht lesen konnte, hatte ich keine Ahnung, wie meine Art des Musizierens den Japanern eigentlich gefiel. Beifall gibt es überall; er sagt noch nichts darüber aus, wie etwas wirklich angekommen und aufgenommen worden ist.

Das Orchester hatte u. a. mit dem amerikanischen Dirigenten Joseph Rosenstock, später erster Ehrendirigent des NHK-Orchesters, mit Herbert von Karajan, George Szell, Pierre Monteux, Ernest Ansermet gearbeitet – also mit der ersten Garde der Dirigenten der fünfziger und sechziger Jahre. Arima war streng darauf bedacht, alle japanischen Dirigenten von dem Orchester fernzuhalten. Seine Absicht war es, das Orchester europäisch zu erziehen, in dem Sinn, wie er es in den zwanziger Jahren in Wien erlebt hatte. Ob dies immer richtig war, wage ich nicht zu beurteilen, das Ergebnis jedenfalls war frappant und bestätigte seine Intention.

Dr. Arima – ein Kapitel für sich. Je älter er wurde, desto asiatischer erschien er uns; je näher wir uns kamen, desto größer wurde das Geheimnis Arima. Zu meinem fünfzigsten Geburtstag flog er eigens von Tokyo nach Deutschland, um mir, mit einer Steinlaterne für den Garten in Grassau als Geschenk, im Namen des Orchesters zu gratulieren. Es war für mich unvorstellbar gewesen, daß er mich einmal nicht in Tokyo am Flugplatz abgeholt hätte. Bei aller Affinität aber und je besser wir uns kannten – desto weniger gelang es uns, den Menschen Arima zu entdecken. Ich meine nicht, daß es nicht möglich gewesen wäre, sich mit ihm über Beethoven, Wagner,

Oper und Theater zu unterhalten; aber ein Gedankenaustausch auf privater Ebene, vielleicht mit seiner Frau, vielleicht in seinem Haus, schien ausgeschlossen.

Wir sahen Arimas Frau zum erstenmal, als er bereits im Krankenhaus lag, kurz vor seinem Tod. Sein Haus haben wir nie betreten. Er lud uns privat und als Orchesterchef in alle erdenklichen Lokale Tokyos ein, aber nie in sein Haus. Zauberhafter und bemühter konnte kein Mensch sein als Arima. Er führte uns in die Anfangsgründe des Kabuki-Theaters und der No-Spiele ein, begleitete uns auf allen Reisen, fuhr mit uns an den Pazifik und brachte uns in Atami in einem Traumhotel unter.

Erst im Laufe der Jahre registrierten wir, wer Arima wirklich war und mit welchem Respekt er von den jüngeren Japanern behandelt wurde. Wenn er irgendwo – ob im Konsulat, bei Einladungen oder in Hotels – auftauchte, nahm man gewissermaßen Haltung an.

Er besaß, glaube ich, nur einen einzigen Anzug. Jedenfalls habe ich ihn nie anders als in seinem schwarz-blauen Anzug gesehen, bei welcher Gelegenheit auch immer. Nie trug er traditionelle japanische Kleidung – außer im Krankenhaus...

Doch zurück zu den Konzerten und meinem Bedürfnis nach Reaktionen. Ich wollte Arima auf keinen Fall fragen: »Wie hat Ihnen denn das Konzert gefallen?« Warum sagte er nicht irgend etwas? Er hätte andeuten können, daß alles gut lief – was es meiner Meinung nach tat –, oder was auch immer. Nichts!

Dies ging drei Wochen so. Mechthild und ich zerbrachen uns den Kopf. Arima sagte nichts, das Orchester sagte nichts, und die europäischen Musiker im Orchester wollte ich bewußt nicht fragen. Ich ging zu den Proben, ich kam zu den Konzerten. Das Publikum war gleichbleibend freundlich.

Das Ende unseres ersten Aufenthalts war da. Arima brachte uns zum Flughafen. Alle Stimmführer des Orchesters waren zu meiner Verabschiedung mitgekommen, auch der Orchesterwart und der Orchesterdirektor – eine Geste, die deutlich über eine reine Höflichkeitsbezeugung hinausging.

Im Moment des Abschieds sagte Arima: »Scheenste Zeit wir je mit Orchester gehabt, scheenste Zeit! Maestro muß nächstes Jahr wiederkommen!«

Alle applaudierten. Mir schossen die Tränen in die Augen.
»Nächstes Jahr geht es nicht, es ist schon alles verplant...«
Sie blickten mich fassungslos an. Ich würde 1965 nicht wiederkommen können?!
»Um die Wahrheit zu sagen«, fügte ich hinzu, »es geht auch 1966 nicht, es tut mir leid, nicht eine Woche...«
»Und 1967?« fragte Arima.
»Müßte eigentlich möglich sein...«
Er reichte mir die Hand. Wir standen vor der Zollkontrolle.
»Dann jedes Jahr zweimal! Von 1967 an jedes Jahr zweimal!«
»Das geht wirklich nicht, ich habe die Position in Hamburg, die Position in Wien und –«
»Dann jedes Jahr einmal!«
»Einverstanden!«
Und so war es. Von 1967 an war ich jedes Jahr in Japan: eingeladen von Arima und nach seinem Tod von seinen Nachfolgern.

1967 hat mich Arima – vermutlich eine taktische Überlegung – zum Ehrendirigenten des NHK-Orchesters gemacht. Fortan war ich bei allen großen Aufgaben, die an das Orchester herangetragen wurden, mit von der Partie. So wurde uns beispielsweise die Einweihung der neuen Konzerthalle in Seoul anvertraut, denn Südkorea hatte damals noch kein eigenes großes Symphonieorchester. Nur unter der Bedingung, daß ich dirigierte, sagte Arima zu, in der Viertausend-Personen-Halle mit dem NHK-Orchester das erste Konzert zu geben. Auch in den verschiedenen Städten Japans entstanden im Lauf der Jahre neue Konzertsäle, so in Hiroshima, Fukuoka oder Shimonoseki. Arima verstand es, die Einweihungszeremonien so lange hinauszuzögern, bis sie in meinen Japan-Aufenthalt fielen. Auch die große NHK-Halle in Tokyo habe ich – mit der Neunten Beethoven – mit dem Orchester eingeweiht, ebenfalls die neue Suntory-Hall vor wenigen Jahren.

Viel später, als wir uns im oben beschriebenen Sinn näher und besser kennengelernt hatten, erzählte ich Arima einmal, daß für mich der erste Japan-Aufenthalt ziemlich problematisch gewesen sei und daß wir nach den ersten acht Tagen entschlossen gewesen seien, nie mehr nach Japan zurückzukehren. Er lächelte nur, erzählte uns einen Wiener Witz und tat weiterhin alles, um uns die Wünsche von den Augen abzulesen. Eine beiläufige Äußerung über den Fujiyama – und wir wohnten plötzlich drei Tage später im Fujiyama-View-Hotel. Wir paßten in Zukunft auf mit leicht hingesprochenen, aus der momentanen Begeisterung geborenen Wunschvorstellungen. Arima ging dann bei den nächsten Japan-Aufenthalten dazu über, sich nach jedem Konzert bei mir zu bedanken...

Ich gestand ihm, daß es für mich ein großes Problem gewesen sei, von ihm keinerlei Äußerung erhalten zu haben.

»Maestro, ist nicht japanisch, geht nicht. Jetzt wo wir Freunde sind, kann ich Ihnen sagen, wie es mir gefällt, jetzt können wir darüber sprechen. Damals war Maestro zum erstenmal in Japan; Japaner kann unmöglich sagen, daß es ihm gut gefallen hat«, konstatierte Arima.

Ich lernte. Und ich lernte noch einiges mehr in den über zwanzig Jahren Japan. Japan wurde für meine Frau und mich nach Deutschland und Italien unsere dritte Heimat. Mag sein, daß diese große Affinität zum Teil auch von der Tatsache herrührt, daß man weiß, man hält sich nur vier Wochen in Japan auf und kehrt dann nach Deutschland zurück – mit der Gewißheit, im kommenden Jahr wieder nach Japan zu reisen. Japan ist also für mich ein jährlich sich erneuerndes Ereignis, nie der Alltag. Bei Menschen, die jahrelang in der Botschaft oder als Lehrkräfte, als Firmenvertreter in Japan leben und mehr Einblick in das Jahresgeschehen Japans haben, gibt es dann doch manchmal auch andere Meinungen. Der japanische Kulturkreis, die japanische Gesellschaft öffnen sich nicht mühelos.

Meine Vorstellung von musikalischer Disziplin erfüllt sich in Japan in idealer Weise. Vor allem im Umgang mit dem NHK-Orchester, dem wohl besten und bekanntesten Orchester Japans. Auf der Weltrangliste ist dieses Orchester sehr hoch einzustufen.

Wenn man es versteht, mit den japanischen Musikern umzugehen – und ich glaube, mein Kontakt zu ihnen ist sehr gut –, dann beeindruckt einen immer wieder ihre enorme Disziplin und Selbstdisziplin. Eine Tatsache, die ich an den Japanern generell schätze. Der Umgang mit anderen Menschen ist von einer rigiden moralischen Haltung bestimmt. Die Japaner haben sicherlich die gleichen

Emotionen wie alle anderen Menschen dieser Welt, doch sie beherrschen sie, sie kontrollieren sie besser als andere.

Alle Künstler, die in Japan gearbeitet haben, können es bestätigen: Es gibt kaum ein aufmerksameres, disziplinierteres, ruhigeres, der Musik vom Innersten her aufgeschlosseneres Publikum als das japanische. Ob bei Liederabenden, die ich zum Beispiel mit Dietrich Fischer-Dieskau in Japan gegeben habe, bei Kammermusik oder bei den großen Symphoniekonzerten – man hat oft den Eindruck, man spielt vor leerem Haus: kein Huster, nichts fällt herunter, Ruhe... Die den Künstler bei uns so oft störende Geräuschkulisse – wenn Programmhefte auf den Boden klatschen und Hustenanfälle ausgelebt werden –, sie existiert in Japan nicht. Das japanische Publikum bringt genau die Konzentration mit ins Konzert, die es von den Künstlern erwartet. Und da wiederum kann man sich dann auch als Künstler konzentrieren. Kaum jemand bei uns kann sich vorstellen, wie sehr Störungen aus dem Publikum diese Konzentration oft beeinträchtigen. Man will auf einen Schweigeeffekt hinführen, musiziert mit einer Stimme oder einem melodisch-symphonischen Bogen bis zur Atemlosigkeit auf eine Generalpause hin – und dann wird gehustet und geschnaubt, als ob das musikalische Geschehen völlig gleichgültig wäre. Dagegen ist es für uns immer wieder so wohltuend und überraschend, wie sich der Japaner – und das nicht nur im Konzertsaal – unter Kontrolle hat. Für ihn ist es selbstverständlich, die Arbeit eines anderen zu respektieren.

In den mehr als zwanzig Jahren, die ich nun mit dem NHK-Orchester arbeite, in den vielen, vielen Proben im Studio oder im Konzertsaal ist es ein einziges Mal passiert, daß ein Musiker zu spät kam. Bei uns ist das gang und gäbe, denn der eine muß zum Arzt, der andere muß sein Instrument reparieren lassen, der dritte ist wieder einmal im Stau steckengeblieben, der vierte hat ganz vergessen, daß »Siegfried« nicht erst um 19 Uhr, sondern schon um 17 Uhr beginnt. Die bei uns oft so verbreitete Acht- und Gedankenlosigkeit ist in Japan die absolute Ausnahme.

Das einzige Mal, wie gesagt, daß sich ein Musiker verspätete – ein Hornist, meine ich mich zu erinnern –, wurde mir dies zwei Minuten vor Beginn der Probe vom Orchesterdirektor in einer Weise mitgeteilt, daß ich dachte, das Kaiserreich Japan sei dem Untergang geweiht. So unendlich peinlich war es ihm, mir sagen zu müssen, daß die Probe ohne den ersten Hornisten beginnen müsse. Ich trug es mit Fassung und begann mit der Probe. Plötzlich hörte das ganze Orchester – fast wie bei Haydns Abschiedssymphonie – zu spielen auf. Totenstille. Konsterniert drehte ich mich herum und sah den verspäteten Musiker auf mich zutreten. Er machte eine tiefe Verbeugung und entschuldigte sich bei mir auf japanisch. Damit war der Fall für ihn und seine Kollegen erledigt. Aber nun hatte plötzlich ich das Gefühl, der Beschämte zu sein und mich für seine Entschuldigung bedanken zu müssen... Eine Situation, wie sie nie mehr vorgekommen ist, nicht in Japan und auch nicht außerhalb Japans auf unseren Reisen mit dem NHK-Orchester.

Disziplin, Selbstdisziplin sind in Japan heute noch gültige Tugenden. Wenn ich ein Stück auf das Programm setze, von dem ich weiß, daß es das Orchester noch nie gespielt hat, entschuldigt sich der Orchesterdirektor vorsorglich im Namen des Orchesters bei mir: Ich möge bitte Verständnis haben, wenn nicht alles laufen sollte wie gewohnt, sie würden dieses Stück nicht kennen...

Nie aber würde eine technische Frage aufkommen. Ist das ein Cis oder C? Fehlt da bei mir eine Viertelpause? Fragen dieser Art gibt es nicht, denn ein japanischer Musiker hat entweder in der Partitur oder bei einem Kollegen nachgeschaut, wo diese Viertelpause fehlt oder wo sie hingehört.

Es ist vielleicht nicht gravierend, aber wenn ich es bin, der diese Fragen klären muß, verliere ich unnötige Probenzeit, denn ich muß bei der Bratschenstimme oder beim zweiten Horn nachschauen, um schließlich festzustellen, ja richtig, auf dem dritten Viertel ist im Druck die Pause vergessen worden... Kein japanischer Musiker würde es wagen, mit solchen Fragen den Dirigenten zu belästigen. Technische Dinge zu probieren, ist in Japan überflüssig. Von der ersten Minute an kann man sich ausschließlich auf die musikalischen Aspekte konzentrieren. Und was gibt es Schöneres für einen Dirigenten, als die ihn bewegende Interpretation sofort auf den Apparat übertragen zu können.

Agogik, das sei eingeräumt, ist bei den Japanern nicht immer einfach, vor allem bei unbekannteren Werken und bei bestimmten Stilrichtungen – wie etwa dem Impressionismus –, die ihnen nicht so liegen. Aber auch da lassen sich mit intensiver Arbeit Wunder bewirken.

Nach jahrhundertelanger Abgeschlossenheit und Introvertiertheit hat sich Japan heute der Welt geöffnet, auch was die klassische Musik angeht. Japan spürt, daß die Musik, die wir pflegen, Emotionen erzeugt, Spannungen abbauen und Konflikte lösen helfen kann. In den knapp hundert Jahren, in denen sich Japan mit der westlichen Musik auseinandersetzt, hat es, glaube ich, die Erfahrung gemacht, daß »unsere« Musik innere Werte freilegt, die für uns vielleicht selbstverständlich, für Japan aber neu sind.

Dies zumindest ist meine persönliche, vielleicht naive Auffassung. Ich meine zwar, Japan und die Japaner ein wenig zu kennen, auch wenn es sicher stimmt, daß die Japaner einem um so fremder werden, je näher man ihnen kommt. Und doch: Hat man einen Japaner einmal gewonnen, hat man ihn für immer gewonnen!

Westliche Musik ist in Japan in erster Linie symphonische Musik. Den Begriff der Oper kennt man erst seit drei oder vier Jahrhunderten. Japan hat keine Opernhäuser, die in der Lage wären, das wiederzugeben, was wir unter Oper verstehen. In Tokyo beispielsweise gibt es nur zwei Säle, die einen Orchesterraum in unserem Stil und eine Bühne besitzen, auf der man Opernaufführungen einigermaßen produzieren kann. Auch in Osaka und Nagoya gibt es Häuser mit befriedigenden Bühnenmöglichkeiten.

Eine Bühne, ein Opernhaus mit dem ganzen Ambiente und den technischen Möglichkeiten, wie sie bei uns nahezu jede Kleinstadt hat, ist in Japan unbekannt. Erst jetzt beginnt man, sich intensiv für Operngesang zu interessieren. Natürlich hat ein Domingo oder ein Pavarotti in Japan seine Fan-Gemeinden wie überall auf der Welt. Aber erst jetzt ist Japan bemüht, neben dem Nationaltheater Nr. 1 – dem Kabuki, in dem ja das »Orchester« auf der Bühne sitzt – ein Nationaltheater Nr. 2 in unserem Stil zu bauen: Der Platz, auf dem es in Tokyo entstehen wird, steht schon fest. Der Technische Direktor der Bayerischen Staatsoper war in Japan, um seinen Rat zur Verfügung zu stellen. Bis zum Ende des Jahrtausends wird Japan also vermutlich ein Opernhaus nach westlichem Vorbild besitzen.

Das Interesse an Oper ist – nicht zuletzt dank der Compact Disc – in Japan immens gestiegen. Nach der jahrzehntelangen Einstimmung auf die symphonische Musik entwickelt sich über die Oper, über die Singstimme, über den Chor ein neues Gefühl für Musik. Nach dem Kennenlernen durch die Medien entsteht jetzt der Wunsch nach dem Live-Ereignis namens Oper.

Ich weiß nicht, ob vor 1964 – meinem ersten Japan-Jahr – schon eine westliche Opernbühne dort gastiert hat. Als wir 1974 mit der Bayerischen Staatsoper nach Japan kamen, gehörten wir jedenfalls zu den Pionieren. Heute gibt es jährlich mindestens zwei Gastspiele der bedeutendsten Opernhäuser der Welt. Covent Garden, die Berliner Oper, die Wiener Staatsoper, die Met, die Scala, die Hamburgische Staatsoper – sie alle waren bereits in Japan.

Die Japaner investieren Millionensummen in diese neue Leidenschaft. Oper ist heute in Japan ein Volksereignis, auch wenn schwindelerregende, für unsere Verhältnisse geradezu irrwitzige Eintrittspreise gezahlt werden müssen. Menschen opfern ihr Monatsgehalt, um einmal eine Oper live erleben zu können.

Mit einer unglaublichen Geschwindigkeit – auch eine Eigenschaft, die mich an Japan fasziniert – haben die Japaner innerhalb einer Generation differenzierte Qualitätsvorstellungen entwickelt. Heute weiß man in Japan ganz genau, welche Namen Schall und Rauch sind und hinter welchen Namen eine ernsthafte, Emotion erzeugende Qualität steht. Man nimmt längst nicht alles gedankenlos hin, was aus dem Westen importiert und groß angepriesen wird – auch wenn Tokyo heute vielleicht die aktivste Stadt der Welt ist, was das An- und Aufgebot der ersten Geiger, Pianisten, Orchester, Dirigenten und Sänger angeht.

Die Konzertsäle sind voll, die Japaner saugen diese Musik in sich auf; sie sind nach außen hin im ersten Moment vielleicht nicht so spontan, aber sie reagieren nach genau abgestuften Qualitätskriterien. Für mich gehören sie heute zum besten und kritischsten Publikum, das man sich vorstellen kann. Ein Publikum, das auch dem Unbekannteren gegenüber weit weniger Ressentiments entwickelt als jedes andere Publikum. Ähnliche Reserviertheit wie bei uns herrscht allerdings zeitgenössischen Komponisten gegenüber, obwohl es einem Japaner nicht in den Sinn kommen würde, störend oder unflätig zu reagieren. Sein Respekt vor der Leistung und dem Dargebotenen bleibt bestehen, auch wenn ihm ein Stück mißfällt.

Japan hat mich in einem entscheidenden Punkt geprägt – in einem generellen Respekt vor dem anderen Menschen, unbeeinflußt von Herkunft oder Rasse. Der Respekt vor der menschlichen Existenz an sich scheint mir in Japan – und im ganzen asiatischen Raum – ausgeprägter als bei uns. Der »andere« in seiner Existenz wird grundsätzlich geachtet.

In Japan habe ich gelernt, mich musikalisch zu absoluter Ehrlichkeit zu bekennen, Fehler einzugestehen; damit zu leben, daß man eben auch nur ein Mensch mit allen Schwächen ist; sich nicht hinter etwas zu verstecken, sondern sich zu stellen.

Und noch ein anderer Faktor wurde in Japan für mich wichtig: die Selbstdisziplin, das Wahren des Gesichts, die Fähigkeit, einem anderen gegenüber nie mit unkontrollierten Reaktionen herauszuplatzen. Keiner, der mich kennt, wird mir nachsagen können, ich hätte je die Kontrolle verloren und hätte losgeschrien, um beispielsweise eine eigene Schwäche zu übertünchen.

Erstmals begriffen habe ich das an einem konkreten Fall. Es war bereits unser vierter oder fünfter Japan-Aufenthalt. Mit den Einreiseformalitäten waren wir also vertraut. Dr. Arima sollte uns am Flugplatz abholen. Wir gingen zur Paßkontrolle, aber mir wurde die Einreise verweigert. Der Beamte behielt den Paß ein, obwohl alles in Ordnung sein mußte, denn ich hatte ein Arbeitsvisum beantragt und auch erhalten. Meine Frau – sie hatte ein normales Besuchervisum – durfte einreisen.

Erschöpft vom langen Flug war ich etwas ungehalten angesichts dieser Schwierigkeiten.

»Just a moment!« erklärte der Beamte, und nach einiger Zeit verkündete er: »Sie können leider nicht einreisen!«

»Warum?«

»Just a moment!« Er verschwand wieder, kam zurück und führte uns in einen gesonderten Raum.

Ich hätte gern gewußt, was eigentlich das Problem war, ob ich als Krimineller gesucht oder des Rauschgiftschmuggels verdächtigt wurde. Ich erfuhr es nicht.

Draußen, durch eine Trennwand aus Glas sichtbar, wartete bereits Dr. Arima. Ich gab ihm mit einer Geste zu verstehen, daß ich nicht wisse, was los sei.

Der Beamte vertiefte sich weiter in meine Papiere und wiederholte ohne Angabe von Gründen: »Ich darf Sie nicht einreisen lassen!«
Es kostete mich einige Überwindung, mich zu beherrschen und nicht zu explodieren. Ich spürte den Blick des Beamten auf mir: Wie würde ich wohl reagieren? So ruhig wie irgend möglich bat ich, den wartenden Dr. Arima zu uns hereinzulassen. Das geschah.

Dr. Arima und der Grenzbeamte begannen, miteinander zu verhandeln, und es stellte sich heraus, daß die japanischen Stellen in der Bundesrepublik vergessen hatten, die Nummer meines Arbeitsvisums in den Paß zu übertragen. Arima bürgte für mich. Ich mußte im Laufe meines Aufenthalts zur Einwanderungsbehörde, wo die Nummer feierlich übertragen wurde – und wo man mich empfing, behandelte und verabschiedete wie einen Fürsten. Mein Benehmen am Flugplatz schien japanisch gewesen zu sein, was Arima zu der Bemerkung veranlaßte, ich hätte mich wie ein Samurai verhalten.

Man bewahrt in Japan das Gesicht auch in den Momenten größter Freude und größten Leids. Ob einer gestern Vater geworden ist oder sein Kind verloren hat; ob einer geheiratet hat oder ob seine Frau gestorben ist – man würde es ihm nie anmerken. Ich suchte nach einer Erklärung für diese Zurückhaltung, für dieses Zurückdrängen alles Privaten.

»Schauen Sie«, klärte man mich auf, »wenn ich depressiv bin und Sie sind euphorischer Stimmung, wie kann ich es wagen, Ihre Euphorie durch mein Leid zu beeinflussen? Mit welchem Recht erzwinge ich Ihr Mitleid und Ihre Anteilnahme?«

Der Respekt vor dem anderen! Und doch wäre es falsch zu meinen, daß das emotionale Leben auf diese Art nivelliert würde. Es findet nur auf einer anderen Ebene und nicht einem Fremden gegenüber statt.

Daß sich die Streicher, wie man so sagt, »hineinlegen«, daß ein Orchester wie ein Ährenfeld im Sturm der Musik wogt, daß sich ein Holzbläser mit seinem Instrument in äußerste Ekstasen steigert, um die auf- und absteigenden Linien sinnfällig zum Ausdruck zu bringen – das ließe sich bei einem japanischen Orchester schwerlich bewerkstelligen. Sich mit einem japanischen Orchester über Stricharten zu unterhalten ist überflüssig, alles das sitzt perfekt. Aber wenn man sagen würde: »Achten Sie auf diese nach oben gehende Linie, befreien Sie sich doch einmal, zeigen Sie, daß wir uns dem musikalischen Höhepunkt nähern!«, stieße man auf Granit. Mein nun über Jahrzehnte gewachsenes Verhältnis zum Orchester gestattet schon einmal eine solche Bemerkung, ohne daß sie gleich als Beleidigung aufgefaßt werden müßte. Nicht, daß man mich nicht verstehen und lächelnd auf mich eingehen würde, aber es wäre unmöglich, die Haltung, die Erziehung, die Einstellung generell zu ändern.

Die körperliche Kontrolliertheit ist nicht mit innerer Teilnahmslosigkeit, mit Mechanik, mit Kälte zu verwechseln. Auch wenn sich bei neunzig Musikern kein Gesichtsmuskel rührt, ob sie nun »Till Eulenspiegel«, den langsamen Satz von Bruckners Siebter oder den Trauermarsch aus der »Eroica« spielen – mir soll niemand erzählen, daß sich diese visuelle Ereignislosigkeit auf die Interpretation niederschlägt.

Musikalisch wird der Musiker »Till Eulenspiegel« perfekt zum Ausdruck bringen, aber er wird die Freude, den Schalk, die Ironie, die Heiterkeit des Stücks nie veräußerlichen. Und das ist ein Musterbeispiel für den berühmten Vorhangeffekt: Würde man fünf Spitzenorchester, darunter ein japanisches, hinter einem Vorhang Wiener Walzer spielen lassen – ich bin überzeugt, daß niemand beim ersten Hören sagen könnte: Das sind die Japaner, denn das klingt kalt, das sind die Wiener, das klingt walzerselig...

Ein wenig auch durch mein Zutun mußten die Musiker des NHK-Orchesters erst lernen, mit dem Aufstehen am Ende eines Konzerts am Erfolg und an der Anerkennung des Publikums teilzuhaben. Sie lernten nur allmählich – 1964 war dies ganz und gar undenkbar –, nicht einfach meiner Geste zu gehorchen, sich zu erheben und wie angewurzelt stehen zu bleiben, sondern den Beifall auch zu ihrer Sache zu machen und sich dem Publikum zuzuwenden.

»Ich lass' doch das Orchester nicht einfach aufstehen, damit es aufsteht und sich dann teilnahmslos wieder hinsetzt«, sagte ich damals zu Arima. »Ich will wenigstens einen Teil der Anerkennung für die geleistete Arbeit weitergeben. Sie müssen das den Musikern erklären!«

Eine kleine Wandlung ist da eingetreten, auch wenn die Japaner immer noch weit davon entfernt sind, den Beifall wie europäische

Spitzenorchester entgegenzunehmen. In Japan wird dies nie Schule machen, auch wenn sich der japanische Musiker seiner Bedeutung durchaus bewußt ist und seine Leistung zu verkaufen weiß. Doch diese Reserviertheit äußert sich nicht im Spiel selbst.

Ich erinnere mich an ein Gespräch mit Ernest Ansermet, einem weiß Gott sensiblen Kollegen. Er war – bereits in hohem Alter – ebenfalls in Japan gewesen, und wir unterhielten uns über das NHK-Orchester und unsere Japan-Erfahrungen. Ansermet, ein Spezialist für Debussy, Ravel, Roussel, hatte das NHK-Orchester dirigiert und beendete sein Programm mit »La mer«, ein auch für westliche Orchester nicht ganz leichtes Stück... Technisch, erzählte er mir, sei vom ersten Moment an alles so großartig gelaufen, daß er sich sofort auf das rein Musikalische konzentrieren konnte und dem Orchester beizubringen versuchte, wie er sich eine impressionistische Phrase vorstellte...

»Es war hinreißend«, erzählte er mir, »ich versenkte mich völlig in die Interpretation, schloß die Augen und merkte gar nicht mehr, daß ich nicht das Orchestre de la Suisse Romande vor mir hatte. Als ›La mer‹ dann zu Ende war, schaute ich ins Orchester und seh' plötzlich lauter japanische Gesichter vor mir. Noch nie in meinem Leben bin ich so erschrocken!«

Damit ist gesagt, was auch ich immer wieder empfinde: Japanische Musiker sind durchaus in der Lage wiederzugeben, was uns westlichen Dirigenten an Stil vorschwebt. Es ist oft leichter, mit einem japanischen Orchester zu Beginn beispielsweise einen Ravel, in der Mitte einen Hindemith und am Schluß eine Dvořák-Symphonie zu spielen – ein Programm, das ich so natürlich nie wählen würde –, als einem italienischen Orchester klarzumachen, wie ich mir einen Wiener Walzer vorstelle.

Was das Programm angeht, gibt es mit dem jeweiligen Direktor des NHK-Orchesters gelegentlich Diskussionen: Man fordert mich immer wieder auf, Beethoven, Bruckner, Brahms, Schubert, Schumann oder Mozart zu dirigieren, bei Strawinsky, Bartók oder Hindemith zögert man etwas, mit dem Argument: »Wir wollen vor allem die Geheimnisse der klassisch-romantischen Musik ergründen. Wir haben noch kein Verhältnis zu Bruckner, vielleicht weil wir die Dome nicht kennen, in denen eine Brucknersche Orgelidee entstand; wir haben nicht die Säle, die mit zwei, drei Sekunden Nachhall Bruckners Generalpausen überbrücken können; wir wissen nicht, aus welcher Seele Bruckners Musik geboren wurde – das möchten wir von Ihnen erfahren. Wir möchten von Ihnen wissen, worin der Wert einer Bruckner-Symphonie und der innere Wert einer Schubert-Symphonie besteht, und was das Besondere des Schumann-Stils ist...«

Beethoven ist heute, auch in Japan, *der* Komponist schlechthin, weit mehr als Mozart. Vielleicht, weil er die emotionsgeladenste, die menschlichste Musik geschrieben hat – eine Musik, die auch beim Zuhörer diese Menschlichkeit wecken kann. Vom 1. Dezember eines jeden Jahres an steht in Tokyo täglich Beethovens Neunte auf dem Programm. Die Tatsache, daß die Neunte in Tokyo sozusagen zum täglichen Gebrauchsartikel wurde, ist auf der einen Seite vielleicht faszinierend, auf der anderen Seite aber auch bedrückend, denn über dem Spektakel für den Hausgebrauch scheint mir der Wert dieses Werks, nicht nur seines Schlußsatzes, verlorenzugehen.

Ein Garten im Hochhaus-Meer
Notationen und Traditionen

Als Präsident der Richard-Strauss-Gesellschaft München habe ich dazu beigetragen, daß auch in Tokyo eine Richard-Strauss-Gesellschaft ins Leben gerufen wurde. Fast neiderfüllt beobachtete ich die ganz andere japanische Grundeinstellung. Das Prinzip heißt: Wenn es nach einer Bach-, Beethoven-, Mozart- und Wagner-Gesellschaft notwendig erscheint, auch eine Richard-Strauss-Gesellschaft zu gründen, dann muß sie finanziell auf einer soliden Basis stehen; schließlich soll mit dieser Gesellschaft etwas erreicht werden.

Und das sieht dann so aus: Der Präsident der japanischen Richard-Strauss-Gesellschaft ist Herr Saji, Chef der größten Alkoholfirma der Welt, Suntory, ein begeisterter Musikfreund, der jedes Jahr als Baß bei der Neunten Symphonie mitsingt. Stellvertretender Präsident ist der Chef der Firma Sony, Herr Ohga, der in Wien Gesang studiert hat. Jedes Jahr einmal, in der Zeit meines Japan-

Aufenthalts, ist Mitgliederversammlung. Eine Selbstverständlichkeit, daß diese Herren, beide Topmanager in ihrem Land, persönlich an dieser Sitzung teilnehmen. Die Gesellschaft wurde mit einem Startkapital von zweihunderttausend Mark ausgestattet, eine Summe, die sich inzwischen verdreifacht hat – Zahlen, von denen man hierzulande nur träumen kann. Könnte ich nur einmal in München nach einer Vollversammlung die Mitglieder zu einem Büffet einladen, wie es in Japan selbstverständlich ist!

Der sowjetische Pianist Emil Gilels und ich, herzlich miteinander befreundet, musizierten zwei-, dreimal gemeinsam in Deutschland und Japan. Je älter Gilels wurde, desto häufiger konstatierte er: »Ich will nicht mehr auf Reisen gehen, nirgendwo ist es so schön wie zu Hause! Amerika? Der amerikanische Way of life liegt mir nicht. Aber Tokyo? Sofort!«

Wir musizierten zwei-, dreimal in Tokyo. Auch er sagte: »Wenn es ein Publikum gibt, das volles Verständnis mitbringt – dann in Japan!«

Begegnung mit Akio Morita, einem der Begründer der Sony-Technik. Ich kenne ihn noch aus den sechziger und siebziger Jahren, eine Persönlichkeit außergewöhnlichen Ranges. Heute lebt er zurückgezogen, ist weit über siebzig Jahre alt, hat bei Sony aber immer noch ein wichtiges Wort mitzureden.

Er lud uns einmal zu einem Besuch bei Sony ein. Hunderte von Arbeitern in den gleichen Kitteln, jeder mit einem Namensschild. Auch Morita trug einen solchen Kittel. Nachdem wir die Fabrikationsstätten besichtigt hatten, empfing er uns in seinem Büro und führte uns via Aufzeichnung vor, wie wir gerade sein Werk besichtigt hatten – unsere ganze Visite war von versteckten Kameras mitgeschnitten worden. Ich muß gestehen, daß ich es mit der Angst zu tun bekam. Vermutlich hat Morita alle seine Besucher mit dieser Überraschung konfrontiert – aber es war erschreckend, das Gefühl zu haben, ständig überwacht und kontrolliert zu werden, nicht mehr zu wissen, was man überhaupt noch offen aussprechen kann. Ich kam mir wie in einem Science-fiction-Film vor.

Ein technisches Unikum ist auch Moritas Haus. Nicht nur, daß er ein elektrisches Klavier mit den Originalwalzen, eigenhändig gespielte Aufnahmen von Serge Rachmaninow, Eugène d'Albert, Franz Liszt und Johannes Brahms besitzt, nichts in seinem Haus, vom ersten Schritt über die Schwelle bis zum Abschied, geht ohne Automatik und Knopfdruck. Alle technischen Möglichkeiten Sonys sind in diesem Haus vereinigt.

Was mich am Kabuki fesselt und was man, sicher vergeblich, versuchen könnte, auch in unser Theater einzubringen: Kabuki kommt ohne Dekoration aus. Lichtwechsel gibt es nicht. Szenenwechsel geschehen auf offener Bühne, vorgenommen von schwarzgekleideten Helfern in schwarzen Kapuzen, Gestalten, die man nach zwei Stunden nicht mehr wahrnimmt.

Ich würde die Musik des Kabuki nicht als Orchestermusik bezeichnen. Es handelt sich eher um eine Begleitgruppe, die auf das Stück bezogene, rhythmische Akzente setzt, als notwendigen Bestandteil des Bühnengeschehens.

Ob kaiserliche Hofmusik, ob Gagaku, eine höfisch-symphonische Musik, die sehr schwer verständlich ist – die traditionelle japanische Musik wird generell ohne Notierungen und ohne Aufzeichnungen gespielt. Sie wird in den Familien seit Hunderten von Jahren von Generation zu Generation weitergegeben.

Mit der Intonation in der westlichen Musik taten sich japanische Musiker zunächst schwer, da sie aufgrund ihrer Tradition das diatonische System, wie wir es haben, nicht kennen. Für sie gibt es Achtel-Töne, Zwölftel-Töne, was wir die reine Intonation eines Akkords nennen, genau das soll in der japanischen Musik nicht erreicht werden. Auch die japanischen Instrumente produzieren diese Zwischentöne, das Schillernde des Klangs, während bei uns Sauberkeit des Klangs angestrebt wird. Saubere Intonation war jedenfalls am Anfang meiner Arbeit mit dem NHK-Orchester die größte Schwierigkeit. Ein sauberer Akkord war nur durch präzise Anweisungen zu erzielen, verstanden wurde er damals noch nicht. Heute ist das selbstverständlich.

Ich habe mir aus Japan Schallplatten japanischer Komponisten mit »Western style«-Musik mitgebracht. Stücke, die japanische Instrumente miteinbeziehen, auch Szenenmusiken, ähnlich dem Kabuki...Wenn ich in Japan bin, empfinde ich diese »Begleitmusik« nicht mehr als fremd; wenn ich mir aber hier in Europa diese Platten auflege, fällt mir das Verständnis plötzlich schwer. Andererseits kann man sich in die asiatische Kultur und Kunst so verlieben, daß sie einen auch in Europa nicht mehr losläßt. Ein Teil unserer Wohnungseinrichtung legt dafür beredtes Zeugnis ab. Tugend und Untugend, daß man sich von den exotischen Dingen mehr angezogen fühlt als von naheliegenden einheimischen? Asiatische Kunst ist für mich zum Synonym für Ästhetik, für Schönheit geworden. Die Chinesische Schrift empfinde ich von der Kalligraphie her in ihrer Feinheit und Subtilität als ein aufregendes optisches Ereignis. Die Imaginationskraft, die vom Zen-Buddhismus ausgeht, das japanische Haus, der japanische Garten und wie die Japaner das Problem gelöst haben, auf einer vergleichsweise kleinen Insel zu leben, deren Raum begrenzt ist, wie das Kleine zum Lebensprinzip wird und wie Natur im Minimalismus als Paradies erlebt wird – das alles waren begeisternde Erfahrungen für uns.

Es mag westlichen Ohren lächerlich klingen, aber ein Japaner betritt seine Wohnung nicht mit Straßenschuhen. Hinter dieser »Kleinigkeit« stecken mehr als nur hygienische Gründe. Es ist eine symbolhafte Geste, die signalisiert, daß dieses Zuhause mit der Welt draußen nichts zu tun hat, daß man in das Ich zurückgekehrt ist – Dinge, die selbstverständlich werden, wenn man sie über viele Jahre hin selbst praktiziert.

Eines Tages diskutierten wir mit Zen-Priestern über Fragen der Konzentration in einem Steingarten vor einem Felshang von drei, vier Metern Höhe. Ihm gegenüber stand unter Ahornbäumen eine Bank. Einer der Priester erklärte mir: »Wenn Sie in die eigene Ruhe zurückkehren wollen, setzen Sie sich auf diese Bank und schauen den Felshang dort drüben an. Stellen Sie sich vor, wie dieser Felshang zum Wasserfall wird, der in einen See stürzt...«

Ich nahm keinen Wasserfall wahr, keinen See. Aber nach Minuten der Entspannung, der Konzentration sah ich dann auch, wie vielleicht Hunderte vor mir, den Stein zu Wasser werden. Japanische Erfahrungen...

Jedes Jahr kehren wir in Tokyo in dasselbe Hotel zurück, in eine Art Penthouse im obersten Stockwerk. Auf eineinhalb Meter Breite und etwa acht Meter Länge hat man da einen kleinen japanischen Garten angelegt – vor einem Meer von Steinen und Hochhäusern. Sitzt man im Zimmer und schaut hinaus auf den Garten, überkommt einen das Gefühl völliger Zurückgezogenheit, und man vergißt, daß man sich in einer Zwölf-Millionen-Stadt aufhält. Dieses Leben-Müssen mit der Natur, dieses Leben-Können auf kleinstem Raum kann man nur bewundern. Sicherlich kommt eines dazu: Die musikalischen Aufgaben, die mich in Japan erwarten, als Dirigent und als Kammermusiker, fordern mich fast mehr als hier in Europa, denn die japanischen Gastgeber packen in meinen Aufenthalt ein Programm, das von Konzerten über Einweihungen bis zu Plattenaufnahmen reicht. Doch obwohl es so ist, erhole ich mich in den vier Wochen Japan, denn ich weiß, daß es für mich in dieser Zeit keinen Schreibtisch gibt, keinen weiteren Termin, keinen Anruf, daß es da oder dort brennt, keine drängenden Entscheidungen. Ich kann ruhig und konzentriert arbeiten. In der Millionenstadt Tokyo finde ich etwas, was sich in München nur mit größter Anstrengung herstellen läßt. Dies mag auch damit zusammenhängen, daß das japanische Naturell meinem persönlichen Naturell sehr entgegenkommt. Ich liebe den geordneten Tagesablauf, die Disziplin, das Einhalten von Terminen, die Genauigkeit, die japanische Einstellung zum Leben...

Als wir 1964 nach Japan kamen, gab es praktisch nur japanische Beschriftungen. In den folgenden zehn, fünfzehn Jahren bemerkten wir, wie an U-Bahnstationen, in Hotels, an Cafés und Kaufhäusern japanisch-englische Doppelbezeichnungen kontinuierlich zunahmen. Heute ist festzustellen, daß die englische Schrift allmählich wieder verschwindet, selbst in den großen Kaufhäusern hängen Orientierungstafeln überwiegend in Japanisch.
Trotzdem: Der asiatische Raum öffnet seine Ohren. Was befähigt die Japaner, die westliche Musik und die westliche Kultur mit intensiver Nachholgeste aufzunehmen, zu verstehen und zu verarbeiten, ohne dabei ihr eigenes kulturelles Gesicht zu verlieren? Ich weiß es nicht. Aber ich sehe es als eines der größten Ereignisse der Musikge-

schichte an, daß sich ein ganzes Volk, ein ganzer Kulturkreis mit einer völlig andersgearteten Tradition konfrontiert und sie aufnimmt. In der Musikgeschichte ist dies ein ungeheures, noch nie dagewesenes Phänomen.

10. KAPITEL

München

»Ich möchte, daß Sie nach München kommen!«
Rennert und das geliebte Haus

München, die Stadt meiner Geburt, war nicht vorgesehen im Konzept dieser Jahre, denn als ich 1947 München verließ, um in Augsburg anzufangen, dachte ich nicht daran, in München je wieder heimisch zu werden. Ich wollte Dirigent werden; ich wollte die Unabhängigkeit und Entscheidungsfreiheit einer Position erreichen, wie Hans Knappertsbusch und Clemens Krauss sie besaßen. Sollte dies nicht möglich sein, hätte ich diesen Weg überhaupt aufgegeben. Mit München aber hatten die Überlegungen nichts zu tun.

Als Joseph Keilberth Chef der Hamburger Philharmonie war und von Günther Rennert das Angebot erhielt, als GMD nach München zu kommen, sagte er mir: »Wenn ich nach München gehe, muß ich die Hamburger Position aufgeben – die Oper in München und das Orchester in Hamburg, das ist nicht zu schaffen!«

Dem Orchestervorstand erklärte er, wie er mir später erzählte: »Ich verlasse Hamburg nur, wenn es euch gelingt, einen Nachfolger zu finden, der die Arbeit mit dem Orchester in meinem Sinn fortsetzt – für mich ist das Wolfgang Sawallisch!«

Der Orchestervorstand erfüllte ihm diesen Wunsch. Und bei der »Amtsübergabe« scherzte Keilberth: »Wenn ich mal in München nicht mehr mag, werden Sie auch in München mein Nachfolger!«

»Kein Weg! Ich bin Münchner, und Sie kennen ja die Geschichte vom Propheten im eigenen Land!« sagte ich.

Aber wenigstens eine Gastinszenierung sollte ich in München machen, schlug mir Günther Rennert vor, als er Chef in München wurde. »Ich würde gern mit Ihnen zusammenarbeiten...«

1968 brach Joseph Keilberth im zweiten Akt der Münchner Festspielaufführung des »Tristan« zusammen – an beinahe der gleichen Stelle, wie vor ihm Felix Mottl – und starb noch am Pult. Die genaueren Umstände erfuhr ich später von Ingrid Bjoner, die an diesem Abend als Isolde auf der Bühne stand. Die Vorstellung wurde abgebrochen.

Keilberths Tod war ein schwerer Schlag für die Musikwelt. Meine Frau und ich waren in Grassau, als uns die Nachricht erreichte. Es war ein furchtbarer Schock für uns.

Noch am selben Tag rief Rennert an: »Sawallisch, Sie wissen ja, was geschehen ist. Ich würde mit Ihnen gern so bald wie möglich ein Gespräch führen. Ich möchte, daß Sie die Münchner Position als Keilberths Nachfolger übernehmen!«

Technisch gesehen war München für mich kein Problem mehr, denn die großen Opern – wie den »Ring«, »Parsifal«, die Strauss-Werke, Mozart – hatte ich inzwischen dirigiert. Den Grund, warum ich Hartmanns Angebot nicht hatte annehmen wollen, konnte ich also nicht mehr ins Feld führen.

Aber sollte ich mir München antun, das in vieler Hinsicht härteste Pflaster nicht nur Deutschlands? Schon beim ersten Gespräch mit Günther Rennert stellte ich klar, daß ich, wenn überhaupt, nicht sofort nach München kommen könnte, denn ich konnte und wollte meine Verträge mit Wien und Hamburg nicht lösen, und es wäre vermessen gewesen, einen dritten zusätzlichen Vertrag abzuschließen.

Ich dirigierte dann in München das Gedächtniskonzert für Joseph Keilberth – ein Akademie-Konzert »in memoriam Joseph Keilberth«, mit dem noch von ihm ausgewählten Programm, der Neunten Symphonie von Anton Bruckner.

Rennert tat alles, um meine ablehnende bis abwartende Haltung zu ändern. Er schaltete einen Salzburger Vermittler ein; auch der damalige Kultusminister Dr. Ludwig Huber versuchte, mich dazu zu bewegen, nach München zu kommen. Ich signalisierte Rennert schließlich, daß dies frühestens 1971 geschehen könnte. Nur so würde ich meine Verpflichtungen in Wien und Hamburg noch erfüllen können. Von der Sache her verliefen unsere Gespräche sehr positiv, und das gab dann den Ausschlag.

1969 unterschrieb ich den Vertrag, der mich verpflichtete, 1971 in München als Generalmusikdirektor anzufangen. Am 31. Dezember 1969 teilten wir in meinem Haus in Grassau der Öffentlichkeit mit, daß wir uns einig geworden seien. Für die Festspiele 1969 machte ich mit Rennert eine Neuinszenierung der »Ariadne auf Naxos«, für die eigentlich Keilberth vorgesehen war. Ich übernahm auch Keilberths »Le nozze di Figaro«.

Im September 1971, nach dem Ende der Opern-Festspiele, nahm ich offiziell meine Tätigkeit in München auf. Ich ging mit gemischten Gefühlen an ein Haus, das für mich als Elfjähriger bereits eine Schlüsselrolle gespielt hatte, für dessen Aufführungen ich nächtelang Schlange gestanden hatte, das ich in seinem Glanz und in seiner Zerstörung erlebt hatte. Ich wußte, welche Nachfolge ich an diesem Haus antrat. Eine reguläre Übergabe, ein Gespräch zwischen Vorgänger und Nachfolger, das war nun alles nicht möglich gewesen. Keilberths plötzlicher Tod hatte mich über Nacht mit einem Angebot überrascht, auf das ich mich vielleicht doch hätte langfristiger vorbereiten müssen.

Kannte ich die Linie wirklich gut genug, die mir in München vom 19. Jahrhundert an bis zum heutigen Zeitpunkt vorgegeben war, von Hans Richter, Hermann Levi, Bruno Walter, Hans Knappertsbusch, Clemens Krauss...? Und auch an Keilberth, einem musikalisch und menschlich verläßlichen Vorgänger am Pult, würde ich gemessen werden.

Andererseits: vielleicht war es auch gut so! Und vielleicht war es – im nachhinein betrachtet – richtig, daß ich mich als erste Premiere auf »Die verkaufte Braut« einließ, ein Stück, das weder deutsches noch italienisches Repertoire, sondern eine Art Sonderfall ist.

Damals war ich nicht sehr glücklich mit dieser Wahl, aber mir kam es vor allem darauf an, die erste Produktion in meiner neuen Position mit Rennert zu machen. Er hatte ebenfalls seine Probleme mit diesem Stück, kam aber – da die »Verkaufte Braut« längst programmiert war – aus dem Zugzwang nicht heraus.

Ich hatte »Die verkaufte Braut« in meiner bisherigen Laufbahn noch nicht dirigiert. Man würde anläßlich dieses Stücks jedenfalls kaum großartige Erkenntnisse über eine neue Sawallisch-Linie gewinnen können. Jenseits dieser Premiere hatten Rennert und ich bereits 1969 festgelegt, was von Verdi, Wagner und Strauss wir in den nächsten Jahren aufführen wollten.

Die erste Neuerung, die ich 1971 durchsetzte, war die Übernahme der Akademie-Konzerte in die Oper. Die bisher sechs im Konzertsaal veranstalteten Akademie-Konzerte brachten immer das Problem mit sich, daß am Abend des Konzerts auch in der Oper eine Veranstaltung über die Bühne zu gehen hatte. Brauchte der Dirigent des Konzerts ein größeres Orchester, mußte entweder für das Konzert oder eben für die Opernaufführung eine Vielzahl von Aushilfen engagiert werden. Schließlich aber konnte man bei zwanzig, dreißig Aushilfen nicht mehr mit Fug und Recht behaupten, hier musiziere das Bayerische Staatsorchester. Ich erhöhte die Zahl der Akademie-Konzerte von sechs auf acht und plazierte sie auf den Tag, der in der Oper von den Besucherzahlen her traditionell der schwächste ist – auf den Montag. Dazu richtete ich die Möglichkeit eines Vorkonzerts am Sonntagvormittag ein.

Rennert war einverstanden, denn die Verlegung der Konzerte in die Oper bedeutete für die Oper eine Entlastung an acht Abenden pro Spielzeit und damit verbunden auch eine gewisse Kostenersparnis.

Wichtig schien mir noch ein anderer Gesichtspunkt: Die Orchestermusiker sollten ein Gefühl für das Nationaltheater als ihr Exklusiv-Zuhause entwickeln, gleichgültig ob sie dort nun Oper oder Konzert spielen. Und im gleichen Atemzug setzte ich mit Nachdruck durch: »Dieses Haus bleibt grundsätzlich Gastorchestern verschlossen, es wird nur vom Orchester des Hauses bespielt!« Als dann später die Bamberger Symphoniker oder das Rundfunk-Symphonieorchester ins Nationaltheater eingeladen wurden, geschah das im Interesse unserer Opernaufführungen, nicht jedoch für Konzerte.

Auch von der Optik her ist das Nationaltheater der schönste Konzertsaal Münchens; wir gingen mit dem Orchester auf die Bühne und konnten auf dem hochgebauten Orchesterplateau weitere zweihundert Plätze schaffen. Ein Konzertsaal mit etwa zweitausendzweihundert Plätzen hat für München die ideale Dimension. Das Ministerium stimmte meinem Konzept zu, obwohl ein Konzert weniger Einnahmen bringt als ein Opernabend. Die Akademie-Konzerte sind bis heute eine Münchner Institution.

Die Verträge für die Mitarbeiter und die Soloverträge tastete ich nicht an. Ich wollte – und das erklärte ich auch Rennert – nicht als neuer Besen durch das Haus fegen, sondern beschloß, die sich zwangsläufig ergebenden Veränderungen in meinem Sinn zu nutzen. Vom Ministerium hatte ich mir für bestimmte Positionen im Orchester, die mir überaltert oder künstlerisch schwach besetzt schienen, fünf sogenannte KW-Stellen (KW = Keine Wiederbesetzung im Fall des Ausscheidens) ausbedungen – um sofort junge, begabte Musiker engagieren zu können, die nach der Pensionierung älterer Kollegen nachrücken konnten. Obwohl ich keineswegs diese fünf Positionen »zusätzlich« ausnutzte, hat der Rechnungshof trotz Zustimmung des Ministeriums, schon drei Jahre später die Rücknahme der Zusicherung gefordert, eine »Empfehlung«, die ohne Rückfrage bei mir in die Tat umgesetzt wurde.

Wir, meine Frau und ich, »fremdelten«, wie man so schön sagt, schon etwas, als wir nach München zurückkehrten. Seit 1953 war unsere Verbindung zu München so gut wie abgerissen. Eigentlich erlebten wir den Wiederaufbau der vierziger und der fünfziger Jahre kaum mit, denn wir hielten uns mehr in Augsburg, Aachen, Wiesbaden, Köln, Hamburg, Wien oder in Grassau auf, wo wir uns 1958 fest niederließen. Münchner Zwischenstationen waren eigentlich nur der Flughafen oder der Hauptbahnhof auf dem Weg von Hamburg nach Wien oder Mailand.

Was in der Stadt geschah, was sich kulturell tat, die Atmosphäre, die Blüte Münchens, hatten wir nicht hautnah realisiert – wir waren fast zwanzig Jahre weg gewesen. Aber als ich dann in die Stadt kam, die ich von den Tagen meiner Kindheit und Jugend her in unvergessener Erinnerung behalten hatte, war das sehr bewegend. Es dauerte nicht lange, und München wurde uns wieder, was es in unserer Jugend gewesen war – selbstverständlich.

Als wir Grundstück und Haus in Grassau, in der Nähe des

Chiemsees, kauften, hatte keiner von uns an München oder an eine GMD-Position in dieser Stadt gedacht – wir schufen uns in Grassau ein Refugium, eine Alternative zum ewigen Hotelleben. Zunächst glaubten wir, wir könnten auf eine Wohnung in München verzichten, dann aber stellten wir schnell fest, daß es unsinnig war, am Tag viermal die neunzig Kilometer München–Grassau fahren zu wollen. Also entschlossen wir uns, in München eine Wohnung als Zweitwohnsitz zu nehmen. Ein Vertragsbestandteil war, daß mir der Freistaat Bayern im neu zu erstellenden Betriebs- und Probengebäude am Marstall eine Penthouse-Wohnung zur Verfügung stellen sollte. Ihre Größe war genau festgelegt, es war sogar ausgehandelt worden, wieviel mich diese Dienstwohnung kosten würde. Das Betriebs- und Probengebäude wurde bis heute nicht gebaut. Wir nahmen uns in Opernnähe eine kleine Wohnung, weil wir dachten, wir kämen in München mit einem Provisorium durch, schließlich würde unser regulärer Wohnsitz Grassau bleiben. Allmählich aber sahen wir ein, daß auch das nicht praktikabel war. Wir mußten uns in München wieder richtig etablieren, mußten wieder richtige Münchner werden, und wir sind es auch geworden. Grassau ist nur neunzig Kilometer entfernt von München, aber ich bin im Jahr öfter in Tokyo und Mailand, Paris und Rom – als in Grassau.

Meine Eltern waren längst tot, als wir unser zweites Leben in München begannen. Mein Vater war kurz nach dem Krieg an einem Gehirntumor gestorben, der vom heutigen Stand der Medizin aus hätte operiert werden können. Meine Mutter überwand seinen Tod nur schwer und überlebte ihn nur wenige Jahre; sie starb während meiner Zeit in Aachen.

Aufgrund welcher vorangegangener Erfahrungen entzieht sich meiner Kenntnis, doch Günther Rennert war ein Intendant, der anfangs nur sehr schwer davon zu überzeugen war, daß auch von Mitarbeitern produktive Impulse, Vorschläge und Gedanken ausgehen können. Die Oper lebt nicht zuletzt von der Musik, und ich war bei aller Verehrung für das Regietheater, für das Rennert ein entschiedener Wegbereiter war, der Ansicht, daß die Vorstellungen des GMD in alle Entscheidungsprozesse einbezogen werden sollten. Rennert war zunächst nicht bereit zu akzeptieren, daß ich von Besetzungsvorschlägen bis zum Probenplan über viele Jahre Erfahrungen gesammelt hatte, die ich ihm jetzt gerne zur Verfügung gestellt hätte. Über den ersten Monaten unserer Zusammenarbeit lag deshalb seinerseits eine merkwürdige Zurückhaltung. Über Förmlichkeiten wie »Herr Dr. Rennert« und »Herr Professor Sawallisch« kamen wir nicht hinaus. Er konsultierte und informierte mich zwar in allen Fragen, wie es Pflicht und Anstand erforderten, aber er bezog mich nicht in seine Überlegungen mit ein.

Heute sitzt in meinem Vorzimmer die Sekretärin, die auch in Rennerts Vorzimmer saß, eine phänomenale Künstlerin, wenn es darum geht, den Chef abzublocken. Es ist mir oft nicht gelungen, das Hindernis dieser Sekretärin zu überwinden und zum Intendanten vorzudringen. Einige Zeit später, als ich ihn schon wie das ganze Haus einfach »Doktor« und er mich »Sawallisch« nannte, erzählte ich ihm von meinen anfänglichen Vorzimmerproblemen: »Wissen Sie, Doktor, es ist schon sehr schwer für mich, ich komm' einfach nicht über Ihr Vorzimmer hinaus!«

»Was sagen Sie da? Gibt's doch gar nicht!« Er zeigte sich ganz erbost, daß man mir den direkten Weg zu ihm versagt hatte... Nach und nach entwickelte sich eine geradezu ideale Zusammenarbeit.

Keilberth war in der Zeit in München, in der das Haus wieder aufgebaut wurde. Ich mußte nun leider feststellen, daß er sich für entsprechende Probenräume nicht konsequent genug eingesetzt hatte, vielleicht weil er – wie lange Zeit auch ich – davon ausging, das vorgesehene Probengebäude auf dem Marstall werde noch errichtet. Wie dem auch sei, unter seiner musikalischen Direktion war der ganze musikalische Opernapparat – Keilberth fungierte gleichzeitig noch als Chef der Bamberger Symphoniker, die sein Konzertorchester waren – mehr oder weniger eine Sache der Intendanz geworden. Rennert fürchtete, daß ich in dieser Hinsicht anders als Keilberth dachte. Mit Recht, denn ich war entschlossen, meine Kompetenzen auszuschöpfen. Es dauerte eine ganze Weile, bis er einsah, daß mir diese Dinge tatsächlich am Herzen lagen, ich meine Position aber nicht so ausspielen würde, daß es zwangsläufig zu ernsthaften Differenzen kommen mußte. Aus der Distanz am Beginn unserer Zusammenarbeit entwickelte sich im Lauf der Jahre eine tiefe Freundschaft. Die Rennerts besuchten uns in Grassau, wir besuchten die Rennerts in ihrem Haus in Krailling. Ich erinnere mich, wie ich einmal einen ganzen Wagen voll Holz in die Oper fuhr – Rennert hatte geklagt, das Brennholz sei ihm ausgegangen –, und wir veranstalteten nach einer Opernvorstellung Kofferraum an Kofferraum die große Holzübergabe.

Ich war begeistert von Rennerts Musiktheater. Rennert galt als oberstes Gesetz immer der Primat der Musik. Immer ging er in erster Linie von der Struktur eines Stückes aus. Er besaß das richtige Gefühl dafür, wie es zu aktualisieren war, ohne seine Grundsubstanz zu zerstören. Auch die Präzision, mit der er Proben leitete, beeindruckte mich.

Er ließ keine Vorstellung aus, die ich dirigierte. Oft schob er nach der Vorstellung einen Zettel unter meiner Studiotür durch, um mir zu sagen, wie ihm der Abend gefallen hat. Neue Werke wollte er schließlich nur noch mit mir herausbringen. Auch wenn es nur um die Besetzung einer Barbarina in »Le nozze di Figaro« ging – stets bezog er mich ein, fragte mich nach meiner Meinung, besprach mit mir auch die ganze Langzeitplanung.

Eines Tages saßen wir oben in seinem Büro, und er teilte mir etwas mit, was mich wenig fröhlich stimmte: »Sawallisch, Sie sind der erste, der es erfährt: Wenn ich mein fünfundsechzigstes Lebensjahr erreicht habe, am 1. April des Jahres 1976, lege ich hier das Zepter nieder. Nicht einen Tag länger werde ich Intendant dieses Hauses sein...«

Das Klima in der Oper selbst war für seine Entscheidung sicher nicht ausschlaggebend, denn im Haus wird Rennert, der ein großer Intendant war, heute noch verehrt: als ein Chef, der seine Ideen mit einer weichen Linie durchsetzte und Verständnis bewies für die Wünsche von Mitarbeitern und Sängern. Bei privaten Exkursen allerdings blieb er unerbittlich. Er dachte und handelte für das Haus und erwartete dies auch von jedem anderen.

Hintergrund seines Entschlusses, mit fünfundsechzig Jahren aufzuhören, war sein Wunsch, nicht nur in München, sondern in der ganzen Welt – an der Met, in London, in Wien, in Salzburg, in Glyndebourne, in Mailand – inszenieren zu können. Er war ein international renommierter und gefragter Regisseur, von zehn Angeboten hatte er wegen seiner München-Intendanz acht absagen müssen. Ich weiß nun aus eigener Erfahrung, was es bedeutet, fest mit einem Haus verbunden zu sein. Mitbestimmend mögen aber auch gesundheitliche Gründe gewesen sein, denn Rennert hatte immer schon unter Asthma zu leiden. Und dafür ist das Münchner Klima Gift.

An diesem Tag jedenfalls führte er aus: »Wissen Sie, Sawallisch, ich will mich nicht länger mit den Pflichten eines Intendanten herumschlagen, die mich künstlerisch nicht ausfüllen. Ich möchte in den letzten Jahren meines Lebens all das tun, was mich wirklich bewegt. Und in München kann ich gar nicht so gut sein wie in New York oder Mailand, denn wenn ich in meinem eigenen Haus inszeniere, muß ich, da ich den Betrieb und seine Möglichkeiten kenne, Kompromisse machen, die ich an anderen Häusern nie eingehen würde. Dort kann ich kompromißlos fordern, was ich für richtig erachte – wie das jeweilige Haus das dann löst, ist nicht mein Problem. Unsere Gastregisseure werden von uns ja auch wie Könige behandelt, und wir tun alles, um ihre Wünsche so weit wie möglich zu erfüllen – selbst unter Verzicht auf eigene Probenzeiten! Jedenfalls bin ich entschlossen, als freischaffender Regisseur zu arbeiten. Sie sind der erste, mit dem ich über das alles spreche, denn Ihr Vertrag reicht über meine Zeit hinaus. Sie sind also zuvorderst von meinem Entschluß betroffen... Mein Vorschlag: Warum übernehmen Sie nicht auch noch die Intendanz? Sie kennen doch jetzt das Haus seit Jahren.«

Rennerts Idee zündete nicht bei mir. Damals sah ich keine Möglichkeit, die beiden Positionen zu vereinen: Ich hatte Konzertverpflichtungen, ich hatte die Position in Genf als Chefdirigent des Orchestre de la Suisse Romande, und ich war glücklich über die Zusammenarbeit mit einem Intendanten, den das Prinzip leitete: »Sie brauchen sich nicht um den Verwaltungskram zu kümmern, ich kümmere mich nicht um den musikalischen Apparat!«

Denn nach unseren anfänglichen Berührungsängsten brauchte ich nur einen Wunsch auszusprechen, und Rennert erledigte ihn. Andererseits kam er zu mir und fragte um Rat, wenn zum Beispiel ein Gastdirigent acht Orchesterproben forderte, ihm aber sechs

Proben mehr als genug erschienen. Er vertraute mir, ich vertraute ihm. Wenn schnelle Entscheidungen notwendig waren, wenn ich irgendwo einen Sänger hörte, den ich engagieren wollte, aufgrund meiner Position aber eigentlich selbst nicht engagieren durfte – nicht ein einziges Mal hat sich Rennert nicht mit dem identifiziert, was ich vorschlug bzw. entschieden oder zugesagt hatte, ohne ihn zu fragen. Seine Devise war: »Wenn es mein Musikchef so sieht, ist es so!«

Diese Art von Respekt und Zusammenarbeit schlug sich im ganzen Haus nieder. Das Personal wußte ganz genau, wenn Rennert einmal einen Urlaubswunsch abgelehnt hatte, wäre es sinnlos gewesen, es damit bei mir zu versuchen. Selbst wenn wir uns nicht abgesprochen hatten, wußte jeder im Haus, daß Rennert und Sawallisch ihre gegenseitigen Entscheidungen hundertprozentig respektierten und nicht auseinanderzudividieren waren.

Es kam zwischen uns nicht ein einziges Mal zu einer ernsten Konfrontation. Auch nicht, wenn es um Neuinszenierungen ging. »Gefällt es Ihnen, wie ich das Quartett gestellt habe?« – »Mir wäre es lieber, sie könnten etwas dichter beieinander sein!« Und so geschah es, denn Rennert wußte, daß ich im Sinne der Musik argumentierte. Oder ich schlug Rennert vor: »Lieber Doktor, den Chor können Sie irgendwo da hinten hinstellen, die drei Einsätze kommen auch so, davon bin ich überzeugt!« – »Großartig! Danke!« Und er inszenierte den Chor dann ganz nach eigenem Gutdünken. Wir ergänzten uns ideal.

»Lügen! Lügen!«
Konflikte und ihre Lösung

Ich hatte auf Günther Rennerts Vorschlag, die Intendanz zur GMD-Position mitzuübernehmen, mit einem »Da sei Gott vor!« reagiert, trotzdem aber informierte Rennert das Ministerium von seinen Nachfolgervorstellungen.

Man bat mich zu einem Gespräch: »Sie sind ja informiert über die Absichten Dr. Rennerts!« erklärte man mir.

»Das bin ich...«

»Wir glauben, daß es nicht möglich ist, für Dr. Rennert auf die Schnelle einen Nachfolger zu finden, der nahtlos an Rennert anschließen könnte...«

Mein erster, auf 1976 befristeter Vertrag war noch vor Rennerts Entschluß bis 1978 verlängert worden. Ich war also auf jeden Fall länger an München gebunden als Rennert.

»Wären Sie bereit, ein Interimsjahr als Intendant zu machen, damit wir mehr Zeit und Spielraum für die Suche eines Rennert-Nachfolgers haben? Wir müßten sonst unter Zeitdruck handeln, was nicht im Interesse des Hauses wäre.«

Ich erklärte mich zu diesem Interimsjahr bereit. In einem Vier-Augen-Gespräch mit Rennert äußerte ich folgenden Wunsch: »Ich möchte Sie bitten, sich nicht schon ab 2. April 1976 als ›Freiherrn‹ zu betrachten, ich möchte Sie bitten, bis zum Ende der Opern-Festspiele Ende Juli zu bleiben!«

Rennert erfüllte mir diesen Wunsch, mischte sich jedoch in die Gesamtdisposition der Spielzeit 1976/77 nicht mehr ein. Sie lag bereits ganz in meinen Händen. Als letzte Vorstellung wünschte sich Günther Rennert Verdis »Falstaff«. Mit der Schlußfuge »Alles ist Spaß auf Erden« wollte er sich von München verabschieden. Nach der Vorstellung trat er auf die Bühne des Nationaltheaters und hielt eine Rede, in der er mein Interimsjahr ankündigte.

Da ich dem Ministerium zu verstehen gegeben hatte, daß ich wirklich nur für dieses eine Interimsjahr als Intendant zur Verfügung stehen würde, kam es sehr schnell zu Verhandlungen mit einigen Bewerbern um die Rennert-Nachfolge...

Das Interimsjahr war ein schönes Jahr. Eine meiner Bedingungen war der Verzicht auf jede Unterschriftsvollmacht gewesen, denn ich wollte in dieser Zeit auf keinen Fall als Vertragspartner auftreten. Ich sah es von Anfang an als künstlerische Übergangslösung. Ich entschied über Regisseure, Stücke, Sänger usw., die Verwaltung aber hatte sich um die Verwaltung zu kümmern. Auf keinen Fall wollte ich zu Spekulationen Anlaß geben; um keinen Preis wollte ich den Eindruck erwecken, mich als Interimsintendant in die Intendantenposition hineinzudrängen. Und die Zusammenarbeit mit dem damaligen Verwaltungsdirektor war ausgezeichnet.

Wir hatten eine sehr schöne Spielzeit, in der ich erstmals Rudolf Noelte und Peter Beauvais als Regisseure an die Münchner Oper holte. Birgit Nilsson und Dietrich Fischer-Dieskau standen zum erstenmal gemeinsam in »Frau ohne Schatten« auf der Bühne. Ich setzte einige neue Akzente, auch was die Verpflichtung von Dirigenten betraf, die bisher nicht in München dirigiert hatten. Die Frage, wer ab 1977 Intendant der Staatsoper werden würde, hatte sich inzwischen geklärt.

Es kam zu einem merkwürdigen Start. Der neue Intendant August Everding wird sich sicher gründlich mit den Verträgen seiner engsten Mitarbeiter beschäftigt haben, auch mit meinem. Falls er es tat, wovon ich ausgehe, hätte er meinem Vertrag entnehmen müssen, daß ich verpflichtet war, mindestens zwei Premieren pro Spielzeit an dem Haus zu leiten, und zwar zwei Premieren meiner Wahl.

Noch gar nicht in München anwesend, traf er bereits seine Dispositionen. Er sah Engagements offenbar unter ganz anderen Gesichtspunkten. Für ihn war das Startheater die Basis. Rennert und auch ich in dem einen Interimsjahr – ich hatte nach Rennert künstlerisch und verwaltungstechnisch das leichtere Erbe angetreten – wollten das Haus nicht völlig auf Startheater abstellen. Auch wir engagierten populäre Namen – ein Karl Böhm dirigierte, ein Placido Domingo sang in München in der Rennert-Ära –, lehnten aber die Form des aufgeputzten Starallüren-Theaters ab. Wenn wir Placido Domingo engagierten, dann für drei, vier Vorstellungen: Er gehörte während seines Aufenthalts wie selbstverständlich zum Haus und fungierte nicht als eine Art Galastar.

Später wurde es oft so dargestellt, als habe 1977 das Haus eine Aufbruchstimmung zu neuen Ufern ergriffen. Das ist nicht richtig. Es wurde nur propagandistisch effektvoll so verkündet. Neue Fakten wurden 1977 nicht geschaffen.

Erster Dissenspunkt war, daß für die Spielzeit 1977/78 ein Spielplan erstellt wurde, in dem der Name Sawallisch nicht auftauchte. Das einzige, was ich zu hören bekam: »Ich hab' gestern ein Gespräch mit Karl Böhm gehabt. Sie haben doch sicher nichts dagegen, daß er im Januar den neuen ›Fidelio‹ herausbringt?!«

»Was soll ich dagegen haben? Wenn einer der größten Dirigenten unserer Zeit an der Münchner Oper dirigiert, wirft das doch nur ein positives Licht auf den Generalmusikdirektor! Ich frage mich nur, warum Sie« – dies als Beispiel für viele Vorgänge dieser Art gesagt – »ausgerechnet den Januar für Böhms ›Fidelio‹ vorgesehen haben, denn *ich* war bisher davon ausgegangen, und darüber gibt es ja auch einen Schriftwechsel, daß wir im Januar eine gemeinsame Premiere herausbringen. Ich habe mir deshalb diesen Januar ausschließlich für München reserviert!«

»Ja, ja, ja! Ich weiß. Aber Herr Böhm kann nicht anders, er kann nur im Januar!«

»Also gut!«

Das nächste Mal hieß es dann, er habe mit Lorin Maazel dieses und mit Carlos Kleiber jenes abgesprochen. Ich hatte nichts dagegen, doch mehr als eben nichts dagegen zu haben, war mir bald nicht mehr möglich. Ich durchschaute relativ schnell das Spiel, denn hätte ich zum Beispiel gesagt: »Warum fragen Sie eigentlich nicht mich, ob ich Lust hätte, die Wiederaufnahme einer in Rennerts und meiner Zeit erarbeiteten ›Rosenkavalier‹-Inszenierung zu übernehmen?«, dann hätte ich am nächsten Tag in der Zeitung lesen können: Sawallisch verhindert, daß dieser oder jener Dirigent nach München kommt.

Plötzlich jedenfalls war die Spielzeit voll durchdisponiert und außer der zweiten Festspielpremiere 1978 (»Lohengrin«) war kein Freiraum mehr für die vertraglich festgeschriebene zweite Premiere vorhanden. Mit Müh und Not wurde Ende Februar mit nur drei Wochen Vorbereitungszeit eine »Cosi fan tutte« eingeschoben, um schnell noch meine Vertragsansprüche zu erfüllen.

Eines Tages traf ich Karl Böhm in Rom im Hotel »Hassler«. Er gab bei der RAI, ich bei der Santa Cecilia ein Konzert. Von Hamburg her hatten wir ein sehr gutes Verhältnis, denn Böhm war wie Pierre Monteux, Ernest Ansermet, John Barbirolli und Hans Knappertsbusch als Gastdirigent bei mir in Hamburg gewesen.

»Sehr schön, Herr Doktor, daß Sie nächstes Jahr nach München kommen...«

»August Everding hat mich eingeladen, den ›Fidelio‹ zu machen. Freut mich sehr...«

»Auch mich freut es, daß Sie nach München kommen, wenn ich

es auch bedauere, daß ich dadurch Probleme mit meinem eigenen Premierentermin habe...«
»Wieso denn das?«
»Vor langer Zeit schon bat ich August Everding, den Januar für München zu reservieren. Aber bitte – Sie haben ja nur im Januar Zeit, also ist es gut so!«
»Wer sagt das?! Ich kann genauso gut im Februar oder im März! Wer sagt das, daß ich nur im Januar kann?«
»August Everding behauptet, Sie könnten nur im Januar!«
»Lügen! Lügen!«

Es waren schwere Jahre. Ein Glück aber war, daß noch viele Werke auf dem Spielplan standen, die ich zusammen mit Rennert erarbeitet hatte, der »Ring«, »Don Giovanni«, »Figaro«, »Die schweigsame Frau«, »Falstaff«, »Der Mantel« und »Gianni Schicci«, »Antigone«, »Ariadne auf Naxos« – Inszenierungen, die mir als Münchener Theaterereignisse ans Herz gewachsen waren.

Rennerts früher Tod wies mir eine Bewahrer-Funktion für diese Werke und für diesen Weg des Musiktheaters zu. Und ich konnte mich aus meiner Spielzeit heraus an die von Peter Beauvais inszenierte »Arabella« halten. Zwölf Opern, die mich von Spielzeit zu Spielzeit begleiteten. Die wieder vergegenwärtigte Erinnerung, die immer wieder erneuerte Begegnung mit diesen Bühnenwerken ließ mich die Jahre zwischen 1977 und 1982 leichter überstehen. Ich begriff, daß eine produktive Zusammenarbeit, wie ich sie bei und mit Günther Rennert gehabt hatte, nun nicht mehr möglich war.

Wir brachten »Tristan«, »Meistersinger« und »Zauberflöte« und im Cuvilliéstheater Peter von Winters »Labyrinth« heraus, aber es fällt mir schwer, hier von einer auf das Musiktheater ausgerichteten »Zusammenarbeit« zu sprechen. Es war eine Arbeit des Regisseurs. Und es war eine Arbeit des Dirigenten. Es war ein Nebeneinander... Oft kam ich abends nach Hause und überlegte, ob ich das Handtuch werfen sollte.

Basierend auf den Erfahrungen dieser Jahre begann ich mich dafür zu interessieren, wie unter Bruno Walter, Hans Knappertsbusch und Clemens Krauss die GMD-Kompetenzen in München geregelt worden waren. Ich ließ mir die Verträge heraussuchen und gewann hochinteressante Einblicke. Ich stellte nämlich fest, daß die Befugnisse des Bayerischen Generalmusikdirektors immer sehr weitgehend waren. Neben dem Hamburgischen, dem Preußischen und dem Sächsischen zählte der Bayerische Generalmusikdirektor zu den wenigen offiziellen GMD-Positionen, die es vor dem Zweiten Weltkrieg in Deutschland gab. Es waren – Beamten gleichgesetzt – versorgungsberechtigte Positionen.

Die Kompetenzen eines Bruno Walter, Hans Knappertsbusch und Clemens Krauss waren die eines sogenannten Operndirektors. Es gab auch zu ihren Zeiten eine Intendanz und eine Generalintendanz. Der jeweilige GMD war jedenfalls automatisch der Operndirektor des Hauses, er verantwortete die Engagements der Sänger, gestaltete den Spielplan usw. Erst in der NS-Ära wurde die Operndirektion mit der Intendanz gleichgeschaltet, und Clemens Krauss wurde Intendant und Musikalischer Leiter...

1979/80 stand ich vor der Frage, ob ich meinen 1982 auslaufenden Vertrag verlängern sollte oder nicht. Man führte ein Gespräch mit mir. Man sprach auch mit August Everding. Man bat mich, meinen Vertrag zu verlängern. Ich sagte: »Ich denke nicht daran, in München zu bleiben. Die Voraussetzungen sind hier nicht so, wie ich sie mir vorstelle, wie sie sich aufgrund der GMD-Position darstellen und wie ich sie als absolut notwendig erachte...«

Einige der Probleme, die mir seit Jahren das Leben schwermachten, kamen jetzt endlich einmal ans Tageslicht... Es wurde – viele Zwischenstationen nun übersprungen – vorgeschlagen, die Generalintendanz neu einzuführen und die Leiter der drei Häuser zu Direktoren zu machen. Ich sollte Generalmusikdirektor und Staatsoperndirektor in Personalunion werden. Im Kultusministerium kam es zu drei dreistündigen Gesprächen, in denen versucht wurde, einen Weg zu finden, der August Everding und mich in München hielt. Gesprächsteilnehmer waren der Kultusminister Prof. Dr. Hans Maier, August Everding und ich.

Nach der ersten Sitzung erklärte ich kategorisch, nicht länger in München bleiben zu wollen, und teilte dies dem Ministerium auch schriftlich mit. Von höchster Ebene kam dann offenbar die Weisung, daß man auf jeden Fall versuchen sollte, mich zu halten. Überdies sollte nicht nach außen dringen, in welchem Maß persönliche Gründe für meinen Entschluß bestimmend waren.

Nicht, daß es in der Arbeit Intendant/GMD zum Aufeinanderprall gekommen wäre. Es gab nie offen Streit. Wir hatten uns eine direkte Telefonleitung legen lassen, um uns nicht immer über die Vorzimmerdamen erreichen zu müssen. Dies geschah aufgrund eines Vorschlags von mir, um manche Fragen direkt, schnell und sozusagen privat klären zu können. August Everding stimmte freudig zu. Ein Kabel wurde installiert, über das wir ohne Zeugen miteinander sprechen konnten.

In den fünf Jahren wurde dieses Telefon von seiner Seite ein einziges Mal benutzt: mit der Frage, ob das Neuengagement eines Chauffeurs auch meine Zustimmung fände. Für eine vakante Position hatte sich ein Fahrer beworben, sich bei ihm und bei mir vorgestellt, und jetzt mußte entschieden werden. Während ich dieses »Rote Telefon« des öfteren benutzte, läutete es bei mir nur dieses eine Mal...

Mein Entschluß, nicht in München zu bleiben, war klar und stark gewesen. Die Gewißheit und die Zufriedenheit, daß damit die Auseinandersetzung endlich zu Ende wäre, hatte wie eine Befreiung auf mich gewirkt.

Und doch hatte es auch Fragezeichen gegeben: Sollte ich nach elf Jahren München, nach beglückender Arbeit mit dem Orchester, nach all der investierten Kraft und Energie alles aufgeben, nur weil mir die Arbeit mit einem charakterlich anders gelagerten Menschen nicht so zusagte? Liegt es letztlich vielleicht doch auch an mir? Hätte ich noch mehr Verständnis aufbringen müssen? Hätte ich mich noch mehr in Verzicht üben müssen?

Dann die Zweifel, ob es sinnvoll wäre, unter unwürdigen Umständen die Stadt zu verlassen und die Flinte ins Korn zu werfen? Die Zweifel, ob es richtig und vertretbar wäre, das Feld einfach zu räumen, ohne alle Versuche unternommen zu haben, die Dinge zum Positiven zu wenden? Sollte ich mich von München mit einem Hinter-mir-die-Sintflut-Gefühl verabschieden? Ich ging in die nächste Runde und versuchte meinem Gegenüber klarzumachen, was mich bewegte und um was es eigentlich ging. Nach der dritten Runde in der dritten Stunde zwischen den drei Gesprächspartnern einigte man sich auf der Basis der Generalintendanz für August Everding und der Operndirektion für mich.

Als dieses Angebot dann formuliert wurde, konnte ich kaum noch nein sagen...

Wie es letztlich dazu kam, welche Worte fielen, die dieses Gespräch bestimmten, darüber möchte ich heute noch schweigen.

Nach der letzten der drei Sitzungen kam ich also mit einem Ergebnis nach Hause. Ich war nicht glücklich. Ich wußte, daß die vereinbarte Lösung nicht alle Probleme lösen konnte. Die Zeit danach bewies es...

Ich erzählte meiner Frau, worauf wir uns geeinigt hatten. Um ihren zu erwartenden Einwänden von vornherein den Wind aus den Segeln zu nehmen, erklärte ich ihr – was den Tatsachen entsprach –, daß das Arrangement Generalintendant/Staatsoperndirektor bereits verbindlich besiegelt sei.

Ich wußte, was Mechthild dachte. Ich konnte ihre Gedanken lesen, denn es waren in der Konsequenz auch meine Gedanken. Ich werde nie vergessen, was sie schließlich sagte: »Wie immer du entscheidest, ist es mir recht, denn es ist deine Arbeit und deine Entscheidung. Wenn du sagst, du willst in München bleiben, werde ich bei dir in München bleiben; wenn du sagst, du willst München verlassen, werde ich dich begleiten, wohin du auch gehst. Wie immer du entscheidest, ich werde neben dir sein und dich in deinen Entscheidungen unterstützen. Aber du weißt schon, daß durch diese Situation von vornherein unlösbare Schwierigkeiten programmiert sind.«

»Das ist mir klar!« sagte ich.

Beobachtung, Empfindung, Kritik
Meine Frau Mechthild

Ohne die Hilfe meiner Frau wären mir die Bewältigung und Erfüllung der Aufgaben, die ich mir gestellt habe, nicht möglich. Seit beinahe fünfzig Jahren verbindet uns eine wunderbare, selbstverständliche und unproblematische Harmonie – auch in künstlerischen Fragen.

Ich erwähnte bereits: Ihr Vater war Orgelbaumeister. Sie wurde sehr früh mit vielen Aspekten der Musik konfrontiert. Sie kommt aus einem Haus, in dem die Professoren der Musikhochschule ein und aus gingen. Die Musik war es auch, die uns zusammengeführt hat. Mechthild opferte ihre Karriere unserer Liebe. Sie gab ihr Gesangsstudium und ihr eigentliches Lebensziel, Sängerin zu werden, für mich auf. Sie besaß einen lyrischen Sopran, der so schön war, daß es kaum noch einer Gesangsausbildung bedurfte. Sie hatte eine ideale Naturstimme, die durch Unterricht nur noch in die richtigen technischen Bahnen gelenkt werden mußte. Timbre, musikalische Gestaltungsfähigkeit und alle die Dinge, die wir an Sängern lieben, waren bei ihr von Haus aus da.

Schon bald nachdem wir uns entschlossen hatten, beieinander zu bleiben, erinnerten wir uns an das Beispiel anderer Künstlerehen und beschlossen, diesen fragwürdigen Vorbildern nicht nachzueifern: Jeder geht seiner Karriere nach, man trifft sich zwischen zwei Terminen am Flugplatz oder am Bahnhof, erkennt sich gerade noch, fragt, wo kommst du her, wo gehst du hin – eine Ehe diesen Stils stellten wir uns nicht vor. Schweren Herzens hat meine Frau – und dies war ein großes Opfer – dann auf ihre Karriere verzichtet, um mir zu helfen, meinen künstlerischen Aufbau zu bewerkstelligen.

Es war die erste Liebe, die uns zusammenführte, auch wenn sich, wie bei manch anderer Verbindung, durch den Krieg bedingte Ereignisse auf unsere Beziehung niederschlugen. Unser Gefühl füreinander, unsere Liebe blieb davon letztlich unberührt. Äußere Umstände konnten uns nicht auseinanderbringen.

Als wir uns dann wiederfanden, hatte sich am Entschluß meiner Frau, ihre Sängerinnenkarriere zugunsten meines Wegs als Dirigent aufzugeben, nichts geändert. Manchmal, wenn wir eine schöne Sopranstimme hören, sehe ich meiner Frau an, wie sie denkt: Das hätte ich vielleicht auch schaffen können, soweit wäre ich auch gekommen!

Von solchen Momenten abgesehen, hat sie, hoffe ich, ihren Entschluß, ihren Beruf aufgegeben zu haben, nicht bereut. Ich kann mir bis zum heutigen Tag ein Leben ohne sie an meiner Seite nicht vorstellen. Sie war als Sängerin eine beinahe perfekte Blattleserin, eine Tatsache, die sehr früh schon dabei half, gemeinsam Klavierauszüge durchzuarbeiten, alles greifbare Notenmaterial einfach einmal herunterzusingen, herunterzuspielen... Viele Werke habe ich erst durch sie und als ihr Klavierbegleiter kennengelernt. Dieses miteinander Musizieren war mir dann als Korrepetitor in Augsburg sehr nützlich. Mechthild konnte mir damals rein fachlich viel helfen. Und sie hatte von vornherein ein sehr fundiertes und gutes Urteil in musikalischen Dingen, ein nicht erlernbares Empfinden für Tempi, für Ausdruck.

Sie hat mich durch alle Höhen und Tiefen dieses Berufs begleitet. Wir haben alles zusammen gemacht, wir haben alles gemeinsam erlebt, wir haben fast jede Reise gemeinsam unternommen, wir teilen die Erinnerung von Jahrzehnten...

Was ich überdies an ihr schätze – auch darüber gab es von Anfang an keine Diskussion: Es wird nie zu einem kritiklosen Zustand zwischen uns kommen; nie werden wir einem Opern- oder Konzertabend völlig unkritisch gegenüberstehen. Natürlich freuen wir uns über einen gelungenen Abend, aber wir reden ganz offen auch über die Aspekte, die vielleicht weniger erfreulich, weniger überzeugend, weniger gelungen waren.

Oft ist es so, daß mir am Pult Dinge auffallen, die aus dem Live-Moment heraus nun einmal nicht mehr änder- und steuerbar sind; die meisten hat auch meine Frau gehört und gesehen. Selbst wenn das Publikum begeistert ist, weiß ich, daß sie meine Arbeit kritisch und mit den richtigen Argumenten begleitet.

Wenn sie mir aber einmal sagt: »Das war großartig!«, dann hilft mir das, meine eigenen quälenden Fragen zu besänftigen. Wenn sogar sie aus voller Überzeugung »Es war gut!« sagt, dann kann ich mich darauf verlassen, daß es wirklich gut war. Manchmal ist es für sie nicht ganz einfach, denn oft ist sie nach einem Konzert oder einer Aufführung die letzte, die mit mir sprechen kann; alles ist dann bereits von anderen gesagt. Doch auch wenn wir oft erst eine halbe Stunde nach einer Vorstellung miteinander reden können: Was *sie* sagt, zählt!

Und wenn sie schweigt, dann weiß ich, daß wir noch am selben Abend, vielleicht auch erst am nächsten Morgen rückblickend diesen Abend besprechen, überdenken, kritisch diskutieren werden.

Wichtig ist: Ihre Kritik verletzt nie, es ist nie eine Kritik im Sinne eines Herumnörgelns. Ihre Kritik ist Beobachtung, Empfindung und Feststellung, die mich bereichert. Sie kränkt nicht, sie beleidigt nicht. Es ist eine Kritik, die ich produktiv nutzen kann. Es ist nicht immer so, daß ich sofort mit einem »Du hast ja recht!« zum gleichen Urteil wie sie komme; immer aber versuche ich herauszufinden, was sie zu ihrem Urteil, zu ihrem Einwand veranlaßt hat.

Heute hilft sie mir enorm, meine jenseits der Doppelfunktion als Theaterleiter/GMD liegenden Verpflichtungen als im öffentlichen Leben stehender Musiker wahrzunehmen. Sie ist auch eine ideale Mitarbeiterin. Sie kennt mich so gut, daß sie genau weiß, was sie ohne mich entscheiden kann, wovon ich nur Kenntnis zu nehmen brauche und was essentiell ist.

Immer wieder erstaunt mich unsere Parallelität in künstlerischen Dingen, wenn es zum Beispiel um zukünftige Projekte, um Konzertprogramme oder um die Tätigkeit auf dem Plattensektor geht...

Manchmal denke ich, ich würde noch als Skat spielender Kapellmeister in Augsburg hocken, wenn sie nicht mit allem Nachdruck meine Aachen-Bewerbung betrieben hätte. Recht hat sie gehabt! Damals, als es um Augsburg oder Aachen ging, aber auch als es um Wiesbaden und Köln, Hamburg und Wien, Bayreuth und München ging...

Ihre Hilfe, ihr Weitblick, ihr Einfluß haben mich nicht ein einziges Mal enttäuscht. Kein Rat von ihr, der nicht meine Arbeit oder mein Glück gefördert hätte. Nicht einmal hätte ich sagen können: »Deine Schuld!«, weil sie mich falsch beraten hätte...

Ich bin ein Mensch, der eher rational als emotional an alle Entscheidungen herangeht. Ich wäge eine definitive Entscheidung oft länger und sorgfältiger ab als meine Frau, die sich eher von Emotionen und Instinkten leiten läßt, weitaus entscheidungsfreudiger ist, aber in neun von zehn Fällen völlig richtig liegt. Ich neige eher zur Vorsicht, sie aber bewies oft das richtige Vertrauen in meine Fähigkeiten und Möglichkeiten. Sie half und hilft mir, meine eigene Reserviertheit zu überwinden und den Weg zu gehen, den ich im Grunde gehen will.

Es ist ein gemeinsames Denken, ein gemeinsames Fühlen. Ein Leben ohne sie kann ich mir nicht vorstellen... Man sagt das oft als

Floskel so dahin, für mich ist es in der Tat so! Es gibt kaum eine Entscheidung, die wir nicht vorher ausdiskutiert haben... Ob ich mir immer ihren Standpunkt zu eigen mache, sei dahingestellt, denn es gibt auch Dinge, die rational und ohne Emotion zu entscheiden sind.

Für mich ist es selbstverständlich, daß sie bei allen meinen Konzerten und Opernaufführungen im Publikum sitzt. Sollte dies einmal nicht möglich sein, weil sie zur gleichen Zeit einen anderen Termin wahrzunehmen hat, vermisse ich sie. Und auch den Solisten geht das so: Ist meine Frau einmal nicht da, fragen sie, warum sie heute nicht in die Garderobe kam, warum sie sie nicht begrüßt hat... Ihre Gegenwart ist für mich wohltuend und beruhigend. Es muß schon ein gewichtiger Grund vorliegen, wenn sie einmal nicht dabei ist. Meine Abende am Pult oder am Klavier bestimmen ihren privaten Terminkalender.

11. KAPITEL

Das Haus

Generalmusikdirektor/Staatsoperndirektor
Vor- und Nachteile einer Doppelfunktion

1952/53 als GMD in Aachen hatte ich meine ersten administrativen Aufgaben zu erfüllen. Alle das Orchester betreffenden Verwaltungsarbeiten lagen in Aachen in Händen des GMD. Ganz zwangsläufig wurde ich deshalb in die Überlegungen der Intendanz mit einbezogen und wußte, wo der Schuh drückte und wie man gewisse Dinge durchsetzt. Über Köln, Wiesbaden, Hamburg und Wien vervollständigten sich meine diesbezüglichen Erfahrungen. Das machte mir den Einstieg in ein großes Opernhaus leichter. Zudem hatte ich in München das Glück, fünf Jahre mit Günther Rennert zusammenzuarbeiten, der ebenfalls vom künstlerischen Bereich her zur Verwaltung gekommen war.

Jeder Theaterleiter, ob er sich nun als Intendant, Direktor oder wie auch immer zu betiteln hat, muß sich mit Problemen befassen, die geradezu lächerlich anmuten. Das reicht von Seife und Seifenspendern in den Toiletten bis zu dem Mißstand, daß sich in der Polstererabteilung die Fenster nicht öffnen lassen, die bei Lackier- oder Spritzarbeiten entstehenden gesundheitsschädlichen Dämpfe nicht entweichen können, aber kein Geld dafür da ist, die in Deckenhöhe angebrachten Entlüftungen in Bodennähe zu installieren, um Dämpfe, die schwerer sind als Luft, abzusaugen. Auch der Abonnent, der sich beklagt, daß ihm gestern, weil ein Sänger erkrankte und der Spielplan kurzfristig geändert werden mußte, anstelle einer Oper ein Ballett vorgesetzt wurde, wird zum Thema des Theaterleiters. Ich kümmere ich um solche Dinge vielleicht nicht direkt, sondern delegiere sie – aber sie kommen zunächst einmal auf meinen Schreibtisch.

Unerläßlich ist, daß man sich als Chef an einem Opernhaus mit den notwendigen Vorbereitungsmodalitäten auf dem musikalischen Sektor auskennt. Wer über diesbezügliche Erfahrungen verfügt, wird von vornherein gewisse Dispositionen unterlassen, die ein mit der Materie nicht so hundertprozentig vertrauter Theaterleiter guten Glaubens treffen würde.

Ein fiktives Beispiel: Ein nicht mit der Musik und ihrer notwendigen Organisation vertrauter Theaterleiter wird vielleicht zwei chorlose Werke nacheinander als Premieren ansetzen, ohne zu bedenken, daß dies nur Sinn hat, wenn unmittelbar anschließend eine besonders komplizierte Choroper wie »Moses und Aron« auf dem Programm steht.

Wenn ich mit den Mitarbeitern den Spielplan mache, dann weiß ich von vornherein, welche Vorbereitungszeit Hans Pfitzners »Palestrina« benötigt, denn ich kenne den Schwierigkeitsgrad des Werks und weiß, ob hier mehr oder weniger Proben als beispielsweise bei »Nabucco« notwendig sind; ich kenne die Partitur von Hindemiths »Cardillac« und weiß, wie viele Proben ich ansetzen muß, um ein optimales Ergebnis zu erzielen. Alles Entscheidungen, die von einiger Wichtigkeit sind, denn es gilt zu beurteilen, wie Ensemble, Chor und Orchester gefordert oder ausgelastet sind. Wenn heute »Lohengrin«, morgen »Boris Godunow« in russischer Sprache, übermorgen »Ballo in maschera« in italienischer Sprache, am vierten Abend »Hoffmanns Erzählungen« in französischer Sprache und am fünften Abend »Carmina Burana« in lateinischer Sprache auf dem Programm stehen, weiß ich, daß dies rein physisch kein Chor bewältigen kann. Auf dem Papier mag das wunderschön aussehen, weshalb sich ein Theaterleiter, der nicht von der Musik her kommt, über die Konsequenzen und die Realisierbarkeit einer solchen Programmfolge vielleicht Illusionen machen wird.

Überlegungen solcher Art lassen sich auch auf die Arbeit mit dem Orchester übertragen: In einer Woche, in der beispielsweise ein »Ring« angesetzt ist, fallen mit Ausnahme von »Rheingold« nur

Doppeldienste an, weil diese Werke fünf oder fünfeinhalb Stunden dauern und ab vier Stunden zwei Dienste berechnet werden, was wiederum bei der Gesamtberechnung der laut Tarifvertrag möglichen Dienste eine große Rolle spielt... Ich kann in diesem Zeitraum also nicht ein weiteres, über vier Stunden dauerndes Stück ansetzen, sonst komme ich zu einer Belastung des Orchesters, die sehr viele Aushilfen notwendig macht. Ich werde als Ausgleich daher verhältnismäßig kurze italienische Opern, eine »Madame Butterfly«, eine »Tosca« oder »La Bohème« wählen.

Alle musikalischen Belange, die in der Oper ja eigentlich von primärer Bedeutung sein sollten, sind meiner Ansicht nach jedenfalls besser bei einem Theaterleiter aufgehoben, der sich auf diesem Gebiet auskennt. Bei stimmiger Planung können Änderungen und Umdispositionen weitgehend vermieden werden.

Ich glaube auch, daß ich bei der Spielplangestaltung, bei der Wahl der Werke, sachkundiger vorgehen kann als ein musikferner Theaterleiter, denn ich weiß, welche Partien aus dem eigenen Ensemble gut, sehr gut oder befriedigend zu besetzen sind. Ich kann entscheiden, wo ich auf das eigene Ensemble zurückgreife und wann ich Gelder für Gäste – einen Heldentenor, einen Heldenbariton – benötige. In der Personalunion Direktor/GMD lassen sich diese Fragen zweifellos leichter lösen, denn eine Zwischenstation entfällt, und die Absprache mit dem Betriebsdirektor erfolgt direkt.

Freude macht in der Personalunion, daß man mit Kollegen, Sängern, Regisseuren oder Bühnenbildnern anders sprechen kann. Wer ein Anliegen hat, weiß, daß er es nicht über zwei oder drei Ecken, sondern ganz direkt mit mir klären kann. Ein Ja von mir ist ein Ja, denn es gibt niemanden, der noch nein sagen könnte.

Ein weiterer Vorteil ist, daß ich in der Auswahl der Stücke vom musikalischen Standpunkt her mehr auf die als »Stars« anerkannten Sänger eingehen kann, auch wenn ich z. B. den Wunschtraum, einen neuen »Tristan« anzusetzen, begraben muß, da es heute weit und breit keinen neuen Tristan und keine neue Isolde gibt, derentwillen sich eine Neuinszenierung lohnte.

In der Zusammenarbeit mit dem Studioleiter am Haus kann ein von der Musik kommender Theaterleiter langfristig beobachten, wo sich z. B. die Stimmen von Sängern mit Anfängervertrag hinentwickeln, welche Partien für diesen oder jenen Sänger schon oder noch nicht zu bewältigen sind, und diese Überlegungen in die Spielplangestaltung einbeziehen.

Es gibt natürlich auch Probleme. An Tagen, an denen ich abends zu dirigieren habe, schließe ich mein Büro mittags um zwei Uhr und stehe für administrative Aufgaben, Besprechungen oder Dispositionsgespräche nicht mehr zur Verfügung. Für den Betrieb bedeutet das manchmal eine Belastung, denn vielleicht müßten gerade an diesem Nachmittag mit Gästen wichtige Verhandlungen geführt werden, die sich nun verzögern oder überhaupt verschoben werden müssen. Laut Vertrag habe ich fünfzigmal im Jahr zu dirigieren, letzten Endes aber werden es dann doch sechzig, auch fünfundsechzig Abende und mehr. An Vorstellungstagen stehe ich dem Haus eben nachmittags nicht zur Verfügung.

Hinzu kommen Proben, Orchesterproben und Bühnenproben für neue Produktionen. Das bedeutet, daß ich dringende Aufgaben an Mitarbeiter delegieren muß, auch wenn ich die letzte Entscheidung dann doch selbst treffe. Dies sind deutliche Nachteile.

Alles, was mit Finanzen zu tun hat, habe ich mit dem Verwaltungsdirektor abzustimmen. Auch der berühmte Seifenspender für die Toilette ist eine Ausgabe. Administrative Dinge dieser Art nehmen so überhand, daß man eigentlich nur den Kopf schütteln kann, obwohl es sicher sinnvoll ist, daß die Verwaltung eine gewisse Bremsfunktion wahrnimmt.

Vieles hat sich komplizierter entwickelt, als ich ursprünglich dachte. Bestimmte Erfordernisse und Projekte stellte ich mir leichter realisierbar vor. Manche Widerstände der vorgesetzten Behörde, auch aus dem eigenen Betrieb heraus, scheinen mir unbegreiflich. Sie zu überwinden erfordert große Kraftanstrengung.

Ein oft betroffen machender Aspekt der Personalunion ist, daß nach einer von mir dirigierten Vorstellung so manche Unmutsäußerung nicht den Musiker Sawallisch, sondern den Theaterleiter Sawallisch trifft, der vielleicht einmal etwas in die Wege geleitet hat, was das Publikum nicht unbedingt goutiert.

Doch die Personalunion ermöglicht es, daß das ganze Haus mehr musikalisch und weniger administrativ geführt wird, also die künstlerische Komponente dominiert. Eines steht fest: In den Jahren seit

1971 hat sich in München der Papierverbrauch auf den Schreibtischen verdreifacht. Es ist nicht zu fassen, was alles geschrieben und in Protokollen festgelegt wird! Ein Teil dieser Papierflut geht auf das Konto eines Teufels namens Fotokopierer, den ich selbst bei jeder Gelegenheit in Anspruch nehme. Unfaßbar, was heute alles fotokopiert, dreifach abgelegt und an alle, die es »betrifft«, versandt wird! Die Bürokratie ist in den letzten Jahren hoffnungslos ausgeufert.

Jeder, der in einem Theater arbeitet, ob dies nun ein Bühnenarbeiter, ein Schlosser oder ein Schreiner in den Werkstätten, ein Kostümbildner, ein Maskenbildner oder wer auch immer ist, arbeitet in einem künstlerischen Betrieb an künstlerischen Dingen. Alle diese Arbeiten sind notwendig im Sinne einer künstlerischen Aussage. Ich plädiere nicht für einen Bohemien-Stil im Geldausgeben, aber die Bürokratie bedroht die künstlerische Potenz eines Hauses – wie es immer schon war. Vieles erstickt einfach in Briefen, Bestätigungen, Unterschriften. Bis heute eine berechtigte Forderung genehmigt wird, vergeht ein halbes Jahr.

Die Oper ist, wie jeder andere künstlerische Dienstleistungsbetrieb, auf die Minute ausgerichtet. Wenn ich heute einen Vertrag abschließe, dann ist dies ein Vertrag für einen bestimmten Tag in zwei oder drei Jahren, und genau an diesem Tag muß der Vertrag erfüllt werden. Ich kann nicht einfach sagen: Verschieben wir die Vorstellung vom 15. auf den 16. Februar!

Keiner, der an einem solchen Haus arbeitet, kann am Freitagmittag alles liegen- und stehenlassen und sich ein schönes freies Wochenende machen. Wir haben am Freitag, am Samstag und am Sonntag Vorstellung. Die Amtskasse hat zwei freie Tage, aber die Künstler haben trotzdem das Recht, ihr Geld am Samstag ausbezahlt zu bekommen, denn sie haben ihre Leistung erbracht. Alles das ist von einer Flut von Genehmigungen abhängig...

Ich habe kaum die Möglichkeit, als Operndirektor spontan auf Angebote zu reagieren. Entscheidungen innerhalb von Tagen sind nahezu ausgeschlossen. Ich habe nicht den Spielraum, schnell und unkonventionell zum Beispiel einen bestimmten Künstler oder eine bestimmte Produktion günstig einzukaufen. Dem Haus entgehen deshalb oft Feinheiten, Chancen und Impulse. Viele der Entscheidungen müßten sofort gefällt werden; wenn der zuständige Regierungsbeamte erst nach zwei Wochen »schon« die Genehmigung erteilt, ist es zu spät.

Von der Pflicht einer Kulturnation
Sponsoren, Staat und Subventionen

Es wäre kein Problem, eine ganze Reihe von nicht unbedingt lebensnotwendigen und trotzdem von öffentlicher Hand unterstützten Betrieben aufzuzählen, die von dem leben, was in der Kunst und eben auch in der Oper unter dem Stichwort »Steuergelder« segelt. Interessanterweise wird das Schlagwort von den »Steuergeldern« auf das Konzertleben weit weniger häufig angewandt als auf die Oper – vermutlich, weil beim Opernbetrieb über die musikalisch-sängerische Leistung hinaus äußere Umstände wie das Auf- und Zugehen des Vorhangs, die Dekoration, die Kostüme gewisse Reizflächen abgeben. Wer sich aber dazu entschließen würde, Oper konsequent konzertant zu geben, würde wohl ebenfalls Widerstand provozieren, denn ein Opernhaus hat nun einmal die Verpflichtung zum Szenischen. Steht nichts auf der Bühne, setzt eine Kritik ein, die sich und uns fragt, warum denn angesichts hoher Subventionen nichts gemacht würde. Inszenieren wir ein Spektakel, wirft man mir vor, ich würde Subventions- und Steuergelder verschleudern. Man kann es drehen und wenden, wie man will, und wird es letztlich niemandem recht machen. Wer unbedingt Kritik austeilen möchte, wird irgendeinen Anlaß dazu finden.

Ich meine: Im Leben einer Nation ist Kultur ein ganz entscheidender Faktor, wobei ich in den Begriff Kultur auch Funk, Fernsehen und alles, was zu geistiger Auseinandersetzung beitragen kann, mit einbeziehe. In meinen Augen ist es beispielsweise eine Dummheit, in die Tarifverträge unserer Orchestermusiker ein Wort wie »ernstzunehmende Musik« hineinzuschreiben, denn diese Bezeichnung signalisiert indirekt, daß es im Gegensatz dazu eine »nicht ernstzunehmende Musik« gibt. Sage ich, ein Musiker spielt in einem sogenannten »Kultur-Orchester«, dann degradiere ich automatisch alle anderen Orchester zu »Unkultur-Orchestern«... Ist Rock- und Popmusik in einer Disco oder bei einem Open-Air-Konzert für die Menschen, die diese Musik gern hören, nicht ein ebenso »ernstzunehmender« Faktor? Ist ein Ziehharmonikaspieler bei der Volksmusik weniger »ernst zu nehmen« als ein Orchestermusiker, der die Neunte Symphonie Beethovens spielt?

Eine solche Einstellung läuft auf eine Diskriminierung übelster Art und auf die Diskreditierung kultureller Moral hinaus. Kultur, in welcher Form auch immer, wird letzten Endes in den meisten Fällen mehr oder weniger direkt, mehr oder weniger bewußt, mehr oder weniger hoch aus öffentlichen Mitteln subventioniert. Das halte ich nicht nur für richtig, sondern auch für unerläßlich.

Wenn ich mir vor Augen führe, wie hoch im Bundeshaushalt der Gesamtbetrag aller Subventionen ist und wieviel davon auf die Subvention kultureller Einrichtungen entfällt, sind mir die klassischen Einwände gegen die Subvention der Oper schleierhaft. Würden wir alle Opernhäuser, alle Theater schließen und alle Subventionen streichen – hätte dann der Steuerzahler auch nur einen Pfennig weniger Steuern zu zahlen? Unwahrscheinlich!

Vielleicht stehen die Theater deshalb immer wieder am Pranger, weil hier täglich nachweisbar ist und auch nachgewiesen werden muß, was es kostet, den Vorhang auf- und eine Aufführung über die Bühne gehen zu lassen. Dies scheint gerade bei der Oper am deutlichsten sichtbar und von Nicht-Eingeweihten am wenigsten nachvollziehbar zu sein.

Wenn heute ein Konzertagent mit Herrn Placido Domingo abschließt, die Gage, die Saalmiete, die Organisation aus seinem Privatvermögen bestreitet und die Eintrittspreise dementsprechend gestaltet, wird er am Ende vielleicht mit Gewinn aus der Geschichte herausgehen. Aber auf welche Preisgestaltung liefe das hinaus?

Ich werde gelegentlich gefragt, warum ich »gegen Stars« sei. Placido Domingo, Luciano Pavarotti und andere würden in Wien oder Berlin, aber nicht in München singen... Meine Antwort: Ich bin überhaupt nicht gegen Stars. Domingo, Pavarotti und andere singen auch in München, vielleicht nicht so häufig wie in Wien, was andere Gründe hat. Soll ich im normalen Repertoire-Betrieb einen Künstler wie Domingo oder Pavarotti, der mir höchstens an zwei, drei Abenden zur Verfügung steht, als Galastar einsetzen zu Preisen, die tatsächlich zu Beanstandungen Anlaß geben? Soll ich das mir treue Abonnementspublikum vor den Kopf stoßen und einen Starauftritt zum luxuriösen Schickeriaspektakel hochstilisieren? In einer regulären Abonnementsreihe kann ich Domingo nicht einsetzen, weil er mir nicht für genug Vorstellungen zur Verfügung steht und ich mich weigere, die Abonnementsreihe Nr. 1, 2 oder 14 zu bevorzugen. Es bleibt mir deshalb nichts anderes übrig, als Starauftritte dieser Art zu speziellen Preisen auf zwei, drei Abende zu beschränken. Ein Teil der Besucher empfindet das als richtig, ein anderer als Brüskierung. Kommentar eines Galeriebesuchers: »Abonnenten gehen oft nur in die Oper, weil es siebenmal im Jahr zum guten Ton gehört. Wer aber wirklich aus Interesse an den Sängern in die Oper geht, ist bereit, jede Summe auszugeben, um diese großen Sänger ein paarmal im Jahr zu hören!«

Interessant, daß ausgerechnet ein Stehplatzbesucher so argumentiert, während andererseits oft gesagt wird, es sei skandalös, für einen Stehplatz zwanzig Mark zu verlangen! Streicht man die Subventionen, müßte jeder einzelne Platz pro Abend etwa dreihundert Mark teurer werden. Ich weiß nicht, wie sich angesichts von Preisen zwischen dreihundert und fünfhundert Mark der Besuch gestalten würde. Ich kann mir nicht vorstellen, daß es dann noch möglich wäre, das Haus an dreihundertzwanzig Abenden voll zu bekommen...

Jede Nation hat die Verpflichtung, einen Teil der Steuereinnahmen für die Kultur zur Verfügung zu stellen. Für Musik, Museen, Theater, Literatur, Universitäten, auch für Fernsehen und andere Medien; wenn für all das kein Geld mehr da sein sollte, wenn man den geistigen Kräften eines Landes den Boden entziehen will, dann werden hemmungsloser Materialismus und zynische Übersättigung unser aller Untergang einläuten.

Gerade heute, in einer Zeit, in der das Gespräch zwischen den Menschen schwieriger geworden ist, weil sich jeder nur noch auf ein technisches Gerät hin orientiert, von ihm seine Eindrücke bezieht und diese auch zum Kriterium seiner Konzert-, Schauspiel- oder Opernmaßstäbe erhebt, wäre es verhängnisvoll, wenn sich der Staat aus seiner Verantwortung stehlen würde.

Der Blick auf Amerika und seine »privaten« Institutionen – auf die Met zum Beispiel – trügt, denn auch die Met erhält Zuschüsse. Geht man von einem Rückzug des Staates aus, müßte man Ausschau halten nach Mäzenen aus der Industrie. Mit welcher Konsequenz? Eine Ölfirma, eine Autofirma oder ein Elektronikkonzern würde sich mit Millionensummen als Sponsor betätigen und die Millionensummen abschreiben, anstatt sie zu versteuern. Was, bitte, wäre dann anders geworden? Und was, bitte, würde der Staat mit den neunzig Millionen machen, die er an der Oper eingespart hat? Ein Kampfflugzeug kaufen? Einen Panzer? Ich glaube, die neunzig Millionen würden sich im Gesamthaushalt gewissermaßen in Luft auflösen.

Ist das tatsächlich eine Überlegung wert? Es ist eine Pflicht, die geistigen Werte unserer Kultur zu fördern und die althergebrachte Tradition der Kunstpflege aufrechtzuerhalten. Die klassischen Demokratien, Könige, Fürsten und Päpste haben sich immer wieder zu dieser Verpflichtung bekannt. Wollen wir sie ignorieren?

Die USA werden uns oft als rühmliches Vorbild für freie Marktwirtschaft und Sponsorentum vorgehalten. Augenblicklich befinden wir uns in dieser Beziehung in einem Prozeß fast der Umkehrung. Auch das Spielsystem etwa im Vergleich Deutschland/Italien beginnt sich umzukehren. Wir waren immer schon stolz auf das Repertoire-Theater, so wie Italien stolz auf sein Stagione-Theater war. Wir entwickeln uns in Richtung Repertoire/Stagione, hin zu einem »Semi-stagione-Theater« mit einem gewissen Blocksystem, das darauf hinausläuft, ein Stück nach der Premiere achtmal, neunmal zu spielen, dann abzusetzen und später in einer zweiten Serie wieder vier-, fünfmal zu geben. Die Italiener dagegen beginnen auf das Repertoire-Theater zuzugehen.

Viele Städte in den USA verfügen inzwischen über gute Opernhäuser; mehr und mehr besinnt man sich dort auf die Verpflichtung der Städte, der Gemeinden, der Staaten, Kultur möglich zu machen, also zu subventionieren. Wir wiederum gehen Schritt für Schritt den gegenteiligen Weg; da man gesehen hat, daß die USA mit Sponsoren gute Erfahrungen gemacht haben, betrachtet man die Sponsorenfrage heute mit freundlicheren Augen.

41 Mit Oscar Fritz Schuh in Bensberg bei Köln, 1960

Bayerische Staatsoper München: 42 Vor dem Nationaltheater, 1980
43 »Der Ring des Nibelungen« mit Helmut Pampuch, 1987
44 »Götterdämmerung« mit Ingrid Bjoner und Jean Cox, 1983

45 »Don Giovanni« mit Margaret Price, 1973
46 »Gianni Schicchi« mit Astrid Varney, 1973

47 Mit Dietrich Fischer-Dieskau, 1974
48 Mit Hermann Prey, 1974
49 Mit Lucia Popp, 1987

50 Mit Luciano Pavarotti
51 Mit Hildegard Behrens

52 Mit Claudio Abba-
   do, 1972
53 Mit Leonard Bern-
   stein, 1976
54 Mit Karl Böhm, 1980

55–57 Dirigate in München

58 Mit Henryk Szeryng und den Wiener Symphonikern im UNO-Gebäude in New York, 1967
59 Mit Emil Gilels und dem NHK-Orchester in Tokyo, 1978
60 Mit Rafael Kubelik in Frankfurt, 1968

Zwei Dinge sind dabei, glaube ich, zu beachten: Solange Sponsorentum nur darin besteht, eine ganze Aufführung oder spezielle Aufgaben zu finanzieren, Geld zur Verfügung zu stellen und steuerliche Vorteile geltend zu machen, ist es fraglos praktikabel. Wenn es aber eines Tages heißen sollte: »Wer zahlt, schafft an«, wenn Sponsoren ins Programm eingreifen, das Programm bestimmen, wird Sponsorentum gefährlich.

Im übrigen bin ich der Ansicht, daß die öffentliche Hand, der Staat, nicht aus der Verpflichtung entlassen werden darf. Das Engagement von Sponsoren könnte den Staat längerfristig veranlassen, sich finanziell Schritt für Schritt zurückzuziehen, was eine verhängnisvolle Entwicklung wäre. Wenn sich eine ganze Reihe von Sponsoren für besondere Aufgaben der Oper mit kleineren Beträgen engagiert, steht weder der große Einfluß eines allmächtigen Sponsors noch der große Rückzug des Staates vor der Tür. Im Moment halte ich das für den richtigeren Weg. Solange sich die Sponsorenforderung nur in einer Anzeige oder einem Hinweis niederschlägt, ist Gefahr noch nicht im Verzug, und die Oper kann Sponsorengelder nutzen, um Engpässe zu überwinden.

Ich habe keinen Grund, mich über das Verhältnis Staat/Oper zu beklagen. Vor einigen Jahren ging einmal eine Welle der Streichungen auf dem Kultursektor durch die deutschen Lande. Bayern hat sich damals nicht angeschlossen. Bei aller Strenge der Kontrolle, die mit der Vergabe der Gelder verbunden ist, habe ich beim Ministerium immer außerordentlich vernünftige Gesprächspartner gefunden.

In der Zeit, in der wir leben, in der Zeit jährlicher Teuerungsraten, muß es eine Instanz geben, die ungeachtet aller persönlicher Emotionen ganz nüchtern erklärt: Bis hierher und nicht weiter.

Was not täte, sind einige punktuelle Verbesserungen, etwa was die Situation Orchester/Chor betrifft. Wir haben beispielsweise hundert Planstellen Chor. Offiziell besetzt sind sechsundneunzig. Vier Planstellen sind im Moment also »gesperrt«, das heißt, ich kann das Geld, das für die vier Chorsänger vorgesehen war, für andere Zwecke auf dem künstlerischen Sektor nutzen. Ich kann zum Beispiel einen teureren Solisten engagieren.

Von den sechsundneunzig Chorstellen aber habe ich in Wirklichkeit nur neunzig besetzt, weil der entsprechende Nachwuchs fehlt: Es gibt kaum noch Chorsänger, die bereit sind, die anfallenden Aufgaben auf sich zu nehmen, Aufgaben, die enorm sind, wenn man sich vor Augen führt, daß der Chor nicht nur deutsch, sondern auch in italienisch, französisch und russisch zu singen hat, diese Sprachen also zumindest phonetisch lernen muß. Andererseits ist es aber auch ein sehr schöner, sehr vielfältiger Beruf.

Die finanzielle Entlohnung jedoch, von welcher Seite man diesen Beruf auch betrachten mag, ist entschieden zu gering; die Position des Chorsängers ist finanziell unterbewertet, auch gegenüber einem Orchestermusiker. Dies, um nur einige der Gründe aufzuzählen, warum es mit dem Chorsängernachwuchs im argen liegt. Wenn sich angesichts meiner sechs freien Chorstellen morgen sechs begabte Nachwuchskräfte bewerben, werde ich sie sofort engagieren, weil ich in München einen Chor in dieser Stärke brauche. Dieser Glücksfall aber wird vermutlich nicht eintreten; also kann ich das freiwerdende Geld zumindest einer Chorstelle anderweitig verwenden.

Ein gravierendes Problem habe ich jedoch, sollte ich plötzlich die Chorposition doch besetzen können, denn dann gerate ich bereits finanziell ins Schleudern oder muß den Mitarbeiter entlassen, den ich für die freie Planstelle engagiert habe.

Mehr Entscheidungsfreiheit, mehr Flexibilität, mehr an den Gegebenheiten orientierte Wirklichkeitsnähe wären hier angebracht...

»Ich erwarte größere Flexibilität in der Rezeption«
Die Oper und das Publikum

Immer wieder hält man der Oper vor, sie sei eine elitäre Institution – ein mir unverständlicher Vorwurf. Ich freue mich als Münchner, wenn ein Münchner Fußballverein ein Spiel gewinnt oder Tabellenerster wird, obwohl ich zeit meines Lebens noch nie vom Fußballplatz aus ein Spiel verfolgt habe. Ich werde dieses »Schicksal« vermutlich bis zu meinem Lebensende ertragen und es mit vielen, vielen anderen Menschen teilen. Aber ich käme doch deshalb nicht auf die Idee, dafür zu plädieren, sämtliche Sportschulen zu schließen oder dem Fußball die Unterstützung zu entziehen. Ich käme nicht auf die Idee, die Schließung der Fußballstadien zu fordern, nur weil mich persönlich Fußball nicht sonderlich interessiert. Von einem Fußballfan erwarte ich, sozusagen im Gegenzug, daß er die Oper als Institution akzeptiert, auch wenn er selbst vielleicht kein Interesse dafür hat.

Gelegentlich wird auch behauptet, manche Menschen entwickelten der Oper gegenüber eine gewisse »Schwellenangst«. Was ist das? Die Angst, mit einem Ereignis nichts anfangen zu können? Sollte ich also »Schwellenangst« vor dem Olympiastadion entwickeln?

Wir leben von der Gunst und vom Wohlwollen des Publikums. Wir »buhlen« um dieses Publikum, denn wir wollen, daß unsere Leistung vom Publikum honoriert wird. Wunderbar, daß sich Tausende Besucher in Abonnements, in Theatergemeinden zusammenschließen, um zu günstigeren Preisen in den Genuß von Opernereignissen zu kommen. Tatsache ist, daß wir den Wünschen des nichtorganisierten Publikums im geforderten Umfang gar nicht nachkommen können. Auch der Druck auf Abonnementsplätze ist so groß, daß wir bei weitem nicht alle Wünsche zufriedenstellen können. Über zweitausendfünfhundert Anträge auf Abonnements können nicht erfüllt werden, viele Opern-Interessierte warten Jahre darauf, irgendwann einmal an die Reihe zu kommen...

Ich erwarte vom Publikum Verständnis dafür, daß eine Aufführung auf der Bühne – trotz aller Maßstäbe von Fernsehen, Platte, CD, Video usw. – von Menschen und nicht von Robotern ausgeführt wird, von Menschen, die seelische und körperliche Höhen und Tiefen durchleben, die einen Künstler, von dem man gern höchste Sensibilität fordert, weitaus mehr belasten als einen »normalen« Menschen.

Ich erwarte vom Publikum, sich dessen bewußt zu sein, daß auch Spitzenkünstler, die auf einer mit allen Tricks manipulierten Schallplatte in makelloser Reinheit zu bewundern sind, die zwei, drei oder fünf Stunden eines Abends durchstehen müssen, ohne die Möglichkeit zu haben, den einen oder anderen Ton einen Tag später nachzuliefern. Ich erwarte also ein gewisses Verständnis für die Abendverfassung des Künstlers. Sollte sie einmal nicht nach Wunsch ausfallen, sollten nicht gleich Buhrufe die Sanktion sein.

Ich erwarte, daß sich das Publikum einem Gast gegenüber, der für einen erkrankten Sänger einspringt und damit die Vorstellung rettet, fair verhält und sich klarmacht, daß es für keinen Gast leicht ist, in einem Haus wie in München an der Seite prominenter Kollegen ohne – begreifliche – Nervosität einzusteigen. München hat bei vielen Sängern den Ruf, in dieser Beziehung gnadenlos und grausam zu sein. Viele Sänger wollen deshalb nicht mehr nach München kommen, und es bedarf oft großen persönlichen Engagements, um sie umzustimmen.

Ich erwarte, daß das Publikum bereit ist, unbekannte Werke zunächst einmal ohne Vorurteil auf sich wirken zu lassen und sich Gedanken darüber zu machen, warum das Publikum früherer Zeiten beim ersten Sehen und Hören heute sehr bekannter Werke von Strauss, Mozart, Wagner, Bizet und anderen zunächst ebenfalls skeptisch reagiert hat: Ein interessantes, bahnbrechendes Werk kann sich eben oft erst nach mehreren Vorstellungen erschließen.

Ich erwarte vom Publikum, daß es bereit ist, in früheren Jahren empfangene, festgeschriebene Eindrücke und die von der Erinnerung glorifizierten Urteile über diese Eindrücke gelegentlich einmal zu korrigieren, um sich Neuem zu öffnen. Die Oper ist eine lebendige Welt, jedenfalls alles andere als musealer Betrieb. Sie hat zu beweisen, daß ein hundert Jahre altes Werk auch aus der Sicht der Gegenwart Bestand hat. Ich erwarte vom Publikum, kurz gesagt, größere Flexibilität in der Rezeption. Ich wünschte mir, daß nicht immer nur der kulinarisch-musikalische Genuß im Vordergrund steht, sondern daß auch die szenische Darstellung des Inhalts ernst genommen und als ein Ereignis der Gegenwart überdacht wird.

Mein größter Wunsch allerdings ist, daß sich das Publikum die Liebe zur Oper erhält, die eigene Begeisterung auf andere überträgt und mithilft, bei anderen das Gefühl von »Schwellenangst« abzubauen.

»Wie kann ich das ernst nehmen?«
Spannungsfeld Kritik

Kritik zu üben ist ungeheuer einfach. Wer an der Leistung eines anderen Kritik übt, wer sich aufgrund einer solchen Leistung eine eigene Meinung bildet, fungiert aber noch nicht als »Kritiker«. Wenn ich konstatiere, mir hat dieser Aspekt einer Vorstellung gefallen und jener Aspekt mißfallen, ist das zunächst eine von Respekt getragene, eigene Ansicht.

Die Berufskritik jedoch übersieht allzu leicht, daß sich jeder Künstler bei seiner Darstellung, seiner Inszenierung zunächst etwas gedacht haben muß und diesen Vorstellungen gefolgt ist. Ihn von vornherein zum nichtsahnenden Idioten abzustempeln, halte ich schon vom unerläßlichen Informationsvorlauf des Künstlers her für unangebracht.

Keiner wird den Kritiker zwingen wollen, partout die Absichten des Künstlers zu teilen und für gut oder richtig zu erachten, doch ich erwarte, daß ein Kritiker fair genug ist, sich Gedanken darüber zu machen, was sich der Künstler vorgenommen haben könnte. Denn es steht doch wohl fest: Keiner hat sich zunächst einmal mehr Gedanken über ein Stück, eine Partie, eine Interpretation gemacht als der, der sich seit Wochen und Monaten damit auseinandersetzt. Ein Kritiker, der spontan über einen Abend herzieht, müßte im Vorfeld einer gerechten Urteilsfindung zumindest einen Teil dieser Mühe, dieser Intensität ebenfalls investiert haben.

Ein Gedicht läßt sich immer wieder nachlesen, ein Bild immer wieder neu betrachten, aber ein Opern- oder Theaterabend kommt und geht im gleichen Moment, ist ein einmaliges, unwiederholbares Ereignis. Es ist naturgemäß sehr leicht, über solche Erlebnisse zu schreiben, denn später wird keiner mehr in der Lage sein, sie »richtig« nachvollziehen und kontrollieren zu können. In der Rückerinnerung läßt sich vielleicht behaupten, ich habe es eben so empfunden oder ich habe es anders empfunden, ob eine Kritik wirklich stichhaltig, wirklich begründet war, läßt sich mit letzter Schlüssigkeit nicht beweisen.

Kritik lebt aus dem Spannungsfeld einer weiterentwickelten Inhaltsangabe (die schulmeisterlich feststellt, welche Tempi etwa abweichen) und der Subjektivität eines Standpunkts, der erst zu beweisen wäre. Es kann nicht damit getan sein, zu konstatieren: »So geht's nicht«, ohne darzulegen, wie es nach Ansicht des Kritikers sein müßte... Geschieht dies, kann ich Kritik ernst nehmen; denn nur dann vermittelt sie Gedanken, Ansätze und Ansichten, die dem Ausübenden vielleicht entgangen sind. Möglich, daß ein Ausübender dazu tendiert, seine Leistung zu glorifizieren, aber ist nicht auch ein Kritiker Einflüssen, Rezeptionsumständen und Atmosphären ausgesetzt, die seinen Eindruck zum Positiven beeinflussen oder trüben?

Ein Bauwerk, eine Skulptur, ein Gemälde läßt sich unter den verschiedensten Gesichtspunkten immer wieder genau überprüfen, und jede dieser sich verändernden Betrachtungsweisen wird irgendwo nachvollziehbar sein. Aber ein Opernabend, ein Theaterabend, ein Konzert? Jede Aufführung ist ein Zusammenspiel hochkarätiger Individuen – wiederholbar, aber im Ergebnis nie identisch. Ich kann mir keinen Maler, keinen Schriftsteller und keinen Architekten vorstellen, der mit dem, was er geschaffen hat, jemals hundertprozentig zufrieden ist, sonst wären Weiterentwicklung, größere Vollendung und Perfektion kaum noch denkbar.

Wenn das Haus, das Orchester, das Ensemble, der Apparat betroffen sind, muß ich Kritik zur Kenntnis nehmen, darauf reagieren und vielleicht auch versuchen, bestimmte Dinge zu ändern. Was mich ganz persönlich betrifft: Ich konnte aufgrund einer Kritik meinen Interpretationen noch selten eine andere Richtung geben; ich konnte noch selten eine Kritik für meine Arbeit nutzen. Ich habe sehr bewußte, sehr präzise erarbeitete Vorstellungen, und solange mir niemand belegt, warum diese Vorstellungen falsch sind, bin ich nicht beeinflußbar.

Wenn ich mich heute mit einem Schubert-Lied beschäftige, werde ich als Begleiter möglicherweise nicht sofort den Stil treffen, den beispielsweise ein Dietrich Fischer-Dieskau für dieses Lied mitbringt. Von der ersten Sekunde an bin ich jedoch bereit vorauszusetzen, daß ein Fischer-Dieskau, der sich mit dem Lied generell und mit diesem Schubert-Lied speziell vielleicht seit Jahrzehnten beschäftigt, gute Gründe für seine Ansichten zu Text und Musik hat. Von einem solchen Experten und Spezialisten werde ich mich beeinflussen lassen können, ich werde seine Erfahrung und die Summe seiner Überlegungen zur Kenntnis nehmen, ich werde ihn als Diskussionspartner bei der gemeinsamen Erarbeitung des Liedes ernst nehmen, ich werde mich in einem mehr oder weniger intensiven Meinungsaustausch mit ihm zusammenraufen...

Ob sich die Kritik ebenfalls so viele Gedanken macht?

Ballett am Pranger
Eine inszenierte Krise?

In einem Apparat wie der Oper ist neben Orchester und Chor das Ballett der dritte große künstlerische Aktivposten, aber es wird aus mancherlei Gründen immer eine gewisse Sonderrolle spielen müssen.

Ein Sänger, ein Instrumentalist, ein Orchestermusiker, ein Chorsänger ergreift vielleicht im Alter von zwanzig Jahren seinen Beruf und kann – wenn alles gutgeht – vier oder fünf Jahrzehnte aktiv sein. Es gibt Pianisten, Geiger, Cellisten, die noch im hohen Alter phänomenal spielen.

Ein Tänzer muß wesentlich früher anfangen und als aktiver Tänzer wesentlich früher aufhören. Mit vierzig Jahren erreicht er bereits eine maximale Altersstufe, was nicht heißt, daß er dann nicht noch als Ballettmeister oder Choreograph weiterarbeiten könnte. Die Karriere eines Tänzers ist in jedem Fall ungleich kürzer als die Karriere anderer Künstler.

Das bedeutet in der Konsequenz, daß die künstlerische Aktivität im Ballett auf einen kürzeren Zeitraum begrenzt ist. Das bedeutet aber auch, daß der Wille zur Karriere, daß Neid, Eifersüchtelei und Erfolgsdruck ausgeprägter sind als bei anderen Berufssparten. Die Einstellung zum Beruf ist generell anders, intensiver. Es ist für jede Tänzerin und jeden Tänzer eine grausame Erfahrung, einmal die physische Grenze erreicht zu haben, allmählich die Souveränität einzubüßen und die letzte Spielzeit kommen zu sehen.

Was muß in einem solchen Menschen vorgehen? Er ist zu jung, viel zu jung, um an Pension und Untätigkeit zu denken. Es war ihm nicht oder kaum möglich, in der kurzen Zeit seiner Karriere so viele Reichtümer anzusammeln, daß er jetzt sorglos die nächsten dreißig Jahre davon leben könnte. Diese diffuse Existenzangst bewegt jeden Tänzer, auch wenn er sich ihrer so konkret nicht bewußt wird, solange er sich im Vollbesitz seiner Kraft fühlt. Irgendwo aber tickt diese »Bombe« in ihm, und irgendwann kommt der Punkt, an dem er immer stärker mit dieser Frage konfrontiert wird.

Einem Sänger ist es schon physisch nicht möglich, viermal in der Woche einen »Tristan« zu singen. Er braucht zwischen den Aufführungen Ruhepausen, um zu regenerieren... Beim Ballett ist es genau umgekehrt: Ein aktiver Tänzer würde am liebsten siebenmal in der Woche auftreten. Das produziert zwangsläufig Konflikte innerhalb des Corps du ballet und zwischen der Ballettdirektion und dem übrigen Theater.

Außer Frage steht auch, daß ein Tänzer von seiner Tagesform noch abhängiger ist als ein Instrumentalist. Das Instrument des Tänzers ist sein Körper: Er ist hundertprozentig auf sich allein angewiesen. Das kleinste diesbezügliche Problem wirkt sich wesentlich intensiver aus als beispielsweise bei einem Instrumentalsolisten. Das führt dazu, daß Tänzer andere künstlerische Ansichten vertreten und vertreten müssen als Sänger oder Instrumentalisten.

Man kann mir vieles vorwerfen, nur eines nicht, daß ich am Ballett desinteressiert sei. Schließlich war ich in meiner Augsburger Zeit etwa zwei Jahre lang Ballettkapellmeister, kenne nahezu alle klassischen Ballette wie »Giselle«, »Romeo und Julia«, »La fille mal gardée«, »Schwanensee«, »Dornröschen«, »Nußknacker«, »Coppelia«, »Puppenfee«, »Pulcinella« bis hin zu »L'après-midi d'un faune«, »Petruschka«, »La Valse« und »Feuervogel« aus Einstudierungen oder eigenem Dirigat.

Ich maße mir nicht an, ein differenziertes Qualitätsurteil über die tänzerischen Leistungen eines Ballettabends abzugeben, doch Ballett ist für mich eine der ästhetischsten und ehrlichsten Kunstformen: Hier zählt buchstäblich jeder Schritt und jeder Sprung, und man kann niemand als sich selbst für einen Fehler oder eine verunglückte Figur verantwortlich machen. Kein Künstler steht so ausschließlich im Licht der Scheinwerfer, kein Künstler muß sich in jedem Augenblick so sehr bewähren wie ein Tänzer.

Einmal ganz global gesehen: Wie viele allgemein bekannte Komponisten, Instrumentalisten, Sänger und Dirigenten blieben uns im Laufe der Jahrzehnte in Erinnerung? Hunderte, aber hunderte Namen! Überträgt man diese Statistik auf das Ballett – wie viele weltweit bekannte Choreographen und Tänzer blieben uns gegenwärtig? Eine verschwindend kleine Gruppe steht da einem Massenaufgebot gegenüber.

Auch die Expansionskraft des Balletts steht in keinem Verhältnis zu den Werken anderer Kunstgattungen. Studiert man die Ballettspielpläne der ganzen Welt, stellt man eine ungeheure Beschränkung auf nur ganz wenige Werke fest, der Grundstock des Repertoires ist extrem klein. Der Sonderstatus des Balletts ist evident.

Ein Michail Fokin, ein George Balanchine, ein John Cranko, ein Maurice Béjart, sie waren und sind Choreographen, die mit eigenem Stil und originären Konzeptionen eine ganze Epoche geprägt und Großes geschaffen haben, denn wirklich großes Ballett hat sich immer an einer Persönlichkeit orientiert, die kraft ihrer choreographischen Genialität den Ballettraum ihrer Zeit gefüllt hat.

Die sogenannte Münchner Ballettkrise wurde künstlich herbeigeredet. Das Ballett wurde in Mißkredit gebracht, um die Oper insgesamt zu treffen. Das Ballett wurde in München für außerhalb des Balletts liegende Interessen mißbraucht. Sind diese Ziele erst erreicht, wird sich das Münchner Ballett über Nacht wieder in eine Toptruppe verwandeln:

Ich habe einen Wunsch, auf dessen Verwirklichung ich seit Jahren warte: Ich hoffe auf einen Choreographen, dem mit dem Münchner Ballett eine Tanzschöpfung gelingt, die von München aus um die Welt geht. Ständige Wiederholungen und Variationen der großen Choreographien sind nicht die Lösung. Die tänzerische Qualität wäre da. Aber wo ist der Choreograph, der die Truppe aus ihrem Dornröschenschlaf weckt?

Die echte Ballettkrise ist wahrscheinlich eine Krise der Choreographen und nicht des technischen Niveaus einer Truppe.

Tage und Nächte
Arbeit mit der Musik

Oft würde ich meinen Tagesablauf am liebsten umkehren, um mich nicht erst spät nachts, sondern bereits früh am Morgen nach einer ruhigen Nacht mit Partituren beschäftigen zu können. Die zum Teil rein mechanischen administrativen Arbeiten ließen sich sehr gut auch nach Mitternacht erledigen...

Bei allen Aktivitäten eines Tages: Mein allererstes Interesse gilt der Musik, alles andere hat sich dem unterzuordnen. Ein Konzert, ein Opernabend, eine Neueinstudierung haben Priorität. Aus diesen Prioritäten ergeben sich meine Termine für Orchesterproben, Bühnenproben und dergleichen.

Ist eine Uraufführung geplant, oder steht die Neuinszenierung eines Werks auf dem Programm, das ich noch nie oder schon lange nicht mehr dirigiert habe, gehe ich optimal vorbereitet in die erste Orchesterprobe, denn nur dann werde ich meine Vorstellungen auch verwirklichen können.

Weitere Punkte eines Tagesablaufs sind Ensembleproben. Soloproben führen die Korrepetitoren und der Studienleiter durch, die die Sänger einzeln bis zur Bühnenprobe und Ensembleprobe vorbereiten...

Stehen Werke auf dem Programm, deren musikalische Gestaltung weitgehend bekannt und festgelegt ist, ist dies ein einfacherer, auf einige Abweichungen und Details bezogener Vorgang. Anders bei Werken wie Hindemiths »Cardillac« oder »Mathis der Maler«, Rossinis »Mosè« oder Carl Orffs »Trionfi«. Bei solchen Werken werde ich mich lange vorher mit dem Studienleiter zusammensetzen und mit ihm etwa meine Vorstellungen, meine Schlagweise für diesen oder jenen Takt usw. besprechen.

All das hat im Ablauf eines Tages den absoluten Vorrang. Bis zum Probenbeginn um zehn Uhr – eine Zeit, die weltweit üblich ist, denn am Tag davor wurde bis 22 oder 23 Uhr gearbeitet – sitze ich im Büro und erledige dringende administrative Dinge, die während meiner Proben von den Mitarbeitern dann weiterverfolgt werden.

Natürlich arbeitet jeder Abteilungsleiter selbständig nach den allgemein in Regiesitzungen festgelegten Abläufen; eigentlich könnte und müßte alles reibungslos funktionieren und wäre auch das »Delegieren« wesentlich einfacher, wenn ich in meiner Arbeit die direktorale Freiheit hätte, eigenverantwortlich zu entscheiden. Immer aber sind Bremsen eingebaut, Zwischenstationen, die ebenfalls mitreden wollen, lange Wege müssen beschritten werden, so daß oftmals ein zeitlicher Leerlauf entsteht, der durchaus vermeidbar sein könnte. All dies trägt dazu bei, daß viele Stunden am Tag für administrative Arbeiten geopfert werden müssen, die ich viel lieber dem künstlerischen Geschehen widmen möchte.

Einige Zeit absorbiert das Vorsingen. Wir haben uns vorgenommen, alle Bewerber, deren Unterlagen uns einigermaßen interessant erscheinen, vorsingen zu lassen, und zwar grundsätzlich nur auf der Hauptbühne. Die akustischen Verhältnisse der Hauptbühne unterscheiden sich wesentlich von den kleineren Probenräumen, und oft scheint sich in den Probenräumen eine Stimmkraft zu entwickeln, von der dann auf der Hauptbühne nicht mehr viel übrigbleibt. Je nachdem wann die Bühne frei ist, findet dieses Probesingen mittags ab 12.30 Uhr statt, eine Stunde bevor die Einrichtung der Abendvorstellung beginnt.

Der Stand der Dinge in Sachen Nachwuchs ist nicht sonderlich erfreulich, und zwar sowohl von der Ausbildung als auch von der Ausstrahlung her, ganz zu schweigen von der stimmlichen Kapazität. Es ist schwer, wenn nicht nahezu unmöglich, auf dem von uns geforderten Niveau entsprechenden Nachwuchs zu entdecken. Meine Mitarbeiter und ich staunen immer wieder über die Unverfrorenheit, mit der sich junge Sänger auf die Bühne stellen und ihre Arien loswerden.

Wir sammeln die Bewerbungen, die bei den verschiedensten Stellen des Hauses eintreffen, diskutieren die Unterlagen und laden die Bewerber ein. Empfehlungen von anderen Bühnen, von Sängern, von Konzertagenturen, von Agenten können, müssen aber nicht vorausgegangen sein. Letztlich hat jeder seine Chance.

Seit Jahren habe ich es mir beim Vorsingen angewöhnt, nicht mehr nach Namen, Unterlagen und Empfehlungen zu gehen, weil man dann mit einem gewissen Vorurteil ins Vorsingen gehen würde: »Das ist eine besondere Empfehlung von Herrn X!« oder »Den hat Frau Y empfohlen.« Über jede Vorsingminute wird ein Protokoll geführt, in dem sich unsere Argumente für oder gegen einen Sänger niederschlagen, und zwar in außerordentlich differenzierter Form. Oft sieht man sehr schnell, ob ein Bewerber lediglich zwei, drei Arien vorbereitet hat, die er überall als seine Schokoladenseite präsentiert, während er andere Arien im gleichen Fach nicht studiert hat. Und wenn dann einmal ein Talent dabei ist, stürzen wir uns darauf – oft nur, um zu erfahren, daß es für die nächsten drei Jahre vertraglich bereits an andere Häuser gebunden ist...

Ganz hoffnungslos ist die Situation trotzdem nicht. Wolfgang Brendel – noch in der Rennert-Ära –, Bodo Brinkmann, Julie Kaufmann, Wolfgang Rauch, Pamela Coburn, Cheryl Studer, Angela Maria Blasi, Cornelia Wulkopf und viele andere kamen über die Station namens Vorsingen an unser Haus. Oft stellen wir allerdings auch fest, daß Stimmen, die an anderen Häusern durchaus akzeptabel sind, auf unserer Bühne nicht klingen – und natürlich umgekehrt.

Auf dem Instrumental-Sektor ist die Ausbildung, auch international gesehen, deutlich besser geworden, bereits beim Probespielen wird dem Orchestermusiker heute wesentlich mehr abverlangt als beispielsweise noch Anfang des Jahrhunderts. Das Repertoire ist breiter geworden. Was seit der Jahrhundertwende an neuen Stükken, neuen Stilen, neuen Techniken wiederzugeben ist, stellt sehr hohe technische und intellektuelle Anforderungen an einen Orchestermusiker.

Auf dem sängerischen Sektor sieht es in dieser Beziehung anders aus. Die Gesangsausbildung – vor allem in Europa – hält nicht mehr Schritt mit dem, was wir heute von einem Sänger verlangen. Schließlich zählt nicht mehr allein die protzende Stimmkraft; mehr denn je ist ein Sänger heute auch von seiner Darstellungskunst und von seiner musikalischen Flexibilität her gefordert, die auch den Ansprüchen eines Strauss, eines Hindemith, eines Alban Berg gerecht werden muß. Es ist ein Mehr an Gehör, an Intelligenz, an Auffassungsvermögen, an Theorie gefordert – und da versagt die Ausbildung bei uns, im Gegensatz zu den USA, wo jeder Sänger eine Vielfalt von Unterrichtsfächern zu durchlaufen hat, die seine Allgemeinbildung und seinen möglichen Einsatz auf der Bühne in jeder Hinsicht fördern.

Stars werden nicht über Nacht geboren. Sie entwickeln sich im Laufe von Jahren und Jahrzehnten, wobei man davon ausgehen kann, daß ein Sänger in dem Moment, in dem er als Star akzeptiert ist, bereits den Zenit erreicht, wenn nicht sogar schon überschritten hat. Junge Sängerinnen und Sänger sind heute mehr denn je darauf fixiert, sich diesen Status so schnell wie irgend möglich zu ersingen. Es ist deshalb schwer, jungen Künstlern klarzumachen, daß sie nicht als Hochdramatische oder Heldentenöre geboren worden sind, sondern eine gewisse Zeitspanne abzuwarten haben, bis ihnen die körperliche Verfassung erlaubt, das jeweils nächsthöhere, stimmbelastendere Fach anzugehen.

Die Devise, sich nicht zu früh an die großen Partien zu wagen, ist leichter gesagt als getan, denn auf der anderen Seite steht die Verlockung des Geldes. Und Heldentenöre, Heldenbaritone, hochdramatische Sängerinnen werden nun einmal mangels Angebot höher bezahlt; und je geringer das Angebot bei gleichbleibender Nachfrage, desto höher die Bezahlung. Viele Sänger sagen sich: Ich ziehe das zehn Jahre durch, dann habe ich soviel auf der Seite, daß ich überhaupt nicht mehr singen muß; was interessiert mich eine langfristige Karriere. Nur wenige haben die Kraft und den Verstand, sich fünf, sechs Jahre Zeit zu lassen, dann aber die Gewähr zu haben, nicht schon nach zehn Jahren ausgesungen zu sein, sondern auch nach zwanzig oder fünfundzwanzig Jahren noch singen zu können.

Die Einstellung der Sänger zu ihrem Beruf hat sich geändert. Früher hat es sich ein Sänger zweimal überlegt, bevor er ein Angebot aus einer anderen Stadt akzeptierte, denn er wußte, er kann diese Stadt nur nach einer längeren Reise oder in einem fünfzehnstündigen Flug erreichen. Heute ist es im Prinzip möglich, an einem Tag zwei Kontinente künstlerisch zu bedienen. Da die Zeitumstellung durch den »Concorde«-Flug teilweise aufgehoben wird, sind die Folgen noch nicht einmal so gravierend. Je schneller man wieder zurück ist, desto weniger wird die Zeitverschiebung empfinden.

Das alles ist nicht mehr zurückzudrehen. Damit müssen wir leben. Daraus resultiert zwangsläufig das heute auf der ganzen Welt verbreitete Schlagwort vom fehlenden Sängernachwuchs! Nur wenige können in frühen Jahren, in den Jahren der Festigung der

Stimme, der weitergehenden Ausbildung auf der Bühne, des Sich-Einlebens in einen Theaterbetrieb solchen Verlockungen widerstehen. Das oft zitierte Wort von einem »Ensemble« tritt immer mehr in den Hintergrund.

Wenn ein Enrico Caruso nach Amerika an die Met ging, war er eine Woche mit dem Schiff unterwegs. Es war ein Ereignis für ihn. Er konnte sich sechs Tage lang phantastisch schonen, erholen und vorbereiten und kam dann von seinem Auftritt genauso unverbraucht und frisch zurück. Was sich heute abspielt, muß körperliche und stimmliche Folgen haben.

Als ich 1960 in Köln mit Oscar Fritz Schuh arbeitete, traf ich mit zwei jungen Sopranistinnen zusammen, die heute weltweit bekannt sind, Helen Donath und Edith Mathis. Beide waren damals sehr, sehr jung. Edith Mathis kam aus der Schweiz, Helen Donath aus den USA. Beide sangen bei uns vor, und wir entschlossen uns, sie zu engagieren. Beide waren so klug, meinem damaligen Hinweis zu folgen, nie über ihr Fach hinaus zu singen, obwohl auch an diese beiden Sängerinnen entsprechende Angebote und Versuchungen herangetragen worden sind. Beide stehen heute noch auf der Opernbühne, in der heiklen Position des lyrischen Soprans, und das, obwohl gerade auf diesem Gebiet immer wieder junge Sängerinnen nachwachsen, die ebenfalls schöne Stimmen haben, aber den Fehler machen, morgen oder übermorgen – zu früh jedenfalls – schon eine Agathe zu singen!

Wenn ich für eine Neunte Symphonie, für ein Haydn-Oratorium, für eine Pamina in der »Zauberflöte«, für eine Susanne in »Le nozze di Figaro« eine hochqualifizierte, mit der nötigen Bühnenpräsenz begabte Solistin brauche, weiß ich, daß nach fast dreißig Jahren Helen Donath auch heute immer noch mit an der Spitze liegt und daß ich sowohl stimmlich als auch von der Persönlichkeit her einen außergewöhnlichen Abend zu erwarten habe.

Ein anderes Beispiel ist Dietrich Fischer-Dieskau. Seit Kriegsende ist er *das* Sänger-Idol, also seit über vierzig Jahren. Auch er hat, abgesehen von ganz wenigen Ausnahmen, immer nur das gesungen, was seiner Stimme nicht schaden konnte. Genauso ist ein Hermann Prey nach über dreißig Jahren Karriere immer noch ein begehrter Mann, während andere – Namen spielen da vielleicht gar keine

Rolle – schon nach verhältnismäßig kurzer Zeit von der Bildfläche verschwunden sind.

Ich möchte wirklich jedem jungen Sänger den Rat geben, nicht gleich, nur weil er eine gute Stimme hat, der nächsten Verlockung nachzugeben und in einem Fach ein Angebot anzunehmen, das er zunächst mit ungeheuerer Intensität und Frische singen kann und das ihm zu einem schnellen Erfolg verhilft. Dieser Erfolg wird ihn, falls er noch nicht »reif« ist, einige Jahre seiner Karriere kosten.

Bei uns wird Ausbildung meist nur unter dem Aspekt betrieben, einen Sänger so schnell wie möglich in den Beruf zu katapultieren, vermutlich, weil es weniger gute Sänger als früher gibt. Auch da setzt meine Kritik an. Ein Haus wie München ist kein Erziehungsinstitut. Wer in München singt, müßte mehr können als das, was er an der Hochschule gelernt hat; er müßte sich auch an kleineren Bühnen versucht haben. Das Ergebnis dieser Schulung und dieser Praxis sollte er dann in ein Haus wie München einbringen und vertiefen.

Die Tatache, daß ein Sänger – zum Beispiel Bodo Brinkmann – in München zum erstenmal den Wotan/Wanderer singt, ist ein Beweis, daß diese Werke an kleineren Häusern nicht mehr gegeben werden, weil Theaterleitung und Publikum der Ansicht sind, daß sich ein kleines Haus den »Ring« auf einem akzeptablen Niveau gar nicht leisten kann. Früher jedoch gab es den »Ring« in Häusern wie Hagen, Osnabrück und Kiel, mit sechs ersten Geigen, mit geteilten Bläsern. In Riga wurde der »Tristan« eben mit einem einzigen Kontrabaß gespielt – und Richard Wagner selbst stand am Pult!

Heute wäre das nicht mehr möglich.

Heute kauft man sich für hundert Mark den kompletten »Ring« mit den ersten Sängern dieser Welt auf Platte, anstatt für Herrn Huber und Frau Meier, die das Niveau der Platten nie und nimmer erreichen können, im regionalen Stadttheater Geld auszugeben. Halle, Weimar, Königsberg, Bautzen, Leipzig, Magdeburg, Chemnitz, das waren früher die Bildungs- und Ausbildungsstätten der Sänger vor ihrem Einzug in die ganz großen Opernhäuser. Der Verlust dieser Häuser wird uns noch Jahre, wenn nicht Jahrzehnte zu schaffen machen.

Mein Tag dauert zwölf, meist vierzehn Stunden, mit einer kurzen Unterbrechung von fünfundzwanzig Minuten für das Mittagessen zu Hause.

Besuche in den Werkstätten, zum Beispiel in Poing – die Leute, die dort arbeiten, müssen auch einmal Gelegenheit haben, mich zu sprechen –, sind nicht nur eine Verpflichtung, denn alles, was mit handwerklichen Dingen zu tun hat, macht mir von Kindheit an Spaß. Und da arbeiten Fachkräfte, die über das Handwerkliche hinaus viel Gefühl für das Künstlerische, für das Außergewöhnliche mitbringen.

In den Opernpausen arbeite ich anhand der Klavierauszüge noch einmal den nächsten Akt durch oder lege einfach die Beine auf den Tisch und ruhe mich aus. Manchmal setze ich in den Pausen auch Besprechungen an, zum Beispiel mit dem Orchestervorstand oder mit Sängern... Dabei beanspruche ich auch für mich, was, wenn ich mich nicht täusche, von Bruno Walter stammt: »Alles, was ich vor, während oder direkt nach einer Aufführung sage, besitzt keine Gültigkeit.« Es kommt nämlich vor, daß manche Damen und Herren die Vorstellungsatmosphäre nutzen, um Dinge zu erreichen, die sie sonst nicht erreichen zu können glauben...

Vor jeder Aufführung lege ich mich ein, zwei Stunden hin. Nichts kann dann meinen Schlaf stören, kein Ärger und keine Anspannung. Angewöhnt habe ich mir das in Aachen. In diesen Jahren ging das manchmal so weit, daß ich die Vorstellung beinahe verschlafen hätte, wenn meine Frau mich nicht im letzten Moment geweckt hätte.

Zum Glück kenne ich keine Nervosität. Was ich sehr wohl kenne, ist das Gefühl einer konzentrierten Anspannung. Nicht, daß ich nicht ansprechbar wäre oder hektisch, aber ich sehe meiner Arbeit mit Konzentration und Freude entgegen. Und ich hoffe, daß sich dieses Gefühl der Ruhe, der Harmonie und der Konzentration auf Sänger und Orchester überträgt.

Ich bin nicht Sklave meines Berufs. Ich suche mir sehr genau aus, was ich dirigieren will, und werde mit zunehmendem Alter wählerischer und kritischer. Auch im Hinblick auf die Kraft, die ich zu investieren habe. Werke wie »Figaro«, »Meistersinger«, »Götterdämmerung« oder »Parsifal« erfordern eine geistig und auch körperlich enorme Anstrengung, die heute anders zu bewältigen ist als etwa im Alter von dreißig Jahren, in einem Alter also, in dem man der Kunst und sich selbst gegenüber vielleicht noch nicht so verantwortungsvoll handelt.

Es ist ein Geschenk, einen »Ring« oder eine »Meistersinger«-Aufführung dirigieren zu dürfen. Auf der anderen Seite ist es aber auch eine permanente Herausforderung. Ich weiß nicht, was geschehen würde, wenn ich einmal für einige Monate pausieren müßte. Unlängst einmal, als wir uns über Projekte und Pläne für die nächsten Jahre unterhielten, kam Lorin Maazel auf dieses Thema zu sprechen.

»Ist es wahr, Sie setzen aus!?«

»Stimmt, ich setze für ein halbes Jahr aus!« sagte Maazel.

»Und wie funktioniert das? Wie macht man das?«

»Ich möchte mich mit ein paar Dingen beschäftigen, zu denen ich seit Jahren nicht komme...«, erklärte er.

Ich verstehe diese Sehnsucht. Auch ich möchte die Zeit finden, alle hundertvier Symphonien von Joseph Haydn wenigstens in der Partitur zu lesen. Man kennt gemeinhin vielleicht fünfzehn seiner Symphonien. Was aber steht in den anderen neunzig? Ich möchte sie kennenlernen. Ich möchte wissen, welche Juwelen in ihnen versteckt sind.

Es gibt so viele Werke in der Opern- und Konzertliteratur, die zu entdecken, in Ruhe durchzulesen und vielleicht vorzustellen wären...

Ich kann Maazel verstehen, wenn er von seinem Partiturberg spricht, den er Lust hat durchzuarbeiten, und von dem Nachholbedarf, den er abbauen will...

Ob ich Entzugserscheinungen hätte? Ich bin sicher, daß sich Entzugserscheinungen einstellen würden, wenn ich längere Zeit nicht mehr Klavier spielte. Ob in der Oper, ob hier in München, ob zu Hause in Grassau – ich kann nicht einfach dasitzen und vor mich hindösen, ohne magisch vom Klavier angezogen zu werden und ein paar Minuten zu spielen.

Auch in den Opernpausen setze ich mich manchmal ans Klavier und spiele etwas, was mit der Oper des jeweiligen Abends nichts zu tun hat, bei einer Wagner-Oper vielleicht einen Strauss, bei einem

Strauss einen Pfitzner, um gedanklich einmal auszusteigen, um im wahrsten Sinne des Wortes Pause zu machen.

Wenn ich dirigiere, komme ich häufig erst kurz vor Mitternacht nach Hause. Dann kann ich mich mit den Dingen beschäftigen, die ich als Vorbereitung für den nächsten Tag benötige, kann Akten für Besprechungen durcharbeiten, mich über neue Tarifbestimmungen informieren und anderes mehr. Ich ziehe mich in mein Zimmer zurück...

12. Kapitel

Richard Strauss

Partituren wie Kriminalromane
Faszination der melodischen Linie

Meine erste nähere Berührung mit dem Bühnenwerk von Richard Strauss war eine »Salome«-Einstudierung in Augsburg. In meinen sieben Augsburger Jahren habe ich dann als Korrepetitor auch noch »Elektra« und »Arabella« betreut; für den »Rosenkavalier« war ein Kollege zuständig.

Es war vor allem »Salome«, die es mir angetan hatte. Ich besaß die Partituren noch nicht, als ich mir das Werk mit den Sängern am Klavier erarbeitete; aber die Klavierauszüge, gerade der der »Salome«, sind so hervorragend, daß sie mich auch und speziell vom Pianistischen her reizten. Dabei entwickelte ich eine ganz besondere Passion: aus dem Klavierauszug heraus zu erraten, welche Instrumente welche Passagen übernehmen, was aus einem Klavierauszug nicht herauszulesen ist, wenn keine Instrumentenbezeichnungen angebracht sind. Dann erst habe ich mir die Partituren gekauft und setzte mich intensiv mit der Strauss-Orchestrierung auseinander.

Von diesem Moment an las ich Strauss-Partituren wie Kriminalromane: wie Strauss eine Stimmung, eine Atmosphäre – etwa in »Salome« – kreiert, wie das alles komponiert ist... Bis heute gehören die Partituren von »Salome« und »Elektra« zum Aufregendsten, was ich kenne. Ich kann mir lebhaft vorstellen, warum gerade diese beiden Werke bei ihrer Uraufführung beim Publikum wie eine Bombe einschlagen und Kontroversen auslösen mußten. Strauss hat hier Neuland betreten und ist diesen Weg bis hart an die Grenze der Atonalität gegangen – um dann zu erkennen, daß diese Art von Expressionismus auf der Opernbühne nicht fortsetzbar war. Er bat Hofmannsthal um einen mozartschen Stoff. Das Ergebnis war der »Rosenkavalier«.

Parallel zu meiner Arbeit an der Oper begann ich, die Konzertliteratur von Strauss zu studieren und sie in den Aachener Symphoniekonzerten aufzuführen. Ich kann mich erinnern, daß ich mir die Symphonischen Dichtungen in den Taschenpartituren des Eulenburg-Verlags, von »Macbeth« bis zu »Ein Heldenleben« und »Alpensymphonie«, kaufte. Partituren, die ich heute noch besitze, zerlesen, zerfleddert, aber nicht nur wertvoll an Erinnerungen, denn damals hatte ich mir noch jeden Einsatz, jedes Instrument, ob dies nun zweite Klarinette oder dritte Posaune war, fein säuberlich notiert.

Wenn ich bei meinem Lehrer Hans Sachsse etwa die fünfstimmigen Fugen von Bach behandelte oder selbst etwas zu komponieren hatte, mußte ich Dux und Comes, erste Stimme, zweite Stimme, Umkehrung usw. mit verschiedenen Farbstiften einzeichnen, um ganz genau verfolgen zu können, welche Linien sich kreuzen und wie ein Werk in seiner inneren Struktur beschaffen ist.

Ähnlich habe ich anhand meiner ersten Partituren die Symphonischen Dichtungen von Strauss analysiert, ihre Themen verfolgt und mir notiert, wo sie in der Vergrößerung, Verkleinerung oder Umkehrung stehen, wie Strauss bestimmte Effekte erzeugt, mit welchen Instrumenten er eine Pedal-, eine Orgelwirkung, erzielt.

Noch bevor ich Wagners Werk wirklich kennenlernte, setzte ich mich also mit der Orchestrierungs- und Kompositionstechnik von Strauss auseinander. Als ich damals »Don Juan«, »Till Eulenspiegel« und andere gängige Strauss-Werke dirigierte, war das wie eine Probe aufs Exempel all dessen, was ich während meiner Münchner Ausbildung gelernt hatte. Kurzum, es war ein wichtiger Schritt in meiner Entwicklung.

In anderer Hinsicht bedeutsam war für mich die Zusammenarbeit mit den Sängern. Als sie erkannten, daß ich auf dem Klavier über gewisse Qualitäten verfügte, baten sie mich, mit ihnen Liederabende, Rundfunkauftritte oder Gastkonzerte einzustudieren. So lernte ich in relativ kurzer Zeit viele der Strauss-Lieder kennen und damit den neben Konzert und Oper dritten und wesentlichen Kompositionssektor von Strauss.

Und als ich nach Aachen ging, nahm ich mir vor, in meinen fünf Vertragsjahren die ganze Strauss-Literatur zu dirigieren, soweit dies mit dem Aachener Apparat durchführbar war. Dazu gehörte beispielsweise »Ariadne auf Naxos«, nicht aber ein Werk wie die »Alpensymphonie«, die mit dem Aachener Sechzig-Mann-Orchester nicht zu bewältigen gewesen wäre.

Auch mein »erster öffentlicher« Auftritt mit einem Strauss-Werk fand in Augsburg statt: Ich spielte den Klavierpart in »Der Bürger als Edelmann«, kein leichtes, aber ein ungemein interessantes Stück für jemanden, der vom Klavier her kommt. Ich habe es auch später immer wieder gern gespielt, zuletzt 1988 in der Mailänder Scala mit dem Orchestra Filarmonica della Scala.

Die erste Strauss-Oper, die ich dirigierte, war »Der Rosenkavalier« in Aachen – ein für einen jungen Kapellmeister aufregendes Abenteuer. Schwer, im Sinne von technisch schwer, empfand ich Strauss eigentlich nie. Ich bin auch nicht der Ansicht, daß Strauss eine bestimmte Technik voraussetzt. Eines aber ist zweifellos richtig: Es ist für einen Anfänger nicht ganz leicht, alle klanglichen Möglichkeiten einer Strauss-Partitur auf Anhieb zu erkennen und auszuschöpfen.

Es gehört dazu nicht zuletzt der Mut zum freien Musizieren, den man bei Strauss vielleicht noch mehr als etwa bei Verdi unter Beweis stellen muß. Während bei Verdi der Ablauf der Tempi, rhythmisch gesprochen, eher senkrecht ist als waagrecht und melodiös im Sinne eines Rubato-Musizierens, liegt bei Strauss zunächst vielleicht die »Schwierigkeit« und das Ungewöhnliche darin, daß man versuchen muß, von der Starrheit eines Rhythmus wegzukommen und auf dieses lineare, waagrechte Musizieren zuzusteuern. Man hat sich der Verpflichtung zu stellen, der Gesangsstimme zu folgen, was nicht zuletzt von der Qualität der Sänger abhängig ist, denn nicht jeder Sänger bringt die Intelligenz mit, das umzusetzen, was Strauss in die Gesangsstimme hineingeschrieben hat. Wer einmal dahintergekommen ist weiß, daß es nur so und nicht anders richtig ist: Das

Tempo eines Stückes regelt sich so ganz automatisch nach der Fähigkeit der Singstimme, die melodisch-rhythmische Linie, die Strauss sich vorgestellt hat, vom Atmen her nachzuvollziehen.

Damit ergibt sich fast zwangsläufig – gerade beim »Rosenkavalier« – das »richtige« Tempo, in dem sich alles gut aussprechen läßt, das die Verbindung zwischen dem ersten und dem letzten Wort einer Phrase so herstellt, daß der Hörer, unbeschadet der Tonhöhe einzelner Silben, am Schluß nicht nur die musikalische, sondern auch die textliche Linie verständlich nachvollziehen kann. Sänger, die nicht deutsch sprechen, tun sich da manchmal etwas schwer, weil sie alles, was hinter den Worten steht, die gedanklichen Zusammenhänge, die Phrasen in der Deklamation der deutschen Sprache, nicht in dem Maße verstehen und umsetzen können wie ein Sänger, der mit der deutschen Sprache aufgewachsen ist. Und gerade in der Behandlung des Textes, in seiner Übertragung auf die Musik war Strauss ein unerreichter Meister, der viel bei Wagner gelernt hat, ihn in vielem aber auch übertroffen hat.

Ich erinnere mich an eine fremdsprachige Sängerin, die zum erstenmal die Marschallin singen sollte bzw. wollte. Mit einem bewundernswerten Feuereifer stürzte sie sich auch auf den Text, entschlossen, ihn nicht nur zu lernen, sondern auch wirklich zu verstehen. Aber dieses Parlando, dieses ganz logische Sprechen in Form von Singen, dieses ganz logische Singen in Form von Sprechen wollte ihr einfach nicht gelingen: »Ich schaffe es nicht, weil ich die Sprache nicht so beherrsche, daß es mir gelingt, den Sinn der Sprache in die von Strauss gefaßten Tonhöhen einzubringen...«, erklärte sie und gab nach kurzer Zeit die Partie wieder auf.

Mag sein, daß die Tonhöhen bei Strauss im ersten Moment befremdlich scheinen, doch wenn man einmal dahintergekommen ist, wie Strauss das alles deklamiert haben wollte, ergibt sich fast eine normale Unterhaltung. Strauss ist in dieser Beziehung ein absoluter Meister. Wer das nicht versteht, wer nicht hinter dieses Geheimnis kommt, wird seine Noten pflichtschuldigst absingen, wird aber nie nachvollziehen können, was eigentlich im Aufbau einer Phrase wichtig ist, um Text und Musik gleichermaßen zur Wirkung zu bringen.

Auch das konnte ich in meinen Anfängerjahren als Musikalischer

Leiter wunderbar studieren. Denn erstens hatte ich es mit Sängern zu tun, von denen ich wußte, daß sie Strauss vorher nie gesungen hatten – ich konnte mit ihnen also meine Vorstellungen von Strauss neu erarbeiten. Und zweitens hatte ich die Möglichkeit, mir die Proben nach Gutdünken einzuteilen, jedenfalls unter weit weniger Zwängen als heute.

In die Erarbeitung der »Rosenkavalier«-Partitur investierte ich sehr viel Kraft und Zeit; was ich vorher durch die Vorbereitung der Sänger auf »Salome« und »Elektra« eher nur erahnt hatte, konnte ich dann in Aachen zum erstenmal selbst umsetzen...

Ich glaube, daß Strauss in der Tat der letzte große Opernkomponist dieses Jahrhunderts war, vielleicht weil seine Werke – auch seine Spätwerke wie »Arabella«, »Die schweigsame Frau«, »Liebe der Danae«, »Capriccio« – gleichzeitig der Moderne und der Tradition der Opern- und Theatergesetze verpflichtet sind.

»Die Frau ohne Schatten«
Die Magie der drei Noten

Kaum einer kannte und beachtete die Gesetzmäßigkeiten der Oper so genau wie Richard Strauss. Und der Kapellmeister ist bei Strauss gezwungen, dramaturgisch mitzuarbeiten. Zeitlicher Ablauf, dynamische Bögen, all das, was die Oper zur Oper macht – Strauss besaß die richtige Einstellung und kannte die jeweils richtige Dosis. Es gibt viele Dinge bei Strauss, die sich sozusagen ganz von selbst erledigen, wenn man die Dramaturgie der Musik und den thematischen Zusammenhang zu verschmelzen versteht.

»Die Frau ohne Schatten« zum Beispiel: Während »Der Rosenkavalier« ein durchkomponiertes Konversationsstück ist, spielt die Thematik in der »Frau ohne Schatten« eine dominierende Rolle. Sie zwingt den Kapellmeister, Dramaturg zu werden, denn erst aus dem musikalischen Aufbau einer Phrase, eines Bildes, eines ganzen Aktes ergibt sich die Relation der Tempi zueinander.

Meine Erfahrung sagt, daß sich diese Überlegungen fortsetzen bis hinein in die Plazierung der Sänger auf der Bühne. Wie die Marschallin, Octavian und Sophie beim Terzett am Schluß des dritten Aktes auf der Bühne zu stehen haben, ergibt sich aus der Stimmführung. Das hat der Kapellmeister in Zusammenarbeit mit dem Regisseur zu realisieren, denn es gibt nur wenige Regisseure, die wirklich empfinden, wie die einzelnen Stimmen aufzustellen sind: was vorne sein muß, was weiter hinten sein kann, welche Position sich innerhalb des Terzetts verändern muß. Da kann und muß der Kapellmeister entscheidende Hilfestellung leisten. Wie bei kaum einem anderen Komponisten läßt sich bei Richard Strauss aus der Partitur herauslesen, was auf der Bühne zu geschehen hat.

In der Zusammenarbeit mit Oscar Fritz Schuh 1962 in Köln wurde ich zum erstenmal ernsthaft mit der »Frau ohne Schatten« konfrontiert. Oscar Fritz Schuhs Regie und Teo Ottos Bühnenbilder habe ich noch heute als meisterhaft in Erinnerung. In dieser Zusammenarbeit und im Laufe der Proben erschloß sich mir dieses Werk, die für mich – neben »Salome« und »Elektra« – tiefste und in ihrer Musik berührendste Oper Richard Strauss'. Die Charakteristik der einzelnen Gestalten und die Wandlungen, die einzelne Personen durchlaufen, etwa die Kaiserin, die Tochter Keikobads, die Gazelle, die Mensch wird, sind schlicht genial. In keinem anderen Werk von Strauss ereignet sich bei den einzelnen Charakteren musikalisch so viel, und kein anderes Werk stellt ähnlich vielfältige Querverbindungen her.

Ich empfinde es immer wieder als frappierend, wie Strauss mit einigen wenigen Noten und ohne die großen Vorspiele eines Verdi oder Wagner, wie er mit einer Phrase, einem einzigen Thema – denken wir an das »Agamemnon« des »Elektra«-Themas, das Keikobad-Thema – präzise Bezüge schafft. Diese starken thematischen Bezüge gelten Gestalten, die für das Stück mit die wichtigsten sind, obwohl sie selbst nicht auftreten. Auf der anderen Seite hat eine Salome, wenn man so will, kein eigenes Thema. Strauss beschreibt vielmehr die Welt, in der sich Salome bewegt. So gesehen ist auch der Elektra kein eigenes, direktes Thema zugeordnet; ihre Situation spiegelt sich »gesamtmusikalisch«. Die Gestalten jedoch, die unsichtbar im Raum stehen, charakterisiert Strauss in aller Präzision durch ein drei oder vier Noten umfassendes kleines Motiv.

»Die Frau ohne Schatten« ist die menschlichste aller Strauss-

Opern. In keinem anderen seiner Werke werden allgemein menschliche Dinge ähnlich konzentriert angegangen; in keinem anderen Werk stehen die Beziehungen der Menschen untereinander ähnlich bewegend im Mittelpunkt.

Interessant ist, daß »Die Frau ohne Schatten« in der Zeit ihrer Entstehung kaum auf Verständnis stieß, selten aufgeführt wurde und relativ geringen Erfolg zu verzeichnen hatte. Oscar Fritz Schuh war Anfang der sechziger Jahre der erste, der sich wieder an dieses Stück heranwagte. Unsere Kölner Aufführung zog eine Flut von Folge-Inszenierungen nach sich, und heute gehört »Die Frau ohne Schatten« auf der ganzen Welt zu *den* Strauss-Opern. Ich glaube, dieser Siegeszug wird anhalten, weil die Beziehung der Menschen untereinander in unserer Zeit zu einem alle bewegenden Thema geworden ist.

Wenn es einem Regisseur gelingt, klar herauszuarbeiten, was mit diesem Stück gemeint ist, dann wird »heute oder morgen« – wie es so schön im »Rosenkavalier« heißt – »Die Frau ohne Schatten« die anderen Strauss-Werke an Popularität einholen, wenn nicht sogar übertreffen, beispielsweise »Arabella«, die mit ihrem vorhersehbaren Schluß ohnehin einen etwas operettenhaften Zug hat, denn von Anfang an, mit den ersten Worten der Arabella, vom ersten Auftritt des Mandryka an, weiß man, daß beide zusammenkommen; das Happy-End ist vorprogrammiert – mit welchen Mitteln auch immer dann noch irgendwelche Spannung erzeugt wird.

Dagegen das Schicksal des Färberpaares, das Verhältnis Kaiserin/Kaiser: Auch hier könnte man vielleicht von einem Happy-End sprechen, nie aber im Sinne von »Arabella«, wo sich nach allerlei künstlichen Konflikten zwei von Anfang an füreinander bestimmte Menschen schließlich finden. Das ist in der »Frau ohne Schatten« absolut nicht der Fall. Einer, der dieses Stück zum erstenmal sieht, wird angesichts der hochdramatischen Stimmen und der reduzierten Textverständlichkeit ohnehin seine Schwierigkeiten haben. Der gute Ausgang des Stücks ist jedenfalls alles andere als vorgezeichnet und eigentlich bis zum letzten Bild fraglich.

Wird die Kaiserin das Opfer der Färberin annehmen? Verzichtet sie auf den Schatten und liefert damit ihren Mann der Versteinerung aus? Soll sie dem Befehl ihres Vaters Keikobad widersprechen?

Kann sie sich ihr Glück um den Preis der Zerstörung eines anderen Glücks erkaufen? Erst ihr »Ich will nicht« erlöst sie sozusagen und öffnet den Weg zu einem positiven Ende: zu einem Schluß, der eher eine Apotheose des Verzichts, der Menschlichkeit, der Opferbereitschaft ist als ein banales Happy-End; zu einem Schluß, der den Sieg der Menschlichkeit, der Liebe, der humanen Gedanken und Empfindungen bedeutet.

Selten übrigens wird »Frau ohne Schatten« strichlos gegeben. Einige Kürzungen gehen auf Richard Strauss selbst zurück, der angesichts der ersten Aufführungen feststellen mußte, daß sich vieles, was er in die Partitur hineinschrieb, auf der Bühne nicht so einfach realisieren ließ. Wenn sich beispielsweise im dritten Akt Färberin und Färber hinter der Bühne suchen, um sich zu gestehen, daß sie sich lieben, die vergangene Frustration überwunden haben und nun bereit sind, miteinander weiterzuleben – ihre Rufe hinter der Bühne: »Wehe, Barak, wo ist mein Mann?«, »Ich suche meine Frau« usw. –, das ist kaum aufführbar. Hofmannsthal/Strauss besaßen da in Sachen Bühnenwirksamkeit keine sehr glückliche Hand. Ein riesiges Orchester führt ein ebenso riesiges Spektakel auf, auf der Bühne singen und agieren noch andere Gestalten – was sich darüber hinaus hinter der Bühne abspielt, bleibt unverständlich, trägt allenfalls zur Verwirrung bei.

Strauss kam offenbar bei der ersten praktischen Bühnenarbeit selbst zu der Überzeugung, daß es besser sei, hier einiges zu verkürzen. Gewisse Striche werden bei Live-Aufführungen auch vorgenommen, um Textschwierigkeiten – zum Beispiel bei der Amme –, die verbal nicht oder nur schwer nachvollziehbar sind, aus dem Weg zu gehen. Streicht man solche Passagen, um nicht von vornherein Unverständnis und damit Langeweile aufkommen zu lassen, muß man die entsprechenden Verweise und Bezüge natürlich auch an anderen Stellen des Stücks entfernen. Einmal vorgenommen, haben solche Striche dann ganz von selbst Folgen auf das übrige Stück.

Der erste Akt scheint mir perfekt in jeder Beziehung: Er ist dicht, er ist intensiv, und er ist – aus der Sicht der zwanziger Jahre gesprochen – von einer musikalischen und dramaturgischen Modernität, die von keiner Strauss-Partitur außer »Salome« und »Elektra« erreicht wird. Der zweite Akt ist exzellent konstruiert: Seine Höhepunkte sind zweifellos die Einzelszenen der Kaiserin und des Kaisers. Der dritte Akt scheint mir der am wenigsten geschlossene. Er ist sehr wirkungsvoll, aber auch musikalisch nicht unbedingt der dominierende. Hier Wiederholungen zu streichen scheint bei einer szenischen Aufführung sicherlich sinnvoll.

Meines Wissens ist die von mir dirigierte, 1987/88 für die Platte aufgezeichnete »Frau ohne Schatten« die erste integrale Einspielung des Werks. Auch die Texte der Kaiserin im dritten Akt – im Zusammenhang mit Lebenswasser, Opferverzicht usw. – sind zum allererstenmal in der Originalfassung (mit minimalen Auslassungen) auf der Platte.

Eine integrale szenische Aufführung wird immer wieder vor dem Problem stehen, daß in gewissen Momenten die Spannung nicht aufrechtzuerhalten ist. Der Besucher, der zunächst besten Willens auf das Stück zugeht, würde zwangsläufig nach einer gewissen Zeit der Konzentration den Faden verlieren und »aufgeben«.

Das zu verhindern ist in erster Linie der Grund für Kürzungen. Gelegentlich werden natürlich auch Striche vorgenommen, um dem einen oder anderen Sänger stimmlich schwierige Stellen zu erleichtern oder ganz zu ersparen.

Richard Strauss hatte das Glück, seine Werke mit großen Dirigenten – etwa Fritz Busch, Karl Böhm oder Clemens Krauss – uraufführen zu können. Das Verhältnis Komponist/Dirigent war so gut, daß man sich offen die Meinung sagen konnte. Auch die Tatsache, daß Strauss mit einem Theaterpraktiker wie Max Reinhardt zusammenarbeitete, trug dazu bei, daß er seinen gewiß phänomenalen Kompositionsfluß oft noch einmal vom Szenischen her überprüfte und von Dirigenten und Regisseuren durchaus Vorschläge zu Kürzungen akzeptierte. Strauss, selbst ein großer Theatermann, war klug genug, nicht stur auf der integralen Aufführung zu bestehen. Manche Striche haben sich auf diese Art von Anfang an als Striche von Strauss, Busch oder Böhm eingebürgert.

Daß Werke wie »Salome« oder »Elektra« strichlos gespielt werden, hat nichts mit der Länge des Werks zu tun, sondern vor allem mit der Dichte des Textes, die sich dem Komponisten Strauss automatisch mitteilen mußte. Jeder Takt ist da so konzentriert, daß es nahezu ausgeschlossen scheint, etwas zu streichen. Bei »Elektra« gibt es einige wenige weltweit übliche Striche. Da hat sich ein kleiner »Sprung« eingebürgert, der für die Darstellerin der Elektra allerdings eine erhebliche Erleichterung bedeutet, denn die Elektra-Partie ist in der Tat mörderisch. Eine Sängerin, die nicht mit absoluter stimmlicher Souveränität über dieser Partie steht, wird diese Erleichterung dankbar zur Kenntnis nehmen.

Eine spezielle Herausforderung der Plattenaufnahme der »Frau ohne Schatten« war es, auch vom Instrumentalen her die Partitur einmal so zu realisieren, wie Strauss es sich vorgestellt hat. Der Orchesterapparat ist gewaltig: Die von Strauss verlangten Bühnenmusiken, die Orgel, die sechs zusätzlichen Pauken und Trompeten hinter der Bühne, die chinesischen Buckel-Gongs, die schwer zu bekommen und bei kleineren Opernhäusern überhaupt nicht vorhanden sind, bereiten echte Schwierigkeiten. Darüber hinaus gibt es den Chor der Ungeborenen, einen Chor der Frauen und der Dienerinnen. Strauss hat einen so riesigen Apparat vorgeschrieben, daß selbst bei großen Bühnen viele Dinge zusammengezogen werden müssen. Auch das Orchester wird da und dort verkleinert. Viele Opernhäuser haben beispielsweise keine Orgel und können es sich gar nicht leisten, den für den Schluß geforderten Glasharmonikaspieler zu engagieren. Alle diese bei einer szenischen Aufführung oft nicht realisierbaren Elemente konnte ich bei der Schallplattenaufnahme originalgetreu verwirklichen.

Bei keinem Punkt brauchten wir Kompromisse zu machen. Wir haben eben den Kinderchor nicht von den Frauen singen lassen oder umgekehrt. Alles wurde so produziert, wie Richard Strauss es sich – soweit aus der Partitur ersichtlich – gewünscht hat, bis zur letzten Konsequenz der Bühnenmusik und mit allem, was sonst dazugehört. Das bringt gegenüber der üblichen Hörgewohnheit einige Veränderungen mit sich.

Auch die Tatsache, daß wir das Werk strichlos aufgenommen haben, führt zu neuen formalen Zusammenhängen und Erkenntnissen. Der Hörer wird mit klanglichen Wirkungen konfrontiert, die sich aus den verschiedensten Gründen in einer Opernaufführung nie erzeugen lassen. Man kann jetzt bei »Frau ohne Schatten« davon ausgehen, daß alle Forderungen von Strauß erfüllt worden sind.

Zum erstenmal erklingt das Stück so, wie Strauß es in die Partitur hineingeschrieben hat.

Ich verschließe mich der Tatsache nicht, daß im Gesamtschaffen von Richard Strauss die »Frau ohne Schatten« vielleicht das schwierigste Werk ist. Liegt es vornehmlich am beinahe schon Metaphysischen der Dichtung? Es ist nicht leicht, diese Oper mit wenigen und leicht verständlichen Worten im Sinne einer »Inhaltsangabe« wiederzugeben und dennoch das Wesentliche zu umreißen: das Wesentliche, das Strauss gereizt haben muß, eine Musik zu schreiben, die zum Größten, Gewaltigsten und gleichzeitig zum Einfachsten wie auch Kompliziertesten gehört, was wir aus seiner Hand kennen. Zuweilen hat Strauss den in allzu große Höhen aufsteigenden Gedankenflug des Dichters wieder auf den Boden der Verständlichkeit zurückgeholt; mit wenigen Takten, mit ganz knappen Themen kennzeichnet er Figuren und macht seelisch-menschliche Vorgänge hörbar.

Er wendet ein grandioses Mittel an, mit den ersten Takten der Einleitung markant und unvergeßlich *die* Figur musikalisch zu charakterisieren, die als Schlüsselgestalt inhaltlich das auslösende Moment ist, selbst aber im ganzen Stück niemals in Erscheinung tritt: Agamemnon in »Elektra«, Keikobad in der »Frau ohne Schatten«. Ein Motiv, bestehend aus drei Noten, geht durch das ganze Werk hindurch und erklingt, wenn von der betreffenden Gestalt die Rede ist.

Wie aber variiert Strauss diese drei Noten! Einmal sind sie gleichsam zusammengeschmiedet zu einer Kette; ein andermal erscheinen sie in einem doppelt so langen Zeitmaß und nur den Pauken anvertraut, wodurch sich ein völlig anderes Klangbild ergibt. Eine Analyse nur dieser drei »Keikobad«-Noten würde Seiten füllen. In gleicher Weise verfährt der Komponist mit einigen anderen handelnden Figuren und dem Geschehen zugewiesenen Themen. Gleich Wagner, der in dieser Kompositionstechnik sein Meister war, setzt er sie immer wieder ein, verändert sie, verbindet sie untereinander; gerade *dann* erklingen sie am häufigsten, wenn Worte – schnell dahingesungen – nicht mehr allein den hinter ihnen verborgenen Vorgang vermitteln können: Hier sehe ich eine geniale »Umsetzung« der Dichtung in Musik. Es sind nicht mehr als fünf oder sechs Themen, die ständig, beinahe Takt für Takt in stets abgewandelter Form wiederkehren, sich vermischen... So entsteht selbst beim erstmaligen Hören schon der Eindruck einer Geschlossenheit, der sich nicht anders als durch diese »Kompositionstechnik« erklären läßt.

Das Instrumentarium ist gewaltig, geht über Wagners »Ring«-Orchester hinaus. Mit diesen »Massen« – speziell im zweiten Akt des öfteren gemeinsam eingesetzt – ergeben sich Steigerungen, Ausbrüche, Spannungen, die anfänglich schwer »herauszuhören« sind. Das in »Elektra« als Strauss'sche »Bitonalität« bekanntgewordene Übereinanderschichten mehrerer harmonischer Klangebenen wird in der »Frau ohne Schatten« noch weitergetrieben. Nicht selten sind es drei oder auch vier Themen, die in ihrer jeweiligen Grundstruktur, ihrer Rhythmik, ihrer eigenen Tonalität gleichzeitig zusammengefaßt sind. Es braucht sicher ein mehrmaliges Hören dieser Partitur, um wenigstens in etwa Idee und Ausführung zu verstehen. Niemals aber, nicht ein einziges Mal (!), nutzt Strauss diesen großen Orchester-Apparat *nur* zu einer äußerlichen, ich möchte sagen, mutwilligen Lautstärkeentfaltung. Daneben stehen – speziell in den Szenen des Färbers Barak und seiner Frau und den Minuten der »Läuterung«, der »Menschwerdung« der Keikobad-Tochter, der Kaiserin – Momente der innigsten, intimsten, schönsten Kammermusik, die Strauss je komponiert hat. Ein Beispiel dafür ist das große Violinsolo im dritten Akt.

»Die Frau ohne Schatten« hat viel mit Mozarts »Zauberflöte« gemeinsam. Ausgangspunkt und Angelpunkt des Märchens ist die Idee einer Reinigung, der Erlösung; die Idee eines Weges, der in ein höheres Stadium des Bewußtseins weist, eines von Humanität erfüllten Ideals. Wer diesen Weg gehen möchte, muß – so Hofmannsthal und Strauss – zahlreiche Prüfungen durchstehen, großen inneren Mut beweisen und ungeheure Seelenstärke mitbringen. Auf diesem Weg der Läuterung vermischt sich die Welt der Wesen und der Materie, die Welt der von ihren Instinkten und Leidenschaften bestimmten Menschen und der Geister. Die Amme wird zur Mittlerin zwischen der höheren Welt der Geister und der niederen Welt der Menschen. Die Berührung zwischen den Welten provoziert den Wandlungsprozeß zweier Menschen zu wahrhaft menschlichen Wesen: Die Kaiserin verzichtet auf das Opfer der Färbersfrau, denn sie hat erstmals irdisches Leid erfahren, und Barak tritt erstmals aus seiner kleinen Welt heraus: Er will seine Frau töten und bewirkt damit, daß sich schließlich auch die Kaiserin und Barak und die Färbersfrau und der Kaiser in Liebe finden können...

Der Schluß ist ein Märchenschluß, in dem sich die Welt der Geister und die irdische Welt auf einer von humanen Idealen und menschlicher Vervollkommnung bestimmten Ebene vereinen. Die Stimmen der Ungeborenen werden Symbol dieser glückhaften Verschmelzung, dieser Hoffnung auf ein neues, wahrhaftigeres und erfüllteres Leben.

Es ist bezeichnend, daß Strauss die Themen des Färbers und seiner Frau ironisch verfremdet noch einmal im »Intermezzo« benutzt, um einen ganz und gar nicht mystischen Konflikt, sondern den alltäglich-bürgerlichen Konflikt zwischen Mann und Frau witzig zu charakterisieren. Vielleicht wollte Strauss damit jenseits aller Transformationen, Metaphysik und Märchenmagie vor allem formulieren, daß wir alle die Verpflichtung haben, uns zu verstehen und zu lieben – im Interesse des Überlebens.

Keimzellen der Kreativität
Das Frühwerk als Charakterstudie

Nicht zufällig hat Strauss eines seiner letzten Orchesterwerke Mozart gewidmet! Richard Strauss hielt Wolfgang Amadeus Mozart von frühester Kindheit an für den größten Komponisten aller Zeiten.

Am Fall Mozart läßt sich mit aller Deutlichkeit belegen, daß bei überragenden Komponisten – vielleicht sogar bei allen großen Persönlichkeiten im aktiv künstlerischen, produktiven Bereich – das Talent, die Begabung, das Genie von Anfang an vorhanden sind. Das trifft auf Mozart, aber eben auch auf Wagner und Strauss zu. Daß dieses Genie im Laufe der Jahre und Jahrzehnte des Älterwerdens und der reichhaltigeren Erfahrung dann in andere Bahnen und Formen gelenkt wird, steht außer Frage.

Mozarts Symphonie Nr. 1 (KV 16) ist ein Geniestreich! Mozart war, als er diese Symphonie schrieb, kaum mehr als sechs Jahre alt. Doch welche Vollendung in ihrem langsamen Satz! Mag sein, daß Mozart hier noch unter Anleitung seines Vaters komponierte und sich von ihm Wege der Instrumentation weisen ließ, aber der thematische Einfall, die Ordnung innerhalb der Musik signalisiert von Anfang an sein originäres Genie.

Ähnlich liegen die Dinge bei Richard Strauss. Man muß sich nur einmal vor Augen halten, daß ein Großteil seiner Symphonischen Dichtungen, die heute in Konzertsälen auf der ganzen Welt gespielt werden, bereits geschrieben war, bevor Strauss seine erste Oper komponierte. Muß man nicht davon ausgehen, daß diese Symphonischen Dichtungen Geniestreiche des jungen Strauss sind!? Die Violinsonate, das Klavierquartett, das erste, seinem Vater gewidmete Hornkonzert – sind sie nicht Musterbeispiele einer vom ersten Moment an vorhandenen genialen Begabung?

Und wenn Mozarts Frühwerk gespielt wird und man mit Recht vor Ehrfurcht erstarrt, dann sollte mit der gleichen Berechtigung das Frühwerk von Wagner und Strauss gespielt werden können. Dies gilt auch für Verdi, bei dem ebenfalls von Anfang an eine eigene Handschrift, eine eigene Form, eine eigene Beziehung zum Wort vorhanden sind.

Ich halte es für absolut falsch, die Komponisten selbst als Kronzeugen zu bemühen, um ihre Frühwerke von der Opernbühne und aus den Konzertsälen zu verbannen. Nur weil Wagner einmal erklärte, er wolle an seine Frühwerke nicht mehr erinnert werden, sein Werk beginne eigentlich mit dem »Fliegenden Holländer«, womit er »Die Feen«, »Das Liebesverbot« und »Rienzi« gewissermaßen der Vergessenheit anheimgab, müssen wir uns seiner Betrachtungsweise nicht anschließen. Natürlich leben die »Feen« aus der Erinnerung an Carl Maria von Weber und an das Zauberreich des »Oberon«. Natürlich nimmt jeder junge Komponist, der sich diesem Metier verschreibt, zunächst einmal seinen Umkreis wahr, um sich von den Werken seiner Zeit beeinflussen zu lassen.

Aus der Sicht des späten Wagner – nach einem »Tristan«, einem »Ring« und einem »Parsifal« – mag sein Verdikt berechtigt erscheinen, denn der Rückgriff auf das eigene Frühwerk legt den Blick auf Anfänge frei, die man überwunden zu haben glaubt. Das Urteil eines Künstlers über sein eigenes Werk aber muß nicht für alle Zeiten verbindlich sein. Sich einem solchen Urteil anzuschließen hieße, sich einem Fehlurteil auszuliefern.

Anton Bruckners Erste Symphonie – und gerade bei Bruckner, der weder Kammermusik noch Opern komponiert hat, läßt sich dies wunderbar verdeutlichen – besitzt noch nicht die Form, den Aufbau der Siebten, Achten oder Neunten Symphonie. Aber keiner soll mir sagen, daß die Erste und die Zweite Symphonie nicht zwei Meisterwerke sind. Man hat sie einfach zu kennen, wenn man den musikalischen Werdegang eines Anton Bruckner verstehen will.

Und was das Frühwerk von Richard Strauss betrifft: Nur weil Strauss selbst beschlossen hat, den »Guntram« zu begraben, brauchen wir noch lange nicht schlußzufolgern, dies sei ein schlechtes Stück.

Ebenso möchte ich behaupten: Wer die »Feuersnot« nicht kennt, kennt zu einem großen Teil den kompositorischen Charakter, den Charme, den Witz, die Formgebung von Richard Strauss nicht.

Er wird dann vielleicht sehr erstaunt sein, wenn er plötzlich in den späteren Werken des Komponisten überraschende »neue« Elemente entdeckt, die in Wahrheit bereits in den Partituren der »Feuersnot« und des »Guntram« entstanden sind und in der »Salome« schon zum Tragen kamen.

Als ich aus speziellem Anlaß – es war die Überreichung der Ehrenmedaille in Gold der Bundeshauptstadt Wien am 25. Januar 1988 durch Bürgermeister Dr. Helmut Zilk – die »Variationen für Streichtrio über ein bayerisches Volkslied« zum erstenmal las, ein Werk, das Strauss 1882, also im Alter von achtzehn Jahren, geschrieben haben soll, glaubte ich zunächst bezweifeln zu müssen, daß dieses Werk wirklich von Richard Strauss ist. Als ich es dann im Wiener Rathaus hörte, fielen mir plötzlich zwei Phrasen der Geige auf, die zwei Phrasen in »Capriccio« und der »Daphne« entsprachen, die ich im übrigen Opernwerk von Strauss nie gehört hatte. So entsteht ein Bogen von über sechzig Jahren vom achtzehnjährigen bis zum achtzigjährigen Strauss. Plötzlich erscheint etwas, dessen Kern, dessen kompositorisch-musikalische Anlage aus frühester Jugend stammt.

Deshalb werde ich manchmal wütend, wenn verächtlich gesagt

wird: »Ach Gott, hier handelt es sich nur um ein Frühwerk von Strauss, Wagner oder Verdi!« Was für »Frühwerke« hat doch ein Verdi geschaffen! Einen »Stiffelio«, einen »Ernani«, eine »Giovanna d'Arco«, einen »Attila« – Meisterwerke voller Jugendfrische und ohne jede Routine. Denn zwangsläufig vergrößert sich mit der kompositorischen Praxis das Eigenrepertoire. Strauss veränderte später seine von Anfang an großartigen Instrumentationen gelegentlich etwas, trotzdem finden sich in seinen späteren Werken Kühnheiten manchmal geglättet und bereinigt, die er in jugendlicher Begeisterung einfach nebeneinander und nacheinander hinstellte. Der Kern, die Idee war also bereits Jahrzehnte zuvor da.

Wer sich mit Frühwerken beschäftigt, stößt gelegentlich auf eine Fundgrube! Richard Wagners »Liebesverbot« ist dafür ein eklatantes Beispiel: Als wir das Stück 1983 in München produzierten, waren wir alle – Orchester wie Sänger – begeistert, in dieser Partitur plötzlich den »Parsifal«, den »Lohengrin«, den »Tannhäuser«-Chor vorweggenommen zu sehen.

Zum wirklichen Verständnis eines großen Komponisten – ich spreche nicht von Gelegenheitskomponisten, von denen gerade zwei Werke überlebt haben – ist es zwingend notwendig, die Frühwerke zu hören und sie auf sich wirken zu lassen, um die Quellen zu erforschen, aus denen die späteren Werke hervorgegangen sind.

»Capriccio«
Schlüssel zur Strauss-Interpretation

Meine besondere Beziehung zu »Capriccio« rührt von meiner frühen Beschäftigung mit dieser Partitur her. Ich hatte bei den Plattenaufnahmen in London das unerhörte Glück, als junger Kapellmeister mit einer Besetzung arbeiten zu können, die ans Wunderbare grenzte. Und ich hatte das Glück, daß Hans Hotter, der bei der Plattenaufnahme den Theaterdirektor La Roche sang, bereits bei der Uraufführung als Olivier dabei war. Er konnte mir als Chronist berichten, wie Richard Strauss und Clemens Krauss damals einzelne Figuren sahen und was Strauss den Sängern für das Studium ihrer

Partien mit auf den Weg gab. Ich profitierte viel davon und konnte trotzdem meine eigenen Ideen einbringen, denn auch ein Hans Hotter konnte ja nicht behaupten: »Junger Freund, diese Partie habe ich mit dem Meister selbst gemacht!« Im Laufe dieser Arbeit jedenfalls entwickelte ich ein ganz besonderes Verhältnis zu dieser Oper.

Die »Capriccio«-Partitur liest sich – wie eigentlich alle Strauss-Partituren – wie ein Krimi. Man braucht nur der Stimmführung zu folgen, etwa dem Eigenleben einer dritten Klarinette oder eines zweiten Fagotts nachzugehen, um sich von Seite zu Seite gespannter zu fragen, welchen Verlauf die Entwicklung nimmt, wie sich ein Einfall auf die Melodienfolge und die Harmoniefolge auswirkt, wie er waagerecht melodisch, senkrecht harmonisch-rhythmisch eingebettet ist.

Beim Studium der »Capriccio«-Partitur spürte ich: Da steckt ein ganzes Leben dahinter! Alles, was sich hier so selbstverständlich, so natürlich, so groß liest, kann nur einer Erfahrung von sechs Jahrzehnten entspringen, kann nur das Fazit eines Lebenswerks sein, kann nur von einem Komponisten geschrieben worden sein, der ganz genau weiß, wo eine Linie hinzugehen oder wie sie zu enden hat; wie da eine Baßklarinette von einer zweiten Klarinette übernommen wird; wie Themen oder nur aus drei, vier Tönen bestehende Motive durch Verbreiterung, Raffung und Umkehrung plötzlich zu leben anfangen, ineinander übergehen und sich spiegelbildlich verkehren, wie etwa bei der Erwähnung von Gluck und Piccinni musikalisch Glucks »Iphigenie« zitiert wird und ein schriller Oboenton daran erinnert, daß das Stück einst ausgepfiffen wurde...

Als ich diesen Dingen bei der letzten Opernpartitur von Strauss nachging, hatte ich unendlich viel gewonnen für das Studium aller vorangegangenen Partituren. Selbstverständlich entwickelt man zu einem solchen Werk eine besondere Affinität. In London hatten wir beschlossen, das Werk strichlos aufzunehmen, während es auf der Bühne so gut wie nie strichlos gegeben wird – eine Erfahrung, die mich dazu brachte, auch später alle Strauss-Opern zunächst einmal strichlos zu studieren, sogar dann, wenn in der Theaterpraxis Striche notwendig wurden. Bei »Capriccio« jedenfalls begriff ich, wie essentiell es ist, die ursprüngliche Konzeption eines Komponisten kennenzulernen.

Beispielsweise die Schlußmusik, die sogenannte »Mondscheinmusik« vor dem Monolog der Gräfin. Jeder ist fasziniert davon, was Strauss da an Schönheit gelungen ist. Viel, viel später, bei meiner Beschäftigung mit Strauss-Liedern, die nicht überall auf der Welt gesungen werden, beim Krämerspiegel-Zyklus nach zwölf Gedichten von Alfred Kerr, wo Strauss mit seinen Verlegern ins Gericht geht, einem der geistreichsten Liederzyklen, der je geschrieben wurde – da entdeckte ich, daß die Melodie hier schon auftaucht. Man könnte noch weiter zurückgehen: Auch in einem seiner frühesten Jugendwerke läßt sich diese Melodie nachweisen. Sie bleibt ihm ein ganzes Leben lang treu. Als er in »Capriccio« für diesen Moment der Ruhe und Besinnung einen Einfall suchte – sein Enkel Richard Strauss hat überliefert, daß Strauss an dieser Stelle nicht mehr weiter wußte und alle Gäste wegschickte –, machte ihn sein Sohn auf diese frühe Skizze, auf dieses damals nicht vollendete Thema aufmerksam. Apropos Genialität von Frühwerken!

Meine Verbindung zu »Capriccio« hängt schließlich auch noch mit Clemens Krauss zusammen, den ich als Musiker, Dirigenten und Theaterleiter hoch verehre. In ihm sehe ich heute noch das Ideal eines Theaterleiters, selbst mit der Einschränkung, daß es Clemens Krauss angesichts der nationalsozialistischen Auflagen, etwa der Reisebeschränkungen, leichter hatte, ein Ensemble zusammenzuhalten.

Lange hatten Richard Strauss und Clemens Krauss darüber diskutiert, welchen Untertitel sie »Capriccio« geben sollten. Strauss war dagegen, es als »Konversationsstück« zu bezeichnen. »Oper« konnte man es auch nicht gut nennen. Dann tauchte die Frage auf, ob man es als »Konversationsstück mit Musik« bezeichnen sollte, und Krauss schlug »Konversationsstück für Musik« vor – damit trat er hinter das Werk zurück und signalisierte, daß sein Text für die Musik da sei. Das sah Strauss dann ein.

Als Achtundsiebzigjähriger schrieb Richard Strauss zum erstenmal ein Geleitwort, über dem die Worte des Theaterdirektors La Roche stehen: »Der Arie ihr Recht! – Auf die Sänger nimm Rücksicht! –

Nicht zu laut das Orchester...« Krauss und Strauss, wie sie geleibt und gelebt haben!

Das auf diese Maxime folgende Geleitwort ist eine der schönsten aller Kapellmeister-Lehrstudien. Wer sie befolgt, kann nicht fehlgehen. Natürlich schöpft Strauss aus der Erfahrung eines großen Musikers, und sicher ist nicht alles, was er hier fordert, so hundertprozentig zu verwirklichen, aber es ist die wohl schönste »Gebrauchsanweisung« für die Interpretation der Strauss'schen Musik.

Die »Goldenen Regeln« für den Dirigenten, die er in den frühen Jahren aufstellte, als er selbst in München und anderswo als Kapellmeister tätig war, das »Capriccio«-Geleitwort für den Theaterkapellmeister und das, was Clemens Krauss La Roche in den Mund gelegt hat – eine bessere Schulung für einen Kapellmeister ist schwerlich vorstellbar. Wer das befolgt, hält den wichtigsten Schlüssel zur Interpretation der Musik von Richard Strauss in Händen.

Und noch etwas ist faszinierend: Je einfacher, je unkomplizierter, je partiturgerechter Strauss gespielt wird, desto überzeugender wirkt er. Man braucht nur zu lesen, was in der Partitur steht, von der geradezu kammermusikalischen Einfachheit, mit der »Capriccio« geschrieben wurde, bis hin zu ganz großen Orchester-Entladungen, um zu wissen, wie diese Musik zu klingen hat. Strauss besaß eine besondere Begabung für harmonische Effekte. »Rosenkavalier«, das Überreichen der Rose im zweiten Akt etwa – es ist von sinnlichem Reiz, wie in eine liegende Harmonie hier mit Effektinstrumenten wie Celesta, Harfe und Glockenspiel fremde Harmonien hineingetupft werden... Ähnlich beim »Capriccio«-Schluß, wenn die Gräfin mit ihrem Spiegelbild Zwiesprache hält: Da setzt Strauss wieder diese um einen Halbton verschobenen harmonischen Lichter, was eine merkwürdig irisierende Schönheit erzeugt, die es so nur bei Strauss gibt. Parallelen dazu finden sich in der »Daphne« und in der »Ägyptischen Helena«.

Diese spezielle harmonische Struktur, dieses »Schillern« beginnt vor allem an dynamisch sehr durchsichtigen, sehr leisen Stellen. Geht man bei der Interpretation darauf ein, hält das Tempo an diesen Stellen etwas zurück und läßt dem Orchester und dem Hörer etwas Zeit, das »Schillern« und »Schwingen« außerhalb der normalen Harmonie deutlich zu machen, dann ist man einer richtigen Strauss-Interpretation nahe.

Wer den Hörer, das Publikum überzeugen möchte, muß zunächst einmal selbst überzeugt sein – und dann wird es seine Aufgabe sein, die mit ihm und für ihn arbeitenden Orchestermusiker, Chorsänger und Solisten von seiner Einstellung zu überzeugen. Erst wenn so die Einstellung des Interpreten wirkungsvoll nach außen transportiert wird, ist die Basis geschaffen, dem Zuhörer die »überzeugende Wiedergabe« auch wirklich zu vermitteln. Dies scheint mir wichtig für jede Interpretation.

Strauss war ein Komponist der sublimsten Routine. Bei Beethoven steckt in jedem Takt, in jeder Phrase, in jedem Satz einer Symphonie das Kämpferische, das Ringen um eine neue Form, um einen neuen Ausdruck; nicht, daß er dies gesucht hätte, aber es war sein Naturell. Bei Strauss – und meine Liebe zu Strauss ist hinlänglich bekannt – gibt es manchmal Partiturseiten, denen man ansieht, daß sie sozusagen zwischen Kindergeschrei und Finanzamtsbesuch entstanden sind. Der formale Bogen einer szenischen Gestaltung war klar skizziert. Nun ging es an die Ausarbeitung. Seine Frau Pauline, sein Sohn Franz, dessen Frau Alice und die Enkelkinder haben überliefert, daß sich Strauss durchaus mit seiner Familie unterhalten konnte, während er, automatisch und ohne eine Note falsch zu setzen, instrumentierte, was er sich am Abend zuvor in Klausur an thematischen Fixierungen auf Personen, Situationen und Szenen erarbeitet hatte. Die technische Ausarbeitung war für ihn mehr oder weniger Routine.

War er selbst bei der Erarbeitung der Aufführungen dabei, war er oft der erste, der zum Rotstift griff und einen Strich machte – genau an den Stellen, die einem beim Studium der integralen Partituren auffallen. Aber selbst angesichts dieser Momente hat man als Kapellmeister die Aufgabe, sich und andere zu überzeugen, daß sie aus bestimmten Gründen wichtig und richtig sind.

Und was für eine herrliche Sache sind doch Quartsextakkorde! Mozart, Bruckner, Wagner – alle haben genau gewußt, was auf einem Quartsextakkord so alles passieren kann: eine Steigerung, die sich mit Pauken- und Beckenschlag und großer Trommel aufbauen läßt. Quartsextakkorde, da klären sich oft verwirrende harmonische Vorspiele, da geht dann die Sonne auf, oder es schlägt der Blitz ein.

Bei Strauss finden sich Quartsextakkorde manchmal in gehäufter Form. Es gibt die bekannten Musikerwitze über Komponisten, die sich von Quartsextakkord zu Quartsextakkord hanteln. Mein Lehrer Hans Sachsse hat immer gesagt: »Wolfgang, hüte dich vor Triolen und Quartsextakkorden – das verbraucht sich am schnellsten!«

Beides hat Strauss manchmal strapaziert. Auch da gilt für die Interpretation sozusagen als »Schlüssel« die Überlegung, welchem der gehäuften Quartsextakkorde man nun die Priorität einräumt – es muß nicht immer der sein, der als erster erscheint oder der den vermeintlichen Höhepunkt darstellt.

In »Frau ohne Schatten« gibt es zu Beginn des dritten Akts, im Des-Dur-Duett des Barak und der Färberin »Mit anvertraut...«, eine Steigerung, die in einem Quartsextakkord auf E-Dur den vermeintlichen Höhepunkt bringt. Strauss selbst oder Krauss aber haben erklärt, daß dieser E-Dur-Quartsextakkord eben noch nicht der Höhepunkt ist, daß man hier – auch wenn es sich vielleicht anbietet – nicht »hängenbleiben« sollte. Richard Strauss und seine Quartsextakkorde in E-Dur – darüber ließen sich drei Doktorarbeiten schreiben! Es setzt Interpretationserfahrung voraus, die ersten vier Quartsextakkorde links liegenzulassen, den fünften als den Höhepunkt herauszuarbeiten und über die nächsten beiden wieder hinwegzugehen.

Vieles bei der Interpretation von Strauss ergibt sich zwar ganz von selbst, wesentlich aber ist das Erkennen des richtigen Tempos. Bei den Aufführungen, die Strauss selbst geleitet hat, wählte er Tempi, die den Streichern und Holzbläsern oft Schwierigkeiten bereiteten – weil er vieles so schnell nahm, daß es unmöglich wurde, alle von ihm komponierten Noten zu spielen. Als man ihn einmal darauf ansprach – und Strauss muß ein hinreißender Dirigent gewesen sein, ich selbst habe ihn ja nur einmal erlebt –, meinte er: »Genau das will ich. Spielen S' die erste Note und spielen S' die letzte Note! Dazwischen sehen Sie doch, wie sich eine Figur hinauf- oder hinunterbewegt. Ich will das nicht so akribisch wie bei einer Rossini-Koloratur. Die erste Note brauch' ich, weil sie aus der Harmonie kommt, die letzte brauch' ich, weil sie in die neue Harmonie hineinführt, und zwischendrin macht's halt irgendwas!«

Dies scheint mir nicht nur eine flüchtige Ausrede gewesen zu sein, weil er einmal ein Tempo zu rasch genommen hatte. Er war auch als Beethoven-Interpret bekannt für flüssige, emotionell nicht so in die Tiefe bohrende Tempi. Er liebte es, mit Bonhomie und Eleganz über eine Sache hinwegzugehen. Er gehörte zu den charmanten und besitzergreifenden, nicht zu den im Innersten die Seele aufwühlenden Komponisten vom Schlage eines Beethoven, der eine Spannung erzeugen kann, daß einem das Herz stockt und man sich, allein gelassen mit seiner Seelenqual, erst wieder langsam zurechtfinden muß. Und mit welch einfachen Mitteln konnte ein Schubert die Menschen zu Tränen rühren!

Strauss war ein zu Emotionen durchaus bereiter Komponist, aber sein Ziel war es nicht, aus allem gleich eine Weltschöpfung im Sinne etwa eines Gustav Mahler zu machen. Von seiner humanistischen Bildung her rührt eine lebenslang zur Schau getragene Liebe zur römischen, vor allem aber auch zur griechischen Antike. Die frühen Reisen nach Italien, seine Vorliebe für das griechische Theater, die er mit Carl Orff teilte – seinem Naturell entsprechend suchte Strauss, glaube ich, nach »Salome« und »Elektra« vor allem die Heiterkeit der griechischen Mythologie, die Befreiung aus den Zwängen, ein Darüberstehen und Darüberschweben; er suchte einen Weg, nicht immer nur psychologisierend in die tiefsten Tiefen dringen zu müssen.

1943, als die drei Opernhäuser zerstört waren, die ihm am nächsten standen – Dresden, die Stadt vieler seiner Uraufführungen, Wien, die Musikstadt Nummer eins auf dieser Welt, und München, seine Heimatstadt – da glaubte er, daß nun auch sein Lebenswerk zerstört sei, denn für diese Häuser hatte er ja geschrieben... Und trotz alledem trat er die Flucht nach vorn an und kehrte zur »heiteren Mythologie« des Griechentums zurück, zu Jupiter und seinen Frauen und zur Goldsage des Midas, was nur auf den ersten Blick verwunderlich sein mag.

Es scheint mir fast selbstverständlich, daß jeder, der sich mit der griechischen Welt beschäftigt, zunächst auf die großen Tragödien stößt: so auch Strauss auf »Elektra«. Aber es ist ein bezeichnender

Zug seines Wesens, daß sich Strauss im Alter, nach all dem, was der Krieg gebracht hatte, nach der Zerstörung der Städte, der Emigration von Freunden und Mitarbeitern, den Gemeinheiten der Nazis, nicht erneut der Tragödie zuwandte, sondern ins Heitere, ins Bukolische floh.

Ich glaube, man kann »Die Liebe der Danae«, dieses Stück »heitere Mythologie«, heute nicht interpretieren, ohne sich die Zeit seiner Entstehung vor Augen zu führen. Sicherlich war es eine Flucht – eine bewußte Flucht – aus der ihn umgebenden, täglich erlebten Zerstörung.

»Die Liebe der Danae« habe ich vor den Opern-Festspielen 1988 nie dirigiert. Auch »Guntram«, »Feuersnot«, »Friedenstag« und – »Salome« habe ich bisher nicht dirigiert. Bei »Salome«, die ich in meiner Augsburger Zeit einstudiert habe, ist dies einer jener seltsamen Zufälle des Lebens. Ein Zufall ist es wohl auch, daß ich von »Rigoletto« an den ganzen Verdi, aber noch nie »La Traviata« dirigiert habe.

Ich denke, daß »Die Liebe der Danae« eine ganz andere innere Einstellung erfordert als etwa »Capriccio« oder »Daphne«. Sicher geht es darum, die bukolische Heiterkeit eines griechischen Lustspiels einzubringen; aber es geht eben auch um mehr. Einige Szenen dieses Werks sind ebenso einmalig wie manche Szenen der »Daphne«, etwa wenn Strauss im ersten Akt eine lange Strecke im 5/4-Takt schreibt, in einem marschähnlichen, merkwürdig »stolpernden« Rhythmus.

Parlando
Wort und Gesang

Oft wird die Frage diskutiert, ob es so etwas wie einen spezifischen Strauss-Sänger gibt.

In diesem Zusammenhang fällt mir in erster Linie Elisabeth Schwarzkopf ein, die alle technischen Möglichkeiten und alle musikalischen Fähigkeiten mitbrachte, um das von Strauss geforderte stimmliche Volumen in der Höhe und in der Tiefe ohne Anstrengung zu erfüllen. Sie ist Deutsche, und um Strauss ideal zu singen, ist eine deutschsprachige Erziehung wahrscheinlich unerläßlich. Sie besaß überdies die Delikatesse, die feinen Schwingungen von Hofmannsthals Humor und die Gedanken hinter den Worten zu erfassen, die Strauss sehr bewußt handhabte und in seine Linienführung einbezog. Elisabeth Schwarzkopf war für mich die ideale Marschallin, denn sie verstand es, aus dem Monolog nicht den Monolog eines alten Weibes zu machen und Zeit und Älterwerden in Resignation münden zu lassen. Unterstützt von müheloser Stimmführung agierte sie in dieser Rolle mit unvergeßlicher Überzeugungskraft.

Im gleichen Atemzug zu nennen wäre auch Irmgard Seefried. Bei dramatischen Partien – beispielsweise Kaiserin, Färberin in »Die Frau ohne Schatten« – denke ich an Birgit Nilsson oder Ingrid Bjoner.

Hans Hotter gab den großen Strauss-Partien wie Jochanaan, Mandryka, Jupiter, La Roche Profil, ohne auch nur eine Zehntelsekunde über technische Fragen nachdenken zu müssen. Auch ein Dietrich Fischer-Dieskau hatte nie mit technischen Schwierigkeiten zu kämpfen, er konnte sich von vornherein auf das Wesentliche konzentrieren.

Im Gegensatz dazu verstehen zwar viele Sänger, wie – gleichgültig ob in italienisch oder in deutsch – eine Phrase angegangen werden sollte, haben dann aber Angst vor der eigenen Courage und ihrer vielleicht nicht ganz perfekten Stimmführung. Manchen Sängern ist auch anzumerken, daß sie erst ganz so sind, wie sie eigentlich sein sollten, nachdem sie eine bestimmte Phrase oder eine hohe Spitzennote hinter sich gebracht haben: Wirklich gut werden sie erst, wenn sie ihr »Problem« gelöst haben. Je später innerhalb des Stückes dieser schwierige Punkt liegt, desto unerfreulicher kann der ganze Abend werden.

Nach außen teilt sich das vielleicht kaum mit, aber wenn man am Pult steht, spürt man so etwas sehr genau. Als Dirigent registriert man jede Seelenregung, jedes Atmen und vor allem jede Atemnot. Man bemüht sich, alles in einen für den Gesamtablauf notwendigen Einklang zu bringen, und sieht diese eine kritische Stelle wie ein Damoklesschwert über dem Ganzen. Und dann die Befreiung nach der gefürchteten Passage!

Es hängt mit unserer Zeit, mit unserem Sprachgebrauch, mit einer anderen Auffassung von Oper zusammen, daß wir die reine Arie, wie sie zum Beispiel bei Verdi steht, eher als ein stimmliches Bravourstück für die Qualität eines Sängers betrachten, das mit dem eigentlichen Geschehen kaum etwas zu tun hat – sozusagen als artistischen Drahtseilakt, der genossen und beklatscht wird. Unserem Habitus, unserem neuen Verständnis von Oper kommt Strauss wesentlich näher. Schon vor »Capriccio« löste Strauss in seinem musikalischen »Parlando« den klassischen Konflikt Wort/Musik nicht einseitig, sondern einheitlich. Das in Musik gesetzte Wort, die Wort gewordene Musik. Das stellt für viele Sänger eine große Herausforderung dar.

Ich kenne Sänger, die über hervorragende stimmliche und stimmtechnische Qualitäten verfügen, aber der deutschen Sprache nicht so mächtig sind, wie es meiner Meinung nach für Strauss notwendig ist, und sich deshalb mit dem von Strauss geforderten Parlando auf genau festgelegten Intervallschritten und Tonhöhen schwertun. Vielleicht, weil sie eine etwas zu langsame Zunge haben, weil ihre ganze Ausbildung von anderen Gesichtspunkten ausging und sie sich nie mit dieser Interpretationsart auseinandersetzen mußten. Manchmal aber auch, weil sie über Stimmen verfügen, die zum Schönwerden eine längere Anlaufphase benötigen und die unmittelbare Ansprechbrillanz der Stimme nicht herstellen können. Das ist sehr schwer nachzulernen. Begreiflich also, daß viele Sänger lieber einen Bogen um Strauss herum machen.

Wie übrigens auch so mancher Kapellmeister. Ich kannte einen gefeierten Konzertdirigenten, der bei der Oper das sprichwörtliche Bein nicht auf die Erde bekam. Er war Ausländer und der deutschen Sprache nicht mächtig. Er verstand einfach nicht, daß in der deutschen Sprache – vergleichbar sicher auch mit anderen Sprachen – der Vokal zwar der klingende Bestandteil eines Wortes ist, aber bei manchen Wörtern eine Vielzahl von Konsonanten vor diesem Vokal steht.

Ein Wort wie »Sprache« zum Beispiel: Was sich da konsonantisch bereits alles vor dem »a« tut! Und dann ein Begleiter, der bereits bei »Sp« beginnt und damit den Bruchteil einer Sekunde zu früh ist! Dies zu erkennen und zu realisieren blieb besagtem Dirigenten ein ewiges Geheimnis. Er machte seine Eins eben bei »Sp...« und wunderte sich, daß nichts zusammenging.

Dazu kommt dann noch die Gedankenwelt, die nicht vor, sondern hinter den Worten steht: Nehmen wir als Beispiel »Lohengrin«, zweiter Akt: »Erhebe dich, Genossin meiner Schmach, der junge Tag darf uns hier nicht mehr sehen«, das Gespräch Telramund/Ortrud nach der Katastrophe des ersten Aktes... Man hat davon auszugehen, daß es vielleicht zwei Uhr nachts ist, denn vor Tagesanbruch müssen die Geächteten den Ort verlassen haben. In neun von zehn Inszenierungen kauert Ortrud niedergeschlagen am Boden, Telramund steht verzweifelt über ihr; vielleicht lehnt er auch innerlich zerschmettert an einer Wand und richtet nun beim entsprechenden Einsatz das Wort an sie...

»Das hängt mir so zum Hals heraus«, konstatierte Wieland Wagner eines Tages, »diese Eins-zu-eins-Umsetzung von Wort und Darstellung. Für mich steht die Bedeutung dieses ›Erhebe dich...‹ nicht vor, sondern hinter den Worten. Es geht nicht darum, daß hier jemand, der am Boden kauert, zum Aufstehen aufgefordert wird... Wieso eigentlich? Wenn hier jemand triumphiert, dann ist es Ortrud und nicht Telramund, denn Telramund hat das Gottesurteil zu spüren bekommen und ist geschlagen worden. Warum sollte Ortrud verzweifelt auf dem Boden kauern? Sie ist letztlich die Triumphierende!«

Der Begriff hinter den Worten, die eigentliche Bedeutung ist, sich innerlich aufzurichten, und nicht vordergründig aufzustehen! Das einem fremdsprachigen Darsteller klarzumachen, zu verdeutlichen, daß eigentlich Telramund der Geschlagene ist und seine Frau bittet: »Laß dir was einfallen, in ein paar Stunden müssen wir hier weg...«, ist außerordentlich schwer.

Wieland Wagner wurde angegriffen, als er im Sinne der eigentlichen Bedeutung inszenierte. Auch im Zusammenhang mit dem Münchner »Ring« 1987 entbrannte diese Debatte aufs neue: etwa wenn im zweiten Akt »Götterdämmerung« Alberich auf der Bühne hockt, mit der Weltkugel spielt, Hagen von hinten über einen langen Steg zu ihm tritt und Alberich fragt: »Schläfst du, Hagen, mein Sohn?« In neun von zehn Inszenierungen sitzt Hagen mit geschlossenen Augen vorn auf der Bühne, Alberich kommt auf ihn zu und fragt reichlich einfältig: »Schläfst du, Hagen, mein Sohn?« Eine Deutung, die Wieland Wagner ebenfalls in Rage brachte: »Mein Großvater wäre bei all dem, was er psychologisch in den ›Ring‹ investierte, nie so primitiv gewesen, Hagen schlafend auf die Bühne zu setzen und Alberich als Wecker zu betätigen...«

Im Münchner »Ring« läßt Alberich in Gedanken an sich vorüberziehen, was bis zu diesem Moment geschehen ist, und fragt: »Schläfst du, Hagen, mein Sohn?«, wie man jemanden, der beim Grün einer Ampel noch immer vor sich hinträumt, aufrüttelt und ihm zum Gehen, Fahren, Handeln auffordert.

Ähnlich in »Rheingold« das »Wotan, Gemahl, erwache«... Hier soll Wotan von Fricka nicht aus dem Schlaf geweckt werden; er soll vielmehr von seinen Tagträumen über Walhall ablassen und in die Wirklichkeit zurückkehren. »Nikolaus Lehnhoff, der Regisseur des Münchner ›Ring‹, kann nicht einmal die primitivsten Anweisungen zur Kenntnis nehmen; Wagner hat mit seinem Text doch genau festgelegt, wie diese Szene zu inszenieren ist...« So der empörte Brief eines Studenten der Washington University, natürlich in englischer Sprache geschrieben.

Problemen dieser Art begegnet man im Lied auf Schritt und Tritt. Bei einem Liebeslied zum Beispiel. Hat ein Sänger die Gefühle beider Seiten, beider Partner darzustellen, muß er sich mit dem auseinandersetzen, was hinter den Worten steht und vordergründig nie ausgesprochen wird. Als Begleiter kann man den Sänger hier unterstützen, man kann die verschiedenen Personen durch eine andere Klangfarbe, eine andere rhythmische oder dynamische Gestaltung charakterisieren.

Herausforderung Lied
Die Funktion des Begleiters

Etwa zweihundertfünfzig Lieder hat Richard Strauss komponiert. Viele sind nahezu unbekannt. Zwanzig, dreißig Lieder werden vom Koloratursopran bis zum Baß immer wieder gesungen – wie »Zuneigung«, »Die Nacht«, »Heimliche Aufforderung«, »Freundliche Vision«, »Cäcilie«. Die übrigen zweihundert sind nicht etwa schlechter, manche von ihnen sind vielleicht sogar wertvoller als nur schön klingende Melodie, doch angesichts ihrer technischen Schwierigkeiten stellen sie besondere Anforderungen an die Stimme.

Dietrich Fischer-Dieskau und ich haben einmal eine Strauss-Platte mit so gut wie unbekannten Liedern aufgenommen. Für einen Fischer-Dieskau kein Problem, denn er kann sich von vornherein auf die Aussage konzentrieren: auf das, was ein Lied zum Lied macht! Nicht jeder Sänger, der in der Lage ist, eine Opernarie perfekt zu singen, kann auch ein Lied perfekt singen.

Interessant ist übrigens, daß Strauss nur wenige Texte großer deutscher Dichter vertont hat. Nicht ein einziges Gedicht von Hugo von Hofmannsthal! Dabei hat er mit ihm zusammengearbeitet wie kaum ein zweiter Komponist mit einem Textdichter, mit dem er über Monate und Jahre einen über alle Gestaltungsfragen intensiven Briefverkehr führte, der Bände füllt, ganz abgesehen von den Gesprächen bei persönlichen Begegnungen. Und Hofmannsthal hat hinreißende Gedichte geschrieben! Auch die nächsten Strauss-Verwandten konnten mir die Frage nicht beantworten, warum Strauss sich nie mit den Gedichten von Hofmannsthal beschäftigt hat.

Hugo Wolf, Franz Schubert und andere haben sich in ihrem Lied-Werk mit den großen deutschen Dichtern – Goethe, Eichendorff, Heine – weit mehr auseinandergesetzt als Strauss. Aber nicht nur. Und sieht man näher hin, so wirken sich zweitrangige Texte, wie sie in der Romantik massenhaft produziert wurden, beispielsweise bei Schubert, auch auf die Qualität der Komposition aus, während er, wenn er einen Goethe-Text vertont, möglicherweise in neue Dimensionen vorstößt... Um so unverständlicher bleibt es für mich, warum Strauss nie zu einem Gedicht von Hofmannsthal griff.

Dabei muß Strauss eine besondere Affinität zum Lied gehabt haben. Sah er sich nicht intensiv genug nach guten Texten um? Oder gehörte er zu den Komponisten, die Themen, Gedanken, Musik produzieren, ohne sich im Moment von einem bestimmten Gedicht inspirieren zu lassen? Oder anders: Hat er sich zu seinen Themen erst später einen Text gesucht? Die kleinen Skizzenhefte, in die er hineinschrieb, was ihm gerade einfiel, legen dann und wann diese Vermutung nahe. Empfindet man bei Schumann oder Brahms die Inspiration aus dem Text heraus ganz stark, habe ich dieses Gefühl bei Strauss nicht so häufig.

Zu diesem Vorgehen gibt es eine interessante Parallele: Johann Sebastian Bach. Auch er nutzte bekanntlich eine einzige musikalisch-melodische Vorlage für ein liturgisches Stück, gleichzeitig aber auch für eine weltliche Kantate, für ernste und für heitere Anlässe – eine Methode, die bis hin zur h-Moll-Messe reicht.

Ich will nicht behaupten, daß die Liedtexte, die Strauss wählte, generell Texte zweiter Kategorie sind. Eine seiner genialsten Kompositionen, die drei Lieder der Ophelia, entstanden nach Shakespeare; da muß Strauss dann plötzlich Farbe bekennen, sich mit Ophelia auseinandersetzen, ihr Schicksal auch im Klavierpart darstellen. Gerade deshalb bleibt die Frage offen, warum ein humanistisch gebildeter, rundum interessierter Geist wie Strauss nicht öfter zu Texten gegriffen hat, die als Teil der Weltliteratur gelten.

Vielleicht liegt das Geheimnis in der Verschiedenheit von Oper und Lied begründet. Ob Drama, Lustspiel, Einakter oder »Ring«-Tetralogie – die Oper geht von einer vorgezeichneten Konzeption aus, aus der heraus sich die »Arie« entwickelt, die eine Art »Stillstand« der Handlung ist. Das Lied dagegen schöpft seine Qualität aus ganz anderen Quellen. Jedes Lied fängt sozusagen bei Null an. Es gibt Lieder, die versuchen, mit den ersten Takten des Vorspiels rhythmisch, melodisch, harmonisch zunächst einmal den Charakter des Liedes zu signalisieren: Hier handelt es sich um ein Liebeslied – und neunzig Prozent aller Lieder sind Liebeslieder –, ein heiter-ironisches Lied oder ein dramatisches Lied. (Nicht zufällig stellt die Romantik mit ihrer Emotionalität, mit ihren frei geäußerten Gefühlen die Hochblüte des Liedes dar.)

In diesen ersten drei, vier, fünf Takten hat der Pianist eine bestimmte Stimmung herzustellen; in der Kultur des Anschlags, in der Vermittlung der richtigen Atmosphäre muß es ihm gelingen, den Hörer in die Welt des Kommenden zu ziehen.

Schumanns »Mondnacht« zum Beispiel. Über diesem Lied steht keine Tempobezeichnung – es steht nur »zart« da. Was nun »zart«

ist, muß jeder für sich klären. Es kann etwas heimlich, rastlos, schnell und doch »zart« sein... Da entscheidet sich dann vielleicht nicht alles, aber doch viel. So ist es Aufgabe des Pianisten, zu versuchen, deutlich zu machen, daß es sich nicht um »ein Geschehen bei Tag«, sondern um die Heimlichkeit der Nacht, um die Zartheit handelt.

Seine zweite, ganz wichtige Aufgabe ist die Fähigkeit, zuzuhören und blitzartig zu reagieren. Der Sänger soll nicht eine Zehntelsekunde das Gefühl haben, auf etwas warten oder Angst haben zu müssen, aus seiner augenblicklichen Emotion und stimmlichen Disposition heraus etwas nicht machen zu können. Manche Töne, wenn sie ihm geglückt sind – und das läßt sich nicht beschreiben, sondern nur erfühlen –, wird er vielleicht eine halbe Sekunde länger anhalten, er wird eine Verzierung etwas deutlicher aussingen und je nach Tagesverfassung heute an einer Stelle einen Aufschwung machen, den er gestern nicht gemacht hat, denn gestern empfand er anders – oder gestern reagierte das Publikum anders. Bei einem fremdsprachigen Publikum, das die Texte mühsam mitlesen muß, wird er in der Deklamation deutlicher werden als bei einem Publikum, von dem er sich verstanden weiß.

Er wird jedenfalls abhängig sein von zahllosen Imponderabilien. Ein normaler Sterblicher – wie es so schön heißt – macht sich keinen Begriff davon, was jede Sekunde auf einen Sänger einströmt. Unmöglich, jetzt noch vom Sänger zu verlangen, er müsse auf seinen Begleiter Rücksicht nehmen. Der Pianist hat auf das Rücksicht zu nehmen, was den Sänger bewegt. Er muß es wissen, und er muß es spüren.

Trotz Abendkleid, trotz Frack – eine grausamere Konfrontation mit dem Publikum als für eine Sängerin oder einen Sänger ist nicht denkbar. Zwar ist auch ein Pianist allein auf dem Podium, aber er braucht nichts Vergleichbares durchzustehen; wenn ihm etwas danebengeht, kann er, überzeichnet gesagt, aufs Pedal drücken, ein paar Sekunden lang eine gewisse Melange herstellen und behaupten, er habe es klanglich eben genau so erfühlt.

Ein Sänger kann das nicht. Zweitausend Augen schauen ihn an, er hat seinen Text zu können, und da ist ja im Laufe eines Abends einiges gefordert, er hat die Sechzehntel und die Phrasen richtig zu singen, er hat richtig zu atmen – und alles ist hörbar und sichtbar, nichts ist zu vertuschen, nichts zu überspielen. Wenn er sich einmal im Text verirrt, kann das Publikum, das den Text vor sich hat, auch noch genau feststellen, wo er ein falsches Wort gesungen hat. Es ist eine Konzentrationsleistung, von der man sich nur schwer eine Vorstellung macht. Und je perfekter ein Liederabend ist, desto mehr ist man geneigt zu glauben, daß es im Grunde ganz einfach ist.

In der Zusammenarbeit mit großen Interpreten ist es oft aufregend zu entdecken, was man aus einem Lied herausholen kann. Dies geschah und geschieht speziell mit Fischer-Dieskau. Wie er Atemführung und Tempo-Aufbau zur dramatischen Gestaltung auf kleinstem Raum einsetzt – es steht ja nichts anderes zur Verfügung als die Stimme und das Klavier – ist schon erregend. Diese Wirkungen, diese Stimmungen zu erzeugen, die Faszination eines Liedes von einer Minute Länge zu übertragen, eine Situation darzustellen, die in kürzestem Zeitraum, spontan sozusagen, einen Zuhörer ergreifen muß, der mit ganz anderen Gedanken in ein Konzert gekommen ist, das ist ein Stück Magie. Und in jedem Konzert beginnt das Abenteuer aufs neue: *jetzt* diesen Zuhörer dahin zu bringen, wohin man ihn haben will...

Gerade bei der Darstellung von Strauss-Liedern ist das schwer, weil eben die Texte keine gigantischen Denkmäler sind, die aus sich heraus wirken, die selbst schon Philosophie und Musik sind. Einen ganzen Abend nur Strauss-Lieder, das erfordert sehr viel Mut, die genaue Kenntnis all dessen, was Strauss komponiert hat, und eine sehr gewissenhafte Zusammenstellung, um nicht nur Brillanz-Lieder mit den immer wieder gleichen Effekten in der Wahl der Tonalität im Programm zu haben. Wer einen Abend exklusiv mit Strauss-Liedern gestalten will – was durchaus möglich ist –, muß davon ausgehen, daß höchstens zwanzig Prozent der Lieder bekannt sein können; und er wird, was die Texte betrifft, kritischer zu Werke gehen müssen als etwa bei Brahms oder Schumann.

Seit meinen Anfängen habe ich nicht aufgehört, Kammermusik zu machen und als Liedbegleiter zu musizieren. Dies war und ist für mich von besonderem Reiz, da es meine ganz direkte musikalische Aktivität fordert. Als Dirigent habe ich zwanzig oder hundert Orchestermusiker, Sänger, Chorsänger für meine Art der musikalischen Interpretation zu gewinnen und kann selbst keinen aktiven Beitrag leisten. Passiert im Orchester etwas, ein Patzer, eine falsche Note, dann trifft mich zwar als den Verantwortlichen nach außen hin die Schuld, im Grunde aber kann ich nichts dafür.

Ich bin deshalb oft glücklich über die Möglichkeit, mit einem gleichgestimmten Instrumentalisten oder Sänger aktiv Musik zu machen – einerseits einen Sänger oder Instrumentalisten gewähren zu lassen, andererseits aber auch meine eigene Intention mit einzubringen. Mit einem erstklassigen Geiger, einem Cellisten oder eben einem Liedsänger zu musizieren – etwa Dietrich Fischer-Dieskau oder Peter Schreier, die genau hören, was von einem adäquaten Begleiter am Klavier an Impulsen und Mitgestaltung kommt – kann für beide Teile in der Konfrontation der Standpunkte von der ersten Sekunde der Zusammenarbeit, bis zur Einheit des Abends ein erregender musikalischer Prozeß sein.

Fischer-Dieskau und ich waren im Rahmen einer kleinen Lieder-Tournee mit Schuberts »Winterreise« an der Scala zu Gast. Das Publikum, das in das wohl berühmteste Opernhaus der Welt geht, um einen Liederabend zu hören, wird ein spezielles sein – ein Publikum, das nicht unbedingt auf das hohe C von Luciano Pavarotti abonniert ist, sondern andere künstlerische Erlebnisse sucht.

Eigentlich – und das möchte ich anmerken – sind Opernhäuser grundsätzlich nicht für Liederabende da. Dafür gibt es Konzertsäle, wobei aber auch größere Konzertsäle für die Intimität eines Liederabends oft nicht ideal sind. Die Scala jedenfalls ist ganz sicher nicht der geeignete Ort für eine »Winterreise«. Ohnehin ist das italienische Publikum nicht gerade das diszipliniertste Konzert- und Opernpublikum: Man hat sich lange nicht gesehen, man unterhält sich ungeniert; eine andere Mentalität kommt hier zum Tragen.

Nach dem »Fremd bin ich eingezogen...« des Anfangs setzte sich das große Husten, Umblättern und Rascheln im Publikum fort... Dann aber festzustellen, wie es einem Fischer-Dieskau gelang, die Vereisung dieses Zyklus so zwingend zu gestalten, daß nach drei, vier Liedern die Huster ausblieben, keiner mehr umblätterte und bis hin zum letzten Lied eine unbeschreibliche Stimmung die Scala ergriff! Wie dieser Mann das Publikum in seinen Bann zog! Totenstille, als dann »Der Leiermann« erklang. Mag sein, daß ein kleiner Teil des Publikums auch die Texte verstand. Unbeschreiblich trotzdem, wie es Fischer-Dieskau gelang, das Leid und den Abschiedsschmerz der »Winterreise« auf sie alle zu übertragen.

Ich besitze einen Mitschnitt dieses Abends: Man hat tatsächlich das Gefühl, die Leute wären allmählich nach Hause gegangen – eine so atemlose Ruhe machte sich hier breit! Und das angesichts von über zweitausend Menschen! Und in Italien!

Das kann die Faszination eines Liederabends sein: diese Art von Ent-Fremdung, von Ent-Personifizierung, von Selbstaufgabe des Zuhörers in eine vom Interpreten beschworene Stimmung und Atmosphäre. Nur ein Liederabend macht dies möglich.

Ich finde es aufregend, dazu beitragen zu können. Manchmal ergeben sich an solchen Abenden Sternminuten der Musik von höchster Vollendung.

»Ariadne« oder »Tristan«?
Werke für die Insel

Ein beliebtes Thema von Umfragen ist, welche Werke man mit auf die berühmte einsame Insel nehmen oder eventuell nach dem Untergang unserer Welt für die Welten nach uns gerettet sehen möchte. Ich muß angesichts solcher Statements immer aufpassen, mich in meinen Antworten auf dieselben Werke festzulegen. Ganz sicher aber gehört zu den Partituren, die ich mit auf die Insel nehmen würde »Ariadne auf Naxos« von Richard Strauss, vielleicht könnte man sich aber auch auf zwei, drei Partituren einigen...

Auf meiner Liste stand auch einmal Strawinskys »Le Sacre du Printemps«, eine der gewaltigsten und wegweisendsten Kompositionen des 20. Jahrhunderts. Doch möglicherweise würde ich mich heute für »Le Sacre« und morgen dann doch wieder für ein anderes Werk entscheiden.

Ich würde kein Mozart-Werk mit auf die Insel nehmen. Das Mozartsche Werk ist in mir. Ich glaube es so gut zu kennen, daß ich keine Partitur brauche, um es mir zu vergegenwärtigen.

Bei »Ariadne« ist dies anders. Diese Partitur gilt es immer wieder neu zu entdecken. Die harmonischen Wendungen, die Instrumentationskunst, mittels derer es Strauss gelang, mit nur fünfunddreißig Musikern den Klang eines großen Symphonieorchesters von neunzig Musikern zu erzeugen; wie er das bewerkstelligte, wie er in diese Partitur alle seine Erfahrungen einbrachte, all das wäre noch vieler Gedanken wert. Hier hätte ich Lust, jedes Achtel und Sechzehntel zu erforschen, um wieder neue Erkenntnisse zu gewinnen.

Und Mozarts »Jupiter«-Symphonie, sein »Figaro«, seine Kammermusik, ein Mozart-Quartett, ein Brahms-Quintett, Beethoven?

Wenn ich mich letzten Endes vielleicht doch für »Ariadne auf Naxos« entschiede, dann natürlich inklusive »Bürger als Edelmann«, inklusive allem, was bei Strauss unter Opus 60 vereint ist: die erste und die zweite Fassung »Ariadne«, die Orchestersuite, eben das Gesamtprojekt. Welch geniale Idee von Strauss und Hofmannsthal, die Opera buffa und die Opera seria nicht nacheinander, sondern auf Wunsch »des Gastgebers« miteinander laufen zu lassen. Die Herausforderung, Opera buffa und Opera seria an einem Abend und ohne daß die Oper eine Minute länger dauert, musikalisch und dramaturgisch ineinander zu verweben, ist perfekt bewältigt.

Man bräuchte die Partitur auf der Insel schon allein deshalb, um den von Strauss gewählten Nahtstellen und Übergängen von der Opera seria zur Opera buffa nachzugehen. Wie Strauss hier zwei divergierende Stile kombinierte, ist Vorstoß in Neuland. Vielleicht täusche ich mich auch, und es gibt ein mir bisher unbekanntes Werk, das diese Kombinationen schon vor Strauss aufwies – ich spreche nicht von heiteren Einschüben aus dramaturgischen Gründen, wie etwa in Puccinis »Tosca« –, aber meiner Kenntnis nach wurde der Auftrag, gleichzeitig heitere und ernste Oper zu schreiben, vorher und nachher nie überzeugender gelöst.

Auch in der Verschmelzung von Mythos und Realität, Ideal und Lebenswillen ist »Ariadne« ein Wegweiser nach vorn, vergleichbar der Überwindung des Todes durch die Liebe in »Tristan« und dem ironischen, melancholischen und graziösen »Lächeln der Seele« eines »Figaro«.

In Kenntnis aller dreizehn Wagner-Opern, die ich dirigiert, und zwar wiederholt dirigiert habe, würde ich nicht »Tristan«, den »Ring«, »Meistersinger« oder »Parsifal« mit auf die Insel nehmen, sondern das »Liebesverbot«. Es wäre aufschlußreich, in diesem Frühwerk auf den Takt, auf die Phrase, auf die Szene genau festzustellen, wo hier schon die uns erst viel später bekanntgewordenen Quellen eines »Lohengrin« oder eines »Parsifal« in einer Form sprudeln, die immer wieder verblüffend ist. Kaum jemals hat ein Komponist in seiner eigenen Werkstatt so eingebrochen wie Richard Wagner in seinem »Liebesverbot«.

Es wäre reizvoll, anhand der »Liebesverbot«-Partitur auf eine solche Entdeckungsreise zu gehen.

Oder doch »Tristan«, eines der Werke, das die Generationen am nachhaltigsten beeinflußt hat? Debussy, Schönberg und sicher auch ein Strauss wären schwer vorstellbar ohne die Quelle des »Tristan«. Wenn man sich vergegenwärtigt, daß in der zehnjährigen Pause zwischen dem zweiten und dritten Akt »Siegfried« ein »Tristan« und »Die Meistersinger« entstanden, zwei so konträre Werke, und daß Wagner nach diesen beiden Abstechern zur Tetralogie zurückfand! Nur einem Genie kann das gelingen!

Verfolgt man die Musik, die bis zum »Tristan« geschrieben wurde, kann man sich vorstellen, welches Ereignis diese Partitur für alle mit der Musik Beschäftigten, vom Wissenschafter bis zum Zuhörer, gewesen sein muß! Die ersten »Tristan«-Akkorde erklingen zu hören! Ich kann mir vorstellen, wie das vom Unverstand bis zur Begeisterung, von der Frage »Wie ist das möglich?« bis zur heftigsten Ablehnung alle erdenklichen Reaktionen auslöste: »Tristan«, ein Markstein in der Geschichte der Harmonie, der Spannung innerhalb von Akkorden und einer Auflösung, die in sich wiederum eine Spannung produziert. Dinge geschahen da, die sich nie zuvor ereignet hatten. Also doch die »Tristan«-Partitur für die Insel, um aus ihr die kommenden Werke der Musik herauszulesen?

13. KAPITEL

Wagner-Welten

»Tristan«, »Parsifal«, »Meistersinger«
Ein Loch im Scala-Boden

»Tristan und Isolde« ist wie eine Droge, die süchtig macht. Diese Art von Spannung und Entspannung bedeutet: vom Hören her so gefordert werden, daß man entweder inneren Widerstand leistet oder sich rettungslos aufgibt. Wer in »Tristan« geht und sich vornimmt, stark zu sein, sich nicht emotional bewegen oder hypnotisieren zu lassen, bleibt besser zu Hause, denn den Kampf mit den eigenen Gefühlen und mit dem, was fünf Stunden lang auf einen eindringt, den steht niemand durch. Wer sich aber aufgibt, wer aus sich heraustritt, die Musik auf sich zukommen läßt, bereit ist, sie aufzunehmen, gerät unweigerlich in den Sog dieser musikalischen Hypnose und wird nach fünf Stunden wie aus einem Trance-Zustand erwachen.

Selbst für den Dirigenten ist es schwer, sich nicht zu verlieren. Verliebt sich der Dirigent als technischer Übermittler der geschriebenen Noten an das Publikum aber selbst in den Klang und läßt sich von der Musik mitreißen, ertrinkt dieses Werk und verliert jene Klarheit, die trotz allem notwendig ist, um beim Zuhörer den hypnotischen Effekt zu erzeugen. Man muß als Kapellmeister die Klarheit der Gedanken bewahren, man muß sich darauf konzentrieren, sich dem Sog der Musik sozusagen mit klarem Kopf hingeben. Nur dann wird man tausend oder zweitausend Menschen in ihren Bann ziehen können.

Im Sinne der »Meistersinger« ist der »Tristan« vielleicht keine körperliche Anstrengung – soweit es gelingt, den Fieberwahn des Tristan im dritten Akt mit dem ungeheuren 5/4-Takt in geordnete Bahnen zu lenken, was technisch kein Problem darstellt –, und doch geht man wie gerädert aus jeder »Tristan«-Vorstellung heraus. Die Musik pumpt einen leer. Die ewige Aufeinanderfolge von Sehnsucht und Vergehen, Tag und Nacht, wenn mit der Wirkung des Liebestrankes die Wirkung der Droge »Tristan und Isolde« beginnt, dies darzustellen, ohne dieser Droge selbst hoffnungslos zu erliegen, kostet ungeheure Kraft. Und die musikalischen Denkanstöße, die Tiefenwirkung von Musik, die Emotionalität von Musik, die Macht einer physischen und psychischen Erfahrung... Nach meinem ersten »Tristan« glaubte ich, nichts sei mehr so wie zuvor. Dabei hatte ich mich damals noch sehr aufs Technische zu konzentrieren. Erst allmählich beginnt man, in die Geheimnisse des »Tristan« einzudringen.

Kaum ein anderes Werk hat zu meinem Gesamtverständnis von Musik mehr beigetragen als dieses. Rückblickend würde mich interessieren, ob die Konzerte, die ich während meines ersten »Tristan«-Studiums und nach meinen ersten »Tristan«-Dirigaten gab, von den »Tristan«-Erfahrungen beeinflußt waren. Ich könnte es mir gut vorstellen.

Die letzte der großen Wagner-Opern, die ich dirigiert habe, ist »Parsifal«. Ich hatte bewußt immer einen Bogen um diese Partitur geschlagen, beschäftigte mich nie intensiv mit ihr, denn dieses ganze Werk schien mir zu mystisch versponnen; die Rolle der Kundry, das Zauberreich des Klingsor, die Frage, ob es ein heiliges, ein christliches oder letztlich ein heidnisches Stück sei! Vielleicht hatte ich auch nur eine gewisse Scheu, eine gewisse Berührungsangst, mich auf die Parsifal-Welt einzulassen. Auch in Bayreuth – und während meiner Bayreuth-Tätigkeit dirigierte immerhin ein Knappertsbusch den »Parsifal« – habe ich mir den »Parsifal« nicht ein einziges Mal durchgehend angehört.

Nach »Tristan«, den »Meistersingern« und dem »Ring«, der mich von Anfang an faszinierte, dachte ich als Vierunddreißigjähriger, ich könnte mein musikalisches Leben auch ohne »Parsifal« beschließen. Dazu kam vermutlich noch die Überlegung, daß als dem einzigen Haus der Welt nur in Bayreuth musikalisch-klanglich entsteht, was Wagner in die Partitur investiert hat. Der mystische Weihespielklang des speziell für die Akustik des Festspielhauses komponierten »Parsifal« würde an einem anderen Haus vermutlich nie herstellbar sein.

Jahre später erhielt ich aus Italien die Aufforderung, den »Parsifal« konzertant zu dirigieren – eine Gelegenheit, die ich so spontan ergriff, als hätte ich sie unbewußt die ganze Zeit herbeigesehnt. Ich sagte mir: Jetzt mußt du! Jetzt ist es deine Pflicht, dich auf das Stück einzulassen! Das war 1970. Ich begann, mich mit der Partitur auseinanderzusetzen.

Und heute? Heute freue ich mich vor jedem »Parsifal« darauf, die Partitur aufschlagen zu können. Heute ist der »Parsifal« für mich jedesmal viel zu früh zu Ende: auch der erste Akt, der bei Toscanini, dem langsamsten aller »Parsifal«-Dirigenten, über zwei Stunden dauerte; auch die Gurnemanz-Erzählung, die zu einem aufregenden Erlebnis werden kann, wenn man einen guten Sänger zur Verfügung hat.

Schlagartig wandelte sich in Rom meine »Parsifal«-Skepsis in »Parsifal«-Begeisterung. Gut war vielleicht, daß mein erstes »Parsifal«-Dirigat in einem Raum stattfand, der alles andere als »Parsifal«-Atmosphäre ausstrahlte – in einem Rundfunksaal, im großen Übertragungssaal der RAI im Foro Italico.

Szenisch machte ich den »Parsifal« zum erstenmal 1971 an der Scala und dann zwei Jahre später in München in einer Neueinstudierung, die heute noch gegeben wird (Regie Dieter Haugk, Bühnenbild Günther Schneider-Siemssen). Ich kam also quasi über Italien zum »Parsifal«, ein vielleicht gar nicht so abwegiger Prozeß, bezog doch Richard Wagner selbst seine optische Vorstellung des Gralstempels aus dem Erlebnis eines Besuchs im Dom zu Siena, der ihn laut Cosima zu Tränen rührte, und Klingsors Zaubergarten entdeckte er, wie er seinem Tagebuch anvertraute, im Botanischen Garten des Palazzo Rufolo in Ravello. Nach der Aufführung in Rom begriff ich nicht, warum ich nicht schon früher zu »Parsifal« gefunden hatte.

Das Loch im Scala-Boden: Am Ende des zweiten Aktes schleudert Klingsor bekanntlich den Speer nach Parsifal, der ihn auffängt, um im Zeichen des Kreuzes den Zauber zu bannen. Beim szenischen »Parsifal« in Mailand stellte sich das Problem, wie Parsifal aus der Bewegung des Klingsor heraus den Speer ergreifen kann.

Wir versuchten, Parsifal den Speer über eine der Seitengassen zu reichen, aber das verursachte eine Bewegung, die sofort die Aufmerksamkeit der Zuschauer auf sich gelenkt hätte. Ich hatte dann die Idee, ein Loch in den Scala-Boden bohren zu lassen und Parsifal von unten her den Speer im entscheidenden Moment in die Hand zu drücken. Das Geschrei war groß: Den geheiligten Scala-Boden mit einem Loch entweihen! Doch dann setzte sich italienischer Pragmatismus durch, das Loch für Parsifals Speer wurde gebohrt und klafft heute noch im Boden der Scala-Bühne – das Parsifal-Loch aus dem Jahr 1971.

Die Münchner Oper war 1979 mit »Parsifal« zu den Festspielen von Orange eingeladen, in das römische Theater, eine der eindrucksvollsten Freilichtbühnen der Welt. Vor der antiken Kulisse den »Parsifal« zu spielen war ein unvergeßliches Erlebnis. Wegen des Mistrals konnten wir mit der Aufführung erst nach 22 Uhr beginnen, was bedeutete, daß die Vorstellung morgens um zwei, drei Uhr immer noch andauerte – vor zehn-, zwölftausend Menschen, die mit unglaublicher Konzentration zusahen, sich vom Mistral nicht irritieren ließen und mir eine der schönsten aller »Parsifal«-Aufführungen bescherten. Der Aufzug der Ritter, der Einzug in den Gralstempel, das Zauberreich – alles schien wie geschaffen für diese Kulisse. Die mystische Dimension stimmte auf einmal.

Jenseits der musikalischen Interpretation kann man sich mit »Parsifal« nicht konfrontieren, ohne Überlegungen anzustellen über die Gestalt der Kundry als eine der vielleicht wichtigsten Frauengestalten bei Wagner, über die Parallelen zwischen Parsifal und Lohengrin und über die Funktion der Gralswelt... Und doch ist der Kapellmeister nicht aufgerufen, sich als Forscher zu betätigen. Er hat sich vornehmlich auf die Musik und ihre Interpretation zu konzentrieren. Es ist nicht zuletzt auch ein Problem der Zeit. Zwangsläufig allerdings führt die wiederholte Auseinandersetzung mit dem Werk auch zu wiederholter Beschäftigung mit seinem Umfeld, mit der Literatur...

Da sie in München ihre Uraufführung hatten, bedeuteten »Tristan und Isolde« und »Die Meistersinger« für mich schon immer eine besondere Verpflichtung. Beides sind Werke, die allein von der Besetzung her nicht als alltäglich im Repertoire zu betrachten sind und heute wesentlich seltener als früher realisiert werden können. Knappertsbusch gab »Die Meistersinger« immer am ersten Januar als Eröffnung eines Jahres. Ich entschloß mich nach Kenntnis des Apparats zu einer anderen Lösung. Ich hielt und halte es für eine Zumutung, Chor, Sänger und Orchester an Silvester zu völliger Abstinenz und Nachtruhe zu verpflichten, denn nur dann werden sie bei Vorstellungsbeginn am späten Nachmittag des ersten Januar top-fit zur Verfügung stehen. Ohnehin können wir heute »Die Meistersinger« maximal dreimal im Jahr spielen, was zum Teil an den Besetzungsproblemen liegt, zum Teil aber auch daran, daß die für das Schlußbild des dritten Aktes notwendigen Statisten unter der Woche nicht mehr aufzutreiben sind.

In München stehen »Die Meistersinger« am Ende der Opern-Festspiele auf dem Programm, um als Abschluß einer Spielzeit noch einmal alle Kräfte des Hauses zusammenzuführen. Großes Orchester, Chor, Extra-Chor, Ballett, das ganze Haus wird ein letztes Mal gefordert. Das Motto des der Kunst gewidmeten Stücks wurde für München inzwischen zum Aushängeschild.

Auch für mich ist dieser letzte »Meistersinger«-Abend einer Spielzeit immer etwas Besonderes – ein riesiger Berg, der noch überwunden werden muß. Und nachdem ich in den Festspielen vielleicht bereits elf-, zwölfmal dirigiert habe, frage ich mich jedesmal, warum ich mir ausgerechnet für den 31. Juli noch die »Meistersinger« vorgenommen habe. Aber wenn dann der zweite Akt in Gang ist – einer der genialsten aller Buffo-Akte, die Schlußszene zwischen Sachs und Beckmesser, die Prügel-Fuge; was sich da an Humor und Charme in der Musik ereignet – und die Schusterstube im dritten Akt mit dem Quintett, dann überkommt mich ein unbeschreibliches Glücksgefühl.

Ich erinnere mich in diesem Zusammenhang an einen Ausspruch

Wieland Wagners: »Wäre mein Großvater doch nur nach dem Quintett, wo alles gesagt ist, alle Weichen gestellt sind, zum Ende gekommen. Warum dann noch fünfzig Minuten volkspolitische Manifestation in Gestalt der Festwiese!«

Sobald die »Meistersinger« in der letzten Julinacht verklungen sind, beginnen für mich fast unwirkliche Stunden. Wir haben für dieses Finale der Festspiele alles mobilisiert, und es geht zu wie in einem Taubenschlag. Das Haus quillt über vor Bewegung. Aber dann, nur wenige Stunden später, herrscht Ruhe. Die Türen der Abteilungen sind bereits zugesperrt. Ich gehe auf die Bühne. Ich gehe in den Zuschauerraum. Ich genieße das Haus, das noch vom »Meistersinger«-Jubel des Publikums erfüllt scheint. Eine Spielzeit ist zu Ende, und »Die Meistersinger« waren wieder einmal ein würdiger, ein feierlicher, ein freudiger und ein versöhnlicher Abschluß. Ein Stück ohne Tote! Ferienbeginn.

Ein Abenteuer der Menschheit
Erfahrungen mit dem »Ring«

Emotional gefordert fühle ich mich mit am direktesten vom »Lustspiel« der »Meistersinger«, da es auch vom Text her in seiner Unmittelbarkeit, Aktualität und Frische soviel Gültiges, beinahe für jede Lebenssituation Anwendbares enthält. Rational fordert mich vor allem die »Götterdämmerung«. Das Ende von Gottheit und Menschheit, der Untergang des göttlichen und des menschlichen Reiches zwingen den Interpreten zu einer äußerst intensiven Auseinandersetzung mit dem Geschehen. Von der brillanten Sprache einer Rheinfahrt im ersten Akt bis hin zur Trauer um Siegfried und zu Brünnhildes Abschied im dritten hat der Dirigent den Bogen zu schlagen: Was sich nach »Rheingold«, »Walküre« und »Siegfried« aufgestaut und an Unheil zusammengebraut hat, entlädt sich in einem überdimensionalen Finale – und gipfelt im sogenannten Thema der Wiedergeburt, das einen Hoffnungsschimmer ans Ende setzt, wobei offenbleibt, ob kommende Generationen in der Lage sind, die Lehre aus der Vergangenheit zu ziehen.

Ich weiß, daß dieses Thema und seine Funktion in der Musikwissenschaft umstritten sind. Ich sehe trotzdem keinen Grund, meine Meinung zu revidieren oder zu relativieren. Vielmehr stelle ich angesichts der Diskussion mit Freude fest, wie lebendig der »Ring« nach wie vor ist. Die Auseinandersetzung mit dieser Tetralogie wird nie aufhören. Der »Ring« füllt seit hundert Jahren nicht nur die Gazetten, sondern ist – wie mir ein Experte erläuterte – neben der publizistischen Auseinandersetzung um die Bibel das in den Medien meistdiskutierte Werk.

Das ist einer der Gründe, weshalb der »Ring« in jedem Jahrzehnt unter neuen Aspekten gesehen wird und gesehen werden muß. Vor diesem Hintergrund erfordert jede Neuinszenierung des »Ring« auch von der Regie her immer wieder neue Überlegungen. Im Gegensatz zu Werken wie »Tannhäuser«, »Lohengrin« und »Meistersinger«, die kaum aus den vorgegebenen Zeiten herauszulösen sind, ist der »Ring«-Mythos ein zeitloses Phänomen. Es wäre in meinen Augen ein eklatanter Fehler, den »Ring« aus seiner Entstehungszeit, also aus dem 19. Jahrhundert heraus, zu interpretieren und zu inszenieren.

Der Oberste Bayerische Rechnungshof analysierte anläßlich unseres Münchner »Ring« scharfsinnig, es handle sich beim »Ring« um eine nordisch-germanische Heldensage, die sich auch in einem Einheitsbühnenbild darstellen ließe, und hielt uns unsere sechzehn relativ aufwendigen Bühnenbilder vor. Ist es nicht phantastisch, von einem Rechnungshof dazu verdonnert zu werden, sich gefälligst an die nordisch-germanische Heldensage zu halten?! Interessant wäre nur herauszufinden, was sich ein Rechnungsprüfer darunter eigentlich vorstellt.

In meinen Augen jedenfalls sind die vier »Ring«-Abende nicht von einer Einheitsdekoration aus darzustellen. Wagner begann die Dichtung vom Ende, von Siegfrieds Tod her. Der Titel »Götterdämmerung« existierte ursprünglich nicht. Erst bei näherer Beschäftigung mit dem Stoff erkannte Wagner, daß er nicht in einem Stück und an einem Abend zu bewältigen ist.

Er selbst war mit der »Götterdämmerung« immer am unglücklichsten, denn hier mußte in gedrängter Form zu Ende gebracht werden, was sich an drei vorangegangenen Abenden vorbereitet hatte. Und wer in dieser »Götterdämmerung« nicht alles das Zeitliche zu segnen hat! Sterben in »Walküre« und »Siegfried« jeweils nur zwei Personen, so trifft es in »Götterdämmerung« Siegfried, Gunther, Hagen, Gutrune und Brünnhilde; es trifft Gottheit und Menschheit. Lediglich Alberichs Schicksal ist ungewiß, wobei man sich fragen könnte, ob nicht mit dem Verzicht auf die Liebe das Prinzip des Bösen erhalten bleiben soll.

Wer sich in das Gestrüpp der »Ring«-Deutungen und ihrer szenischen Glaubhaftigkeit begibt, betritt wankenden Grund. Wie etwa kann dem, der den Ring besitzt, der also tatsächlich im Besitz der Weltherrschaft ist, der Ring – wie Alberich in »Rheingold« – so leicht entrissen werden? Warum ist Brünnhilde, die sich während Siegfrieds Abwesenheit auf den Ring als Pfand verlassen können müßte, trotz Ring außerstande, sich gegen den falschen Gunther zu schützen? Wie weit ist es also her mit der Weltherrschaft, die der Ring seinem Besitzer liefert? Und der Trank, den Hagen Siegfried bereitet? Eine Droge, die einen Teil des Gehirns löscht, eine Persönlichkeitsveränderung bewirkt, die auf das »Weib« bezogenen Erinnerungen Siegfrieds eliminiert – auch die, die sich auf den Ring beziehen?

Nicht nur diese Fragen kann »Götterdämmerung« nicht glaubhaft lösen. Wagner selbst meinte, nachdem er die »Götterdämmerung« zum erstenmal auf der Bühne gesehen hatte, dieses Stück, wenn nicht den ganzen »Ring«, umschreiben zu müssen. Vor allem der Schluß ist alles andere als zwingend. Das alles beeinträchtigt die ungeheure Wirkung des »Ring« als Theater-Spektakel jedoch nicht. Weder Götter noch Menschen können ungestraft den Boden der Moral verlassen. Der Bruch von Verträgen und die Veräußerung der Liebe um der Macht willen ist die eine Seite der Tragödie; das Verhalten Hagens, Gunthers und auch Siegfrieds die andere, denn der Trank hat doch angeblich nur Siegfrieds Erinnerung an Brünnhilde gelöscht, nicht aber auch seinen Charakter verändert.

Viele Leute haben sich schon den Kopf darüber zerbrochen, was sich eigentlich zwischen dem Ende von »Siegfried«, wo Siegfried Brünnhilde erweckt, und »Götterdämmerung«, wo Siegfried von ihr Abschied nimmt, ereignet? Blieb er in dieser Zeit liebend bei

Brünnhilde? Dann hätte er von der Welt keine Ahnung, dann kann er den Rhein und die Gibichungen und seinen ihm vorgezeichneten Weg nicht kennen. Oder aber war er schon des öfteren unterwegs und hat sich mit seinem Schwert einen fragwürdigen Namen errungen? Ist er ein Ungeheuer, ein rücksichtsloser Egoist, der vielleicht auch schon andere Damen beglückt hat?

Ich kenne den »Ring« von Kindheit an, und zwar in der Gestaltung von Hans Knappertsbusch und dann später von Clemens Krauss. Ich weiß nicht mehr, ob mich Inszenierungen oder musikalische Interpretationen damals mehr gepackt haben. An die szenische Lösung des von mir dirigierten Wiesbadener »Ring« kann ich mich nicht mehr erinnern.

Beeindruckt hat mich Wieland Wagners »Ring«, den ich während meiner Bayreuth-Tätigkeit erlebte. Es war Wielands »entrümpelter« Nachkriegs-»Ring«, der mit dem germanischen Heldentum gründlich aufgeräumt und gewaltiges Aufsehen erregt hatte. Wieland Wagner brachte das Widerspruch provozierende Kunststück fertig, Wagner neu zu sehen, ihn aus dem nationalsozialistischen Dunstkreis herauszuholen und wieder international hoffähig zu machen. Gigantisch, mit welcher Einfachheit die Szene angelegt war, auch farblich; wie er auf der riesigen Scheibe vor leerer Bühne die Figuren stellte. Er vertraute auf die Kraft des Lichts und vor allem auf die Persönlichkeit der Sänger. Jenseits germanisierenden Dekors traten hier plötzlich die Gestalten des »Ring« in den Vordergrund. Bis dahin verdeckte Zusammenhänge erschlossen sich. Er setzte auf das Wort, auf die Darstellungskraft, auf das Beziehungsgeflecht zwischen den Menschen, gestaltete die drei Ebenen der Götterwelt, der Menschenwelt und der Unterwelt in aller Deutlichkeit – bezogen auf ein damals tatsächlich revolutionäres Bühnenbild, das alle Äußerlichkeiten eliminierte. Er inszenierte ein Drama namens »Ring des Nibelungen«.

Für die Alt-Wagnerianer war der erste Nachkriegs-»Ring« eine Verhunzung. Er brach ein Sakrileg, ignorierte Wagners Anweisungen. Erst nach drei, vier Jahren gelangte man zu der Ansicht, daß es eigentlich *der* ideale »Ring« sei.

Als ich mich 1960 mit Wieland Wagner zu ersten Gesprächen für unsere Kölner »Ring«-Konzeption traf, war er von seinem puristischen Nachkriegs-»Ring« bereits abgekommen: »Was ich sechs Jahre nach dem Krieg gemacht habe, ist längst passé. Damals war es richtig, von allen äußeren Attributen wegzugehen und andere Werte des Stücks klar herauszuarbeiten. Heute ist es unerläßlich, den ›Ring‹ neu zu sehen, auf unsere Gegenwart zu beziehen, zu aktualisieren! Heute liegen die Dinge anders. Mit der absoluten Gegenstandslosigkeit ist es vorbei... Wir kommen in eine Zeit, in der das dekorative Element wieder Einkehr auf der Bühne halten kann!«

Und die Zeiten hatten sich in der Tat geändert, mit Wiederaufbau, Materialismus, Besitzdenken und Wirtschaftswunder.

»Die vierziger Jahre brachten uns das komplette Desaster, die fünfziger Jahre die Besinnung und den Wiederaufbau. Jetzt müssen wir den ›Ring‹ der sechziger Jahre aus der Taufe heben – denn der ›Ring‹ ist das einzige Werk meines Großvaters, das aus jedem Jahrzehnt heraus immer wieder neu gesehen werden muß!« erklärte Wieland Wagner.

»Wenn ich in ein Theater komme, treffe ich auf einen mehr oder weniger großen Zuschauerraum mit Hunderten oder Tausenden Stühlen, die alle auf einen Raum hin gerichtet sind, der sich den Blicken zunächst durch einen Vorhang verschließt. Es ist wie im Kasperltheater. Es wird dunkel, der Vorhang geht auf, hinter diesem Vorhang muß sich etwas ereignen. Bei meinem Bayreuther ›Ring‹ habe ich versucht, diesen Bühnen-Rahmen aufzuheben und das Gefühl von Weite und Unendlichkeit zu vermitteln, das der Zuschauer von draußen mitgebracht hat – denn draußen war sein Blickfeld unbegrenzt; er besaß die Freiheit, seinen Blick in jede Richtung wenden zu können. Im Grunde aber war dies ein Trugschluß, denn die Begrenzungen des Theaterraums und der Bühne sind evident... Heute reizt es mich wieder, dem Zuschauer etwas in diese Guckkastenbühne zu stellen und sie begrifflich lokalisierbar und räumlich abgegrenzt zu gestalten. Ich möchte dem Zuschauer wieder einen Raum geben, der ihm sagt: Hier ist eine Schlucht, hier ist ein Fels, hier ist ein Tisch... Ich will ihm wieder Begriffe vermitteln, die seiner Begriffswelt entsprechen, ein Zimmer, eine Schmiede, eine Tafel...«

Der Kölner »Ring« wurde gegenständlich, wurde realistischer.

Ich erinnere mich an zwei Bilder. Eines davon: Nibelheim, Alberichs Verwandlung in eine Kröte und in den Wurm. Die Darstellung des Wurms wird mir unvergeßlich bleiben. Wie Wieland – der ja sein eigener Bühnenbildner und Techniker war – aus allen Elementen der Schmiede einen Wurm kreierte, ließ mich an die Vexierbilder meiner Kindheit denken, auf denen man in Büschen oder im Geäst der Bäume das verlorengegangene vierzigste Schäfchen zu suchen hatte. Ähnlich bei Wieland Wagner. Man stand vor einem Bühnen-Vexierbild, und plötzlich wurde die ganze Bühne zum Monster. Es lief mir am Pult kalt den Rücken herunter. Mit einemmal wurde so auch Loges Panik klar. Faszinierend, wie jeder Gegenstand Teil des Wurms wurde, wie bestimmte Lichtwechsel diesen Wurm aus der Bühne zauberten.

Das zweite Bild, das ich noch plastisch vor mir habe, ist Siegfrieds Schmiede.

Wieland Wagner dazu: »Wissen Sie, Sawallisch, den ›Ring‹ können Sie um drei Ecken herum psychologisch gestalten, als metaphysisches Spektakel oder als Gegenwartsdrama sehen; Sie können ihn vergeistigen und entrümpeln, aber auf eines können Sie nicht verzichten: auf die Schmiede, denn sonst hängt der ganze erste Akt von ›Siegfried‹ mit den Schmiedeliedern, den Amboßschlägen usw. in der Luft. Irgendwo muß Siegfried schließlich draufschlagen, er muß den Amboß spalten, um zu demonstrieren, daß dieses Schwert sogar Stahl – also Rüstung, Gesetz, Gewalt – spaltet. Das muß auf die Bühne! Während viele andere Gestalten der Wagner-Welt einen ›geistigen Tod‹ sterben können, muß Siegfried ganz realistisch von Hagen erschlagen werden!«

Wieland Wagner baute eine Schmiede, die man heute vielleicht als üble Realistik brandmarken würde, denn sie funktionierte konkret, handfest und eindrucksvoll.

Ich sah und sehe die grundsätzliche »Ring«-Problematik ähnlich wie Wieland Wagner. Jedes Jahrzehnt wird und muß den »Ring« neu definieren. Alle Konzeptionen – und seien sie noch so schlüssig – werden nach etwa zehn Jahren von anderen Wertvorstellungen, Sehweisen und Notwendigkeiten überholt. Man kann nicht umhin, alle technischen Errungenschaften – auch alle Errungenschaften bühnentechnischer Natur – bis hin zur neuen Medienwelt einzu-

61 Kammerkonzert im Cuvilliéstheater mit Musikern des Bayerischen Staatsorchesters

62/63 Der Operndirektor einmal anders:
 Gemeinschaftstag der Bayerischen Staatsoper München, 1982
64 Anzapfen in Odelzhausen, 1976

65 40jähriges Bühnenjubiläum mit »Die Meistersinger von Nürnberg«, 1987
66 60. Geburtstag: Mechthild und Lucia Popp assistieren beim Anschneiden der Opern-Torte
67 Enthüllen einer Parsifal-Statue in Neuschwanstein

68 Gastspiel der Bayerischen Staatsoper in China, 1984
69 Prager Frühling, 1986

70 Mit Franz Josef und Marianne Strauß, Empfang zum 450jährigen Bestehen des Bayerischen
   Staatsorchesters
71 Mit Richard von Weizsäcker bei der »Troades«-Premiere, 1986
72 Mit Prinz Charles, 1987

73 Einweihung der Suntory-Hall in Tokyo, 1986

74 Vor dem Kaiserpalast in Tokyo, 1988

75 »Im Interesse der Deutlichkeit«

binden. Man wird, wenn man an den »Ring« denkt, nicht die Augen vor der Tatsache verschließen können, daß wir dabei sind, das Weltall zu erobern, mit dem Atom die Vernichtung unseres Planeten in der Hand haben und mit der Genforschung hinter das Geheimnis des Lebens zu kommen versuchen. All das sind Abenteuer der Menschheit, all das verändert unsere Einstellung zum Thema Gottheit und unseren Blickwinkel auf die Welt und auf uns selbst.

Wenn es heißt, daß Wotan auf des Felsens Spitze steht, was bedeutet das heute? Alle Achttausender wurden inzwischen von Menschen bestiegen, und von den Göttern – das weiß jeder – fand sich da oben keine Spur. Eine heutige »Ring«-Konzeption hat keine andere Wahl, sie muß diese Begriffe neu klären, neu lösen und, beispielsweise, den Sitz der Götterwelt in anderen Regionen ansiedeln. Ich verstehe, daß das Publikum dabei gelegentlich Schwierigkeiten hat, denn es neigt dazu, sich nostalgisch an »Ring«-Inszenierungen festzuklammern, die noch nicht vor solchen Problemen standen.

Mir scheint es jenseits aller Mythen beim »Ring« vor allem wichtig, die Geschichte immer wieder neu zu erzählen. Eine Geschichte, die am Ursprung der Welt beginnt – den wir heute bekanntlich anders sehen, als Wagner ihn sah, als er den »Ring« konzipierte und komponierte – und mit einem Untergang endet, mit dem wir heute ebenfalls ganz andere Vorstellungen und Ängste verbinden. Unsere Einstellung generell – man denke nur an die Götterwelt des »Ring« – hat sich radikal verändert. Nur an Wagners Musik können wir nichts ändern. Sie ist das Element, das uns in einem Geflecht komplizierter Verbindungen und Beziehungen verdeutlicht, in welchem Licht Wagner eine Gestalt gesehen oder aus den Augen einer zweiten oder dritten Gestalt betrachtet haben will.

Die Musik ist also die unveränderliche Konstante. Aber wir werden den Trauermarsch heute trotzdem unter einem anderen Blickwinkel betrachten müssen als etwa zu Zeiten, in denen man den großen, germanischen, hinterrücks ermordeten Licht-Helden Siegfried feierte. Für uns ist die Heldengestalt Siegfrieds nicht mehr intakt. Wir werden diesen Trauermarsch heute mehr von Siegfried her sehen: nicht als Trauerstunde der Menschheit über eines edlen Helden Untergang, sondern eher als Manifest Siegfrieds eigener, auch selbstverschuldeter, tragischer Verstrickung. Als eine Musik, die von innen nach außen geht und nicht von außen her auf Siegfried projiziert wird. Es geht um das Scheitern Siegfrieds an sich selbst. Dies sollte im Trauermarsch zum Ausdruck kommen.

Sieht man es so, dann bleibt die Musik zwar gleich, ihr Ausdruck aber hat sich geändert. Das mag manchem um drei Ecken herum gedacht erscheinen und jenem Hörer nicht auffallen, der wild entschlossen ist, den Tod des großen Helden zu beweinen und sich von keiner wie auch immer gearteten Interpretation von seinem Vorhaben abbringen zu lassen. Vielleicht wird ihn noch am ehesten eine überlegte szenische Darstellung in seiner Haltung irritieren können.

Symptomatisch für die »Ring«-Rezeption ist auch der sogenannte »Chereau-Ring«, der zunächst heftigsten Widerspruch auslöste, in den Jahren nach der Premiere einige Modifikationen durchlief und schließlich zum »Jahrhundert-Ring« erklärt wurde, ein eher leichtfertig dahingesagtes Wort, denn nähme man es ernst, würde das bedeuten, daß alle vergangenen und alle zukünftigen »Ring«-Inszenierungen des Jahrhunderts als null und nichtig zu betrachten sind. Vielleicht muß man einen solchen Begriff aber nicht nur ausgrenzend verstehen. Ich würde ja auch einen Dietrich Fischer-Dieskau als »Jahrhundert-Liedsänger« bezeichnen, ohne damit sagen zu wollen, daß Heinrich Schlusnus, Gerhard Hüsch oder Karl Erb nicht auch in ihrer großen Zeit »Jahrhundert-Sänger« auf dem Liedsektor gewesen sind.

Zweifellos hat der »Chereau-Ring« einen Markstein gesetzt, der sich von den »Ring«-Inszenierungen bis dahin deutlich abhob. Ich kenne diesen »Ring« allerdings nur aus dem Fernsehen und halte es für gefährlich, ihn ohne die gesamtvisuelle Erfahrung beurteilen zu wollen.

Doch zurück zu meiner persönlichen »Ring«-Chronologie: Nach dem »Ring« in Köln brachte ich mit Günther Rennert eine Neuinszenierung heraus, nicht zusammenhängend, sondern verteilt auf die Jahre 1974 bis 1976, beginnend mit »Walküre«. 1971 hatte ich den »Ring« dirigiert, den Rennert vor meiner Zeit mit Joseph Keilberth geplant und später dann mit Lovro von Matacic inszeniert hatte. Ich verspürte wenig Lust, meine ganze Münchner Zeit über mit diesem »Ring« zu leben, und bat Rennert: »Doktor, können wir nicht Ihren alten ›Ring‹ vergessen und gemeinsam ein neues Konzept entwickeln?«

Rennert griff meinen Wunsch sofort auf. Einer gültigen »Ring«-Konzeption im Wege stand der auf Sparflamme gesetzte Bühnenbildner Jan Brazda. Auch Rennert war über die szenische Gestaltung alles andere als glücklich.

Um einen Gastspielwunsch der Japaner erfüllen zu können, begannen wir mit »Walküre«. Rennerts neue Konzeption war es, das ganze Werk von »Rheingold« an zu einem spektakulären »Götterdämmerungs«-Finale zu führen. Er erkannte, daß es nicht möglich war, den »Ring« ohne Einbeziehung der Weltereignisse von der Geburtsstunde bis zur Gegenwart zu inszenieren. Er steuerte die Tetralogie auf die Katastrophe hin, auch wenn er den Rhein nicht mehr über die Ufer treten ließ und damit auf ein Spektakel verzichtete, das man in den siebziger Jahren längst anders betrachtete als beispielsweise zu Beginn des Jahrhunderts. Er ging einen nicht realistischen, ins Metaphysische übersetzten Weg. Walhalls Untergang wäre nach dem Untergang ganzer Städte im Bombenkrieg als Bühnenspektakel nur mehr eine Farce gewesen. Erst recht lächerlich wäre es gewesen, für die vom Fernsehen und Film verwöhnten Zuschauer die »reinigenden Wasser« des Rheins auf die Bühne zu bringen. Wir alle leben heute mit Bildern, die in den sechziger Jahren des letzten Jahrhunderts für die meisten Menschen noch gar nicht existierten. Damals war es vielleicht noch möglich, sich von Bühneneffekten beeindrucken zu lassen, denn die Wirklichkeit hatte Bilder der Zerstörung im Ausmaß, wie wir sie kennen, noch nicht geliefert.

Höhepunkt unserer »Götterdämmerung« war ein atomarer Blitz, der die Zuschauer blendete und den ich unten am Pult im entscheidenden Moment elektrisch zündete, denn nur so ließ sich der musikalische Höhepunkt mit dem visuellen Höhepunkt exakt synchronisieren. Dieser Blendeffekt war so gewaltig, daß jeder, der auf die Bühne geschaut hatte, zehn Sekunden nur rote Ringe sah. Diese Zeit nutzte Rennert, um bei offenem Vorhang die Bühne in eine unendliche, öde Weite zu verwandeln. Zum musikalischen Schlußgedanken Wagners, zum Thema der Wiedergeburt, tauchten dann Menschen auf der Bühne auf, Familien, um eine Art Neubeginn zu avisieren.

Rennert erntete für diese Konzeption damals heftige Buhs. Man nahm ihm diesen »Ring« übel, beschimpfte ihn und verunglimpfte ihn. Wir wunderten uns nur über die anscheinend mangelnde Bereitschaft des Publikums, die klassischen Theateraspekte einmal zu vergessen und sich mit dem eigenen Schicksal konfrontieren zu lassen: mit dem »Ring« als Sinnbild eines geschlossenen Kreislaufs, als eines Symbols, daß nach den Katastrophen das Leben, in welcher Form auch immer, weitergeht, neu beginnt...

Wanderer/Wotan weckt in »Siegfried« Erda aus ihrem tiefen Schlaf, gesteht, daß auch er nicht mehr weiter weiß, und fragt sie, »wie zu hemmen ein rollendes Rad«. Auch die Gottheit Wanderer/Wotan besitzt also nicht die Macht, dieses Rad, diesen Ring, diesen Kreislauf zu bremsen. Von dieser Textstelle ausgehend hält man den Schlüssel für viele auch von Richard Wagner nicht gelöste Rätsel in Händen: Der Schneeball, einmal geworfen, löst die Lawine aus; das rollende Rad ist nicht mehr aufzuhalten (vergleichbar auch dem Schicksalsrad in Carl Orffs »Carmina Burana«).

Jenseits des »Ring«, jenseits der Bühne: Ich persönlich habe keine Angst vor dem Untergang der Menschheit. Ich habe keine Angst vor dem größten, vielleicht zwangsläufigen Weltdebakel. Angesichts der Tatsache, daß unsere Erde Jahrmillionen besteht, scheint mir der Gedanke absurd, daß alles aufhört. Er liefe nur auf die Angst vor aller Veränderung hinaus. Man sagt, daß sich die Niagara-Fälle durch die Kraft des Wassers in siebzigtausend Jahren selbst zerstört haben werden. Ein Grund, Ängste zu entwickeln, scheint mir da nicht gegeben, eher schon ein Grund, sich der Schönheit der Niagara-Fälle zu erfreuen und sich zu fragen, was an ihrer Stelle entstehen wird und ob das, was entsteht, nicht vielleicht noch gewaltiger ist.

Wovor sollte ich Angst haben? Ich bin trotzdem kein Fatalist. Vor langer Zeit las ich einmal »Die Brücke von San Luis Rey«, wo Thornton Wilder nachzuweisen versucht, daß das Leben der auf der Brücke umgekommenen Menschen eigentlich zu Ende gehen mußte. Sie mußten auf dieser Brücke zusammenkommen, ihre Lebensuhr war abgelaufen, die Brücke mußte einstürzen.

Ein Anlaß, Angst zu entwickeln? Angst, weil es mich trifft? Angst, weil es uns alle und mich als einen Teil der Menschheit trifft? Nein! Angst aber ganz gewiß, daß Dummheit, Machtwahn und Gier dazu führen, daß das geschieht, was wir im Rennert-»Ring« darzustellen versuchten! Der »Ring« als ein Lehrstück, das demonstriert, welche Konsequenzen bestimmte Verhaltensweisen, wie der Bruch von Verträgen und der Verrat von Liebe und Menschlichkeit zugunsten nackter Machtinteressen haben.

Ob mit Wieland Wagner in Köln, ob mit Günther Rennert in München oder zuletzt mit Nikolaus Lehnhoff in München – so intensiv wir uns auch immer mit dem »Ring« auseinandersetzten, eine schlüssige Antwort auf alle offenen Fragen ist wahrscheinlich nicht möglich. Als Theatermann bin ich froh, daß dem so ist, daß es für den »Ring« keine zeitlos gültige visuelle Konzeption gibt, wie es sie für die »Meistersinger« gibt, wo letztlich lediglich die versöhnende Schlußgeste für Beckmesser offen ist, den Wagner wütend durch die Menge abgehen läßt...

»Die Meistersinger« liefern im Gegensatz zum »Ring« auf alle angeschnittenen Probleme in sich schlüssige Antworten; selbst der alternde Hans Sachs kann aus dem Vorgefallenen noch seine Lehre ziehen! Der »Ring« provoziert immer wieder neue Überlegungen, ist immer wieder eine neue Herausforderung. Jede Generation wird aus ihrer Erfahrung, ihrer Welt, ihrem Leben andere Fragen formulieren und zu anderen Antworten kommen. Seit seiner Entstehung steht dieses Werk im Kreuzfeuer der Diskussion.

Kampf um den »Ring«
Eine Münchner Odyssee

Als wir in der Spielzeit 1982/83 alle dreizehn Opern Richard Wagners aufführten, bestätigte sich in meinen Augen erneut die Erkenntnis, daß keine »Ring«-Inszenierung länger als zehn, maximal fünfzehn Jahre auf dem Spielplan bleiben sollte. Eine gute »Tannhäuser«-Inszenierung kann sich zwanzig Jahre halten; die beste »Ring«-Inszenierung aber ist von außen her zu großen

Schwankungen unterworfen, um relativ zeitlos überdauern zu können.

Zum Teil bewog uns 1982/83 auch das Presseecho dazu, uns über einen neuen »Ring« Gedanken zu machen. Seit den siebziger Jahren tauchten immer wieder, von Kritikergeneration zu Kritikergeneration sozusagen, aus dem Archiv genährte Argumente gegen den Rennert-»Ring« auf.

Noch eine andere Überlegung trug zu diesem Entschluß bei: Man muß dem Haus und dem Publikum nach einem »Ring« vier, fünf Jahre Ruhe gönnen; das »Ring«-Fieber muß sich legen können, der Alltag muß einkehren und aus diesem Alltag heraus die Spannung auf einen neuen »Ring« erwachsen. In unserem Fall beschlossen wir, den Rennert-»Ring« nach 1983 bis zur »Ring«-Neuinszenierung 1987 ruhen zu lassen.

Bereits 1982 begannen Überlegungen, was die Regie, das Bühnenbild und die Besetzung betraf. Im Herbst 1982 fanden die ersten Gespräche mit Dieter Dorn und Jürgen Rose statt, die sich für dieses Projekt begeisterten. Dorn war damals noch nicht Chef der Kammerspiele, sondern freier Regisseur. Eigentlich wollte ich selbst den »Ring« nicht mehr dirigieren. Ich hatte den Rennert-»Ring« mehr als zwanzigmal geschlossen dirigiert und wollte mit einem neuen Regisseur, einem neuen Bühnenbildner auch einen neuen Dirigenten verpflichten. Ich nahm Kontakt mit allen in Frage kommenden Dirigenten auf, aber alle Anfragen verliefen negativ, wobei sich manchmal die wirklichen Gründe nicht genau verifizieren ließen. Die meisten meiner Kollegen ließen allerdings einen gewissen »Respekt« vor München durchblicken: einmal die Angst vor der Münchner Kritik, zum anderen eine gewisse Angst, den Giganten Wagner speziell in München mit seiner klassischen Wagner-Tradition bewältigen zu müssen.

Dann übernahm Dorn die Leitung der Kammerspiele und sagte mir ab: Nicht aus künstlerischen Gründen, erklärte er, aber er wisse nicht, wie er vom September 1986 bis März 1987, also über ein halbes Jahr, ausschließlich für den »Ring« und die dafür nötigen Proben usw. zur Verfügung stehen könne. In der Tat hätte er sich um sein Haus in dieser Zeit nicht kümmern können, und ich war nicht bereit, den Plan, den »Ring« geschlossen zu geben, fallenzulassen.

Ich erinnerte mich in dieser Situation an meine Erfahrungen mit dem Mailänder »Ring«. Die Direktion hatte mich gebeten, nach vielen Jahren eine über vier Spielzeiten verteilte Neueinstudierung zu übernehmen. Ich sagte spontan zu mit der Bitte, als Regisseur Günther Rennert zu verpflichten. Rennert lehnte jedoch, auch aufgrund seiner schon etwas angegriffenen Gesundheit, ab.

Zur Zeit dieser ersten Anfrage erarbeitete ich in München gerade einen neuen »Parsifal« mit Dieter Haugk als Regisseur und Günther Schneider-Siemssen als Bühnenbildner. Ich bat die Scala, mir in der Wahl der Mitarbeiter freie Hand zu lassen, bis ich das »Ergebnis« dieser Zusammenarbeit beurteilen könne. Unterdessen hatte die Scala bei Luchino Visconti angefragt, ob er als Wagner-Kenner par excellance die Regie übernehmen könnte – eine Anfrage, die sowohl bei ihm wie auch bei mir größte Zustimmung fand. Leider wurde aus dieser möglichen Zusammenarbeit nichts, da Visconti erkrankte.

Mein Brief mit der Bitte, auf das Ergebnis Haugk/Schneider-Siemssen in München zu warten, war wegen eines Poststreiks in Italien nicht rechtzeitig in den Besitz der Scala-Direktion gelangt. Die Vorbereitungszeit war inzwischen immer kürzer geworden, die Entscheidung mußte gefällt werden, was die Scala tat, ohne mich vorher zu informieren: Es erfolgte das Engagement des Regisseurs Luca Ronconi, der sich bereit erklärte, aufgrund der Kürze der zur Verfügung stehenden Zeit ab »Walküre« »einzusteigen« und anschließend an die »Götterdämmerung« das »Rheingold« »nachzuliefern«. Wir alle aber wollten die chronologische Abfolge. So entschieden wir uns für Rennerts Inszenierung von »Rheingold« in einer »Ausleihe« der Dekorationen und der Kostüme von München und begannen die Ronconi-Vorstellungen ab der »Walküre«. Doch bald wurde deutlich, daß Ronconi die Zeit für die Auseinandersetzung mit dem Werk nicht gereicht hatte. Im letzten Akt beispielsweise wurde ein riesiges Pferd auf die Bühne gestellt, und Ingrid Bjoner als Brünnhilde meinte, dies sei wohl Grane, ihr Roß. Als sie den Regisseur fragte, ob ihre Ansicht richtig sei, erhielt sie zur Antwort: »Grane, wer ist das, wovon sprechen Sie?« Dies nur, um zu illustrieren, daß sich Ronconi im »Ring« nicht zurechtfand und in der kurzen Vorbereitungszeit vielleicht auch nicht zurechtfinden konnte.

Es kam dann zwischen uns zu einem Gespräch, in dem ich vorsichtig erklärte, ich hätte das Gefühl, er würde doch etwas sehr am Inhalt vorbeiinszenieren. Ich hätte mit dem »Ring« einige Erfahrungen – ob wir nicht »Siegfried« von der Konzeption her gemeinsam besprechen könnten?

»Ich glaube«, sagte ich, »bei ›Siegfried‹ dürfen wir uns nicht mehr leisten, was in ›Walküre‹ geschehen ist!« Die wirklich böse Reaktion in der italienischen Presse unterstützte mich in meinen Argumenten.

Ronconi, Bühnenbildner Pizzi und ich trafen uns in Rom, besprachen die »Siegfried«-Bühne und machten uns über die Konzeption Gedanken. Ronconi schien inzwischen eingesehen zu haben, daß er den »Walküren«-Weg nicht fortsetzen konnte.

»Ich halte es für unerläßlich, zumindest andeutungsweise die Natur in ›Siegfried‹ hereinzunehmen. Die Natur, die Elemente sind essentielle Bestandteile der ganzen ›Ring‹-Tetralogie!« regte ich an.

Sie sahen es ein. Bühnenbilder entstanden, die halbwegs akzeptabel waren. Beruhigt verließ ich Rom – in der Gewißheit, daß »Siegfried« nicht so entstellt werden würde wie »Walküre«.

Und dann erlebte ich eine »Siegfried«-Aufführung, die total von dem abwich, was in Rom besprochen worden war. Was sich abspielte, war ein verspäteter Politisierungsversuch des Stücks. Der hinter einer Garagentür hausende Fafner wurde zum ordinären Schlägertyp, dessen Leib sich aus einem breiten Rattenschwanz von Rausschmeißer- und Rockertypen formte. Fafners Blut wurde an Siegfrieds Schwert zu einer fünf Meter langen roten Fahne – mit diesem »Banner« zog Siegfried dann über die Bühne! Siegfried weckte Brünnhilde... an einem Schreibtisch. Sie war dort eingenickt! Nur Telefon und Schreibmaschine fehlten noch...

Ich konnte mir lebhaft vorstellen, wie die »Götterdämmerung« aussehen würde, und bat die Scala, meine diesbezügliche Teilnahme vorerst offenzulassen.

Es hagelte Pressekonferenzen. Schließlich ließ die Scala die »Götterdämmerung« fallen, der unter schlechten Auspizien begonnene »Ring« blieb unvollendet... Zunächst allerdings hatte die Scala noch versucht, andere Dirigenten für Ronconis »Götterdämmerung« zu gewinnen, aber auch Rudolf Kempe und Rafael Kubelik mochten, nachdem sie sich näher informiert hatten, in dieses »Ring«-Projekt nicht einsteigen, zudem auch Ingrid Bjoner kategorisch erklärt hatte, in »Götterdämmerung« nicht singen zu wollen...

Dies alles war für mich eine Lehre und bestärkte mich in meiner Ansicht, daß man den »Ring« unter allen Umständen als geschlossenen Zyklus herausbringen sollte. Je ungewohnter eine »Ring«-Konzeption ist, desto zwingender wird die geschlossene Aufführung, denn ein über vier Jahre gespannter Konzeptionsbogen von »Rheingold« zur »Götterdämmerung« kann schwerlich die Spannung halten.

Man entwickelt sich in vier Jahren weiter; man gewinnt neue Erkenntnisse – ob diese immer auch richtig sind, sei dahingestellt – und muß doch mit den teils umstrittenen, teils auch gefeierten ersten »Ring«-Abenden weiterleben...

Außer Frage steht, daß jeder geschlossene »Ring«-Zyklus für das Haus eine außergewöhnliche Belastung ist. In meiner Entschiedenheit, den »Ring« auch in einem Repertoiretheater – und nicht nur in Bayreuth – geschlossen zu produzieren, ließ ich mich jedenfalls durch kein Hindernis, auch nicht durch die Absage Dieter Dorns, irritieren. Diese Ansicht wurde auch von meinen Mitarbeitern geteilt. 1982/83 bereits wurde ein kompletter Zeit- und Probenplan erarbeitet. Vier Jahre im voraus wußten wir auf den Tag genau, was 1986/87 zu geschehen hatte.

Noch wußten wir nicht, welche der für die Hauptpartien ins Auge gefaßten Künstler bereit und in der Lage sein würden, drei, vier Monate unentwegt zu proben und in dieser Zeit keine anderen Aufführungen zu singen. Aber wir waren entschlossen, den neuen »Ring« nur unter diesen Voraussetzungen in Angriff zu nehmen. Später stellte sich dann heraus, daß es richtig war, so konsequent zu denken und zu handeln.

Nach der Absage von Dorn/Rose fragte ich bei Harry Kupfer an, denn ich hatte erfahren, daß er für Wien eine komplette »Ring«-Konzeption erarbeitet hatte, die sich dort nicht realisieren ließ. Mir war klar, daß ich einen Regisseur finden mußte, der mit dem »Ring« bereits vertraut war, denn uns blieben jetzt nur noch zwei Jahre bis zur Premiere. Kupfer mußte absagen, denn er war Wolfgang Wagner bereits für den Bayreuth-»Ring« 1988 im Wort. Keinesfalls wollte ich eine relativ konventionelle »Ring«-Konzeption irgendeines routinierten Regisseurs neu aufwärmen. Ich wollte eine echte Neuinszenierung: einen eigenständigen, originellen »Ring« für München.

Ich fragte Johannes Schaaf. Er zeigte sich interessiert, meinte aber: »Herr Sawallisch, ich glaube, Sie wissen nicht genau, wen Sie sich da mit mir einkaufen! Warten wir doch mit unserem Vertragsabschluß ab, bis Sie eine für meine Arbeit wichtige Inszenierung gesehen haben!«

»Gern...«

Er forderte mich auf, nach Bremen zu kommen, wo er den »Eugen Onegin« inszeniert hatte. Meine Frau und ich fuhren nach Bremen und sahen uns die Aufführung an... Natürlich ist »Eugen Onegin« nicht mit dem »Ring« und Bremen nicht mit München vergleichbar. Aber als ich nach dem »Eugen Onegin« Schaaf fragte, ob er sich eine ähnliche Personen-Regie auch beim »Ring« vorstellen könne, sagte er: »Durchaus! Ich arbeite zur Zeit in diesem Stil...«

Ich war Schaaf sehr dankbar, daß er mir selbst diese Bremse eingebaut hatte. Ich glaube, es war richtig, daß es beim »Ring« damals nicht zu einer Zusammenarbeit mit Schaaf kam; inzwischen haben wir über einem anderen Projekt zusammengefunden...

In der »Ring«-Vorbereitung bedeutete jeder verlorene Tag einen verlorenen Monat. Die Sänger – Hildegard Behrens, René Kollo, James Morris, Kurt Moll und andere – waren inzwischen verpflichtet. Animiert von der Tatsache, den »Ring« in vierzehn Tagen konzentriert zu geben, zeigten sie sich unerhört kooperativ...

Gefragt war, wie gesagt, ein Regisseur, der aus seinem Werdegang, aus seiner Erfahrung heraus und aus eigenem Erleben mit dem »Ring« völlig vertraut war. In dieser Situation wurde ich auf Nikolaus Lehnhoff aufmerksam, der gerade, verteilt über einen längeren Zeitraum, mit dem Bühnenbildner John Conklin für Terry McEwen in San Francisco den »Ring« inszenierte. Die ersten Nachrichten aus San Francisco sprachen von einem gigantischen Erfolg.

Ich kannte Lehnhoff von Bayreuth her, wo er Wieland Wagners

Assistent gewesen war, und wußte, daß er die Materie beherrschte. Ich wußte auch, daß Lehnhoff mit Karl Böhm in Paris eine sensationelle »Frau ohne Schatten« gemacht hatte; schon Böhm hatte mir Lehnhoff ans Herz gelegt. Auch die Sänger dieser »Frau ohne Schatten« hatten sich begeistert über die Arbeit mit Lehnhoff geäußert.

Ich traf mich mit Lehnhoff. Doch er erklärte, er stehe nicht zur Verfügung; er habe Verpflichtungen, die schwer rückgängig zu machen wären... Bereits bei diesem ersten Gespräch hatte ich das Gefühl, daß sich Lehnhoff wie kaum ein zweiter Regisseur mit dem »Ring« auseinandergesetzt hatte. Ich glaubte, den richtigen Regisseur für München gefunden zu haben, bestand auf einem zweiten Gespräch, malte ihm die Münchner Perspektive in den schönsten Farben und brachte ihn dazu, seine anderweitigen Verpflichtungen abzusagen. Eine Bedingung war, in München die amerikanische Konzeption, auch vom Bühnenbild her, zu verwenden.

»Darüber können wir reden«, erklärte ich, »aber ich muß die Bühnenbilder zuerst einmal selbst gesehen haben.«

Lehnhoff zeigte mir Fotos von den ersten Aufführungen. Sie waren wunderschön, ganz so, wie man sich als Amerikaner vielleicht Wotan-Castle vorstellt. Es ist wohl so, daß amerikanische Kunst- und Opernfreunde zum »Ring« eine etwas andere Beziehung haben als wir.

Anläßlich einer Verpflichtung in San Francisco mit dem San Francisco Symphony Orchestra schaute ich mir dann den Lehnhoff-»Ring« an. Ich ließ den Technischen Direktor und die in Aussicht genommene Kostümbildnerin Frieda Parmeggiani nach San Francisco kommen – und wir gelangten zu der Überzeugung, daß diese etwas süßliche Ausstattung für München als Konzept nicht akzeptabel war.

In der Münchner Presse stand bereits zu lesen, München würde sich einen Second-hand-»Ring« einkaufen, obwohl nie daran gedacht war, die Bühnenbilder direkt zu übernehmen; es war immer nur eine Weiterentwicklung avisiert.

Ich erklärte John Conklin ganz offen, welche Probleme ich mit seiner »Ring«-Bühne hätte. Mein Entschluß, den »Ring« in München nicht mit ihm zu machen, bedeutet nicht, daß ich ihn nicht als

Bühnenbildner schätze. Ich engagierte ihn später für »Die Sache Makropoulos«.

Jetzt hatte ich den Regisseur. Ich hatte die Kostümbildnerin. Aber ich hatte keinen Bühnenbildner, ein nicht ganz unwichtiger Faktor. Da schlug Nikolaus Lehnhoff Erich Wonder vor, der in München bereits »Fidelio« gemacht hatte: einen Künstler, der eher introvertiert arbeitet, der voller Ideen steckt und zunächst ohne Rücksicht auf Realisierbarkeit aus dem vollen schöpft. Im Gegensatz zu Lehnhoff und mir war dies Wonders erste »Ring«-Arbeit. Wir versuchten, ihn so schnell und so intensiv wie möglich auf unseren Informationsstand zu bringen.

Lehnhoff, der bereits einige Skizzen gesehen hatte, bereitete mich in Wien auf die Wonder-Entwürfe vor: »Ich glaube, Wonder ist es gelungen, eine Dimension auf die Bühne zu bringen, die es bislang nicht gab...«

Wonder hatte auf ein Einheitsbühnenbild verzichtet! Er war auf die Idee gekommen, den ganzen Zyklus in voneinander unabhängigen Bühnenbildern aufzurollen! Er entwarf die Konzeption des »Es war einmal...« als einen roten Faden, den Loge spinnt. Alles sollte sich aus dem Gefühl der Erzählung, des Märchens und der Fabel heraus durch die Zeiten bewegen: von den Uranfängen bis hin zur aktuellsten Moderne. Die Zeit selbst sollte also Bühnenereignis werden. Es sollte versucht werden, an diesen vier Abenden die Zeit optisch sichtbar zu machen: räumlich und szenisch.

Wonder ist ein ungemein scharfsinniger »Optiker«, der sehr viel mit Zwischentönen arbeitet, mit Zwischenvorhängen, mit bemalten Schleiern, die sich gegeneinander verschieben. Er geht vom Malerischen aus, versteht aber auch zu bauen.

Als ich mit Lehnhoff in Wien zum erstenmal in die Wonder-Welt einstieg, wurde mir klar, daß ich gewaltig umdenken mußte. Es war aufregend zu beobachten, wie sich die ersten Wiener Entwürfe im Laufe der Arbeit änderten, weiterentwickelten und ausformten, bis von den ersten spontanen Skizzen so gut wie nichts mehr übrigblieb. Bis zur endgültigen Realisierung durchschritten wir so viele Stadien der Entwicklung, daß sich ein Buch damit füllen ließe. Es war eine Entwicklung weg von nur szenischen Gags. Es war mitunter nicht ganz leicht, Wonder von seinen ursprünglichen Ideen abzubringen und ihn davon zu überzeugen, daß diese oder jene Szene aus dem Kontext des Stücks heraus oder von den Möglichkeiten der Bühne her so nicht realisierbar war. Und gleichzeitig mußte ich ihn bitten, in kürzester Zeit neue Vorstellungen zu entwickeln, auf meine Anregungen einzugehen...

Wonder meinte zunächst, daß alle bühnentechnischen Möglichkeiten des Hauses auf Knopfdruck funktionierten, eine Perspektive, die sich als trügerisch erwies. Wir begriffen zudem, daß die Realisierung dieser vier gigantischen Werke mit ihren sechzehn Bühnenbildern im Rest der zur Verfügung stehenden Zeit in den eigenen Werkstätten nicht möglich war. Ein sehr kritischer Punkt des ganzen Unternehmens. Andere Premieren – wie »Macht des Schicksals« und »Troades« – mußten in den Werkstätten parallel zum »Ring« gebaut werden. Der »Ring« allein hätte die Werkstätten mindestens einenhalb Jahre beansprucht. Als unsere Maler den ersten Pinselstrich für den »Ring« tun konnten, war es bereits Juni/Juli 1986. Neun Monate später sollte der »Ring« stehen.

Angesichts dieser Situation überfiel mich gelegentlich das, was man »heiligen Zorn« nennt. Hatte ich nicht 1982 bereits die ersten Dispositionen für den »Ring« getroffen? Hatten wir nicht den ganzen »Ring«-Countdown exakt vorausgeplant? Und dann die Probleme um die »Ring«-Regie, um die Bühnen-Maschinerie, um die Überlastung der Werkstätten, um die Notwendigkeit, bestimmte Arbeiten nach auswärts vergeben zu müssen.

Doch was auch immer geschah, wie hoch sich die Schwierigkeiten auch auftürmten: Ich war entschlossen, den »Ring« im März 1987 innerhalb von zwei Wochen ablaufen zu lassen; nichts auf der Welt hätte mich davon abbringen können.

Als sich abzeichnete, daß der »Ring« teurer würde als geplant, als Probleme mit dem Ministerium ins Haus standen, machte es mir auch nichts mehr aus, die Sponsorensuche zu beginnen – für unseren »Ring« buchstäblich betteln zu gehen. Dies war die einzige Möglichkeit, Geld aufzutreiben, um die in ihrer Kapazität voll ausgeschöpften Werkstätten durch Aufträge nach außen entlasten zu können. Was unsere Werkstätten in dieser Zeit leisteten, grenzte ohnehin an ein Wunder.

Die Aufregung um unseren »Ring« war groß. Der negative

Aspekt dominierte. Die Arbeit, die Belastung, die Veränderung der Lebensgewohnheiten, die auf das Haus zukamen, mußten wie eine Provokation wirken! Und diese Bühnenbilder! Wie sie aussehen! Entsetzlich! Wir haben immer schon gesagt, daß nur ein Stück pro Saison machbar ist! Wahnsinn!

Begeistert zeigten sich nur die Sänger, die durch diesen »Ring« mit ganz neuen Aspekten ihrer Partien konfrontiert wurden. Der natürliche Widerstand gegen alles Neue legte sich zuerst bei ihnen. Vielleicht, weil sie sich nicht nur mit Teilaspekten auseinanderzusetzen hatten, sondern noch am ehesten unsere Gesamtkonzeption nachvollziehen konnten.

Mit zur Aufregung trug bei, daß die finanziellen Engpässe öffentliches Diskussionsthema wurden, obwohl damals schon feststand, daß in der Spielzeit 1988/89 das Haus vorübergehend geschlossen sein würde und die größeren Kosten später aufzufangen sein würden. Bei wohlwollender Haushaltsführung hätte ein Ausgleich mühelos stattfinden können, zudem der »Ring« von der Ausstattung her nicht – wie behauptet wurde – über sieben Millionen, sondern nur knapp über zwei Millionen Mark kostete. Hier wurde die Öffentlichkeit falsch informiert. Es ist unfair, den Stundenlohn für die reguläre Arbeitszeit der Werkstättenarbeiter auf den »Ring« anzurechnen, weil dieser Stundenlohn ohnehin anfällt, ob sie nun an »Daphne«, an »Troades« oder am »Ring« arbeiten oder Däumchen drehen... Der Gesamtetat wurde nicht überzogen, ganz zu schweigen von der Tatsache, daß die Einspielergebnisse der ersten vier »Ring«-Zyklen alle Erwartungen übertrafen: Mehr als vier Millionen waren in die Kasse gekommen, nach Abzug des täglichen Einnahmesolls immerhin also ein Plus von mehr als zwei Millionen Mark! Damit war der zusätzliche Dekorations-Aufwand bereits eingespielt.

Angesichts der Hindernisse und Konflikte gab es nur ein Glück: an Wagners Musik denken zu können. In all den Stunden, Tagen und Monaten, in denen ich um »meinen« Münchner »Ring« kämpfte, verlor ich nie die innere musikalische Sicherheit und Ruhe. Mit dem Werk selbst würde ich keine Probleme haben. Ich wußte, was ich vom neuen Münchner »Ring« zu fordern hatte; ich konnte dezidiert argumentieren, wenn ich ein Bühnenbild für falsch hielt; ich konnte mit Lehnhoff die offenen Fragen und ihre von uns ins Auge gefaßten Lösungsmöglichkeiten in einem konzentrierten Fachgespräch diskutieren. Es ist von unschätzbarem Wert, wenn die zwei wichtigsten Partner eines solchen Unterfangens das Werk wie im Schlaf beherrschen, all seine Tücken und Genialitäten kennen und genau wissen, was sie wollen.

Und es stimmte mich glücklich zu wissen, daß ein Orchester zur Verfügung stand, das auf große »Ring«-Erfahrung zurückblickte. Das Bayerische Staatsorchester hat wohl wie kaum ein anderes Orchester eine ganz besondere Beziehung zum Werk des großen Meisters. Ich weiß nicht, wie es zu erklären ist, aber seit den Uraufführungen scheint sich von Generation zu Generation eine Wagner-Überlieferung erhalten zu haben. Daß immer große Wagner-Dirigenten an seiner Spitze standen, zuletzt als mein unmittelbarer Vorgänger Joseph Keilberth, vielleicht auch der Umstand, daß ich selbst schon seit 1971 mit ihm zusammenarbeitete und wir 1982/83 alle dreizehn Wagner-Opern aufgeführt hatten – all dies zusammengenommen hat wohl dazu beigetragen, daß die besten Voraussetzungen seitens des Orchesters gegeben waren. Ein schöneres Kompliment kann ich dem Orchester nicht machen, als die Bemerkung eines Berliner Kritikers weiterzugeben, der mir anläßlich einer Begegnung in Berlin in aller Offenheit gestand, er bewundere das Münchner Opernorchester als das beste Wagner-Orchester der Welt. Mit einigem Stolz möchte ich mich dieser Meinung anschließen.

Dazu kam, daß ich mich nicht um die musikalische Vorbereitung der Sänger kümmern mußte. Mein Studienleiter, Richard Trimborn, wußte aufgrund eigener Erfahrung und vorangegangener Zusammenarbeit, was ich wollte. Ich konnte mich voll auf ihn verlassen, mußte erst relativ spät in die Ensembleproben einsteigen und stellte fest, wie perfekt und wie genau in meinem Sinn alles vorbereitet war. Da es deshalb nie zu unnötiger Hektik kam, konnte ich mich voll auf das »Spektakel« konzentrieren. Ich habe die Fähigkeit, mich zwischen neun und 13 Uhr an meinem Schreibtisch ganz konzentriert mit administrativen Dingen zu beschäftigen und mich dabei gelegentlich auch emotional aufzuladen, aber nach den Bürostunden einfach abzuschalten und abends völlig unbelastet von den Tagesproblemen ans Pult zu gehen. In den harten Monaten der

»Ring«-Vorbereitung abends einen »Figaro« oder eine »Zauberflöte« dirigieren zu können, das kam einer Erholung gleich. Nicht eine Sekunde dieser dreieinhalb Stunden am Pult hätte ich an Gedanken über unerledigte Probleme verschwendet.

Und dann die »Ring«-Premiere! Ich ging mit einem guten Gefühl in die vier Abende. Alle Termine waren eingehalten worden. Ich hatte ein kaum zu überbietendes Ensemble, vom ersten Rheintöchter-Einsatz bis zum letzten Verklingen der Brünnhilde in der »Götterdämmerung«. Ich wußte, daß die Inszenierung der Streitpunkt sein würde, daß die Reaktion vom lautstarken Bravo bis zum wütenden Buh reichen würde...

In einem Punkt hatte ich mich bei Nikolaus Lehnhoff und Erich Wonder vielleicht nicht entschieden genug durchgesetzt: Es war falsch, die Öffentlichkeit über die »Ring«-Neuinszenierung durch die Medien nicht besser vorzubereiten. Es hätte die Möglichkeit gegeben, einige Monate vor der Premiere eine Dokumentation zu erstellen, um die Interpretationswege in Fernseh-, Rundfunk- und Pressegesprächen zu verdeutlichen; es wäre möglich gewesen, nach den Hauptproben von »Rheingold« und »Walküre« und der notwendigen Pause für die »Daphne«-Premiere vor den Augen der Öffentlichkeit Halbzeit-Bilanz zu ziehen. Lehnhoff und Wonder hatten dies abgelehnt. Sie wollten ihre Konzeption nicht zu Markte tragen, ihre Interpretationsgeheimnisse nicht zu früh verraten.

Ich hielt das für falsch und habe versucht, dies aufzufangen – in Vorträgen bei der »Katholischen Akademie«, beim Interessen-Verband des Staatsopern-Publikums, in den Kultursendungen von Funk und Fernsehen. Doch konnte ich natürlich nicht als Regisseur, sondern lediglich als Kapellmeister und Operndirektor sprechen. Hätten sich Lehnhoff und Wonder der Öffentlichkeit mehr geöffnet, hätte wahrscheinlich dem, was sich da aus Gerüchteküche und Geheimniskrämerei zusammenbraute, die Spitze genommen werden können.

Keiner der Beteiligten hat sich über Monate und Jahre mehr Gedanken über den »Ring« gemacht als Lehnhoff, Wonder und ich. Beinahe pausenlos hatten wir uns über die winzigsten Details, ihre Wirkung, ihren Ausdruck und ihre mögliche Akzeptanz beim Publikum unterhalten. Man muß hören, sehen und bereit sein, aufzunehmen, was Regisseur, Bühnenbildner und Kapellmeister mit ihrer Inszenierung sagen wollen. Man muß bedenken, daß sich die prägenden Eindrücke vorangegangener »Ring«-Inszenierungen nur schwer abbauen lassen: Man muß sich eingestehen, daß man selbst nicht mehr fühlt, denkt und lebt wie vor zwanzig oder fünfzig Jahren, und man muß sich daher einer auf den heutigen Bewußtseinsstand gebrachten »Ring«-Vision öffnen. Man muß bereit sein, Vergangenes zu überdenken und Neues vorurteilslos auf sich wirken zu lassen.

Nur wenige sind dazu wirklich bereit. Und nur wenige können damit leben, daß endgültige Lösungen nie möglich sein werden. Der Schluß der »Götterdämmerung« ist dafür ein Beispiel. Wir haben lange über ihn nachgedacht, lange miteinander gerungen. Ich bin nicht glücklich über die Lösung, für die wir uns schließlich entschieden, doch ich bin ehrlich genug zuzugeben: Ich habe keine bessere parat...

Der »Ring« ist die einzige Oper der Welt, in der fünfzehn Minuten lang konsequent der Mord an einem Menschen nach allen Gesichtspunkten hin geplant wird: Wie bringen wir ihn um? Wann bringen wir ihn um? Was sagen wir seiner Frau? Ganz planmäßig wird hier eine Art Fememord vollzogen, dem sich das von drei Seiten zum Tode verurteilte Opfer nicht mehr entziehen kann... Siegfrieds Tod ist keine Privatangelegenheit Hagens, er ist ein breit angelegtes Komplott, in das auch Brünnhilde und die ganze Gibichungen-Welt mit einbezogen ist. Denkt man diese Tat konsequent zu Ende, dann ist dies der Weg, der uns alle ins Unglück führen kann... Wie angesichts dieser auf uns übertragbaren Bedrohung den Schluß der »Götterdämmerung« gestalten? Wie das Bild finden, das mich und tausend andere Menschen bewegt? Bühnenzauber inszenieren, der die technischen Fähigkeiten eines Hauses demonstriert, die »Ring«-Thematik aber nicht schlüssig zu Ende führt? Das Publikum mit einem stupenden Spektakel entlassen, das ablenkt von den Ereignissen der vier Abende, das die eigentliche Auseinandersetzung mit einem Knalleffekt beendet? Oder aber sich offen zu unserer Lösung bekennen, die an keine Lösung glaubt, das Publikum irritieren, es in die Geschichte, in den Sumpf hineinziehen, involvieren?

Der »Ring«, wie wir ihn 1987 zeigten und in den folgenden sechs Durchläufen kontinuierlich weiterentwickelt haben, war in meinen Augen ein bedeutender Beitrag in der »Ring«-Rezeption der vergangenen Jahrzehnte. Ich bin sicher, dieser »Ring« wird nicht eines Tages unter »ferner liefen« gehandelt werden. Man wird sich – wie das von der Premiere an geschehen ist – auch in den nächsten Jahren immer wieder mit ihm auseinandersetzen müssen. Es gab zahlreiche Besucher, die zunächst ratlos und irritiert reagierten, nach nochmaligem oder mehrmaligem Sehen ihr erstes Urteil als Vorurteil revidieren mußten und nun die szenische Interpretation als gelungen empfanden.

Möglich, daß sich die Zehn-Jahres-Abstände neuer »Ring«-Konzeptionen in einer schnellebigeren Zeit in Zukunft verkürzen werden. Wir haben, glaube ich, in München erneut dokumentiert, daß das Genie Richard Wagner ein Werk auf die Bühne gestellt hat, das auch uns noch Staunen, Bewunderung und Diskussion abnötigt, ein Werk, das sich jeder Generation neu erschließen muß.

Meine eigenen Erfahrungen mit dem Münchner »Ring«? Auch ich habe neue Dimensionen dieses Stücks entdeckt, ich habe manches neu gesehen, neu gehört und neu bedacht. Ich bin aus dem Kampf um den »Ring« mit dem Bewußtsein herausgegangen, daß mit ihm aller Voraussicht nach mein Leben mit dem »Ring« abgeschlossen ist. Mein Ringen um den »Ring« ist beendet. Heute drängt es mich eher, meinen Beethoven-Zyklus der siebziger Jahre als Herausforderung noch einmal zu machen. Das schließt nicht aus, daß ich nicht von heute aus gesehen in zehn Jahren vielleicht auch zum »Ring« wieder eine andere Einstellung haben werde: zu Tempo, Dynamik und Interpretation – ein Vorgang, den man selbst nicht beeinflussen kann.

14. KAPITEL

Mysterium Mozart

»Figaro« und »Don Giovanni«
Die Inszenierung als Experiment

Mit »Zauberflöte« und »Entführung«, mit »Figaro«, »Don Giovanni« und »Cosi fan tutte«, mit »Finta Giardiniera«, »Titus« und demnächst »Lucio Silla« haben wir in München praktisch den ganzen sogenannten Bühnen-Mozart im Repertoire.

Ich hatte das Glück, Günther Rennerts »Figaro«, den er mit Keilberth gemacht hatte, übernehmen zu können. Zwar ist von der ursprünglichen Besetzung heute nur noch ein Sänger im Ensemble, aber die zahlreichen Grafen, Figaros, Susannen und Cherubinos hatten keine Probleme, in diese beispielhafte Inszenierung einzusteigen: auf den Punkt genau mit allen Gängen, Bewegungen, Blicken. Diese Inszenierung ist so frisch, so schlüssig, so einzigartig gelungen, so ohne jedes falsche Moment, daß sie sich auch nach über zweihundertdreißig Aufführungen immer noch aufs Publikum überträgt.

1972 konnte ich mit Rennert »Don Giovanni« neu einstudieren. Auch diese Inszenierung haben wir in München nach längerer Pause wiederaufgenommen und dabei festgestellt, daß sie heute noch überzeugt. Auf diese beiden Inszenierungen trifft das Sprichwort zu: »Es folgt nichts Besseres nach!«

Die erste Mozart-Oper, die ich – in Augsburg – dirigierte, war die Übernahme eines »Figaro«. Zu einer Neuinszenierung hatte ich bisher nie Gelegenheit. Dagegen habe ich »Die Entführung aus dem

Serail« und »Die Zauberflöte« in diversen Neueinstudierungen herausgebracht...

Das Unheimliche an der Interpretation Mozarts: daß man einen »Figaro« tausendmal dirigiert haben kann und beim tausendunderstenmal immer noch die gleiche Freude, die gleiche Spannung, die gleiche Intensität empfindet. Man wird neue Dinge entdecken, sich an den Kopf greifen und sich fragen: Warum hast du das nicht schon vorher gesehen, gehört, gespürt!? Einmalig, wie da eine Stimme in eine andere übergeht, wie sich hier ein thematischer Zusammenhang ergibt, wie sich dort ein Übergang manifestiert, den ich tausendmal ignoriert habe.

In der ganzen Opernliteratur gibt es vom musik-dramaturgischen Aufbau her kein Finale, das besser angelegt ist als das Finale des zweiten Aktes »Figaro«: Wie ein Grundtempo immer wieder modifiziert wird, wie sich ein 3/8-Takt, ein 2/4-Takt und ein 4/8-Takt ablösen, wie ein gleichbleibender Pulsschlag variiert und zum grandiosen Wirbel der letzten Takte gesteigert wird... Ein unbegreifbares Stück, ein Wunder!

Die Frage der Musikwissenschaftler, ob nun »Le nozze di Figaro« oder »Don Giovanni« das Stück aller Stücke sei, stellt sich mir nicht: Wenn ich den »Figaro« dirigiere, sage ich, dies ist die Krone aller Schöpfungen in dieser Form und in dieser Zeit, und wenn ich dann beim »Don Giovanni« am Pult stehe, empfinde ich ihn als bedeutender.

Ich pflichte Knappertsbusch bei, der einmal zu mir sagte: »Für mich gehört ›Die Zauberflöte‹ zu den größten Werken, aber auch zu den undankbarsten: Jedesmal, wenn man unten anfängt, endlich Musik zu machen, quatschen die da oben wieder, und man ist gezwungen, wieder neu anzusetzen!«

Knappertsbusch hatte nicht ganz unrecht. Ein Juwel reiht sich ans andere. Kein Takt, der nur als Überleitungstakt dasteht, was in einer durchkomponierten Oper wie »Cosi fan tutte« zwangsläufig der Fall sein muß; ob die Bildnis-Arie, die beiden Königin-der-Nacht-Arien oder die Pamina-Arie, musikalisch nebeneinander stehende geniale Einzelstücke... Aber den Zusammenhang zu bekommen! Irgendwo ist es dem Willen und dem ordnenden Verstand des Kapellmeisters entzogen, über das Ganze den großen Bogen zu spannen, was bei einem »Figaro« möglich und bei einer Wagner-Oper unabdingbar ist, wo man bereits am Anfang das Ende vor Augen haben muß.

Bei der »Zauberflöte« kann man angesichts der Dialogszenen eigentlich nur von unten hilflos mit ansehen, wie oben etwas zerrissen und zerpflückt wird. Oft möchte man am liebsten nach oben rufen: Spüren Sie denn nicht, daß es nach dieser Tonart *so* weitergehen müßte und daß Sie nur *so* zur nächsten Tonart hinführen können! Aber man bleibt stumm, wartet auf das nächste Stichwort, aus dem heraus sich die nächste Arie entwickelt, und hat Mühe, den Gesamtzusammenhang herzustellen – wenn nicht eine Besetzung auf der Bühne steht, mit der man sich zuvor auch den Dialog hat erarbeiten können.

Wenn ich heute die Wahl hätte, zusammen mit einem großen Regisseur Mozart neu zu inszenieren, würde ich mir nicht eine Oper allein wählen, ich würde mit einer Spielzeit Abstand den »Figaro« zusammen mit dem »Don Giovanni« machen – oder auf beides verzichten.

»Le nozze di Figaro« ist heute inszenierbar! Alle Gewaltmaßnahmen, die Regisseure oft gegen das Stück ergreifen, um es noch deutlicher zu machen, als es ohnehin ist, alle Veränderungen von Ort und Zeit können diesem Stück letztlich nichts anhaben.

Aber »Don Giovanni«? Ich erinnere mich, daß Rennert einmal gesagt hat: »›Don Giovanni‹ kann man eigentlich nicht inszenieren. Es ist ein Stück, das einerseits jenseits aller Regie-Gags und -Erfahrungen auch des ausgefuchstesten Regisseurs angesiedelt ist und andererseits extrem abhängig vom Geschmack und von den Vorstellungen des Publikums ist. Wie stellt sich ein Mann, wie stellt sich eine Frau im Zuschauerraum *den* Don Giovanni vor? Ist Don Giovanni ein Erotomane, dem jede Frau erliegt, weil sie der magischen Macht des Eros zum Opfer fällt, oder steht hinter diesem Mann eine zerstörerische Macht, die in einem letzten Gericht vernichtet werden muß?«

Jeder bringt in dieser Hinsicht eigene Vorstellungen mit in die Oper ein. Wie bei keiner der Gestalten in »Le nozze di Figaro«

hängt in »Don Giovanni« viel von der Persönlichkeit des Don-Giovanni-Darstellers ab. Und Leporello? Ist er nicht letztlich der noch abgefeimtere Zeitgenosse? Don Giovanni lebt sein Leben als Mann der Tat, Leporello in seinem zynischen Dienen macht die Schurkereien seines Herrn auch noch in vertauschter Gestalt mit. Der Spielraum, eine Figur zu interpretieren, ist hier also wesentlich weiter gesteckt, als es bei »Figaro« je der Fall sein könnte.

Als Oscar Fritz Schuh, Caspar Neher und ich den »Don Giovanni« in Köln herausbrachten, ließen wir die Oper mit Giovannis Untergang enden und strichen den Rest, der aus dem »dramma« gewissermaßen ein »dramma giocoso« macht. Auch wenn sehr gescheite Leute behaupten, der Schluß müsse sein, und andere, nicht minder gescheite Leute erklären, das Stück sollte eigentlich mit der Vernichtung des Don Giovanni sein Ende finden, werde ich beiden applaudieren und bekennen: Ich weiß nicht, was »richtiger« ist!

Natürlich habe ich mich mit Schuh und Rennert über diese Fragen gründlich auseinandergesetzt, aber wir sind in Köln und später in München eben aufgrund unterschiedlicher Überlegungen und der Gesamtkonzeption zu anderen »Schlüssen« gekommen – auch das gehört zum Aspekt der Nicht-Inszenierbarkeit von »Don Giovanni«. Nimmt man den Untertitel vom »dissoluto punito«, vom »bestraften Bösewicht«, ernst, dann müßte das Stück mit der Höllenfahrt enden, sonst läßt sich der Untertitel nicht mehr ganz rechtfertigen – denn nach allem, was geschehen ist, der Ermordung des Komtur, der Hoffahrt, einen Toten zum Mahl zu bitten, der Hybris, alle Aufforderungen zu Reue und Besinnung zurückzuweisen, wäre die Bestrafung überfällig. Und dann doch wieder: Ist es Hybris, wenn Don Giovanni alle Vorhaltungen, in sich zu gehen, mit einem »No« zurückweist, oder artikuliert sich hier nicht ganz konsequent der Charakter eines Mannes, der weiß, daß es mit ihm ohnehin zu Ende geht? Zurücknehmen, was er getan hat? Bereuen? Nicht um alles in der Welt! Lieber den Weg konsequent zu Ende gehen und die Strafe auf sich nehmen! Entschärft dies das »dramma«, macht dies die Gestalt größer, als sie eigentlich empfunden werden sollte?

Und was ist an der Figur der Elvira herumgerätselt worden! Es gibt ernsthafte Verfechter der Überlegung, daß Elvira von Don

Giovanni ein Kind erwartet. Sie sagt ja auch: »Du nanntest mich deine Frau.« Ihre Hysterie sei auf ihre Schwangerschaft zurückzuführen; sie versuche, Don Giovanni mit allen Mitteln als Ehemann und Vater ihres Kindes zu halten...

Eines allerdings steht fest: Endet »Don Giovanni« mit der Höllenfahrt, lösen sich die diversen Charaktere nicht auf. Dann bleibt unklar, was mit Donna Anna und Don Ottavio geschieht; wie es mit der erotisch aufgeputschten, übersensiblen, launischen Elvira, wie mit dem Bauernmädchen Zerlina weitergeht, das einem Flirt nicht abgeneigt war. Und wie zieht sich Leporello aus der Affäre, der seinem Herrn eigentlich in den Höllenschlund nachspringen müßte, denn sein Sündenregister ist keineswegs kleiner?

Gibt man jedoch den Schluß, werden die Charaktere auch nicht viel stimmiger. Dann ist die hysterische Elvira plötzlich ein liebes, braves Weibchen, das besserwisserisch verkündet, was denen geschieht, die Böses tun. War also die Leidenschaft für den Vater ihres Kindes nur gespielt, was ihr ganzes Charakterbild auf den Kopf stellen würde? Und Leporello, der in die nächste Kneipe geht, um sich einen neuen Herrn zu suchen, der aber doch irgendwann einmal angetreten war, nicht mehr Diener, sondern Herr sein zu wollen? Und Donna Anna und Don Ottavio, die sich letztlich nichts zu sagen haben: Sie hat sich ein Jahr Überlegung ausbedungen, angeblich um den Verlust ihres Vaters zu verwinden, vielleicht aber auch, weil Don Giovannis Zauber noch so stark ist, daß sie Zeit braucht, diese Enttäuschung zu verschmerzen. Und falls sie eines Tages Don Ottavio heiraten sollte, wird sie in seinen Armen nicht immer an den großen Verführer denken müssen? Vorausgesetzt, dies wäre so – warum, wenn sie Don Giovanni liebt, wehrt sie sich dann am Anfang der Oper so heftig gegen ihn? Drang ein ihr völlig Unbekannter in ihr Haus ein und fiel über sie her?

Erinnerungen an den Kölner »Don Giovanni«: Fritz Wunderlich als Don Ottavio, Edith Mathis, die zehn Tage vor der Premiere vorsang und als Zerlina engagiert wurde, Franz Crass, eine der großartigsten Baßbariton-Stimmen als Komtur, Benno Kusche als Leporello, Elisabeth Grümmer als Donna Anna, Hermann Prey, ein junger, brillanter Don Giovanni – welch eine Besetzung!

Man kann das Stück so sehen, daß Don Giovanni ausschwärmt

um die Frauenwelt zu verunsichern; man kann es aber auch umgekehrt verstehen, und das geschah in Köln nicht zuletzt dank Caspar Nehers Bühnenbild. Neher schuf einen zentralen Punkt, aus dem sich Don Giovanni nicht heraus bewegte: Seine Persönlichkeit, seine Ausstrahlung, sein Fluidum – so die Idee – sind so groß, daß alle anderen Gestalten wie magisch angezogen auf ihn zukommen...

Von diesem rot markierten Mittelpunkt aus führten bei Neher drei rote Wege in den Hintergrund der Bühne, in eine Wand, die verstellbar und veränderbar war. Auf diesen Wegen kamen Donna Elvira und Donna Anna, ob sie wollten oder nicht, unweigerlich auf Don Giovanni zu, vom Magneten Don Giovanni angezogen – eine Idee, die Don Giovanni fast den ganzen Abend über an einem Punkt festhielt und von grandioser Konzentration und Überzeugungskraft war. An diesem Schauplatz seiner Abenteuer und seiner Vernichtung war dann in der Konsequenz keine weitere Entwicklung, also auch kein Schluß-Ensemble mehr möglich!

Wege der Interpretation
Fragen an Bach und Mozart

Die inhaltliche Komplexität eines »Don Giovanni« zeigt, welchen Problemen sich ein Mozart-Interpret gegenübersieht. Während bei Wagner und Strauss eine nachvollziehbare Konzeption vorhanden ist, würde ich dies bei Mozart anders sehen. Ich interpretiere Mozart, so gut ich es vermag: als Musiker, als Techniker, in der Übertragung der Gedanken über den Arm auf das Orchester. Ob dies aber in allen Fällen »richtig« ist, würde ich bei Mozart nie behaupten wollen. Bei Wagner und Strauss hingegen könnte ich belegen, warum meine in diese oder jene Richtung gehende Vorstellung »richtig« sein müßte.

Es gibt zwei, vielleicht drei Komponisten, denen ich, wo immer sie sein mögen, in einem ferneren Leben einmal begegnen möchte: Bach, Mozart und vielleicht Schubert. Sie würde ich – vorausgesetzt, sie haben die Interpretationsgeschichte ihrer Werke vom Jenseits aus verfolgt – gern einmal fragen: »Was, bitte, ist richtig? Was habt ihr euch selbst vorgestellt?« Ich vermute, wir bekämen Antworten, die uns zutiefst schockieren und viel von dem, was geschrieben wurde und als Überlieferung aus vergangenen Jahrhunderten auf uns kam, ad absurdum führen würden.

Ich bin sicher, daß die Mozart-Interpretation einen Weg eingeschlagen hat, der mit dem, was Mozart selbst hörte und hören wollte, nicht mehr viel zu tun hat. Ich glaube, daß Bach der erste wäre, der dem über-ästhetisierenden Mechanismus, mit dem heute seine Werke zelebriert werden, mit aller Entschiedenheit widerspräche, denn wenn ein Mann mit allen Freuden und Leiden des Lebens durch seine Zeit gegangen ist, dann war es Johann Sebastian Bach. Daß ausgerechnet dieser Musiker kein Crescendo, kein Aufblühen, kein Absinken und kein Accelerando gekannt haben soll, sondern nur mit mechanischer Perfektion ohne innere Emotion abgespult werden wollte, das kann ich einfach nicht glauben. Für mich ist die »Matthäus-Passion« eines der dramatischsten »Opern«-Werke überhaupt. Wer es mit Mezzoforte-Ästhetik vom Anfang bis zum Ende durchnudelt, beleidigt Bach und seine Musik.

Mit welcher Emphase im Fortissimo und im Pianissimo Wilhelm Furtwängler in seiner Interpretation der »Matthäus-Passion« den Leidensweg Jesu geschildert hat, wird mir für immer in Erinnerung bleiben. Und wie hat man damals geschrieben und geschrien, man könne doch den armen Bach nicht mit romantischen Gefühlen vergewaltigen! Als ob ein Bach keine Emotionen gekannt hätte! Oder ein Händel! Und überhaupt Barockmusik, die heute meist nur kraftlos steril und langweilig klingt.

Nur weil Bach ganz selten dynamische Bezeichnungen hinschrieb und Tempobezeichnungen kaum kannte, muß er noch kein Langweiler gewesen sein! Auch dieses ständige Rückführen, das Argument, man könne Bach eigentlich nur mit den alten Instrumenten, nur »authentisch« hören – Bach hätte als erster alle neuen, alle nur irgendwie zur Verfügung stehenden Instrumente genutzt! Mit welcher Energie und Begeisterung hat sich beispielsweise ein Beethoven auf das Hammerklavier gestürzt: Endlich oben und unten eine Oktave anfügen zu können! Wie expandierten seine Werke von diesem Zeitpunkt an! Und Bach, der eine Melodie drei-, viermal einsetzte: Hatte er gerade einen Englischhornspieler parat, legte er sie ins Englischhorn; das nächste Mal ließ er sie von der Oboe da caccia spielen oder legte sie in die Violine – schwer, ihn sich als ein mit musikalischen Scheuklappen behafteten Komponisten vorzustellen!

In der Frage der »richtigen« Bachschen Tempi konnte ich eine zumindest mir verständliche Antwort geben: Ich hatte in Wien bei einer Autographen-Ausstellung in den Räumen der Gesellschaft der Musikfreunde das Glück, die Handschrift der »Matthäus-Passion« einsehen zu können. Heute gibt es natürlich die Faksimile-Ausgaben, aber zu damaliger Zeit war es ein ganz besonderer Moment, dieses unschätzbare Dokument selbst in Händen zu halten: Da wurde mir klar, daß Bach es gar nicht nötig hatte, Tempoangaben zu machen! Seine Handschrift sagte alles aus. Wie genau und von majestätischer Würde waren die Noten geschrieben bei einem langsamen Tempo, mit ganz geraden Sechzehntel- und Zweiunddreißigstel-Verbindungsbalken, wie schwungvoll, um nicht zu sagen flüchtig, dagegen waren die gleichen Zeichen bei einem raschen Tempo (bei der »Blitz- und Donnerstelle« etwa) – ich hörte förmlich die »Geschwindigkeit« beim Lesen der Handschrift. Bei einem nivellierenden Druck kommen diese Eigenheiten nicht zur Geltung, und im Klavierauszug der »Neuzeit« kann niemand mehr das Tempo »herauslesen«. Ich hatte eine große Erfahrung gemacht.

Wie hat Bach sich die Interpretation gedacht? Welche der heutigen Möglichkeiten würde er wahrnehmen und welche nicht? Natürlich steht fest, daß ein Großteil seiner Musik aus einer ganz anderen Religiosität heraus entstanden ist, einer Religiosität, der wir heute vielleicht mit Unverständnis begegnen. Ich selbst nehme mich da nicht aus, denn Bachs h-Moll-Messe habe ich als einziges großes Chorwerk bis auf den heutigen Tag nicht zu dirigieren gewagt. Ähnlich wie die »Missa solemnis« ist die h-Moll-Messe von der kompositorischen Konzeption her für mich gigantisch. Sie nur zu dirigieren, weil ich sie technisch beherrsche, lehne ich ab.

Geht man davon aus, daß Teile der religiösen Höhepunkte in Bachs Schaffen auch aus weltlichen, auch aus heiteren Werken stammen, darf man sich schon einmal die Frage stellen, ob er wirklich alles so esoterisch ernst genommen hat. Er war ein so genialer Musiker, ein so perfekter Kontrapunktiker, ein so profunder Kenner seiner Materie, daß ihn das, was wir heute beim Studium und der Ausführung seiner Partituren in ihn hineinlegen, sicher nicht belastet hat.

Von Mozart würde ich in erster Linie wissen wollen, ob wir in der Tempo-Auffassung seine Intention treffen oder nicht. Ich hege Zweifel, ob wir nicht bei der Interpretation Mozarts in vielem – ich sage nicht in allem – ein bißchen zu langsam sind: Wir neigen dazu, bei einem von ihm mit Larghetto oder Andante überschriebenen Stück in Grave- oder Adagio-Tempi zu verfallen. Zugegeben, auch ich muß mich sehr kontrollieren, denn eine Mozartsche Melodie, eine Mozartsche Harmonie ist einfach zu schön. Und der berühmte 6/8-Takt bei Mozart generell, der für mich in neun von zehn Fällen eigentlich ein schwebender Rhythmus sein müßte; das heißt, das Andante müßte vom schreitenden, gehenden Charakter aus nicht auf jedes der sechs Achtel angewendet werden, sondern auf den halben Takt, in dem sich jeweils die ersten drei beziehungsweise die zweiten drei Achtel des gesamten Taktes bewegen.

Wir sind in manchem zu langsam. Auch gewisse 4/8-Takt-Elemente spielen sich in einem Alla-breve-Tempo leichter: Die Musik wird auf diese Art noch »eleganter«, nicht gefälliger, aber doch überschaubarer. Das wahrhaft Teuflische – oder Himmlische – bei diesen Fragen ist die Erkenntnis, daß eigentlich jedes Tempo möglich ist. Mozart läßt sich letztlich nicht »falsch« interpretieren. Selbst das langsamste Tempo ist noch schön, aber das raschere Tempo ist eben auch »richtig«. Es gibt keine gültigen Kriterien.

Beethoven versah nach der Erfindung des Mälzelschen Metronoms einen Teil seiner früheren Werke mit Metronomzahlen, die heute, würde man sie spielen, wie Beethoven sie angab, ein Anlaß zu gelegentlichen Katastrophen wären, denn seine Tempi sind wesentlich rascher, als wir sie gewohnt sind.

Bei Mozart jedoch wissen wir effektiv nicht, wie lange etwas gedauert hat. Im Brief eines Zeitgenossen und Verehrers Mozarts über eine von Mozart selbst dirigierte »Figaro«-Aufführung in Prag wird minutiös beschrieben, wann Mozart das Theater betrat, wann die Vorstellung begann und ob sie strichlos über die Bühne ging, was sich in den Pausen abspielte und wann sie endete: Nach drei Stunden, so der Chronist, sei das ganze Spektakel vorbei gewesen. Wir benötigen für einen »Figaro« heute – mit den Pausen, aber auch mit den Strichen – etwa dreieinhalb Stunden. Hat Mozart also den »Figaro« selber viel rascher dirigiert, als wir es heute gewöhnt sind...?

Beim Ersten Satz der g-Moll-Symphonie KV 550 gibt es selbst von weltberühmten Interpreten wie Bruno Walter, Wilhelm Furtwängler, Herbert von Karajan u. a. die unterschiedlichsten Tempi. Und doch hat in jeder dieser Interpretationen dieser Erste Satz seine Wirkung. Wie hat ihn sich Mozart wirklich vorgestellt? Es gibt Interpretationen, die die g-Moll-Hektik so aufregend herausholen, daß man den Atem anhält. Dennoch könnte man sagen: Wenn Mozart etwas in g-Moll schreibt, das Erste Klavierquartett, die g-Moll-Arie der Pamina, dann hat er etwas Besonderes zu sagen, dann sollte man vielleicht nach dem Motto: »Verweile doch, du bist so schön«, musizieren. Auch das verträgt das Stück. Es hat dann vielleicht nur einen etwas elegischen Charakter. Aber ist das falsch?

Wie hat Mozart es sich vorgestellt?!

Ob ich eine Klavier-Sonate spiele, ob ich einen guten Sänger bei einem so zauberhaften Lied wie »Das Veilchen« begleite, ob ich eine Symphonie dirigiere – jedesmal stehe ich staunend vor dieser Fülle an Einfällen und ihrer Durchführung. Und geht man davon aus, daß zu Mozarts Zeit jede Reise Tage dauerte gegenüber den Stunden heute, daß er kein Licht hatte, um unter einer Hundert-Watt-Birne die Nacht problemlos durchkomponieren zu können, daß es in den ruckelnden Reisekutschen ausgeschlossen war, eine Note zu Papier zu bringen, und daß er nicht nur Musik, sondern auch zahllose Briefe schrieb, seinen Vergnügen nachging und irgendwann auch einmal schlafen mußte – dann ist es unvorstellbar, in welcher Geschwindigkeit er komponiert haben muß, um ein Werk schaffen zu können. Ein Wunder, das nur dem Wunder Bach vergleichbar ist!

So nah uns allen das Wunder Mozart steht, so eindeutig ist aber auch, daß – weltweit gesehen – Beethovens Musik mehr Präsenz besitzt. Und dabei hat Beethoven nur ein einziges Bühnenwerk, den »Fidelio«, geschaffen. Es gibt Regionen auf der Welt, die für Mozart nicht die richtige Antenne besitzen, die vielfach die von Mozart gewählte Art der Begleitung als zu elegant-nichtssagend, als zu beiläufig betrachten.

Diese Erfahrungen konnte ich oft machen, wenn ich Mozart-Symphonien auf dem Programm hatte. Während die Jupiter-Symphonie geradezu ein »Welt-Schlager« ist, werden die Es-Dur- und die g-Moll-Symphonie wie auch die Linzer, Pariser, Prager Symphonie nicht überall mit dem gleichen Enthusiasmus aufgenommen wie eine Fünfte oder Siebte Beethoven. Vielleicht, weil bei Beethoven das Schicksalhafte deutlicher nachvollziehbar ist.

Gewisse Komponenten haben bekanntlich auch bei uns manchen Mozart-Werken nur schwer den Weg in die Konzertsäle und auf die Opernbühnen geebnet. »Mitridate«, »Ascanio in Alba«, »Lucio Silla« oder »La Clemenza di Tito« leiden an einem Problem, an dem auch Carl-Maria von Webers »Oberon« oder »Euryanthe« leiden – sie weisen eine Fülle außerordentlich schöner Musik auf, aber ihr Text reicht nicht für eine dramatische Bühnengestaltung aus, zumindest nicht nach unserem gegenwärtigen Verständnis für Bühnenwirkung.

Um es banal auszudrücken: Gegenüber einem »Figaro« wirkt »Lucio Silla« heute auf uns eher langweilig, auch der Edelmut eines »Titus« liefert uns heute zu wenig dramatischen Zündstoff. Natürlich kann man »Lucio Silla«, was ohnehin geschieht, zu einem Höhepunkte-Potpourri zusammenstreichen und sich bei »Clemenza di Tito« darauf beschränken, die Musik zu hören, denn die Verkörperung der Seele des Titus ist in der Musik zu entdecken. Für einen Theaterbesucher, der Bühnen-Aktion und Musik als gleichermaßen wichtige Einheit erleben möchte, sind diese Mozart-Opern jedenfalls problematisch.

»Cosi fan tutte«
Die richtige Musik der falschen Paare

Kein Werk ist schwerer zu besetzen als »Cosi fan tutte«, denn die sechs Akteure müssen nicht nur, wie in keinem anderen Stück, rein physisch zusammenpassen, sie müssen es auch von den Stimmen her. Wie kein Komponist vor oder nach ihm spielt Mozart in diesem Stück mit diesen sechs Protagonisten. Normalerweise – und so ist das nahezu in der gesamten Opernliteratur – ist der Sopran immer mit dem Tenor und der Mezzosopran mit dem Bariton oder dem Bassisten kombiniert; bei »Cosi fan tutte« indes bleibt offen, wann welche Stimmen wirklich zusammengehören: dann, wenn die richtigen Paare, oder dann, wenn die eigentlich falschen, aber von den Stimmlagen her richtigen Paare zusammen sind? Merkwürdigerweise wird die Musik erst »richtig« bei den falschen Paaren: also zwischen Mezzosopran Dorabella und Bariton Guglielmo und Sopran Fiordiligi und Tenor Ferrando. Erst dann »stimmen« die Stimmen – als ob Mozart sagen wollte, daß ihm die falsche Kombination weitaus besser gefällt. Merkwürdigerweise hat Mozart nur für die falsch zusammengewürfelten Paare Duette geschrieben.

Dazu kommt das ganz bewußte Auseinanderführen der Stimmlagen der Koloratursoubrette Despina und des Basses Alfonso; zwischen diesen beiden Extremen sind die anderen vier Figuren angesiedelt. Auch stimm-dramaturgisch ist »Cosi« also äußerst raffiniert konzipiert. Nur ein Mozart konnte dies!

Hier alles richtig herauszuarbeiten macht unendlich viel Freude, auch wenn »Cosi fan tutte« bis heute nicht die Rolle im Bewußtsein des Opernpublikums spielt wie beispielsweise »Don Giovanni«, »Le nozze di Figaro« oder »Die Zauberflöte«. Vielleicht liegt das daran, daß »Don Giovanni« ein gewissermaßen zeitloses Phänomen illustriert, während »Cosi fan tutte« auch moralisch einem bestimmten Zeitgeist verpflichtet ist. Ich kann mir vorstellen, daß es dieses Werk in Zeiten starker religiöser Bindung und der Tabuisierung der Beziehung zwischen Mann und Frau schwerer hatte als heute...

Auf der anderen Seite stellen sich in »Cosi fan tutte« immer wieder Probleme der Glaubhaftigkeit: Es ist kaum anzunehmen, daß Fiordiligi und Dorabella ihre beiden Verlobten in ihrer notdürftigen Verkleidung nicht erkennen, denn offensichtlich besteht ihre Verbindung doch bereits längere Zeit. Dieses Theater auf dem Theater, in dem das Publikum auf den ersten Blick durchschaut, was den Akteuren aber verborgen bleibt, wurde nicht in jeder Epoche so spielerisch betrachtet.

Der Schluß des Stücks wirft ähnliche Fragen auf wie der Schluß des »Don Giovanni«: Wenn sich am Ende die »richtigen« Paare wiederfinden, herrscht alles andere als eine heile Welt der Zweisamkeit. Hier ist noch Bewegung in der Handlung, wenn der Vorhang fällt.

Ich werde nie die Rennert-Inszenierung von »Cosi fan tutte« im Salzburger Kleinen Festspielhaus vergessen, mit einer Traumbesetzung und Karl Böhm am Pult. Sie endete damit, daß sich die ganze Gesellschaft an die Tafel setzte und beschloß, die Affäre bei einer guten Mahlzeit und einem guten Glas Wein erst einmal in Ruhe zu besprechen. Ein Finale ganz bewußt mit einem Fragezeichen. Eine überzeugende, glückliche Lösung wäre auch schwerlich glaubhaft zu machen, denn jeder im Zuschauerraum spürt, daß sich vielleicht doch die falschen »richtigen« Paare gefunden haben und es nicht lange dauern dürfte, bis es zum endgültigen Partnertausch kommt...

Es gibt Inszenierungsversuche, die das »tutte« auf »tutti« ausweiten, damit dieses »So machen's alle« nicht nur die Frauen, sondern im gleichen Maß auch die Männer trifft. Man hat mit dem unsicheren Schluß von »Cosi« jedenfalls schon immer gern herumgespielt, was sicher dazu beitrug, den »Cosi«-Erfolg etwas zu beeinträchtigen: Nach Hause zu gehen und über den Ausgang eines Stücks noch nachdenken zu müssen ist vielen Leuten offensichtlich zu strapaziös.

Das Mysterium Mozart... Leben mit Mozart... Ich erinnere mich an das A-Dur-Violinkonzert mit Wolfgang Schneiderhahn und den Wiener Philharmonikern in Salzburg, an das A-Dur-Klavierkonzert KV 488 mit Walter Gieseking in Brüssel, an das B-Dur-Klavierkonzert KV 595 mit Emil Gilels, an die Klavierkonzerte mit Clara Haskil, an ungezählte Mozart-Symphonien.

Ich erinnere mich an »Die Schuldigkeit des ersten Gebots«, ein Frühwerk, das Mozart mit elf Jahren schrieb, das aber doch ein ganz erwachsenes, außergewöhnliches Werk ist, mit Passagen, wie sie später nie mehr vorkommen. Ich erinnere mich an eine Aufführung der c-Moll-Messe in Rom ausschließlich mit den Originalteilen, an Mozart-Aufführungen an der Münchner Oper, die nie in Routine erstarrten – ich weiß nicht, wo ich beginnen und wo ich enden soll, um meine Beschäftigung mit Mozart auch nur notdürftig zu skizzieren. Ich begreife Mozart als eine tagtägliche Herausforderung, als die permanente Auseinandersetzung mit einem Werk, das immer rätselhaft bleiben wird.

Mozart ist der Komponist, um dessentwillen man Musiker wird. Immer wieder empfange ich neue Impulse aus seiner Musik.

Für mich gilt Mozart nicht als Klassiker. Der langsame Satz einer Symphonie, viele seiner kammermusikalischen Werke, seine Arien sind ein entschiedener Vorstoß in die Romantik. Die Mozartsche Melodie mit all ihren raffiniertesten harmonischen Begleitungen, die sich beim erstenmal noch gar nicht erschließen – sie bereitete den Boden für Carl-Maria von Weber, Schubert und andere, ganz zu schweigen von Richard Strauss, für den Mozart neben Wagner das große Vorbild war.

Kein Komponist nach Mozart kam an Mozart vorbei. Seine Vollendung in Rhythmik, Harmonie und Melodie wird immer absolutes Ideal bleiben.

15. Kapitel

Mein Leben mit der Musik

Der Kapellmeister
Leiden und Freuden eines Nachschöpfers

Ich sehe mich als Nachschöpfer. Ich habe zeit meines Lebens darauf bestanden, das Metier sowohl des Dirigenten als auch das des Regisseurs nicht als schöpferischen, sondern bewußt als nachschöpferischen Beruf zu betrachten – nicht zuletzt, um die Ehrfurcht und den Respekt vor dem Kunstwerk nie aus den Augen zu verlieren.

Die Frage, ob ein Bühnenbildner eher schöpferisch oder nachschöpferisch ist, ist schwerer zu beantworten, denn ihm werden Bühnenwerke größere, schöpferische Tätigkeit abfordern. Es gibt Stücke, die der Ausstattung viel Spielraum lassen, sie vielleicht sogar erzwingen, wie Richard Wagners »Ring des Nibelungen«.

Auch ein Regisseur kann in der szenisch-dramatischen Aufbereitung und Auflösung seiner Vorlage noch eher schöpferisch tätig sein; er kann sie als Ausgangspunkt eigener Vorstellungen, Erfahrungen und Kenntnisse nutzen und in eine neue, vom Autor selbst vielleicht nicht beabsichtigte Richtung lenken.

Dies ist einem Dirigenten nicht möglich. Auch wenn behauptet wird, der Vorgang, die tote Materie einer Partitur zum Leben zu erwecken, entspräche, weil individuell verschieden ausführbar, einem schöpferischen Prozeß. Ich empfinde das nicht so. Ich sehe meine oberste Aufgabe darin, die Intentionen des tatsächlichen Schöpfers zu erfassen. Ich versuche zu verstehen, was er sich vor seinem geistigen Auge und seinem inneren Ohr vorstellte.

Zu erkennen, was in einem Werk steckt, gelingt nicht immer auf Anhieb. Eine der Gefahren besteht darin, bei der Wiedergabe zuviel hineinzuinterpretieren. Ich weigere mich, programmatische Aspekte in eine Partitur hineinzugeheimnissen und etwa der von der Musikwissenschaft entdeckten »Dämonie« eines Komponisten krampfhaft in einer Partitur nachzugehen. Nicht die Musikwissenschaft, sondern die Partitur setzt in meinen Augen das deutlichste Zeichen. Nicht jeder aufscheinende Quartsextakkord, nicht jede Modulation, nicht jede vermeintliche Bestätigung bewährter Hochschultheorien muß in einem eigenen schöpferischen Prozeß als »Glück«, »Heiterkeit« oder »Tragik« herausgearbeitet werden.

Meine Funktion, meine Aufgabe ist es, den Komponisten möglichst genau *so* sprechen zu lassen, wie er es in seiner Partitur niedergelegt hat. Selbstverständlich ist jede Interpretation subjektiv, also auch meine Einstellung einem Werk gegenüber. Mit einem »schöpferischen Prozeß« aber hat das nichts zu tun.

Daß ich ein Allegro, einen Marsch-Rhythmus, ein Tempo, eine dynamische Angabe zwischen Pianissimo und Fortissimo anders empfinde als ein Kollege, hat mit meiner individuellen Einstellung zu tun. Jeder Mensch, also auch jeder Interpret, kann nur aus seiner Individualität heraus handeln, was zwangsläufig jeder Interpretation ein eigenes, unverwechselbares Gesicht gibt.

Dies läßt sich ganz gut auch am eigenen Interpretationsstil ablesen: Wenn ich mir – was selten genug geschieht – einmal eine eigene Aufnahme von vor dreißig Jahren anhöre, fällt es mir oft schwer, sie zu akzeptieren. Ohne mich speziell damit auseinandergesetzt zu haben, sehe ich aus der Distanz einiger Jahre vieles anders. Vielleicht war ich inzwischen anderen Einflüssen ausgesetzt oder habe weitergehende Erfahrungen gemacht. Vielleicht bin ich mit dem Werk vertrauter oder selbst reifer geworden...

Wie dem auch sei: Mit einem schöpferischen Akt hat dieser Wandel in Haltung und Ansicht nichts zu tun. Je älter ich werde, je größer meine Erfahrung wird, desto entschiedener sehe ich es einzig und allein als meine Aufgabe an, der Komposition auf den Grund zu gehen und herauszufinden, was den Komponisten bewegt hat. Ich habe kraft meines Verständnisses das nachzuvollziehen, das nachzuschöpfen, das hörbar zu machen, was er gewollt hat.

Vor nicht allzu langer Zeit versuchte ich, aus dem Particell des Zweiten Hornkonzerts von Richard Strauss eine brauchbare Fassung für Klavier herauszuschreiben. Es existiert zwar ein Klavierauszug dieses Hornkonzerts, aber er weist Fehler auf, die übrigens auch in der gedruckten Partitur stehen, und er kommt mir außerordentlich primitiv vor. Ich besorgte mir deshalb das von Richard Strauss selbst noch vor der Orchesterpartitur geschriebene Particell, griff damit also auf Strauss' ursprüngliche Konzeption zurück und stellte eine Fassung für zwei Klaviere her, da das Stück auf ein Klavier nicht überzeugend zu transponieren ist, ohne zu viele seiner Gedanken zu unterschlagen. Ein schöpferischer Vorgang? Ich finde nicht, denn ich versuchte, aus dem »Original« herauszulesen, was Strauss sich vorstellte, und setzte es so auf zwei Klaviere um, daß möglichst genau, möglichst getreu, möglichst vollständig alle Strauss-Ideen in den Klavierstimmen aufscheinen. Auch der Dirigent wird sich aus einer Partitur herausziehen, was ihm wichtig, was ihm in der Übertragung auf das Orchester als das Essentielle erscheint. Ein schöpferischer Vorgang ist das auch dann nicht, wenn es sich von außen gelegentlich so darstellt. Unlängst glaubte man mir bescheinigen zu müssen, ich hätte mit »Mosè« einen ganz neuen, ganz anderen Rossini entdeckt. In Kenntnis des Gesamtwerks Rossinis, seines Arbeitsstils, seiner Zielsetzung, des Stils der Zeit, glaubte ich, daß »Mosè« so zu spielen wäre, wie ich es getan habe. Ich versuchte nie, »mehr« zu machen, »mehr« aus der Partitur herauszuholen, als in ihr steht. Wie leicht hat sich Rossini bei »Barbiere di Siviglia« oder »La Cenerentola« das Ausschreiben einzelner Stimmen gemacht; wie flüchtig ist da eine Stimme oft behandelt. Und dann die »Mosè«-Partitur, in der jede Note eigens geschrieben steht, in der alle Holzbläserstimmen von der ersten bis zur letzten Note eigenhändig ausgeschrieben sind, in der »Auslasser« und »Faulenzer« nicht existieren!

Ich bin kein Musikwissenschaftler, sondern ein Musiker, der es gewohnt ist, mit Partituren umzugehen – mir erscheint die »Mosè«-Partitur ein Beleg dafür zu sein, daß Rossini hier eben nicht mit der »linken Hand« Konventionen erfüllte, sondern seine Gedanken akribisch zu Papier brachte. Vielleicht interpretiere ich das auch in den »Mosè« hinein, aber mein Eindruck ist, daß Rossini an dieses mehrfach umgeschriebene Werk mit größter Sorgfalt heranging. Dies mag auch am Stoff liegen und an der dramaturgischen Gestalt, die er unter Rossini annahm. Jedenfalls habe ich das Gefühl, daß der »Mosè«-Rossini anders zu behandeln ist als der Opera-buffa-Rossini – eben arioser, gesetzter, in Kenntnis eines anderen Genres. Vielen mag dies wie ein neuer, ein anderer, ein ungewohnter Rossini vorkommen, einen schöpferischen Akt meinerseits jedoch kann ich hier beim besten Willen nicht entdecken.

Bachs h-Moll-Messe ist, wie gesagt, für mich die größte Herausforderung. Bis zum heutigen Tag finde ich nicht den Mut, umzusetzen, was ich aus der Partitur herauslese. Ich bin durchaus bereit, die mir bekannten Interpretationen der h-Moll-Messe als in einer bestimmten Wiedergabe-Tradition des Stücks stehend anzuerkennen, doch sie entsprechen in vielem nicht meinen Vorstellungen, meinen Eindrücken.

Bach und Bruckner liegen in ihrer religiösen Einstellung nicht weit voneinander entfernt. Und doch: Bruckners Siebte, die E-Dur-Symphonie mit dem Trauergesang ihres cis-Moll-Adagios, mit ihrem überwältigenden Scherzo und ihrem elegant-spielerischen Finale... Es wird mir unbegreiflich bleiben, wie Musikwissenschaftler behaupten können, Bruckner sei der Inbegriff katholischer Musik. Kann Musik katholisch klingen? Vielleicht kann man fordern, dieses oder jenes Musikstück sollte in seinem Habitus, in seinem Klangbild einen feierlichen religiösen Ausdruck annehmen – aber mehr? Selbst wenn Bruckner dreimal über ein Musikstück schreibt: »Dem lieben Gott gewidmet«, würde ich daraus noch nicht den »Katholizismus« der Musik ableiten. Ebenso unverständlich ist mir der angesichts meiner Bruckner-Interpretation gelegentlich erhobene Vorwurf, ihr würde das »Mystische« abgehen: Wo, bitte, steckt in der Siebten Bruckners Mystizismus? Wird hier nur undifferenziert nachgeplappert, was in irgendeinem Musiklexikon steht?

Ich lasse noch mit mir reden, wenn jemand St. Florian bei Linz, wo Bruckner Stiftsorganist war und wo ein großer Teil seiner Kompositionen entstand, als »mystischen« Schauplatz betrachtet; aufgrund bestimmter akustischer Verhältnisse und der Atmosphäre, der Wucht und Wirkung dieses Doms mag er das tun. Für mich persönlich hat es zwar nichts mit »Mystik« zu tun, in einem solchen Bau zu stehen, aber vielleicht läßt sich die »innere Erhebung«, die auch ich angesichts eines solchen Doms verspüre, als »Mystik« definieren...

Aus dieser Welt, um es neutral zu formulieren, kommt eine Musik, die deutlich von der Kenntnis und der Beherrschung der Orgel ausgeht: Das permanente Erzeugen eines Crescendos beispielsweise, die Methode, einem gewissen Höhepunkt zuzusteuern, um nach einer Generalpause quasi von vorn zu beginnen, dieses Sich-Wiederholen...! Berücksichtigt man die Orgel- und Kirchensituation, ist diese Praxis ganz logisch: Bricht das volle Werk einer Orgel ab, dauert es drei, vier und im Petersdom sogar zwölf Sekunden, bis der letzte Ton verklungen ist. Hört man also in einem Fortissimo auf und möchte nach dem Prinzip Spannung und Entspannung in einem Piano fortfahren, wird es zwangsläufig einige Sekunden dauern, bis das neue Register der Orgel eingestellt ist und zum Klingen kommen kann...

Für Bruckner bevorzuge ich deshalb Säle wie den Wiener Musikvereinssaal oder den Concertgebouw Amsterdam mit einer natürlichen Nachhallzeit. Ihr Nachhall mag zwar nicht so schön wie in einer Kirche sein, aber Sinn und Struktur der Brucknerschen Musik kommen in ihnen jedenfalls anders zur Geltung als in einem »trockenen« Saal, der jeden Akkord im Moment des Verklingens schluckt und Brucknersche Generalpausen ad absurdum führt.

Wo bleibt die Mystik? Ich sei, behauptet man, mehr auf das Musizieren aus. Stimmt! Ich bekenne mich zur Darstellung von Musik, zum Musizieren. Mit Gewalt alles noch breiter, noch schwülstiger, noch aufgebauschter zu machen, betrachte ich als unberechtigten selbst-schöpferischen Eingriff in eine Partitur. Wenn bei Bruckner gelegentlich in der Überschrift »misterioso« steht, dann heißt dies nicht mehr und nicht weniger als »geheimnisvoll« und bedeutet nicht, daß nun jeder Takt gleich »gottbefohlen« zu sein hat.

Der Zuhörer soll beglückt sein von der überirdischen Schönheit und Reinheit der Musik und ihrer zu Herzen gehenden Innigkeit; er soll dankbar und offenen Sinnes die Ehrlichkeit dieser gigantischen Werke in sich aufnehmen.

Für mich gibt es schwerlich etwas Aufregenderes als eine Bruckner-Symphonie: Der Dritte Satz der Neunten ist ein Beklemmen bereitendes Musikstück, nicht aber im Sinne mystischer Erhabenheit und eines dreifachen Blicks hinter die Noten, was nicht heißen soll, daß ich nur die Partituren sehe und nicht auch das, was hinter den Noten steht. Im Gegenteil, ich werde nicht müde zu betonen, daß Note, Notenwert, rhythmische Konzeption noch lange nicht der eigentliche Gehalt eines Werks sind. Doch ich wehre mich, in dies kompositorische Skelett mit Gewalt etwas hineinzugeheimnissen. Oft argumentiert man in dieser Beziehung mit Leuten, die die Partituren nicht genau kennen.

Neben dem langsamen Satz der Neunten ist der langsame Satz der Sechsten Symphonie Bruckners einer der im wahrsten Sinne des Wortes wundervollsten Sätze. Die außergewöhnlichen, harmonischen Wendungen, die man hier herausholen und hörbar machen kann und muß, und dann wieder das Handfeste, das Bodenständige, das Tänzerische, die Stampfrhythmen der Scherzi – wo ist da der »katholisch-mystische« Bruckner?

»Mystizismus« – ist das nicht etwas schwer Greifbares, Unverständliches? Gerade in der Musik? Man kann – soll? – es nicht deuten, soll sich scheu und mit dem Hintergedanken »das verstehst du sowieso nicht« dem Giganten Bruckner nähern, oder noch besser: Man soll es gar nicht erst versuchen! Daher vielleicht das kaum ausrottbare Vorurteil, seine Musik sei nur schwer begreifbar, seine wiederholten Crescendo-Anläufe seien unverständlich und er selbst daher ein Außenseiter nur für Eingeweihte. Es ist an der Zeit, diese törichte Einstellung zu korrigieren.

Ich habe es schon angedeutet, das Werk, das ich im Laufe der Jahre immer wieder neu zu entdecken hatte, ist die »Missa solemnis«. Bei jeder Aufführung hatte ich neue Gedanken entwickelt, vergangene Erkenntnisse ad acta gelegt und völlig neu begonnen. Es ist nicht eine Frage der Übersetzung auf das Orchester; es ist eine Frage des Gehalts.

Bei Bruckner besitzt die musikalische Abfolge einen völlig harmonischen, in sich ruhenden, letztlich unkämpferischen Ausdruck. Die Widmung »an den lieben Gott« signalisiert, daß Bruckner vielleicht nie mit seinem Gott wirklich gehadert hat. Trotz aller Widrigkeiten seines Lebens hat er offensichtlich nie an Gott gezweifelt, nie mit ihm existentiell gerungen. Sein Glaube blieb unerschütterlich. Und so stellt sich auch sein Werk dar, in seiner vom Aufbau her klaren, unmißverständlichen Disposition, in seiner Ruhe, in seiner Selbstverständlichkeit, in seiner Monumentalität.

Und Beethoven! Wenn Beethoven ein »Credo« oder, am Schluß der »Missa solemnis«, ein »Dona nobis pacem« komponiert, habe ich das Gefühl, er versieht es mit einem Fragezeichen – als ob er sich selbst vor Augen führen wollte, daß es dieses »Dona nobis pacem« nie geben wird. Dies innere Ringen, dieser Kampf um den Text, um das »Credo in unum deum«, diese Zweifel an »unam sanctam catholicam et apostolicam Ecclesiam«, dieses Spannungsfeld zwischen Mensch und Glauben – all das steckt in dieser Partitur, formuliert sich in zahlreichen musikalischen Fragezeichen und muß vom Interpreten immer wieder neu erfahren, errungen, erkämpft werden.

Im Vergleich dazu kommt in Bruckners f-Moll-Messe das »Gloria« wie ein reines, ungebrochenes Glaubensbekenntnis. Alles strahlt eine innere Überzeugungskraft aus, die sich ganz unmittelbar mitteilt. Beethovens »Dona nobis pacem« ist dagegen ein verzweifeltes Flehen um Frieden, voller Skepsis, voller Qual, voll des Wissens, daß der Weg noch weit ist, bis der ganzen Menschheit der Frieden beschieden sein wird...

Und der Schluß? Man ringt eine Stunde zwanzig Minuten um dieses Werk, und dann hört es eigentlich nicht auf: Das »Dona nobis pacem« erklingt, und noch einmal tauchen die Kriegstrompeten auf... Oft hat man die Frage gestellt, was die Signale der Trompeten bei dem »Dona nobis pacem« verloren haben, ob sie signalisieren sollen, wie fern das Paradies auf Erden ist, wie leicht sich die Welt in einen Krieg stürzen läßt, wie schnell Glück und Frieden in Haß und Vernichtung enden?

Der letzte 6/8-Takt; der Chor verstummt, die Bässe sind weg, als wäre allem die Grundlage entzogen; zwei Takte des Orchesters, dann geht das Stück zu Ende, ohne zu einem wirklichen Schluß zu finden. Es bricht gleichsam ab und spart die bei Beethoven oft üblichen Schlußwirkungen wie zum Beispiel in der Fünften oder Neunten Symphonie aus.

Ein Werk, das ich selten dirigiere, was am Werk selbst und an den mit seiner Aufführung verbundenen Schwierigkeiten liegt, ist »Die Matthäus-Passion«. Wie die »Missa solemnis« ist auch sie eines der ganz großen Werke der Musikgeschichte. Die einen fordern eine asketische, beinahe unemotionale Aufführung auf alten Intrumenten; die anderen – wie Furtwängler – wollen dieses Werk als großes Drama auf dem Weg nach Golgotha entwickelt sehen. Die beiden gegnerischen Lager aufeinander zuzuführen ist eine Herausforderung, der ich seit Jahren zu begegnen suche – aber eine gültige Versöhnung der konträren Standpunkte blieb mir bisher versagt.

Was ist richtig? Sollte man das Werk prinzipiell nur in der Kirche und wie, wenn ja, soll man es im Konzertsaal geben? Fragen, die sich nicht endgültig beantworten lassen.

Die h-Moll-Messe, die »Missa solemnis«, die »Matthäus-Passion«, Mozarts c-Moll-Messe, von der ich nur die nachweislich von Mozart stammenden Teile aufführe, Mendelssohns »Elias«: Es sind merkwürdigerweise gerade Werke religiösen Inhalts, die in mir die herausforderndsten Fragen aufwerfen, vielleicht weil ich mich als religiösen Menschen betrachte, eine im Sinne einer alles bewegenden Kraft, die in jeder Epoche der Menschheitsgeschichte anders definiert wurde.

Als Musiker gesprochen: Mit die schönsten Werke, die komponiert wurden, sind eng mit der geistlichen Literatur, mit dem Glauben verknüpft. Ob das »Deutsche Requiem« von Johannes Brahms oder das Verdi-Requiem, die Haydn-, Mozart-, Schubert-Messen, Bach, Beethoven oder Bruckner, ohne eine tiefreligiöse Grundhaltung hätten ihre Werke so nicht entstehen können.

Zu den lohnendsten Momenten des Kapellmeisterlebens gehört es zweifellos, ein Werk, das man nie zuvor gehört hat, in der Partitur zu lesen. Das ist schon bei Mozart oder Haydn aufregend und wird um so spannender, je näher ein Werk in die Gegenwart rückt. Wenn ich zum Beispiel vor einer Uraufführung eine Partitur in die Hand bekomme, die sich zum erstenmal meinem »inneren Ohr« mitteilt, und ich von der Harmonie, der rhythmischen Abfolge und der formalen Anlage her höre, was da steht, mir »mein« eigenes Klangbild aufbaue und mir überlege, was zu geschehen hat, damit die Wiedergabe dem entspricht, was ich beim Lesen der Partitur »gehört« habe, dann empfinde ich das als Abenteuer. Doch der spannende Moment kommt in der Konfrontation mit dem Orchester, wenn man zu erreichen versucht, was man sich vorgestellt hat. Oft ist es eine Sisyphusarbeit herauszufinden, woran es liegen mag, daß der äußere Klang noch nicht ganz dem entspricht, was man in sich zu hören glaubte, und mit einem Orchester so lange zu arbeiten, bis diese Übereinstimmung erzielt ist.

Gelegentlich aber geschieht es, daß man trotz aller Bemühungen nicht erreichen kann, was man sich vorstellt. Speziell bei Uraufführungen kann es vorkommen, daß es einem erst in der Arbeit mit dem Orchester plötzlich wie Schuppen von den Augen fällt, wie schlecht ein Stück instrumentiert ist. Vielleicht schätze ich Wagner und Strauss – Mozart steht ohnehin außerhalb jeder Diskussion – gerade wegen ihrer überragenden Instrumentationskunst so sehr: Bei ihnen ist es eben nicht notwendig, Retuschen vorzunehmen, um etwas herauszuarbeiten, was aus der Partitur als wichtig hervorgeht, aber nicht hörbar ist, weil beispielsweise vier Hörner, drei Trompeten und vier Posaunen über einer ohnmächtigen Flöte liegen...

Strauss und Wagner wußten genau, wer gegen wen im Orchesterklang ankommen kann oder nicht. Oft müht man sich bei zeitgenössischer Musik verzweifelt, einem Werk eine gewisse Kontur zu geben, und muß resignierend oder verärgert feststellen, daß selbst die aufopferndsten Bemühungen angesichts einer miserablen Instrumentierung vergeblich sind.

So aufregend solche Interpretationsprozesse sein mögen, so deprimierend können sie manchmal sein, denn ich sehe mich immer wieder mit der Tatsache konfrontiert, daß es letztlich die ein für allemal gültige Interpretation eines großen Werks nicht geben kann. Einerseits ist dies eine Tatsache, die aufbaut und ermuntert, denn sie bedeutet, daß man Vollendung zumindest anstreben muß. Andererseits ist eine gültige Nachschöpfung eines Werks nicht oder kaum möglich.

Kapellmeister sein heißt mit dieser Spannung leben. Einem Kollegen, der von sich behauptet, er habe etwas vollbracht, was als endgültiges oder richtungweisendes Dokument zu betrachten sei, würde ich vorhalten, daß mit seinem Selbstverständnis einiges nicht stimmen kann. Wer glaubt, definitiv ein für allemal richtig zu liegen, die letzte Lösung gefunden zu haben, dem permanenten Veränderungs- und Neubewertungsprozeß nicht mehr ausgesetzt zu sein, hört auf zu leben und sich weiterzuentwickeln.

Jedes Konzert, jeder Tag, jede Erfahrung verändern mich. Es ist nicht einfach, mit dieser Haltung der eigenen Arbeit gegenüber zum Beispiel tagelang, wochenlang im Platten-Studio zu arbeiten und nicht nach dem Ende der Aufnahmesitzungen alles noch einmal machen zu können. Denn einmal abgeschlossen, bleibt dieses Dokument, das für mich stets nur ein Dokument dieses einen Augenblicks sein kann, für immer konserviert.

Ich verstehe, warum Herbert von Karajan die Beethoven-Symphonien mehrere Male eingespielt hat. Ich kann verstehen, daß man nach dem letzten Takt der letzten Aufnahme sofort wieder von vorn beginnen möchte. Warum wollte Toscanini kurz vor seinem Tod wohl noch einmal die Beethoven-Symphonien aufnehmen?

Immer wieder muß sich der Dirigent mit den Partituren beschäftigen und sich fragen, wie der Komponist selbst es gehört haben mag. Wie hat Beethoven seine letzten Streichquartette, die große Fuge, gehört – Werke die man eigentlich nur mehr lesen und kaum noch in die Praxis umsetzen kann, die beinahe unspielbar im Sinne eines akustischen Genusses sind!

»Leiden« eines Nachschöpfers, im Gegensatz zu den Freuden eines Schöpfers.

Und doch bereue ich es keine Sekunde, diesen Beruf gewählt zu haben. Auch wenn ich jungen Dirigenten manchmal sagen muß: Ihr wißt nicht, was in den nächsten dreißig, vierzig Jahren auf euch zukommt.

Individualität und Technik
Eine neue Dirigenten-Generation?

Während meiner Kölner Zeit lehrte ich an der Kölner Musikhochschule; man hatte mich gebeten, die Meisterklasse »Dirigieren« zu übernehmen, was ich gern tat. Es war ein Versuch, Erfahrungen weiterzugeben, trotz der aufgrund dieser Erfahrungen erworbenen Erkenntnis, daß vieles nicht weiterzugeben ist.

Jeder Dirigent muß mehr oder weniger seine eigenen Erfahrungen sammeln. Man kann auf manches hinweisen, man kann junge Dirigenten auf bestimmte Grundfehler, die einem selbst unterlaufen sind, aufmerksam machen, wobei mit entscheidend ist, bei welchem Orchester man welche Fehler macht, denn jedes Orchester wird individuell reagieren.

Letztlich kann ich jungen Dirigenten nur sagen: Nutzt jede denkbare Gelegenheit, Proben und Aufführungen von Dirigenten zu besuchen, die ihr als Vorbilder betrachtet, dann werdet ihr spüren und sehen, wie das Orchester auf Bewegungen reagiert, wie richtige Dinge angenommen, weniger richtige oft unbewußt negiert werden. Überlegt euch, was ihr genauso machen, was ihr anders machen würdet...

Daraus läßt sich viel ableiten, viel begreifen. Was bringt es einem angehenden Dirigenten, wenn ich ihm erkläre, wie ein 6/4- oder ein 5/8-Takt zu dirigieren ist; das muß sich jeder aufgrund der eigenen Physis selbst zurechtlegen. Dirigenten wie Hans Knappertsbusch oder Otto Klemperer, die schon von der Gestalt alles überragten, werden dem Orchester mit ganz anderen Bewegungen gegenübertreten als Dirigenten, die 1,60 Meter groß sind. Ein Dirigent, der schlank ist, wird eine andere Bewegungsdynamik entfalten als ein Dirigent, der korpulent ist. Das läßt sich nicht generalisieren. Jeder muß selbst die Erfahrung machen, welche Bewegung ankommt und welche nicht. Auch in dieser Hinsicht kann ein angehender Dirigent bei Proben nützliche Beobachtungen machen und studieren, wie man Orchestermusiker zwei Stunden bei Konzentration hält...

Trockenkurse, wie ich sie selber bei Igor Markevitch in Salzburg und einige Zeit vorher an der Münchner Musikhochschule absolvierte, mögen in den Nachkriegsjahren sinnvoll gewesen sein, als es für angehende Dirigenten unmöglich war, mit Orchestern praktisch zu arbeiten. Einen Dirigentenschüler dirigieren und zwei andere Dirigentenschüler die Holzbläser oder die Streicher am Klavier spielen zu lassen: dabei kommt nicht viel heraus. Einer der Dirigentenschüler wird gut, der andere vielleicht nur mühsam Partitur lesen können und sich, froh, überhaupt seine Instrumente aus der Partitur herauszufinden, absolut nicht um den Dirigenten kümmern – was immer dieser schlägt oder zappelt, er wird es auf seiner Suche nach Akkorden nicht umsetzen.

Ich erinnere mich noch, wie Professor Knappe, mein Hochschullehrer, zu mir nach Hause kam, um mit mir die Neunte von Beethoven, die Neunte von Bruckner, das Verdi-Requiem und »Aida« dirigentisch durchzugehen. Einerseits fand ich das rührend, andererseits aber war ich Realist genug, ihm zu erklären: »Ich bitte Sie, Herr Professor, falls ich nach dem Abschluß irgendwo eine Anstellung finde, dann als bescheidener Korrepetitor. Bis ich die Gelegenheit haben werde, einmal die Neunte von Beethoven oder Bruckner zu dirigieren und an ein Orchester dieser Größenordnung heranzukommen, bis dahin weiß ich, wie es geht! Das wird noch Jahre dauern!«

Ich schlug ihm vor, mit mir durchzugehen, wie man eine Haydn-Symphonie, das »Land des Lächelns« und einen Wiener Walzer – übrigens mit das schwerste überhaupt – dirigiert. »Vielleicht«, meinte ich, »ist das der Weg zum ›Rosenkavalier‹.«

Professor Knappe sah meine Argumente ein. Wir gingen »Land des Lächelns« oder »Die lustige Witwe« durch, ich weiß es heute nicht mehr so genau. Und tatsächlich fing ich ja als Operetten- und Ballettkapellmeister an und konnte verwerten, was Knappe mir beigebracht hatte. Bruckners Neunte dirigierte ich erst in Aachen – und da wußte ich dann, was sich schlagtechnisch abzuspielen hat.

Sinnvoll sind Gespräche über Musik, über Stilfragen, was das Klanggeheimnis der Impressionisten oder das einer Dvořák-Symphonie ist. Letztlich aber hilft nur der Einstieg in die Praxis selbst. Mit Plus und Minus muß jeder selbst fertig werden. Und je nach Talent, Einsatz und Überzeugungsfähigkeit wird er sich zu einem guten Dirigenten entwickeln.

Leider – und ich bin mit meiner Ansicht nicht allein – steht es um den Nachwuchs nicht so gut, wie es nötig wäre, um alle Positionen adäquat besetzen zu können. Ich weiß nicht, woran es liegt, denn die Ausbildungsbedingungen sind sicher nicht schlechter, als sie es früher waren. Sind die Ansprüche des Publikums größer geworden? Hat sich der Blick- und Toleranzwinkel des Publikums zu sehr verengt, wenn es russische Musik nur noch von russischen, deutsche Musik nur noch von deutschen und italienische Musik nur noch von italienischen Dirigenten dirigiert haben möchte? Ich halte das für eine absolut irrige Ansicht, auch wenn ich ihr als Theaterleiter zum Teil selbst verfallen bin. Ein Beispiel dafür, wie borniert diese Einstellung ist, liefert Carlos Kleiber, dessen »La Bohème«, »La Traviata« und »Otello« zum Besten gehören, was es gibt, und trotzdem steht kein Italiener am Pult!

Will man einen »Trovatore« einstudieren, greift man zunächst nach den Dirigenten-Sternen mit italienischen Namen. Erst wenn sie nicht verfügbar sind, ist man bereit, umzudenken... Ich weiß nicht, ob man hier nur dem Publikumsgeschmack folgt oder ob es fundierte Gründe für diese Einstellung gibt. Empfindet man, hört man tatsächlich den Unterschied, wenn den »Trovatore« ein Spitzendirigent namens *Hans* M. oder ein Spitzendirigent namens *Giovanni* M. dirigiert? Oder ist es nur eine im Moment verbreitete Manie?

Außer Zweifel steht, daß die Ausbildung unserer Dirigenten bei weitem von den Ausbildungsmöglichkeiten in Japan oder in den USA übertroffen wird. Auch in Korea und China stößt man heute auf exzeptionelle Begabungen. Sind es die Beweglichkeit des Blicks, die Schnelligkeit der Handbewegung, die Fähigkeit zu blitzartigen Reaktionen, die sie für diesen Beruf prädestinieren? Es zeichnet koreanische Dirigenten aus, daß sie mit ungeheurer technischer Wendigkeit Orchester beeinflussen können. Alles, was für einen Dirigenten hilfreich sein kann – Formenlehre, Stilkunde, Komposition, Instrumentenkunde –, wird in den USA und Japan zudem gründlicher als bei uns vermittelt.

Auch die Grundeinstellung dem Beruf gegenüber ist dort anders. Hierzulande ist kaum noch jemand bereit, als Korrepetitor zu beginnen. Jeder Anfänger will heute pro Jahr mindestens eine Oper neu einstudieren und zwanzig weitere dirigieren. Er kann sich gar nicht mehr vorstellen, sich ans Klavier zu setzen und mit den Sängern Partien wirklich durchzugehen, was außerordentlich hilfreich wäre, wenn er dann vor dem Orchester steht, denn dann würde er genau wissen, was erforderlich ist...

Heute gewinnt man einen internationalen Wettbewerb und meint, alles zu können! Daß dieser Wettbewerb mit den Berliner Philharmonikern veranstaltet wurde, die das Werk, ohne groß auf den Dirigenten einzugehen, vielleicht auch ein bißchen von sich aus spielten, will niemand wahrhaben.

Wie konnte sich in den zwanziger Jahren eine Vielzahl von eigenwilligen und überragenden Dirigentenpersönlichkeiten entwickeln? Vermutlich, weil es damals die Schallplatte noch nicht gab, in diesem Sinn auch keine Vorbilder da waren. Jeder Kapellmeister war gezwungen, sich ein Werk aus der Partitur zu erarbeiten! »Le Sacre du Printemps« mußte man aus der Partitur studieren. Man mußte sein Ohr und den Blick schulen: Wo stehen die wichtigen Dinge? Was klingt? Was hört sich von selbst heraus? Was ist zu komprimieren...?

Und heute? Zum schnelleren Kennenlernen von Partituren greifen viele zu Tonband oder Schallplatte. Natürlich spart das Zeit, aber es verführt auch zu Oberflächlichkeit und Gleichklang. Mit Verve werden ein Karajan, ein Bernstein oder ein Abbado kopiert. Man kommt zunächst gar nicht auf die Idee, eine eigene Auffassung zu entwickeln. Es steht außer Frage, daß Abbados Verdi-Interpretation gut ist; außer Frage steht aber auch, daß sich jeder profilierte junge Dirigent seinen eigenen Weg zu Verdi suchen müßte. Wo bleibt der Nachwuchs, wo sind die Dirigentenpersönlichkeiten, die heute noch wirklich eigene Überzeugungen entwickeln und durchsetzen wollen?

Wie viele Persönlichkeiten gibt es heute, die auf eine musikgeschichtliche Leistung zurückblicken können, von der man vielleicht in dreißig, vierzig Jahren wird sagen können: Sie haben die Musik neu definiert, neu geformt, auf neue Wege gelenkt?

Vielleicht sind auch alle Wege der Interpretation bereits ausgeschritten. Vielleicht sieht die junge Dirigenten-Generation gar keine Möglichkeit mehr, individuelle Auffassungen zu finden. Aber nur die Individualität in der Wiedergabe, nur neue Gesichtspunkte, neue Darstellungsweisen werden ein mit Musik gesättigtes Publikum aufs neue faszinieren können.

Ende oder Ausblick
Welche Zukunft hat die Oper?

Ein Phänomen ist, daß wir dank der Platten und der anderen musikübertragenden Medien heute weltweit hören können, was sich früher auf ein Land oder sogar nur auf eine Stadt beschränkte, also nicht wirklich kontrollierbar war und keinem direkten Vergleich standhalten mußte. Wenn dem so ist und wenn davon auszugehen ist, daß sich die Medien eher noch multiplizieren, dann wird sich auch die Profil- und Persönlichkeitsarmut multiplizieren. Dann werden wir nur noch ganz wenige Persönlichkeiten weltweit via Bildschirm, Kassette oder Platte konsumieren und darüber vergessen, daß es zur produktiven musikalischen Struktur eines Landes einer Vielzahl von Interpreten von den bescheidensten Anfängen bis zur Weltspitze bedarf.

Wenn die Ansprüche immer höher werden, wenn sich die Perfektion auf den Platten immer mehr vor das Live-Erlebnis mit all seinen Imponderabilien stellt, wenn nur noch optimale Tagesformen effektvoll aneinandergereiht werden, wenn nur noch Höhepunkte und keine Wellenbewegungen mehr zählen, gehen wir immer öderen Zeiten entgegen.

In jeder Zeit wird man neu empfinden müssen: Kein Kritiker, auch kein Zuhörer kann heute unbelastet in eine Aufführung gehen. Man kennt die Werke seit Jahren, seit Jahrzehnten. Neue Werke machen nur noch einen verschwindenden Bruchteil des Programms aus. Dabei ist es noch nicht einmal ein Jahrhundert her, daß Uraufführungen von Liszt, Mahler, Bruckner, Strauss die Leute aus aller Welt magnetisch anzogen. Die Säle waren voll, jedes neue Werk hatte zwischen Debakel und Triumph seinen Weg zu machen. Und heute? Kündigt man heute eine Uraufführung an, hat man alle Mühe, den Saal voll zu bekommen und die Menschen eine Stunde lang in Bann zu halten. Das Publikum ist an zeitgenössischem Musikschaffen weitgehend desinteressiert. Die Rezeption findet in kleinen Zirkeln statt.

Es war ein Fehler, nach dem Zweiten Weltkrieg die Neue Musik aus der Musiktradition herauszulösen, bewußt den Gegensatz zwischen dem Neuen und den »alten Hüten« zu verschärfen, spezielle Reihen für die Musica Nova ins Leben zu rufen und sich so vom breiten Publikum abzukoppeln. Ein Teil des Publikums zahlt bei gemischten Programmen den vollen Preis und verläßt in der Pause den Saal, weil es keine Lust hat, im zweiten Teil des Konzerts zeitgenössische Musik kennenzulernen.

Andererseits: Wo ist das neue Werk, die neue Richtung, für die es sich einzusetzen lohnte? Ich habe oft mit Ernest Ansermet über dieses Problem gesprochen, mit einem Mann also, der sich für Bartók, Ravel, Debussy, Gabriel Fauré, Schostakowitsch, Prokofieff – für die in seiner Zeit »zeitgenössische Komponisten-Generation« mit aller Energie einsetzte.

Maître Ansermet Ende der sechziger Jahre, kurz vor seinem Tod: »Man schickt mir zahllose Partituren, weil die jungen Komponisten wissen, daß ich für neue Musik aufgeschlossen bin. Aber wissen Sie, welche Erfahrungen ich mache? Ich schlage die erste Seite auf, ich schlage die letzte Seite auf und lege die Partituren zur Seite – es ist einfach keine kompositorische Kraft mehr da. Möglich, daß ich zu alt bin, daß ich die neuen Wege nicht sehe oder nicht verstehe, aber ich glaube, das ist es nicht – es ist kein kompositorischer Wille da, keine Gestaltungskraft!«

Ein Statement, das nun mehr als zwanzig Jahre zurückliegt, das mir aber oft einfällt, wenn ich mich mit neuen Partituren beschäftige.

Auf die Oper bezogen: Ich bin nicht sicher, ob wir den Begriff Oper – kulturgeschichtlich ein Phänomen, das in dieser Form ohnehin erst seit etwa fünf Jahrhunderten existiert – in die Zukunft retten können. Warum sollte eine Gattung, die sich zu einem bestimmten Zeitpunkt entwickelt hat, nicht zu einem anderen Zeitpunkt wieder untergehen? Vielleicht wird man am Ende des 21. Jahrhunderts auf eine Periode zurückblicken, in der es eben eine künstlerische Manifestation namens Oper gab, und einigermaßen befremdet das merkwürdige Phänomen singender Darsteller als museale Erinnerung analysieren.

Wir alle haben heute das Gefühl, daß uns die Zeit davonläuft. Wir stehen fassungslos einem Phänomen wie Mozart gegenüber, der im Alter von fünfunddreißig Jahren starb, aber dieses riesige Œuvre zu Papier brachte. Wie war das rein zeitlich möglich? Dauerte damals eine Sekunde doppelt so lange als heute? Was war das Geheimnis dieser Konzentration, dieser Produktivität? Sind wir alle Opfer der auf uns einströmenden Ablenkungen? Versäumen wir das Wesentliche, weil wir permanent Angst haben, etwas zu versäumen?

Wer geht heute noch wirklich in Ruhe in die Oper? Wer liefert sich einem langsamen Satz im Konzert wirklich aus? Kaum ist der letzte Ton verklungen, stürzen sich die Leute aus den Sälen, um als erste bei der Garderobe zu sein. Hektik und Nervosität statt der Bereitschaft, gesammelt zuzuhören. Ich will nicht mit dem Finger auf andere zeigen; ich schließe mich zu einem ganz großen Teil ein.

Ist das jemals anders gewesen? Die sogenannten »himmlischen Längen« der C-Dur-Symphonie Schuberts – wie viele Versuche sind schon unternommen worden, da eine viertaktige, dort eine achttaktige Phrase herauszunehmen, um die fünfundfünfzig Minuten des Stücks zu verkürzen? Es ist noch keinem geglückt, denn diese Art grandioser, geistiger Konzentration läßt sich nicht kürzen, ohne daß man den Eingriff empfinden würde.

Und dann Bruckner, der in gesteigerter Form über die Selbstverständlichkeit des langsamen Schubert-Satzes hinausgeht und eine Expansion in der romantischen Musik erreicht, die angesichts ihrer »Längen« bei vielen Zuhörern auf Widerspruch stößt; ein Problem, auf das bereits Bruckners Mitarbeiter mit Kürzungen reagierten.

Schließlich Gustav Mahler, der am Ende dieser romantischen Entwicklung als Zeitgenosse eines Richard Strauss in den Geist des Aufbruchs der Jahrhundertwende hineingerät und in seinen Symphonien mit aller Gewalt noch einmal versucht, die übersteigerten Empfindungen der Romantik so lange wie irgend möglich festzuhalten, in der Erkenntnis, daß das Zeitalter der Romantik unwiederbringlich vorüber ist: So gesehen erscheinen Werke wie die

Fünfte, Sechste, Siebte und Achte Symphonie als Versuche, das Drama des Menschen schlechthin in das Werk mit einzubringen, als titanische Anstrengung, die Zeit anzuhalten.

Wie wird es weitergehen in Oper und Konzert? Wird sich die Melodie erschöpfen? Die menschliche Stimme bleibt für die Oper die zentrale Herausforderung. Wie sie geführt wird, ist ausschlaggebend. Alban Berg mit »Wozzek« und »Lulu« und Arnold Schönberg haben auf sehr extreme Art Maßstäbe gesetzt, die schwer zu überbieten sind: auf der einen Seite die Kantabilität, auf der anderen Seite eine neue Form der Rezitative, klassische Formen werden im Sinne der Stimme aufgelöst.

Bleibt die Stimme in der Oper nicht dominant und im wahrsten Sinne des Wortes menschlich, führen wir die ganze Gattung ad absurdum, was Clemens Krauss und Richard Strauss in »Capriccio« apostrophiert haben, wenn sie von musikalisch verabreichten Dolchstößen und im 4/4-Takt vollzogenen Hinrichtungen sprechen... Zerstören wir die Stimme, zerstören wir die Oper.

Ich bemerke den Trend, der sich, rückwärts gewandt, wieder klassizistischer und traditioneller Formen entsinnt und erneut die Herausforderung mit dem Publikum sucht. Allzu leicht aber enden solche Versuche damit, Schauspiele mit der passenden Schauspielmusik zu versehen: Bereitet diese Entwicklung den endgültigen Niedergang der Oper vor?

Ich weine vergangenen Zeiten nicht nach. Zweifellos ist die Viertel- und Achteltonmusik entwickelt worden, weil das diatonische System überstrapaziert war. Wir dem auch sei: Ich bin versucht, den Klavierstimmer kommen zu lassen, weil keine Oktave mehr stimmt und die Intervalle nicht mehr zueinander passen. Eine Erziehungs- und Gewöhnungsfrage? Auch Japaner und Chinesen hören anders als wir; wer mit diesen »Zwischentönen« aufwächst, empfindet sie vielleicht als selbstverständlich.

Leben wir im letzten Viertel, vielleicht sogar im letzten Fünftel der musikalischen Gesamtentwicklung? Der Unterhaltungs- und Berieselungseffekt durch Musik wird heute wesentlich größergeschrieben als noch vor einem Jahrhundert. Damals hatte man nicht die Möglichkeit, dreißig verschiedene Programme auf Knopfdruck weltweit abzurufen. Wer Musik erleben wollte, mußte Hausmusik machen oder in öffentliche Konzerte und Aufführungen gehen.

Die technische Entwicklung steht erst am Anfang; wir können uns heute nicht ausmalen, wie die Menschheit in hundert Jahren leben wird. Alles ist im Umbruch begriffen, auch die Welt der Musik, auch das Leben mit der Musik...

Ich erinnere mich an eine Begegnung mit Walter Erich Schäfer, den ich in meiner Augsburger Zeit kennenlernte. Schäfer, in Augsburg Chefdramaturg, ging nach Stuttgart und wurde dort einer der bedeutendsten Nachkriegsintendanten. Ein großer Theatermann, der selbst zwar nie als Regisseur, Dirigent oder Bühnenbildner in Erscheinung trat, aber seinem Freund Wieland Wagner zum Beispiel die Möglichkeit gab, viele seiner Bayreuth-Inszenierungen zunächst einmal in Stuttgart auszuprobieren. Schäfer versammelte in Stuttgart ein Sängerensemble, das seinesgleichen suchte: Fritz Wunderlich, Wolfgang Windgassen, Josef Greindl, Martha Mödl, Astrid Varnay, Hermann Unger, Gustav Neidlinger und viele andere. Man hätte Sängern, die bei ihm engagiert waren, das Doppelte oder Dreifache bieten können, sie wären nicht einen Meter von Stuttgart gewichen.

Als mir Rennert nach Keilberths Tod die Münchner Position anbot, suchte ich Rat bei Walter Erich Schäfer. Im schönsten Schwäbisch erklärte er mir:»Wissat Se was, i komm zu Ihne nach Hamburg, no redama 'mal...«

Er kam nach Hamburg, und wir gingen nach einem Konzert miteinander spazieren, vom Hotel »Vier Jahreszeiten« zum Hauptbahnhof, von dort zurück zum »Vier Jahreszeiten« und wieder zum Hauptbahnhof...

Nach allen Bedenken, Gedanken, Überlegungen und Argumenten auf diesem langen Spaziergang formulierte Schäfer einen Pessimismus der Opernzukunft gegenüber, der mich überraschte, denn es gab damals kaum ein Haus, in dem mehr neue und zukunftsweisende Werke uraufgeführt wurden als bei ihm in Stuttgart.

»Wir müssen uns im klaren sein, daß die Oper ihrem Ende entgegengeht«, erklärte Schäfer. »Aber auf der anderen Seite müssen wir alles tun, den jetzt bestehenden Zustand so lange wie irgend möglich zu erhalten. Wir sollten nicht von uns aus das Leben dieser Gattung verkürzen; wir sollten uns nicht dem Pessimismus des Augenblicks hingeben! Sie haben kraft Ihres Wissens und Ihres Könnens die Möglichkeit, diesen Zustand weitere zwei Jahrzehnte zu garantieren! Was dann geschieht, ist nicht mehr Ihre Aufgabe! Es gibt nur eines: Wenn Rennert Sie bittet, nach München zu kommen, machen Sie's! Nicht Rennert zuliebe, nicht München zuliebe, der Oper zuliebe! Sie hält's grad no'!«

Immer wieder wird unsere Arbeit weitergeführt werden, obwohl ich glaube, daß Schäfer recht behalten wird, und obwohl ich zu wissen glaube, warum Günther Rennert mit fünfundsechzig Jahren von sich aus gesagt hat: »Nicht einen Tag länger!« Die von ihm vorausgeahnte Entwicklung der Oper, die zunehmende Entpersonifizierung, die Rolle der Oper als eines kritischen Wert-Objekts, das nicht mehr in erster Linie als Entspannung, als Bereicherung des Lebens empfunden wird, ist heute eingetreten... Auch ein Carl Orff sah das, nicht zuletzt aus diesem Grund versuchte er, mit seinen drei griechischen Dramen aus der Antike die Erneuerung in die Gegenwart zu tragen...

Das Kommerzdenken aller an der Oper Beteiligten nimmt überhand. Fragen der Arbeitszeit und der Freizeit, die Beschränkung der Arbeitsmöglichkeiten mit Musikern und Chorsängern – das alles muß früher oder später das Bewußtsein des Künstlers tangieren. Kunst läßt sich nicht stundenweise auf- und einteilen.

Ich verstehe dieses Denken, wenn Prüfungsbehörden auch noch im 20. Jahrhundert die Frage stellen: »Was macht eigentlich ein Orchestermusiker?«, worauf ich den Nachweis erbringen muß, daß ein Orchestermusiker wenigstens fünfunddreißig Stunden in der Woche beschäftigt ist. Man geht davon aus, daß der sogenannte Normalbürger vierzig Stunden arbeitet und dabei meist weniger verdient. Verständlich, daß Musiker irgendwann auf diese Einstellung reagieren, umdenken und ihr Fühlen notgedrungen schematisieren. Wenn eine Probe dann nicht um 13 Uhr zu Ende ist, fängt zunächst die innere und kurz darauf auch die äußere Rebellion mit einem Pochen auf den Tarifvertrag an.

Solchen Verhältnissen ist vermutlich auf der Seite der Interpretation eine Perfektionsmanie mit nicht enden wollenden Probenzeiten vorausgegangen. Heute jedenfalls ist das gegenteilige Extrem erreicht!

Was die Kunst als Kunst interessant macht, die Freiheit, die Befreiung von Schema und Routine, ist illusorisch geworden, wenn jede neue Erfahrung, jede Neuschöpfung zuerst tarifvertraglich zu integrieren ist. Wenn wir alles immer nur unter den Gesichtspunkten der Einschränkung und Beschränkung betrachten, kommt der Moment, in dem bald nichts Neues mehr möglich sein wird.

Die Freiheit, heute achtzehn Stunden zu arbeiten und morgen vielleicht nicht zu arbeiten, sie existiert nicht mehr. Eine Norm ist zu erfüllen, unabhängig von persönlicher Gestimmtheit und künstlerischer Kreativität.

Ein Umdenken müßte bereits im Elternhaus, in der Schule, mit der Erziehung beginnen. Wäre es möglich, mit Kollektiven – wie dem Chor, wie dem Orchester – eine Einigung zu erzielen, die sich vom gewerkschaftlichen Gesamtschema löst, was vorstellbar wäre, ließen sich kunstnähere Arbeitsprozesse verwirklichen. Es ist gefährlich, alles, was auf dem künstlerisch-musikalischen Gebiet geschieht mit bis zur letzten Sekunde verbindlichen Verträgen festzulegen und jede freie Entscheidung schon im Vorfeld unmöglich zu machen.

Ich würde mir wünschen, daß jeden, der an der Oper beschäftigt ist, die Begeisterung, die Freude an der Arbeit motiviert, daß er seinen Beruf vor allem der Kunst, der Musik wegen ausübt, gleichgültig, ob diese Kunst im Chor, im Orchester, auf der Bühne, in den Werkstätten oder beim Dirigat gefordert ist. Begänne man so zu denken, ließe sich unendlich viel bewegen...

Konzentration und Zweifel
Im Interesse der Deutlichkeit

Ich bin kein Party-Gänger. Vielleicht bin ich es nicht, weil ich mich zeit meines Denkens derart auf das Studium, auf die Musik konzentrieren wollte, daß ich keine Zeit mehr für andere Dinge hatte.

Heute kenne ich den größten Teil der Musikliteratur, für Gesellschaft bleibt aber trotzdem wenig Raum. Habe ich endlich einen freien Abend, will ich ihn mit meiner Frau verbringen.

So schön mein Beruf ist, viele alltägliche Genüsse des Lebens bleiben versagt. Die Feiertage anderer – Weihnachten, Neujahr, Ostern, alle Sonntage – sind für uns oft mit höchster Konzentration und härtester Arbeit verbunden. Nicht fernsehen, nicht spazierengehen, nicht basteln, kaum lesen, sondern zum wiederholtenmal die Auseinandersetzung mit der Partitur suchen. Die Kraft dazu aufbringen. Vergessen, daß man ein Werk fünfzigmal dirigiert hat. Versuchen, wieder ganz neu einzusteigen, bereit sein für neue Erkenntnisse, sich neu öffnen, auch wenn man glaubt, etwas bereits gut oder mehr als gut zu kennen... Das ist eine große Belastung und ein unendliches Glück zugleich.

Je mehr man erreicht, desto bohrender werden die Fragen an sich selbst, desto zwanghafter wird dieses Sich-Messen an sich selbst. Darf man der Macht der Musik erliegen?

Ganz zu schweigen davon, daß man als Dirigent immer wieder mit neuen Leuten zu arbeiten hat und doch nie den Mut verlieren darf, eine Partie zehnmal mit zehn verschiedenen Sängern zu erarbeiten, daß man vielleicht immer wieder das gleiche wird sagen müssen und die Kraft aufbringen muß, die ewig gleichen Fehler jedes Orchesters zu eliminieren. Bei jeder Probe gilt es, voller Energie dazusein, voller Konzentration für die Musik – als Lebensziel...

Manchmal überkommt mich unweigerlich der Wunsch, irgendwann einmal auszusetzen, um Zeit für mich selbst zu haben. Es kann zermürbend sein, die Spannung der Interpretation nicht mehr loszuwerden und wie in einem ewigen Kreislauf immer wieder daran denken zu müssen: Was ist das richtige Tempo der g-Moll-Symphonie? Was ist das richtige Tempo des Ersten Satzes der Fünften Beethoven oder des Zwischenspiels zum zweiten Akt »Götterdämmerung«? Was ist richtig?

Werner Egk zitierte einmal das 1739 erschienene Buch »Der Vollkommene Capellmeister« von Johann Mattheson: »Im Interesse der Deutlichkeit – deutlich ist mehr als leicht – sollen die Ein- und Abschnitte genau in Acht genommen werden, muß man sich eine gewisse Leidenschaft zum Augenmerk setzen, soll auch der Wort-

Akzent in acht genommen werden, die Schreibart genau eingesehen und unterschieden werden und die Absicht nicht auf Wörter, sondern auf deren Sinn und Verstand gerichtet sein; nicht auf bunte Noten, sondern auf redende Klänge.«

Was ist richtig?

Die Gedanken hören nicht auf zu kreisen. Jeder Tag ist eine neue Herausforderung.

Personenregister

Kursiv gesetzte Ziffern beziehen sich auf die Abbildungen

Abbado, Claudio 104f., 350; *52*
Adam, Theo 123, 187
Albert, Eugène d' 20, 207
Ansermet, Ernest 193, 204, 223, 352
Arima, Daigoro 189ff., 193–196, 201f.
Arnold, Heinz 74

Bach, Johann Sebastian 33, 40, 46f., 72, 77, 110ff., 120ff., 130, 205, 260, 287, 328ff., 332, 340, 344
Backhaus, Wilhelm 78, 113
Balanchine, George 249
Barbirolli, Sir John 113, 223
Bartók, Béla 44f., 76, 204, 352
Beauvais, Peter 222, 224
Becker, Willy 55
Beethoven, Ludwig van 27, 40, 45f., 59, 61, 65, 72, 76f., 100, 106, 118–123, 131, 158, 161, 163, 172, 179, 187f., 192f., 204f., 278, 280, 292, 322, 329, 331ff., 343f., 346, 348
Behrens, Hildegard 314; *51*
Béjart, Maurice 249
Bellini, Vincenzo 104, 108, 147
Benatzky, Ralph 50f.
Berg, Alban 45, 170, 252, 354

Bernini, Gian Lorenzo 119
Bernstein, Leonard 350; *53*
Bing, Rudolf 146f.
Bizet, Georges 244
Bjoner, Ingrid 109, 118, 212, 282, 311, 313; *44*
Blasi, Angela Maria 252
Böhm, Karl 92, 130, 175, 185, 222f., 267, 315, 335; *54*
Boulez, Pierre 63
Brahms, Johannes 45, 59, 61, 65, 71f., 76, 131, 161, 167f., 174, 177, 179, 181, 187, 193, 204, 207, 287, 289, 292, 344
Brain, Denis 140
Brazda, Jan 307
Brendel, Wolfgang 252
Brinkmann, Bodo 252, 255
Britten, Benjamin 72
Bruckner, Anton 27, 65f., 68, 76, 103, 107, 120, 161, 163, 167, 179, 187, 203ff., 212, 273, 278, 340–344, 348, 351, 353
Bumbry, Grace 175
Busch, Fritz 69, 71, 74, 185, 267

Callas, Maria 114
Camus, Clara 112ff.
Caruso, Enrico 100, 105, 115f., 254
Cavaggioni, Anita 39

Charles, Prince of Wales 72
Chéreau, Patrice 306
Chopin, Frédéric 40
Clementi, Muzio 45 f.
Coburn, Pamela 252
Conklin, John 314 f.
Cornelius, Peter 126
Cortot, Alfred 77
Cox, Jean 123 f.; 44
Cranko, John 249
Crass, Franz 152, 327

Debussy, Claude 22, 44 f., 204, 293, 352
Domingo, Placido 118, 222, 238 f.
Donath, Helen 152, 254
Donizetti, Gaetano 104, 108, 147
Dorn, Dieter 175, 310, 313; 39
Dvořák, Antonín 71, 111, 132, 158, 204, 348

Eberhardt, Paul 87
Ebert, Carl 147 f., 153
Ebert, Peter 147
Egk, Werner 158, 358; 36
Eichendorff, Joseph von 286
Einem, Gottfried von 187
Elmendorff, Karl 148 f.
Erb, Karl 306
Everding, August 222–226

Fassbaender, Brigitte 35
Fauré, Gabriel 352
Fehenberger, Lorenz 16
Fischer, Edwin 113
Fischer-Dieskau, Dietrich 134 f., 175, 197, 222, 246, 254, 282, 286, 289 ff., 306; 35, 47
Fokin, Michail 249
Fricsay, Ferenc 75
Furtwängler, Wilhelm 27 ff., 64–68, 97, 113, 121, 123, 132, 147, 149, 151, 166, 329, 332

Gamsjäger, Rudolf 163
Gedda, Nicolai 13
Georgii, Walter 44 ff., 48
Giannini, Dusolina 115
Gieseking, Walter 77 f., 113, 335
Gigli, Benjamino 100, 105, 115 f.
Gilels, Emil 113, 206, 335; 59
Gluck, Christoph Willibald 275
Goethe, Johann Wolfgang v. 23, 286
Greindl, Josef 82, 97 f., 109, 355
Gruberova, Edita 128, 175
Grümmer, Elisabeth 152, 327
Gründgens, Gustaf 154

Haas, Joseph 44
Händel, Georg Friedrich 130, 329
Hansen, Conrad 130
Hartmann, Rudolf 74, 104, 146 f., 212
Haskil, Clara 335
Haugck, Dieter 296, 311
Hausegger, Siegmund von 17, 27
Haydn, Joseph 61, 72, 111, 145, 257, 344, 348
Heifetz, Jascha 113
Heine, Heinrich 286
Hindemith, Paul 42, 44 ff., 59, 76, 204, 233, 250, 252
Hitler, Adolf 16, 174
Hofmannsthal, Hugo von 260, 266, 270, 282, 286, 292
Höller, Karl 46
Honegger, Arthur 44, 76
Horowitz, Vladimir 113
Hotter, Hans 29, 98, 135, 274 f., 282
Huber, Ludwig 212
Humperdinck, Engelbert 17 f., 53
Hüsch, Gerhard 306

Janowitz, Gundula 175
Jarnach, Philipp 46
Jochum, Eugen 45

Kabasta, Oswald 27
Karajan, Herbert von 69 ff., 74, 79,
  97, 130 ff., 134, 158, 163, 178,
  193, 332, 346, 350
Kaufmann, Julie 252
Keilberth, Joseph 124, 211 ff., 217,
  306, 319, 355
Kélémen Zoltan 123
Kempe, Rudolf 313
Kempff, Wilhelm 78
Kerr, Alfred 276
King, James 175
Kleiber, Carlos 147, 223, 349
Klemperer, Otto 121, 131 f., 147,
  347
Knappe, Hans 44, 348
Knappertsbusch, Hans 17 f., 27,
  29, 31 f., 64 f., 70, 75, 81, 83 f.,
  96 f., 130, 149, 211, 213, 223 ff.,
  295, 298, 302, 324, 347
Kniplova, Nadezda 123
Kollo, Réné 314
Koussevitzky, Serge 113
Krauss, Clemens 27, 30 ff., 75, 130,
  150, 211, 213, 224 f., 267, 274,
  276 f., 279, 302, 354
Kreisler, Fritz 113
Kubelik, Rafael 313; 60
Kupfer, Harry 313 f.
Kusche, Benno 327

Lasso, Orlando di 26
Lebsaft, Dr. (Hausarzt) 16
Legge, Walter 120 f., 130–136,
  140 ff., 159
Lehnhoff, Nikolaus 285, 309,
  314 ff., 318, 320
Levi, Hermann 213
Lietzau, Hans 40
Ligendza, Catarina 104
Liszt, Franz 20, 45, 207, 351
London, George 82
Lövaas, Kari 35
Ludwig, Christa 118, 135

Maazel, Lorin 223, 257
Machula, Tibor de 71
Mahler, Gustav 103, 280, 351,
  353 f.
Maier, Hans 225
Manzau, Georg 64
Marinuzzi, Gino 115
Markevitch, Igor 64 ff., 68 f., 347;
  10
Martin, Frank 45
Matacic, Lovro von 306
Mathis, Edith 152, 254, 327
Mattheson, Johann 358
Mauermeier, Else 26
McEwen, Terry 314
Mendelssohn-Bartholdy, Felix 68,
  144, 177, 181, 344
Mennerich, Adolf 17, 27
Mersmann, Hans 44, 46 f.
Michelangelo (Buonarotti) 120
Mödl, Martha 98, 355
Moffo, Anna 135
Moll, Kurt 118, 314
Monteux, Pierre 113, 193, 223
Mooser, Anton 54 f.
Morita, Akio 206 f.
Morris, James 314
Mottl, Felix 97, 212
Mozart, Wolfgang Amadeus 27,
  29 ff., 45 f., 61, 76 f., 100, 104,
  120, 127, 144, 147, 157, 161 ff.,
  174, 179, 187, 204 f., 212, 244,
  271 f., 278, 291 f., 323 ff., 328 f.,
  331–336, 344 f., 353
Mundorf, Paul 72, 76
Muti, Riccardo 104

Neher, Caspar 153 f., 156, 326, 328
Neidlinger, Gustav 109, 123, 355
Nikisch, Arthur 166
Nilsson, Birgit 81, 97 f., 222, 282
Noelte, Rudolf 222
Nora, Guido 49

Ohga, Norio 205
Oistrach, David 77f.
Orff, Carl 74, 133, 250, 280, 308, 356; *37*
Ormandy, Eugene 64
Otto, Teo 153 f., 156, 264

Pampuch, Helmut *43*
Parmeggiani, Frieda 315
Patzak, Julius 33
Paul VI., Papst 118 f.,; *34*
Pavarotti, Luciano 115, 238, 290; *50*
Pedal (Klavierlehrer) 12, 16 ff.
Pfitzner, Hans 20, 128, 233, 257
Piatigorsky, Gregor 113
Piccinni, Niccolò Vito 275
Pitz, Wilhelm 70 f., 80; *19*
Pizzi, Pier Luigi 312
Ponnelle, Jean-Pierre 103, 127
Popp, Lucia *49*, 66
Prey, Hermann 152, 175, 254, 327; *48*
Price, Margaret *45*
Prokofieff, Sergej S. 71, 77, 352
Puccini, Giacomo 100, 147, 292

Rachmaninow, Serge 207
Raffalt, Reinhard *35*
Rauch, Wolfgang 252
Ravel, Maurice 22, 44 f., 106, 204
Reger, Max 20
Reinhardt, Max 267
Rennert, Günther 116, 124, 151, 154 ff., 211–224, 232, 252, 306–311, 323, 325 f., 355 f.; *38*
Richter, Hans 97, 213
Richter, Swjatoslaw 113
Ronconi, Lucas 311 f.
Rosbaud, Hans 68
Rose, Jürgen 310, 313
Rosenstock, Joseph 193
Rossini, Gioacchino 100, 102, 104, 111, 128, 147, 250, 279, 339 f.

Rostropowitsch, Mstislaw 113
Roussel, Albert Charles 204
Rubinstein, Arthur 113
Ruoff, Wolfgang 20 ff., 44 ff.; *8*
Rysanek, Leonie 82, 93

Sabata, Victor de 100
Sachsse, Hans 18 ff., 23, 44, 260, 279
Sachsse, Lotte 18 ff., 44, 46
Saji, Keizo 205
Sawallisch, Maria (Mutter) 11, 16, 43, 216; *3*
Sawallisch, Mechthild 14, 23, 25 f., 30, 47, 64, 68 ff., 79, 86, 133, 146, 158, 170, 186, 190 ff., 215, 227–231, 256; *7, 23, 33, 34, 66, 70*
Sawallisch, Werner 14, 37, 41, 43 f.; *2*
Sawallisch, Wilhelm (Vater) 11–16, 19, 216; *2, 3*
Scarlatti, Pietro Alessandro 46
Schaaf, Johannes 314
Schäfer, Walter Erich 355 f.
Scharberth, Irmgard 177
Scharf (Beckenschläger) 55
Schiller, Friedrich von 23
Schlusnus, Heinrich 306
Schmid, Rosl 20, 44
Schmidt-Lindner, August 20
Schneider-Siemssen, Günther 296, 311
Schneiderhahn, Wolfgang 335
Schnell, Fritz 48 f., 54
Schönberg, Arnold 45, 163, 354
Schönfelder, Ernst 53, 177
Schostakowitsch, Dmitrij D. 178, 352
Schreier, Peter 112, 187, 290; *35*
Schreker, Franz 128
Schröder-Devrient, Wilhelmine 85
Schubert, Franz 21, 39 f., 45 f., 61, 72, 76, 143 f., 161, 163, 167, 174, 187, 204 f., 246, 280, 286, 290, 328, 336, 344, 353

Schuh, Oscar Fritz 68, 88 f., 149, 151–156, 175, 254, 264 f., 326; *41*
Schumann, Karl 69
Schumann, Robert 40, 45, 47, 61, 76 ff., 110 f., 144, 163, 177 f., 187, 192, 204 f., 287, 289
Schuricht, Carl 150
Schütz, Heinrich 111
Schwarzkopf, Elisabeth 120 f., 133 ff., 137, 281 f.; *13*
Seefried, Irmgard 282
Seidel, Karl 64
Seitz, Gerhard 45, 59–62; *9*
Shakespeare, William 287
Sibelius, Jean 77 f., 106 f.
Siciliani, Francesco 100, 109–112, 118 ff.
Silja, Anja 86, 93 ff.
Solti, Sir George 59
Sonoda, Takahiro 190 ff.
Stadler-Baumbach, Ännelie 56
Stefano, Giuseppe di 115
Stefanato, Angelo 124
Strauss, Alice 278
Strauss, Franz 278
Strauß, Franz Josef 182; *70*
Strauß, Johann 174, 188
Strauß, Marianne *70*
Strauss, Pauline 278
Strauss, Richard 27, 29 ff., 48 f., 75 f., 97, 103, 105–109, 114, 126 f., 132, 135, 140, 147, 150, 163, 174, 181, 185, 192, 205, 212, 214, 244, 252, 257, 259–283, 285 ff., 289, 291 ff., 328, 336, 339, 345, 351, 353 f.
Strauss, Richard (Enkel) 276
Strawinsky, Igor 44 ff., 67, 76, 163, 170, 204, 291
Strehler, Giorgio 117 f.
Studer, Cheryl 252
Szell, George 193
Szeryng, Henryk *58*

Tagliavini, Ferruccio 116
Thomas, Jess 109
Tietjen, Heinz 149
Toscanini, Arturo 97, 100, 105, 296, 346
Trimborn, Richard 319
Tschaikowsky, Peter Iljitsch 68, 130, 132, 163, 179
Turchi, Guido 106

Uhl, Fritz 82
Unger, Hermann 355

Varnay, Astrid 98, 109, 355; *46*
Verdi, Guiseppe 72, 74, 76, 100, 102, 104 f., 108, 146 f., 214, 221, 261, 264, 272, 274, 281, 283, 344, 348, 350
Veselka, Josef 112
Vidoudez, Pierre 59
Visconti, Luchino 116, 311

Waechter, Eberhard 135; *13*
Wagner, Cosima 296
Wagner, Gertrud 86
Wagner, Richard 31, 47, 75 f., 81–86, 88 f., 93, 95 f., 98, 111, 114, 122–127, 147–151, 193, 205, 212, 214, 244, 255, 257, 260, 262, 264, 269–272, 274, 278, 284 f., 293–297, 300 ff., 304 f., 307, 309 f., 318 f., 322, 325, 328, 336 f., 345
Wagner, Wieland 80, 82 f., 86–99, 123, 154 ff., 284 f., 299, 302 ff., 309, 314, 355; *17*
Wagner, Wolfgang 80 ff., 92, 97 f., 314; *21*
Walter, Bruno 213, 224 f., 256, 332
Weber, Carl Maria von 126, 272, 336
Weizsäcker, Richard von *71*
Westerman, Gerhard von 67 f.
Wilder, Thornton 308

Windgassen, Wolfgang 81f., 97f., 355; *18*
Wohlfahrt, Erwin 123
Wolf, Hugo 133, 286
Wonder, Erich 316f., 320
Worm, Dieter Gerhard 142ff., 185, 187
Wührer, Friedrich 158

Wulkopf, Cornelia 252
Wunderlich, Fritz 112, 152, 327, 355

Zafred, Mario 100
Zeffirelli, Franco 116–119
Zegretti, Stefano 124
Zilk, Helmut 273

Fotonachweis

Erich Auerbach: 13; (Foto-) Brand, Aachen: 12; (Foto-) Ellinger, Salzburg: 47; Anton Fischer, Wien: 32; (Foto-) Firsching, München: 72; (Foto-) Giordani, Rom: 34; Petr Hanek, Prag: 69, 75; Heuberger: 18; Paul Huf, Amsterdam: 23; Franz Hug, München: 71; Anne Kirchbach, Starnberg u. München: 36–38, 43, 44, 50, 54, 57, 63, 65; (Presse-Foto) Lammel, Bayreuth: 20; Lauterwasser: 21, 22; (Presse-Foto) Hans Lenz, Köln: 14–16; Hilmar Pabel, Umratshausen und Rottau: 24, 35, 41, 42, 59; E. Piccagliani, Mailand: 25, 26; RAI, Servizio Stampa, Rom: 28–30; Martin Schallweg, München: 64; Elisabeth Speidel, Hamburg: 31; Sabine Toepffer, München: 40, 45, 46, 49, 51–53, 55, 56, 62, 67; Mariusz Szyperko: 33; United Nations, New York: 58; (Foto-) Virginia Schmidt, Hamburg: 39.

Alle anderen Aufnahmen wurden von privater Seite zur Verfügung gestellt. Wir danken für die Abdruckgenehmigung.